L'Algérie face à la catastrophe suspendue

Gérer la crise et blâmer le peuple sous Bouteflika (1999-2014)

> Cet ouvrage est publié avec le concours du Service de Coopération et d'Action Culturelle de l'Ambassade de France en Algérie (SCAC)

KARTHALA sur Internet : www.karthala.com
Paiement sécurisé

<u>Couverture</u> : Photomontage de Besma Ouraïed.

© Édition KARTHALA et IRMC, 2019
ISBN : 978-2-8111-2626-1

Thomas Serres

L'Algérie face à la catastrophe suspendue

Gérer la crise et blâmer le peuple sous Bouteflika (1999-2014)

Préface de Hamit Bozarslan

IRMC
20, rue Mohamed
Ali Tahar
1002 Tunis

Karthala
22-24,
boulevard Arago
75013 Paris

L'IRMC
USR 3077

L'Institut de recherche sur le Maghreb contemporain (IRMC) est un centre de recherche en sciences humaines et sociales, à vocation régionale, dont le siège est à Tunis. Créé en 1992, il est l'un des 27 Instituts français de recherche à l'étranger (IFRE) placés sous la tutelle du ministère des Affaires étrangères et européennes et, depuis 2000, du ministère de l'Enseignement supérieur et de la Recherche, et du Centre national de la recherche scientifique (CNRS) dont il constitue une Unité mixte (USR 3077).

L'IRMC contribue, en partenariat avec la communauté scientifique notamment maghrébine et européenne, au développement de la recherche sur le Maghreb. Ses programmes participent aux débats des sciences humaines et sociales dans une perspective comparée, à l'échelle régionale et internationale.

La valorisation de ses travaux de recherche représente aujourd'hui un catalogue de plus d'une centaine de publications collectives ou d'auteurs, chez différents éditeurs.

Depuis septembre 2017, l'IRMC est dirigé par
Oissila SAAIDIA

Site internet de l'IRMC :
http://www.irmcmaghreb.org.

Préparation éditoriale : Romain Costa.
PAO et couverture : Besma Ouraïed.

Préface

Hamit BOZARSLAN

S'appuyant sur une vaste littérature et des données recueillies sur le terrain, *L'Algérie face à la catastrophe suspendue* de Thomas Serres constitue indéniablement une contribution majeure à l'étude de l'Algérie des années 2000-2010 aussi bien dans sa capitale « sanctuarisée » que dans ses espaces de « contournement », ses modes de « cooptation » et ses « insularités contestataires ». Comprendre cette « Algérie politique » (Leca, Vatin, 1974-1975) nécessite à la fois une description binaire, en noir et en blanc si l'on ose dire, et une approche tout en dentelle, prenant en compte nuances et polysémies, configurations précaires et jeux de multi-positionnement des acteurs dans le système et hors-système, « effets de processus » et « accidents de route ». Entreprise simultanément, cette double démarche offre bien des clefs de lecture pour comprendre la survie d'un régime apparemment à bout de souffle depuis trois décennies.

Le noir et le blanc d'abord : ce n'est pas pour rien que le sens commun, cette « *folk science* » qui n'est pas toujours « si imparfait[e], banal[e] ou stéréotypé[e] » (Moscovici, 2013, 35) qu'on le pense, désigne l'autorité en Algérie soit par le terme de *makhzen*, à savoir une instance aussi coercitive qu'externe à la société (Gallissot, 1995, 104), soit comme le « Pouvoir » ou encore le « Système ». Prenant la relève de plusieurs générations de chercheurs, Thomas Serres montre que le régime algérien a souvent surplombé sa société indépendamment des hommes propulsés sur le devant de la scène ou des formes institutionnelles changeantes : forgé, mais aussi confisqué dans le sillage de la guerre d'indépendance de 1954 à 1962, le « Pouvoir » s'est renouvelé dans sa pensée et dans sa praxis à la faveur du régime de parti unique des décennies 1960-1980, puis de la guerre civile des années 1990, avant d'assurer sa survie post – « Concorde nationale » de 1999 par sa « cartellisation ». De Houari Boumediene à nos jours, il a aussi paradoxalement pris l'allure d'un corps figé, parfois au vu et au su de tous : le Président Abdelaziz Bouteflika, qui l'incarne depuis 1999, joua certes un rôle de premier plan dans l'Algérie « socialiste, révolutionnaire, tiers-mondiste, matérialiste jusqu'au bout des ongles » (Sansal, 2013, 12) des années 1960-1970, mais il représente désormais un principe d'immobilité, au sens aussi bien physique que politique du terme. En chaise roulante, le *raïs*, qu'on n'aère qu'à quelques rarissimes occasions en compagnie de son équipe médicale, n'accomplit son rôle de garant, d'arbitre et de référence ultime du « Système » qu'à l'exacte mesure où il parvient à le paralyser. Crépusculaire et dénuée de promesse d'une aube nouvelle comme cela pouvait être le cas au lendemain de l'indépendance, l'autorité dans cette république officiellement « démocratique et populaire » s'exerce efficacement, mais sans la part « mystique » nécessaire à sa légitimation.

Sans omettre cette donne désarmante par sa simplicité même, Thomas Serres propose cependant aussi une lecture complexe du tableau politique algérien. Bien qu'immobile, le corps du président n'est pas vide de tout sens politique : par son agonie prolongée, il assure la pérennité d'un deuxième corps, celui du « cartel politico-militaire » (Camau, 2006, 33) duquel il émane et avec lequel il a entretenu des rapports à la fois de proximité et de distance au cours de ses trois premiers mandats. Forme de pouvoir tantôt institutionnalisé, tantôt « gothique » (Khapaeva, 2012), ce deuxième corps ne manque pas d'efficacité. Bien au contraire, ce cartel répond aux crises qu'il traverse en mobilisant ses ressources de coercition et la reconnaissance internationale dont il jouit. De même, il fait montre de son habilité à intégrer de nombreux acteurs par un jeu de clientélisme et de représentation à échelles multiples ou satisfait ponctuellement les demandes de redistribution venant de la société grâce à la manne pétrolière à sa disposition (192 milliards de dollars de réserve avant la chute brutale des cours en 2013). Détenant l'essentiel des ressources militaires, économiques et politiques, il est aussi doté d'une périphérie, ou plus exactement d'un marché où foisonnent acteurs individuels et collectifs, tout affairés à monnayer allégeance, passe-droit et vote.

Qu'elle soit adossée au corps physique immobile du président ou à celui, musclé et argenté, du « cartel », la « certitude de pouvoir » plonge cependant la société dans une incertitude totale, l'obligeant à souscrire à une stratégie d'ajournement de tout choix décisif. En se « glaçant », le pouvoir glace aussi sa société avec laquelle il entretient un rapport teinté de paternalisme et de mépris, lesquels marquent le règne de toute élite parvenue. Il est vrai qu'en Algérie, comme dans bien d'autres entités issues de la décolonisation, les nouveaux nantis sont issues de classes sociales jusque-là faiblement dotées en capital politique, économique ou culturel. Mais désormais maîtres de pères en fils, ils peuvent définir le « peuple » comme une « infra-humanité » portant la responsabilité de tous les maux de la nation. Ce n'est pas Michelet le survolté (1992), mais bien Cesare Lombroso (1887) ou Gustave Le Bon (1895) qui leur servent de guide pour lire les comportements de leur *rayah* [1]. Comme tout

---

1. *Rayah* : « Sujets », terme polysémique désignant la paysannerie sans terre et par extension tout sujet du prince.

« troupeau », celle-ci agirait d'une manière erratique et ingrate, sans connaître les bornes qui lui sont fixées, ni reconnaître à leur juste valeur les mesures que prennent ses « bergers » pour assurer sa vie et sa survie.

Ce discours, dont les élites algériennes n'ont bien entendu pas le monopole, finit en un sens par définir le « peuple » dans ce qui s'apparente à un rapport d'exclusivité avec le « Système ». « La société primitive sait, par nature, que la violence est au cœur du pouvoir » et se maintient à l'écart de ce dernier pour ne pas en être la principale victime, suggère Pierre Clastre (2011, 107). Les sociétés modernes ne constituent assurément pas une exception à cette règle : après avoir fait face à la rechute dans l'« état de nature » et observé la transformation de son Léviathan en Béhémot dans les années 1990, la société algérienne, toujours parcourue de rumeurs, de théories du complot et d'invectives, semble trouver dans son éloignement de l'arène politique une garantie de survie. Certes, le « Pouvoir » n'est pas dupe de sa propre légitimité et ne se donne d'ailleurs plus la peine d'interdire toute parole moqueuse ou toute expression de colère le visant, comme ce fut le cas avant 1988, mais chacun sait aussi que l'on ne peut s'attaquer aux fondements de la « République prétorienne » sans en payer le prix fort, ni même oser rêver de son effondrement de peur de se trouver soi-même sous ses ruines. Le pouvoir obtient la soumission et l'allégeance de sa population non pas parce qu'il est légitime, mais au contraire parce qu'il parvient à vider la question même de la légitimité de toute pertinence. D'un côté, la société réserve le statut de fait divers aussi bien aux discours de ses dirigeants et à leurs procédures électorales raillées jour après jour par l'inimitable caricaturiste Dilem, qu'aux stratégies de cooptation et de boycott concoctées par les diverses forces d'opposition ; de l'autre, elle « consent »[2] à se dépolitiser en refusant de transformer les multiples initiatives contestataires en des dynamiques qui pourraient changer « la pièce et le jeu » du théâtre politique algérien (Edelman, 1991).

Pourquoi les Algériens, ce « peuple-enfant » stigmatisé par les élites au pouvoir, acceptent-ils de demeurer « mineurs » ? Pourquoi se privent-ils de la capacité à « se servir de [leur] propre entendement sans être dirigé[s] par un autre » (Kant, 1985, 209) ? Pourquoi consentent-ils à être « assujettis », en d'autres termes à perdre leur citoyenneté *effective*, leur droit « d'avoir des droits » (Arendt, 2013, 597-603) pour peser sur l'avenir de leur propre cité politique ? La réponse à ce questionnement semble résider dans un registre hobbesien : les années 1990 ont montré combien la frontière entre devenir « sujet », au sens sociologique et politique du terme, et produire le « mauvais sujet » était tenue, combien la volonté de se constituer en « corps politique »,

---

2. Sur la tension entre le consentement associé à la « minorité » au sens juridique du terme, et la « responsabilité », qui est inséparable du statut de « majeur », cf. Hannah Arendt (2016, 88).

pluriel, capable de produire le consensus pour déterminer son identité collective, mais aussi le dissensus pour légitimer, négocier et institutionnaliser ses conflits, pouvait se heurter *simultanément* à une violence islamiste et à une coercition étatique à même de détruire la cité. Comme l'explique Thomas Serres, l'atonie algérienne ne peut se comprendre sans prendre en compte le poids cumulé des mémoires déchirées, de la lassitude et de la fatigue sociale. Certes, la société dispose toujours de ses facultés cognitives et d'un sens politique aigu. Elle sait lire sa situation et, comme le montre le bouillonnement qu'avait suscité dans le pays le « moment 2011 », celles des autres sociétés arabes. Elle demeure toutefois incapable d'engendrer assez de ressources pour pouvoir surmonter l'inquiétude qui la paralyse.

*
* *

Comme l'ouvrage très novateur de Mohamed Hachemaoui paru en 2013, celui que présente Thomas Serres mobilise un esprit comparatif, prudent mais heuristique, et constitue de ce fait une contribution importante à la sociologie politique au-delà du seul terrain algérien. La lecture qu'il propose de la notion de crise, par exemple, permet de comprendre bien des situations de blocage s'ancrant dans le temps long dans nombre de sociétés contemporaines. La crise peut, certes, relever d'une situation objective, qu'on peut analyser à partir des données sérielles ou par une approche qualitative, khaldûnienne ou tocquevillienne. Elle peut également apparaître comme une phase de transformation « faisant vaciller les préjugés » (Arendt, 1995, 54), voire enclenchant un processus de « révolution démocratique » au sens de Claude Lefort (1992, 58-59). Mais elle peut aussi sortir une société de sa quiétude pour la faire entrer dans une longue période d'incertitude potentiellement disruptive. Dans l'analyse que propose Myriam Revault-d'Allonnes (2012, 78), une crise peut, en effet, éroder le « capital-confiance » d'une société, fragiliser ses institutions, formelles ou informelles, voire autoriser de nouvelles expériences collectives se confondant parfois avec une fragmentation militarisée. Elle peut même donner naissance à « un autre mythe fondateur, qui fait de la violence l'origine de toute autorité, un mythe où l'acte politique originel se confond avec le crime originel, où le souverain est le "survivant" » (Marienstras, 2012, 140). De nature avant tout structurelle, pointant les lignes de faille qui traversent un « ordre » sans que les détenteurs de pouvoir en soient conscients à ses débuts, une crise peut aussi s'accélérer par des effets conjoncturels, des « causalités accidentelles » (Lepetit, 1999, 73) par définition imprévisibles, ou des facteurs de prime abord insignifiants comme « l'intrigue, la négligence, la petitesse et la dissemblance » (Aristote, 2014, 519-524).

Ainsi définie, une crise correspond toujours à un « moment » circonscrit dans le temps. Sans abandonner ces multiples entrées familières de la sociologie historique et politique, Thomas Serres suggère cependant que la crise peut également se transformer en un ordre politique, social, économique et culturel parfaitement viable et produire des effets systémiques sur la très longue durée. Un pouvoir peut alors utiliser la crise, réelle ou crainte, échappant à tout contrôle ou maîtrisée, comme un outil d'ingénierie politique et une ressource pour assurer sa durabilité et régner par la tension et la division « schmittienne » de la société opposant « amis » et « ennemis ». En fragilisant la confiance dans le temps et dans l'espace dont il est le coordinateur autant que l'autorité ultime, il peut prendre ses « sujets » en otage et leur faire accepter, « le couteau sur la gorge », un pacte de survie en contrepartie de la soumission. Utilisée comme instrument de chantage à l'instabilité compromettant l'avenir de tous, la crise peut dès lors gagner une dimension oxymorique, s'imposer comme système et autoriser à ce titre la transformation de l'enjeu sécuritaire ou des dispositifs coercitifs exceptionnels, légaux ou illégaux, en pilier de l'ordinaire.

L'analyse que Thomas Serres propose de l'Algérie, des « éradicateurs » de la décennie 1990 aux affairistes qui garnissent désormais l'entourage présidentiel, met la « face sombre » d'une kleptocratie militarisée et fragmentée sous un éclairage peu flatteur. Mais ce faisant, il convoque aussi l'Algérie « au chevet des sciences sociales » (Leca, 1998) pour les interroger sur leurs angles morts et leur refus de prendre en compte des données pourtant basiques dans leurs analyses. On voit ainsi comment un régime, et potentiellement *tout régime*, y compris des plus démocratiques, peut imposer avec succès son « idéologie sécuritaire » comme enjeu non-politique et justifier ses pratiques répressives comme condition de la survie de la société. La peur, que Thomas Hobbes décrivait comme la « seule grande passion de [sa] vie » (Barthes, 2009, 216), n'est pas un sentiment parmi d'autres : elle peut effectivement déterminer les subjectivités collectives et s'imposer comme le principe dominant de l'ordre, par-delà l'ancrage du pouvoir dans un espace-temps déterminé.

Tout en se réduisant dans son cœur à une force prétorienne, un tel ordre peut se permettre quelque souplesse, renoncer à exercer un contrôle total sur la société à un coût exorbitant, voire se retirer partiellement de nombre de « secteurs », de l'éducation à la santé, pour mieux se consacrer sur les prérogatives qu'il définit comme régaliennes. Il peut également décider, en fonction d'impératifs changeant dans le temps et l'espace, de varier les cibles de ses pratiques répressives ou coercitives. De même, il peut respecter formellement des routines démocratiques et des procédures électorales, tout en élargissant son autonomie d'action, y compris par l'usage massif de la contrainte (Levitsky, Way, 2001 ; Dabène, Geisser, Massardier, 2008). L'existence d'une assemblée, d'une cour constitutionnelle, d'une commission de promotion des droits de l'Homme, ou l'étalage au grand jour des conflits entre composantes du « cartel » par une presse privée critique, n'empêche en effet ni la prédation économique, qui est infiniment plus brutale (et brutalisante) que la simple corruption, ni le recours massif à une coercition parfois « sous-traitée » à des acteurs non-étatiques.

Cette « hybridité » s'observe également du point de vue de la rationalité, et n'est alors viable qu'à un prix élevé aussi bien pour la société que pour le pouvoir lui-même. Chacune des composantes du « cartel » peut, bien entendu, développer une rationalité « organisationnelle-technique », défendre bec et ongle sa part de la rente économique, sécuritaire et symbolique et la faire fructifier sur le « marché » national et international. Mais accorder une telle autonomie à ses composantes revient pour le « Système » à s'interdire toute rationalité collective, que seul un État légal et cohérent, disposant des outils de coordination internes et des mécanismes de contrôle et d'équilibre un tant soit peu efficaces, peut être à même d'assurer. Les guerres intestines des acteurs sécuritaires et politiques algériens, qui défraient épisodiquement la chronique nationale et internationale, attestent clairement du déficit de cohésion interne résultant de la cartellisation. Comme le dit Étienne La Boétie, en effet, « il n'i peut avoir d'amitié là où est la cruauté, là où est la déloiauté, là où est l'injustice ; et entre les meschans, quand ils s'assemblent, c'est un complot, non pas une compaignie ; ils de s'entr'aiment pas, mais ils s'entre-craignent ; ils ne sont pas amis, mais ils sont complices [*sic*] » (La Boétie, 2015, 86).

*
* *

Thomas Serres consacre de très belles pages au fatalisme et aux discours catastrophistes qu'on observe aussi bien parmi les élites algériennes qu'au sein des couches populaires. Distinctes du « désir de catastrophe » que problématise Henry-Pierre Jeudy, les subjectivités apocalyptiques algériennes ont certes pour conséquence louable de conjurer ce qu'elles prédisent, mais cet exorcisme est aussi très coûteux. Tel une attente messianique passive, le « catastrophisme » ajourne certes le moment de la chute, ou, dans le cas spécifique algérien, de la rechute, en prélude d'une hypothétique délivrance ultime ; par son ancrage dans le temps, sa ritualisation, sa codification par sa simple diffusion au sein des opinions publiques, il érige cependant aussi la fatalité de l'instant en seule condition humaine possible. Au-delà des singularités algériennes que Thomas Serres n'ignore nullement, ne s'agit-il pas d'une condition partagée par de nombreuses sociétés des années 2000-2010, qu'elles soient soumises à un régime autoritaire ou disposent de solides traditions démocratiques ?

La fatalité, qui s'impose surtout par la foi que lui témoignent les « sujets », ne fragilise-t-elle pas la citoyenneté et la cité un peu partout dans notre monde au tournant du millénaire ?

Qu'en est-il de cette violence contre laquelle le pouvoir algérien se présente comme le seul rempart ? Il est indéniable qu'elle marque une nette diminution sous Abdelaziz Bouteflika après avoir fait quelque 200.000 victimes dans les années 1990 (Boserup, Martinez, Holm, 2014). Mais la violence demeure néanmoins une donnée de base, que toute analyse et plus encore toute projection concernant l'avenir de l'Algérie doit prendre en compte. Comme nous le rappelle Pierre Bourdieu, qui avait observé la guerre civile des années 1990 avec une grande souffrance : on « ne peut pas tricher avec *la loi de la conservation de la violence :* toute violence se paie et par exemple la violence structurale qu'exercent les marchés financiers, sous forme de débauchage, de précarisation, etc... a sa contrepartie à plus ou moins long terme sous forme de suicides, de délinquance, de crimes, de drogue, d'alcoolisme, de petites et grandes violences quotidiennes » (Bourdieu, 1998, 46).

Il en va de même de bien des violences fondatrices : l'Algérie contemporaine est issue d'une guerre d'indépendance dont la justesse initiale a été altérée par l'assassinat de Ramdane Abane, défenseur de la primauté du politique sur le militaire, en 1956. Cette déviation a été confirmée ensuite par d'autres exactions de l'ALN-FLN visant des militants nationalistes, dissidents ou loyaux, et des civils, qu'ils soient algériens ou français. Comme le suggère le romancier Yasmina Khadra dans *Ce que le jour doit à la nuit*, le pays continue de régler la facture de ces années non pas parce que « les pères ont mangé les raisins verts et les fils ont les dents agacées » [3], mais parce qu'il refuse de se projeter dans l'avenir sur d'autres bases que ses mythes fondateurs, l'ordre sécuritaire et les luttes de clans héritées de l'histoire.

---

3. Cette référence biblique est utilisée par Heinrich Heine et cité par Stathis Kouvélakis (2017, 121).

Bibliographie

ARENDT Hannah, 1995, *Qu'est-ce que la politique ?*, Paris, Seuil.

ARENDT Hannah, 2013, *Les origines du totalitarisme. Eichmann à Jérusalem*, Paris, Gallimard.

ARENDT Hannah, 2016, *Responsabilité et jugement*, Paris, Payot.

ARISTOTE, 2014, *Œuvres. Ethiques, Politique, Rhétorique, Poétique, Métaphysique*, Paris, La Pléiade.

BARTHES Roland, 2009, *Journal de deuil*, Paris, Seuil.

BOURDIEU Pierre, 1998, *Contre-feux, Propos pour servir à la résistance contre l'invasion néo-libérale*, Paris, Liber-Raisons d'Agir.

BOSERUP Rasmus Alenius, MARTINEZ Luis, HOLM Ulla, 2014, *Algeria after the Revolts. Regime Endurance in a Time of Contestation and Regional Insecurity*, Copenhague, DIIS.

DE LA BOÉTIE Etienne, 2015, *De la servitude volontaire*, Saint-Denis, Editions Bouchène.

CAMAU Michel, 2006, « L'exception autoritaire ou l'improbable point d'Archimède de la politique dans le monde arabe », *in* E. Picard (dir.), *La politique dans le monde arabe*, Paris, Armand Colin.

CLASTRE Pierre, 2011, *La société contre l'État. Recherches d'anthropologie politique*, Paris, Minuit.

DABÈNE Olivier, GEISSER Vincent, MASSARDIER Gilles (dir.), 2008, *Autoritarismes démocratiques et démocraties autoritaires au XXIe siècle*, Paris, La Découverte.

EDELMAN Murray, 1991, *Pièces et règles du jeu politique*, Paris, Seuil.

GALLISSOT René, 1995, « La purification communautaire », *Les Temps modernes*, n° 580, 100-114.

HACHEMAOUI Mohammed, 2013, *Clientélisme et patronage dans l'Algérie contemporaine*, Paris, Aix-en-Provence, Karthala.

JEUDY Henry-Pierre, 1990, *Le désir de catastrophe*, Paris, Aubier.

KANT Emmanuel, 1985, *Œuvres philosophiques*, tome II : *Des prolégomènes aux écrits de 1791*, Paris, NRF.

KHADRA Yasmina, 2008, *Ce que le jour doit à la nuit*, Paris, Presses Pocket.

KHAPAEVA Dina, 2012, *Portrait critique de la Russie*, La Tour-d'Aigues, éditions de l'Aube.

KOUVÉLAKIS Stathis, 2017, *Philosophie et révolution de Kant à Marx,* Paris, La Fabrique.

LE BON Gustave, 1895, *Psychologie des foules*, Paris, Felix Alcan.

LECA Jean, 1998, « Paradoxes de la démocratisation : l'Algérie au chevet de la science politique », *Pouvoirs*, n° 86, 7-28.
LECA Jean, VATIN Jean-Claude, 1975, *L'Algérie politique. Histoire et société*, Paris, Presses de Sciences-Po.
LEFORT Claude, 1992, *Ecrire à l'épreuve du politique*, Paris, Agora.
LEPETIT Bernard, 1999, *Carnets de croquis. Sur la connaissance historique*, Paris, Albin Michel.
LEVITSKY Steven, WAY Lucan, 2001, *Competitive Authoritarianism. Hybrid Regimes after the Cold War*, Cambridge, Cambridge University Press.
LOMBROSO Cesare, 1887, *L'homme criminel. Étude anthropologique et psychiatrique*, Paris, Felix Alcan.
MARIENSTRAS Richard, 2012, *Shakespeare et le désordre du monde*, Paris, Gallimard.
MICHELET Jules, 1992, *Le peuple*, Paris, Flammarion.
MOSCOVICI Serge, 2013, *Le scandale de la pensée*, Paris, Editions de l'EHESS.
REVAULT D'ALLONNES Myriam, 2012, *La crise sans fin*, Paris, Seuil.
SANSAL Boulam, 2013, *Gouverner au nom d'Allah. Islamisme et soif de pouvoir dans le monde arabe*, Paris, Gallimard.

Introduction

« Na Nigerian government, ee-oh
Dem dey talk be dat, ee-oh
"My people are us-e-less, My people are sens-i-less, My people are indiscipline" ».

(Fela Kuti)

« Il y a à propos de notre pays une véritable guerre des sens, et cette guerre des sens va continuer encore longtemps parce que l'Algérie, comme terrain d'observation, reste un sujet passionnant malgré la difficulté des recherches et [l'emprise] d'une société politique qui verrouille l'accès à l'information et met en scène une vérité travestie afin de protéger son pouvoir ».

(Mohammed Harbi)

Il y a parfois quelque chose de vertigineux dans le fait de se plonger dans la vie politique algérienne, que ce soit au passé ou au présent. Ce n'est pas que ce qui se passe en ce pays soit si différent de ce qui se passe ailleurs, ou incompréhensible ou même dérangeant. Mais plutôt que des analyses diamétralement opposées pullulent sans toujours se confronter. Les voilà qui tourbillonnent, ces fragiles réalités, et désarçonnent celui qui aimerait percevoir le monde comme un bloc, une masse froide et lisse. Mais l'Algérie, que d'aucun ramène pourtant au statut d'état rentier, n'a pas cette simplicité minérale. Elle n'est même pas réductible à quelques aspérités. Les analyses discordantes sont proclamées avec la force d'une opinion définitive par des observateurs attentifs, journalistes, experts ou chercheurs, mais manquent pour triompher dans l'espace public de cette preuve qui donne au diagnostic la force d'une vérité partageable. C'est ainsi que le vertige survient, quand la quête de certitude scientifique se heurte à l'absence d'information fiable.

Le sol se dérobe, les vagues de l'incertitude déferlent. Il faut que l'analyste ait le pied sûr pour résister au tourbillon des faits. Alors, l'étude de l'Algérie force parfois à s'amarrer fermement à ses convictions. Car tout n'est pas mouvant. Il y a des redondances : le « pouvoir » est malfaisant, corrupteur et omnipotent ; les Algériens manquent de discipline ; la révolution a été confisquée ; les Kabyles, eux, sont démocrates ; l'État demeure inachevé ; les hydrocarbures sont une malédiction. Tout cela, nous le verrons dans ce livre, relève de la simplification voire du cliché. Le simplisme participe de la guerre de sens que décrit Mohammed Harbi. Chacune de ces affirmations péremptoires recèle une forme de violence. Ensemble, elles traduisent les déséquilibres et les conflits propres à tout pays. Toutefois, dans un contexte où les informations fiables manquent, où les faits demeurent fuyant, ces clichés deviennent aussi de nouvelles vérités.

Il y a donc une nécessité à combattre la confusion et les simplifications qui font que l'Algérie est souvent réduite à des catégories préconçues (autoritarisme, état rentier, terrorisme) ou recouverte d'un voile de mystère. Les catégories préconçues assèchent l'esprit ; les mystères poussent au fatalisme. Les uns comme les autres doivent être dissipés, et il n'y a d'autre moyen pour cela que d'extirper les informations afin de ramener de la complexité, de la nuance, de la pluralité. C'est ce que Mohammed Harbi lui-même a fait magistralement en publiant ses *Archives de la révolution algérienne* (Harbi, 1981).

Étudier l'Algérie, chercher à multiplier les pistes, les grilles de lectures, les hypothèses, ce n'est pas rendre service au pays. Il n'y a pas lieu de développer pareil complexe du sauveur. Dans tout projet de recherche, l'objet-sujet donne beaucoup plus qu'il ne reçoit. Il est incontestable que « l'Algérie, comme terrain d'observation, reste un sujet passionnant ». Pour le politiste, elle l'est pour de multiples raisons, et notamment du fait de la transformation continue de ses structures économiques et politiques depuis une trentaine d'année. À partir de la mort de Houari Boumédiène en 1978, le système socialiste s'est lentement adapté aux pressions domestiques et extérieures, allant jusqu'à adopter le multipartisme et l'économie de marché. Cette évolution par touches successives fait de l'Algérie un remarquable exemple de conformation sélective à certaines normes globalisées. Car si le régime algérien s'est adapté, c'est aussi pour mieux survivre. Au-delà de la préservation égoïste de leurs intérêts par les élites dirigeantes, cette transformation témoigne donc de la survivance de l'un des thèmes clés de la révolution qui libéra le pays du joug colonial : la défense de la souveraineté. De cet humus du gouvernement découle notamment la logique circulaire qui veut que le pouvoir soit utilisé afin de créer et protéger le pouvoir.

La transformation du système algérien est aussi passionnante parce qu'elle nous interroge sur les limites du contrôle. Ce livre étudie ce que ce processus d'adaptation a d'imprévisible et de conjoncturel. Car la mise à jour du système algérien est le produit d'une dépression économique, d'un soulèvement populaire, d'une guerre civile et d'une décennie de terrorisme résiduel. Elle est le produit d'une crise durable et protéiforme, qui a été à la fois gérée et subie. Si l'incertitude domine, donnant au jeu politique un parfum de post-vérité devenu familier outre-atlantique, c'est le cas aussi bien pour les gouvernés que pour les gouvernants. Bien sûr, les seconds disposent de ressources inégalées, mais ils sont néanmoins confrontés à une contestation sociale permanente poussant l'État-policier à être constamment sur la brèche. Le pays que ce livre décrit apparaît hanté par les spectres du soulèvement de 1988 et de la guerre civile. La globalisation sécuritaire y prend la forme d'une suspension avant le désastre promis à ceux qui osent défier la logique de l'ordre en désobéissant. En bref, l'Algérie a ceci de passionnant qu'elle nous renseigne sur ce que la possibilité permanente de la catastrophe fait à une communauté politique.

Pour un retour de la théorie

De fait, si l'Algérie a souvent été un terrain propice aux investigations de sociologues, d'économistes et bien sûr d'historiens, elle a également nourri les réflexions de nombreux travaux relevant des études politiques au sens large. La reconfiguration accélérée du système à partir de la fin des années 1980 et la descente dans la violence ont ainsi apporté leur lot de radioscopies stimulantes, qu'il s'agisse de l'éclairante collection d'essais de Hugh Roberts (2003) ou de la non moins brillante enquête de Luis Martinez (1998). Plus récemment, Myriam Aït-Aoudia (2015) a livré une remarquable étude de sociologie politique sur l'apprentissage du pluralisme partisan au cours de la brève période d'ouverture précédant le coup d'état de janvier 1992. Au même moment, Jabob Mundy a pour sa part apporté une importante contribution aux études sur la guerre avec son analyse critique de la représentation et de la gestion internationale de la guerre civile algérienne. Enfin, l'étude de la décennie noire a également servi de cadre à d'admirables travaux d'anthropologie étudiant les dimensions culturelles et politiques de la violence et de l'amnistie devenue amnésie (Moussaoui, 2006) ou la production d'une culture du complot devenue régime de vérité (Silverstein, 2002). De par leur violence et leur confusion, les années 1990 algériennes ont largement contribué à la compréhension des phénomènes sociaux et politiques accompagnant la reconfiguration et la désintégration d'une communauté politique.

Mais qu'en est-il de l'Algérie de Bouteflika, à laquelle ce livre est en grande partie consacré ? Au cours de la dernière décennie, des travaux importants ont permis de mieux comprendre la stabilisation du jeu politique au sortir de la guerre civile. On pensera notamment à l'étude d'Isabelle Werenfels (2007) sur la reproduction des équilibres au sein des élites algériennes et à l'enquête ethnographique conduite par Mohammed Hachemaoui (2013) sur les dynamiques locales régissant le système de clientélisme. Au rang des publications éclairantes, on citera également le livre de Francesco Cavatorta (2009) consacré aux dimensions internationales de la restauration algérienne. Enfin, et c'est sans aucun doute le plus grand apport de ces dernières années, une nouvelle génération de chercheurs s'est penchée sur le renouveau des pratiques contestataires, en dépit des contraintes multiples auxquelles les acteurs sont confrontés. Sur ce point, ce livre est notamment redevable aux contributions précieuses de Layla Baamara (2012 ; 2013 ; 2016).

Le renouveau des études sur l'Algérie doit beaucoup aux efforts de sociologues et de politistes ayant réinvestit le terrain, en dépit des difficultés évoquées par Mohammed Harbi et qui seront décrites dans la prochaine section. En revenant à l'observation directe, les chercheurs cités plus haut ont permis de redonner une intelligibilité à la trajectoire algérienne. Pour ce faire, leurs travaux reposent bien souvent sur l'appareillage conceptuel de la science politique contemporaine, notamment axé sur l'étude de « l'autoritarisme » et des « mouvements sociaux ». C'est en cela que le présent ouvrage affirme sa différence. Sans nier aucunement la légitimité et même la nécessité d'une telle orientation de la recherche, ce livre s'efforce de ramener l'ambition théorique au cœur des études politiques sur l'Algérie, et de sortir le pays de la marginalité de l'étude de cas pour lui redonner la puissance de la montée en généralité.

L'Algérie a jadis occupé une place de choix dans l'innovation théorique, avec bien sûr l'œuvre séminale de Franz Fanon, le développement de la sociologie critique grâce aux travaux de Pierre Bourdieu et d'Abdelmalek Sayad, mais aussi avec l'apport d'une philosophie singulière, à la fois sociologique et culturaliste, portée par Malek Bennabi. Le pays fournit encore la manière à de nombreux travaux ayant une forte dimension théorique (Khanna, 2007 ; Young, 2009 ; Davis, 2011), mais ceux-ci se concentrent surtout sur des questions de philosophie, de littérature ou d'esthétique, en adoptant bien souvent une perspective plus historique que contemporaine. L'étude du politique dans l'Algérie de Abdelaziz Bouteflika est en revanche largement cantonnée aux questions traditionnellement posées aux « aires culturelles » : persistance de l'autoritarisme, formes de la résistance, clientélisme et corruption, violence, place des femmes ou des jeunes, transition économique. Encore une fois, ces questions sont essentielles et cet ouvrage y consacrera une grande partie de ses développements. Mais il s'engage aussi à proposer des grilles de lectures nouvelles, en assumant pleinement les risques qui accompagnent ce genre d'approche théorique. À sa modeste échelle, il s'inspire des travaux d'Achille Mbembe (2001), de Béatrice Hibou (2006) ou encore de Fernando Coronil (1997), qui, chacun à leur manière, proposent une piste nouvelle permettant de saisir la fabrique des imaginaires politiques en contexte postcolonial.

Le retour à la théorie, et plus encore à la théorie critique, est rendu impérieux par l'objet même de l'enquête. Cet ouvrage s'efforce d'élucider une configuration où le péril existentiel – réel ou supposé – joue un rôle central. La catastrophe suspendue va de pair avec un certain nombre de violences physiques, économiques mais aussi symboliques, lesquelles ont permis la reconfiguration du système politique. Or, la théorie critique se caractérise justement par l'impératif de transformer la crise en savoir, et de permettre le dépassement de la fatalité, de la catastrophe suspendue, en réaffirmant la possibilité d'un futur libéré de la violence présente (Brown, 2005, 15). Sans tomber dans les pièges du vœu pieux, ce livre souligne donc certaines impasses interprétatives présentes et participe à l'exploration des possibles, par-delà le spectre du désastre imminent.

La quête du chiffonnier

L'idée d'un retour à la théorie n'est pas sans évoquer une forme de transcendance éloignée des réalités du terrain. Inversement, la limitation de la recherche aux faits et à la vérité brute de son objet a pour sa part été soumise à rude critique, notamment dans la lignée de la sociologie latourienne. Pour rendre compte avec acuité de la configuration algérienne, il semble néanmoins fondamental de sortir d'un débat stérile opposant abstractionnisme et positivisme. Une analyse ambitieuse de l'Algérie d'Abdelaziz Bouteflika ne peut en effet faire l'impasse sur l'expérience du terrain. Ce livre s'appuie ainsi sur des données empiriques originales récoltées dans le cadre d'un travail d'enquête et d'observation sociologique effectué de 2008 à 2014. Il faut en premier lieu voir dans cette démarche qualitative, participante et immersive une entreprise de découverte, qui permet de comprendre ce dont on ambitionne de parler par le contact direct (Becker, 1970, 13). L'ouvrage tout entier est guidé par la recherche d'un équilibre difficile. Ses développements théoriques pourront éventuellement donner l'impression d'une certaine asymétrie, la montée en généralité n'étant pas toujours conforme à l'exigence de la preuve. Mais c'est là le prix à payer pour produire une explication ambitieuse tout en gardant le contact avec la réalité de l'objet. Parallèlement, le recours à la description et la narration à la première personne pourra nourrir la méfiance à l'égard d'un style par trop « journalistique ». Pourtant, c'est là encore le meilleur moyen de rappeler ce que l'idée doit au terrain et à l'observation.

Écrire un ouvrage à la première personne n'est certes pas une pratique conforme aux usages de la science politique. Cela permet toutefois de rendre compte de certaines des difficultés évoquées par Mohammed Harbi. Il me faut préciser que ce travail trouve ses fondements dans une rencontre avec l'Algérie qui tenait plus d'un heureux hasard que d'une démarche planifiée ou d'un quelconque devoir de mémoire. De ce point de départ fortuit, il découle notamment que je me suis trouvé au début de l'enquête dans une position d'*outsider*, synonyme à la fois d'atouts et de handicaps. Si cette position a le mérite d'autoriser un regard neuf, épargné par une trop grande imprégnation par les conflits propres au système social, elle renvoie dans le même temps à un contexte historique particulier. En plus de la configuration postcoloniale franco-algérienne, la présence d'un chercheur « occidental » dans un pays « arabe » est indissociable des dynamiques géopolitiques liées à la « guerre contre la terreur » (Ménoret, 2014, 12-16). Cette position suspecte explique la méfiance de certains interlocuteurs, sur laquelle je reviendrai dans le premier chapitre. Elle implique également que l'accès à certains lieux et certaines informations m'était rendu plus difficile, dans un pays marqué par un fort contrôle policier et bureaucratique. En général, la narration à la première personne autorise une démarche réflexive dans la tradition du constructivisme structuraliste. Il ne s'agit certes pas de céder à une tentation narcissique, mais simplement de reconnaître le chercheur comme un objet – très secondaire – de sa propre étude, y compris quand il s'agit de ses limites, de ses préjugés et de ses inconforts (Becker, 1970, 236).

L'enquête en elle-même pose d'autres questions légitimes. En effet, comment justifier le recours à l'observation sociologique dans le cade d'un travail qui couvre quinze années de la vie d'un pays de 38 millions d'habitants, le premier d'Afrique et du monde arabe par la taille ? Il est impossible, en effet, de prétendre à l'empirisme d'une enquête plus limitée. Pour autant, il faut bien que le chercheur dirige son regard quelque part. Sous cet angle, le choix de concentrer mes entretiens semi-directifs sur les porteurs d'un discours critique m'a permis de comprendre les difficultés à proposer une alternative quand la crise dure, et de décrire la phase de latence du point de vue de ceux qui cherchent à transformer l'ordre de l'extérieur. En dirigeant mon attention vers ces acteurs, je me suis trouvé de surcroît dans une situation où je pouvais plus aisément observer les pratiques concrètes des interviewés et poser des questions plus dérangeantes. Le risque de me voir enfermer dans des discours d'institutions formatés était moindre, d'autant que j'ai vite constaté que je ne disposais pas des ressources, des informations et de l'autorité nécessaires pour poser des « questions qui fâchent » à des acteurs plus « imposants » (Laurens, 2007). Les individus interviewés ne sont donc pas des membres éminents des partis gouvernementaux ou des services, mais plutôt des acteurs qui subissent les effets de la crise qui dure, et tentent d'y répondre à leur échelle. La trentaine d'enquêtés cités dans ce livre sont des membres de divers partis d'opposition (berbéristes, libéraux, islamistes, trotskystes), des acteurs engagés, syndicalistes ou associatifs, mais aussi des individus qui ont rompu avec la politique ou repensé leur engagement. Par ailleurs, dans le soucis de sortir du cadre rigide de l'entretien, une place importante sera donnée aux observations *in situ* qui permettent de saisir par petites touches les pratiques quotidiennes des acteurs.

La peinture impressionniste d'un paysage social et politique demande un surcroît de travail interprétatif. Il faut que les morceaux du terrain soient rapprochés les uns des autres, et qu'une cohésion émerge de l'ensemble sans que la théorie n'impose sa vérité arbitraire. Sous cet angle, plutôt qu'à la rigueur du scientifique de laboratoire, dont l'empirisme appelle l'auto-limitation, c'est d'une certaine manière à la quête du chiffonnier, à Walter Benjamin en « collectionneur de loques » assemblant les vestiges du temps pour mieux faire ressortir du sens, que cette enquête s'apparente (Didi-Hubermann, 2000, 99-111). Ce livre tire sa substance des témoignages fragmentés de ceux qui, s'ils ne s'avouent pas vaincus, cherchent le moyen de sortir du cycle de la domination. Ensembles, de Tizi Ouzou à Alger, de Ghardaïa à Chlef, les interviewés décrivent la routine d'une crise latente qui étreint l'Algérie d'Abdelaziz Bouteflika. Loin d'appartenir à une classe sociale ou à une catégorie de professionnels ou de militants visée consciemment, ils se sont bien souvent imposés à moi par le fragment de vérité que recelait leur témoignage. Je suis ainsi intervenu en chiffonnier, comme organisateur d'une expérience « en lambeaux » (Berdet, 2012). C'est ainsi que j'ai pu trouver dans ces témoignages discontinus la matière qui a fécondé la réflexion présentée dans cet ouvrage, tout en m'efforçant de respecter la complexité d'une mosaïque historique, sociale et politique. De la sorte, j'espère proposer une peinture nuancée, qui prendra en compte différents aspects de la « guerre de sens » évoquée par Mohammed Harbi, sans qu'elle se trouve happée par les luttes de pouvoir qui caractérisent cette configuration.

Le livre

Ce livre se fixe des objectifs pragmatiques, en premier lieu celui de faciliter la compréhension d'un pays qui, du fait de contingences historiques, est devenu difficilement lisible. Afin de lever le voile de l'inintelligibilité, il prend le parti d'étudier l'Algérie d'Abdelaziz Bouteflika comme le produit d'une crise systémique de longue durée, ayant impacté l'ensemble de la société. Si le Gouvernement algérien semble avoir organisé à partir de 1999 une amnésie sous couvert d'amnistie, je démontre au contraire que c'est bien l'omniprésence du souvenir de la décennie noire qui sert de socle à l'ordre politique rénové. C'est par les réformes imposées à partir des années 1980 que le système s'est reconfiguré pour intégrer les acteurs critiques, les coopter ou les réduire à une forme d'impuissance. C'est au nom de la lutte contre le chaos qui menace toujours que la population est infantilisée par des élites paternalistes, et confrontée au déploiement d'un État de plus en plus policier et de moins en moins redistributeur. En bref, en étudiant les conséquences concrètes d'un imaginaire du désastre hérité de la décennie noire, ce livre démontre l'apparition d'un gouvernement de la crise, où la permanence du risque existentiel sert à la gestion d'une population et d'un territoire.

Le premier chapitre a une triple vocation introductive. J'y propose d'abord un aperçu historique de la configuration critique algérienne, depuis la fin des années 1980 jusqu'aux élections présidentielles de 2014, en m'appuyant sur une périodisation en trois temps (prémices, climax, latence). J'introduis ensuite la notion de crise telle qu'elle est utilisée dans cet ouvrage, et les différentes problématiques associées à cet axe de recherche. Enfin, ce chapitre permet une première plongée dans l'Algérie d'Abdelaziz Bouteflika, à travers une série d'observations réalisées au printemps 2014. En laissant le terrain parler de la sorte, un certain nombre de questions émergeront et trouveront leurs réponses dans les chapitres suivants.

Si le régime n'est pas le centre d'intérêt principal de ce livre, les dynamiques qui le travaillent demeurent fondamentales pour comprendre la possibilité de la catastrophe. Les deux chapitres qui suivent ont aussi comme objectif de montrer comment la coalition dirigeante algérienne s'est reconfigurée à la faveur d'une crise de longue durée. Le second chapitre se concentre sur les principaux pôles du pouvoir en Algérie, à savoir la présidence et l'armée. J'y étudie le positionnement de ces deux institutions en recours ultimes contre le péril existentiel, mais aussi la production de l'inquiétude par la rumeur persistante d'une confrontation entre Abdelaziz Bouteflika et certains généraux. La troisième partie vise à élargir notre compréhension du « Pouvoir » en Algérie, en incluant un certain nombre d'acteurs associés à la distribution et à la sécurisation des bénéfices (technocrates, nouveaux capitalistes). Tout en démontrant l'importance du clientélisme et de la corruption, j'y réfute notamment toute explication culturaliste. Par ailleurs, ces deux chapitres me permettent d'introduire la notion de « cartel », utilisée pour décrire les mécanismes de cohésion, de négociation et d'exclusion de la coalition dirigeante.

Je me tourne ensuite vers l'ouverture du système politique et médiatique opérée depuis la fin des années 1980, dans un contexte de défiance croissante à l'égard des dirigeants. L'enjeu est de comprendre comment l'impact de la libéralisation de la compétition instituée et de l'apparition d'un espace public favorable à l'expression de la critique a été limité. Le quatrième chapitre étudie ainsi la construction d'une alliance gouvernementale allant bien au-delà du Front de libération nationale. Pour comprendre comment la guerre civile a justifié le ralliement au régime au nom de la « responsabilité », je me concentre sur le cas d'un mouvement islamo-conservateur ayant fourni plusieurs ministres au gouvernement. La capacité du régime à inclure de nouvelles organisations partisanes nourrit l'impression d'une « démocratie de façade » et un large rejet de la politique. Ainsi, la partie suivante démontre que la libération de la parole critique se heurte à un certain nombre de dispositifs limitant la capacité de nuisance des oppositions. En plus des blocages administratifs, partis et journalistes doivent faire face à une répression imprévisible, une justice d'exception rendue au nom du péril existentiel auquel serait confronté le pays. Afin de comprendre l'isolement des alternatives politiques, ce chapitre analyse plus particulièrement la situation du sous-champ berbériste.

Finalement, les deux derniers chapitres étudient l'impact de la latence de la crise au quotidien. La sixième partie est consacrée à la routinisation d'un processus qui impacte les stratégies contestataires. À travers l'exemple du Comité national de défense des droits des chômeurs, je montre comment certains mouvements sociaux s'efforcent d'exister dans l'espace public en dépit de la répression et des accusations de manipulation, mais aussi comment ce type de mobilisation peut être noyé par un quotidien critique où toutes les formes de contestation sont amalgamées. Ce chapitre développe également les notions de fatigue sociale et de gestion par le manque, pour comprendre la manière dont la crise permet le maintien du *statu quo*, en dépit d'un mécontentement populaire persistant. Enfin, le dernier chapitre se concentre sur le volet symbolique de la crise, et notamment sur la difficulté à faire sens de la situation du pays après la décennie noire. La confusion et la suspicion sont renforcées par la violence passée et par l'absurdité présente. Pourtant, en dépit de la difficulté à dégager un sens partageable, j'insiste sur la récurrence des analyses relevant d'une forme postcoloniale de psychologie sociale. Pour expliquer la crise dans ses volets politiques, économiques ou sociaux, les diagnostics culturalistes et psychiatriques se multiplient, naturalisant l'ordre politique et justifiant des entreprises disciplinaires visant une population infantilisée.

En lisant l'Algérie de Bouteflika au prisme de la catastrophe suspendue, cet ouvrage propose donc un certain nombre de clés de lectures originales. Pour autant, il ne s'agit pas seulement d'offrir une perspective nouvelle sur le pays. L'Algérie, plus que jamais, y a valeur d'exemple passionnant, de modèle dont les enseignements multiples doivent permettre une meilleure compréhension d'un gouvernement de la crise qui s'est répandu aux quatre coins du globe.

Chapitre 1

Une crise sans fin ?

« La crise réside justement dans le fait que le vieux se meurt et que le jeune hésite à naître : pendant cet interrègne, toutes formes de maladies se manifestent ».

(Antonio Gramsci)

« Jamais campagne électorale n'aura déployé un tel cynisme dans un pays pourtant familier des coups de force. [...] Pour nous parler, ils ont sorti cette langue intime qu'ils utilisaient jusqu'alors dans le cadre feutré de leurs salons pour parler de leurs chauffeurs et de leurs femmes de ménages. « *Chaab erkhiss* », « peuple de rien », « va nus pieds », « 'aryens », « tubes digestifs », « *ra'i*, bergers » qui ne comprennent que le langage de la force ».

(Ghania Mouffok)

Plutôt que de céder à la facilité que suggère la polysémie du terme, établissons d'emblée que ce qui définit la crise, ce sont ses enjeux existentiels à plusieurs niveaux (le pays, le régime, le parti, l'individu). La période qui nous intéresse se caractérise ainsi par l'empreinte laissée par la guerre civile sur les subjectivités et les pratiques des acteurs, avec en arrière-fond l'idée que le chaos ne cesse de menacer. L'Algérie semble ainsi bloquée à l'orée de la mort, acculée à préserver à tout prix la stabilité afin d'éviter la libération de forces morbides tapies au cœur de la psyché nationale. Cela, bien sûr, relève de l'imaginaire plutôt que du factuel. Il est néanmoins remarquable qu'un problème politique soit à ce point incarné par une personnalité, en l'occurrence Abdelaziz Bouteflika. Quelle meilleure allégorie de la crise latente que ce président incapable de se mouvoir, incapable même d'aller au bout de son discours d'investiture ? Les images ont de quoi laisser perplexe. Comment un pays qui représentait jadis les velléités émancipatrices du Tiers monde a-t-il pu donner naissance à ce système ubuesque, où un leadership insaisissable s'incarne dans le corps d'un vieillard impotent, où le rejet des élites nourrit l'attente anxieuse d'un bouleversement qui ne saurait être que terrible ? En Algérie assurément, la « tête symbolique de l'État » (Linz, 1990, 52) joue plus que jamais son rôle de représentation d'un ordre qui semble à la fois persistant et vacillant.

Si l'image est remarquable, elle est aussi trop commode. En effet, il s'agit de ne pas faire d'Abdelaziz Bouteflika plus qu'un symbole. Si l'homme a évidemment acquis un grand pouvoir, il n'est qu'un homme dans une coalition dirigeante particulièrement fragmentée contrôlant un État moderne et sectorisé. Ce livre parle de l'Algérie au cours des trois premiers mandats d'Abdelaziz Bouteflika (1999-2014), et non du président lui-même. Son ambition est de décrire la reconfiguration d'un ordre politique en comprenant les dimensions objectives et subjectives d'un processus critique. À cette fin, ce premier chapitre propose une périodisation de la crise algérienne et se termine sur quelques observations réalisées à l'occasion des élections présidentielles de 2014. En plus d'une définition de la notion de crise, il permet d'introduire certains questionnements clés pour les chapitres suivants.

Une crise en trois temps

Le fait de parler de la crise comme d'un processus ayant une dimension subjective et persistante peut générer une interrogation légitime. Dans son étymologie grecque, le terme « *krisis* » renvoie à plusieurs acceptions désignant une action (jugement, choix, contestation) ou un événement décisif (l'issue d'une guerre, la phase aiguë d'une maladie) (Brown, 2005, 5-7). Les sciences sociales reconnaissent largement à la crise cette nature événementielle et disruptive. Comment expliquer que ce qui devait désigner une rupture en vienne à qualifier une longue période d'incertitude ? Cela ne veut certes pas dire que les événements pris individuellement cessent d'être potentiellement décisifs, mais seulement que leur succession traduit la persistance de tensions irrésolues et légitime des discours catastrophistes redondants. Une brève chronique des trente dernières années me permettra de décrire cette transformation du ponctuel en résiduel.

Les prémices

Dans sa dimension objective, la crise n'apparaît pas *ex-nihilo*. Elle est la conséquence de déséquilibres déjà présents dans le système social. Ici, il faut commencer par souligner les circonstances de l'accession à l'indépendance de l'Algérie, en particulier la déstructuration de la société et la dépendance à l'égard de l'ancienne métropole. Néanmoins, après l'indépendance actée le 5 juillet 1962, l'élan tiers-mondiste promettait un futur brillant, synonyme d'émancipation et de fierté nationale. Contre les chroniques aigres qui ne comptent que les échecs de l'Algérie indépendante, il faut donc rappeler que le pays a été à la pointe de cet effort utopique de rééquilibrage du monde. Si l'idée d'un échec est parfois évoquée dans ce livre, ce n'est pas en tant que jugement *a posteriori*, mais en tant que représentation partagée par de nombreux acteurs affectés par les trente dernières années.

Inversement, il faut aussi se méfier d'une représentation enchantée des années 1970, telle qu'elle est souvent proposée par certains discours nostalgiques. De fait, si l'ambition du programme développementaliste mis en œuvre sous Houari Boumédiène (1965-1978) était de parvenir à une indépendance effective du pays, celui-ci a également participé à la transformation brutale de la société sous l'effet de la planification bureaucratique. Or, les politiques d'industrialisation n'ont pas suffi à absorber la formidable croissance démographique (de 11,8 millions d'habitants en 1966 à 16,6 millions en 1977), et ont entretenu des migrations internes débouchant sur la désarticulation de l'économie rurale et un déficit de logements dans les nouveaux espaces urbains (Mutin, 1980). Confronté à divers écueils, le pays ne put jamais « réussir son industrialisation », selon la formule de Gérard Destanne de Bernis (1971), ce qui explique sa dépendance toujours persistante à l'égard des hydrocarbures. Ainsi, loin d'être apparus dans les années 1980 sous la présidence vivement critiquée de Chadli Bendjedid, les premiers signes d'un déséquilibre structurel, notamment sur le plan économique, étaient perceptibles dès la décennie précédente, avec des répercussions sur les plans social et politique. Tant la dégradation progressive des espaces urbains que l'occurrence de plus en plus fréquente de mouvements de contestation ouvriers traduisaient déjà ce que le sociologue Saïd Chikhi voyait comme une « crise du système social global algérien » (Chikhi,1995). Pour autant, les développements ultérieurs n'avaient rien d'inévitables.

La fragilité des équilibres politiques est un autre facteur de poids. Houari Boumédiène lui-même n'avait pas réussi à unifier des élites dirigeantes divisées depuis le début du combat indépendantiste. S'il avait poussé à son maximum la concentration et la personnalisation du pouvoir politique en Algérie (Quandt, 1998, 24), cela allait de pair d'une part avec son isolement, d'autre part avec la remise en cause des équilibres après sa mort en décembre 1978. En témoigne le sort réservé à son fidèle ministre des Affaires étrangères et dauphin putatif, Abdelaziz Bouteflika, qui connut rapidement les affres d'un procès pour malversation financières suivi d'un exil forcé. Parallèlement aux affrontements entre élites dirigeantes, le début de la décennie suivante fut accompagné d'une revitalisation de la contestation politique, portée notamment par des revendications identitaires dans un contexte de marasme culturel affectant particulièrement la jeunesse (Carlier, 1995, 343 et *sq.*). Le printemps berbère de 1980 puis le grand meeting islamiste de 1982 à Alger marquèrent la ré-émergence d'oppositions radicales au régime. Un premier maquis islamiste vit le jour sous le commandement de Moustafa Bouyali. Cet ancien combattant (*moudjahid*) de la guerre de libération avait décidé de prolonger la lutte anti-coloniale dans un djihad mené contre un gouvernement perçu comme athée, accusé d'avoir abandonné de larges portions de sa population et notamment le sous-prolétariat urbain (Evans, Phillips, 2008, 129-132).

En effet, tandis que le nouveau président Chadli Bendjedid (1979-1992) lançait un *aggiornamento* économique à défaut de réformer le système du parti unique, l'enrichissement ostentatoire de la bourgeoisie d'État heurtait de plein fouet la paupérisation des urbains, renforçant le sentiment de trahison des promesses développementalistes. Dans des villes en croissance constante, les problèmes socio-économiques s'aggravaient, qu'il s'agisse du chômage, du manque de logements ou encore des pénuries d'eau potable (Sari, 1993). Seul à même de subvenir aux demandes populaires, l'État demeurait dépendant de la rente gazière. Or, celle-ci s'était tarie à la suite du contre-choc pétrolier de 1985-1986. La contraction des recettes budgétaires s'accompagna alors mécaniquement d'une augmentation de la dette extérieure, d'une baisse des importations et d'une inflation croissante (Benderra, 2002). Dans ce contexte, les émeutes déjà récurrentes laissaient paraître un mécontentement qui ne tarda pas à donner sa pleine mesure.

Le climax

Les conditions structurelles du déclenchement de la crise étaient réunies. Celle-ci trouvait ses racines dans la violence coloniale, dans la conjonction de facteurs macro-économiques et politiques, ainsi que dans les évolutions propres à la société algérienne, notamment la forte croissance démographique. Toutefois, les structures ne permettent pas de tout expliquer. L'emballement du processus et la montée de la violence furent aussi la conséquence d'épisodes imprévisibles qui remirent en cause tant la légitimité des dirigeants que les principes qui organisaient la société. En d'autres termes, la crise dans sa dimension objective implique la conjonction de phénomènes accidentels et de conflits sous-jacents. Elle se nourrit d'événements qui sont à la fois symptomatiques et conjoncturels.

Le contre-choc pétrolier est assurément un moment clé dans la dégradation de la situation économique algérienne, mais c'est en 1988 que le pays bascula dans le climax de la crise. La séquence dramatique qui s'ouvrit cette année là illustre l'importance des contingences dans le déclenchement du processus. Durant l'été, alors que Chadli Bendjedid se remettait d'un accident de ski nautique, des rumeurs récurrentes évoquaient des luttes au sommet de l'État ayant pour possible objectif le remplacement du président. Le 19 septembre 1988, ce dernier sortit de sa retraite pour prononcer un discours particulièrement virulent au Palais des Nations du Club des Pins dont voici un extrait tel qu'il fut publié dans *El Moudjahid* en 1988 :

> Nous ne devons pas nous leurrer par les rapports présentés car le devoir nous dicte [...] de combattre tous les maux et les carences dont souffrent les secteurs. Nous citerons le gaspillage, les lenteurs bureaucratiques, l'inertie, le monopole de l'autorité, l'absence des instances d'État pour le contrôle et les sanctions à prendre contre quiconque se joue des prix. Il y a lieu de remarquer que les instances de l'État sont peu efficaces dans le contrôle et le suivi, ce qui engendre l'incapacité de maîtrise de l'économie nationale et fait que les questions de compétence se posent à tous les niveaux [1].

Cette prise de parole, largement relayée par la presse nationale, est un moment déterminant. Elle confirmait l'ampleur des tensions au sein du régime et sanctionnait le déplacement du conflit des terrains économique et social vers l'arène politique, avec pour enjeu notable une opposition croissante entre la vieille garde du Front de libération nationale (FLN) et la présidence.

En cet automne 1988, l'Algérie entrait dans une phase de dramatisation du jeu politique alimentée par les choix des acteurs au sein du régime et dans ses oppositions. Depuis quelque temps déjà, la machine répressive s'était enclenchée contre les militants de gauche. Le 4 octobre 1988, des jeunes gens des quartiers populaires d'Alger manifestèrent leur colère et affrontèrent la police, notamment à Bab El-Oued. Le lendemain, le mouvement gagna le reste de la capitale, s'étendit à la Mitidja voisine et atteignit les cités dortoirs où avaient été relogés les habitants évacués des bidonvilles. La contestation touchant jusqu'à Annaba à l'Est et Oran à l'Ouest, le choix du gouvernement de faire appel à l'armée déboucha sur une répression sans précédent [2]. Ce fut une rupture symbolique majeure : l'Armée nationale populaire (ANP), qui se revendiquait comme la continuatrice du combat révolutionnaire, ouvrit le feu sur le peuple célébré par l'histoire dominante. Le 10 octobre, après une nouvelle fusillade mortelle consécutive à une manifestation encadrée par des islamistes à Alger, Chadli Bendjedid annonçait des réformes profondes.

Par-delà le caractère exceptionnel des tensions entourant la présidence et la disproportion de la répression, on ne peut pas déconnecter le soulèvement populaire d'octobre 1988 des déséquilibres socio-économiques et des pratiques contestataires pré-existantes. Saïd Chikhi souligne que le pays avait connu plus de 1400 mouvements de grèves entre octobre et décembre 1988, conduisant à des affrontements récurrents entre grévistes et forces anti-émeutes. Le désenchantement des travailleurs avait débordé de l'usine pour rencontrer la colère des jeunes émeutiers (Chikhi, 2001). Le soulèvement d'octobre 1988 se trouve ainsi au croisement de contingences politiques, de déséquilibres structurels et du développement des pratiques contestataires et répressives.

---

1. Cité dans *Le Quotidien d'Oran*, 19 septembre 2009.
2. Le bilan officiel fait état de 157 victimes. L'Association des Victimes d'Octobre en dénombre 314, *El Watan*, 6 octobre 2007.

La phase de dramatisation est indissociable d'une libéralisation et de l'intensification de la concurrence politique qui l'accompagna. En effet, les réformes promises par Chadli Bendjedid débouchèrent sur la rédaction d'une nouvelle constitution adoptée dès février 1989. Néanmoins, l'instabilité politique persista, tant du fait des contradictions internes du régime que du renforcement de son principal compétiteur, le Front islamique du salut (FIS). Bien que le mouvement islamiste soit initialement « indéterminé », c'est-à-dire constitué dans un contexte d'opportunité afin d'« unifier le message » contestataire prêché dans les mosquées plutôt que pour conquérir le pouvoir (Aït-Aoudia, 2006), ses porte-paroles s'approprièrent progressivement les valeurs d'ordre et de défense de la communauté. Rendus ambitieux après leur victoire aux municipales de 1990, les dirigeants islamistes firent parader leurs propres services de sécurité, constitués en partie de vétérans revenus d'Afghanistan. Des milices virent le jour pour faire régner l'ordre islamique dans certains quartiers. En s'attribuant le droit de définir le légal et l'illégal et d'exercer une violence « légitime », le FIS s'affirma comme un véritable concurrent de la coalition qui tenait l'État algérien, et donc comme un adversaire potentiel (Aït-Aoudia, 2015 ; Martinez, 1998).

En dépit d'efforts pour trouver des « solutions institutionnelles de sortie de crise » à travers un mélange d'ouverture et de consultation (Dobry, 1986, 211 et sq.), une série de choix stratégiques alimentèrent la dramatisation du jeu politique en 1991, dans un contexte international marqué par de vives tensions liées à la Guerre du Golfe. Au plan national, le gouvernement Hamrouche concocta une nouvelle loi électorale instaurant un découpage favorable au FLN en prévision des législatives à venir. En réponse, le FIS entama une grève insurrectionnelle afin d'obtenir le retrait de la loi et une présidentielle anticipée au mois de juin. Ce mouvement déboucha sur la proclamation de l'état de siège, la démission de Hamrouche et l'arrestation des leaders islamistes Abassi Madani et Ali Belhadj. Après une relative baisse de la tension et une nouvelle tentative de concertation durant l'été impliquant certains éléments de la direction du FIS, la crise allait repartir de plus belle avec les élections législatives de décembre. Suite à la victoire annoncée du mouvement islamiste dès le premier tour, l'état-major de l'ANP prit prétexte d'une mobilisation citoyenne en faveur de la défense du caractère laïc de l'État pour intervenir. Le 11 janvier 1992, les rues de la capitale étaient occupées par l'armée et Chadli Bendjedid poussé à la démission. Le 12, le Haut Conseil de Sécurité décidait de l'annulation du second tour du scrutin. Le 14, un Haut Comité d'État (HCE) était créé pour parer à la vacance du pouvoir exécutif. Mohamed Boudiaf, l'un des leaders historiques de l'insurrection du 1er novembre 1954, était rappelé pour l'occasion d'un exil de près de trente ans et placé à sa tête. Après avoir dressé un constat alarmant sur la crise « d'une ampleur considérable » traversée par le pays et appelé à un

« changement radical » (Bennoune, 1996, 163), ce dernier proclama l'état d'urgence en février 1992, lançant à cette occasion une répression massive des militants islamistes. Il fut assassiné moins d'un semestre plus tard par un membre des troupes d'élites chargées de sa sécurité.

Après le coup d'État, l'interdiction du FIS, la proclamation de l'état d'urgence, l'assassinat de Boudiaf puis l'attentat à l'aéroport d'Alger en août 1992 illustrent ce crescendo dans la violence politique qui conduisit le pays vers la guerre civile (1992-1999). Cet enchaînement démontre à nouveau le rôle des choix pragmatiques, cyniques ou idéalistes faits par des acteurs situés dans l'État et en-dehors, qu'ils soient islamistes radicaux ou défenseurs auto-proclamés de la laïcité.

Il serait vain de tenter de résumer le conflit qui suivit en quelques lignes. J'ai d'abord essayé dans les pages précédentes de montrer l'enchevêtrement de l'imprévu, du stratégique et du structurel, qui déboucha sur la mise en péril de l'ordre politique. Disons brièvement que la guerre civile a causé la mort de 150 à 200.000 personnes et donné lieu à des formes de brutalité exceptionnelles dans la région (Bozerup, 2008 ; Martinez, 1998 ; Moussaoui, 2006). Elle a également été marquée par la déstructuration du champ politique, un exode sécuritaire vers les grandes villes comme Alger ou Oran, une confusion entourant l'identité des acteurs de la violence, et finalement par l'accentuation de la fragmentation de la société algérienne. Il faut encore ajouter au bilan de cette « décennie noire » le programme d'ajustement structurel (PAS) mis en œuvre sous la direction du Fonds monétaire international et de la Banque mondiale, dans un contexte économique marqué par l'inflation et une croissance quasi-nulle [3]. Ainsi, à la fin des années 1990, l'espoir d'une sortie de crise prochaine ne demandait qu'à être incarné.

La latence

Ce n'est pas à Abdelaziz Bouteflika qu'il est revenu de poser les premiers jalons d'un règlement du conflit, mais à son prédécesseur, Liamine Zeroual. Devenu président du HCE et donc chef de l'État en 1994, le général à la retraite fit voter la loi sur la *rahma* (clémence) à destination des repentis et organisa le retour de la « légitimité populaire » en remportant l'élection présidentielle de 1995. Notamment destinée aux partenaires internationaux, cette normalisation politique largement mise en scène favorisa la marginalisation des critiques du régime (Garon, 1998). C'est encore sous la présidence de Liamine Zeroual que fut libéré Abassi Madani, aux termes de négociations avec les représentants de

---

3. D'après les données du FMI, entre 1985 et 1995, le PIB algérien a connu une hausse négligeable d'environ 0,4 % (FMI, 2003).

l'aile politique du FIS, puis de l'Armée islamique du salut, son bras armé, qui annonça un cessez-le-feu unilatéral pour le 1er octobre 1997. Toutefois, au terme d'un moment d'intensification de la conjoncture critique marqué par une vague de massacres de populations civiles commis par le Groupe islamique armé (GIA) et un scandale au sommet de l'État sur lequel je reviendrai dans le prochain chapitre, Liamine Zeroual fut contraint à la démission. C'est ainsi qu'Abdelaziz Bouteflika devint président de la République algérienne en avril 1999.

Depuis cette date, le nouveau président a entrepris de refermer la page de la guerre civile, qualifiée de « tragédie nationale », par le biais de deux référendums pour la « concorde civile » en 1999 et la « réconciliation nationale » en 2006, lesquels ont suscité une très large adhésion populaire. Durant les trois premiers mandats d'Abdelaziz Bouteflika, le gouvernement algérien a aussi mené à bien plusieurs grands projets symboliques, tels que l'autoroute Est-Ouest ou le métro d'Alger. Il a multiplié les grands plans pour pallier le déficit de logements et d'infrastructures ou les difficultés des jeunes à accéder à un emploi. D'un point de vue des statistiques économiques, la situation semble s'être considérablement améliorée puisque le PIB nominal a presque triplé entre 2000 et 2010, une croissance suivie par les activités hors hydrocarbures. Le taux de chômage officiel se situe à environ 10 % en 2010 alors qu'il était évalué à près de 30 % dix ans plus tôt [4]. Toutefois, ces « performances » économiques reposent avant tout sur un gonflement des dépenses publiques, elle-mêmes financées par les hydrocarbures. Dans ce contexte, en plus de l'inflation toujours galopante, la dépendance à la rente reste une constante et le spectre d'un retournement de conjoncture ne cesse d'alimenter des prédictions plus que pessimistes ramenant le pays aux heures sombres de la dépression des années 1985-1995 (Nabni, 2013, 27-29). Toutefois, le risque d'une hypothétique récession ne suffit pas à affirmer que la crise se poursuit.

Outre la fragilité économique qui fait le lit des oracles catastrophistes et des promoteurs d'un agenda libéral, l'idée d'une latence de la crise repose aussi sur la permanence de l'instabilité politique, en dépit des trois réélections d'Abdelaziz Bouteflika. Il apparaît en effet que le retour progressif de la concorde, d'un gouvernement en apparence civil et des moyens budgétaires de l'État, n'ont pas mis fin aux interrogations qui entourent la force, la cohésion et la légitimité du régime. De ce point de vue, le premier mandat d'Abdelaziz Bouteflika nous offre au moins deux épisodes témoignant d'une soudaine intensification des contradictions et d'une montée de l'incertitude, et donc

---

4. Pour les statistiques de 2000 cf. l'« Examen de la situation économique des partenaires méditerranéen de l'UE » publié en janvier 2003 par la Direction générale des Affaires économiques et financières. Pour celles de 2010, cf. les chiffres publiés par l'Office national des statistiques algérien (http://www.ons.dz/).

d'une nouvelle remise en cause de la capacité du système à perdurer. Tout d'abord, au printemps 2001, l'assassinat dans une caserne de gendarmerie du lycéen Massinissa Guerma déclenche un soulèvement sans précédent en Kabylie, une région montagneuse située à une centaine de kilomètre d'Alger qui avait déjà été l'épicentre du printemps berbère en 1980. Compte tenu de l'absence de réponse politique et de la répression meurtrière, le mouvement se radicalise, débouchant sur une série d'émeutes et une manifestation à Alger – qui compte une forte communauté kabyle – en juin 2001, à nouveau réprimée dans le sang. Le mouvement de contestation durera plus d'un an, exacerbant les revendications identitaires en Kabylie, révélant la persistance de la violence d'État et mettant le nouveau président en porte-à-faux avec les partis berbéristes (Aït Kaki, 2004a ; Chabani, 2001 ; Semprun, 2001).

Une seconde période d'instabilité accompagne la fronde du Premier ministre et secrétaire général du FLN Ali Benflis contre Abdelaziz Bouteflika à partir de 2003. L'ancien parti unique vient alors de redevenir le premier parti politique du pays après avoir été « puni » pour ne pas avoir soutenu le coup d'État de 1992. Le limogeage de Benflis et la reprise en main du FLN par le biais judiciaire ne suffisent pas à mettre un terme à une situation qui révèle la permanence d'antagonismes très vifs au sein du régime, et notamment entre l'état-major et la présidence. Si ce chapitre de la contestation de l'autorité présidentielle est clos par la victoire écrasante d'Abdelaziz Bouteflika aux présidentielles de 2004, il illustre les tensions récurrentes au sommet de l'État et convoque le spectre inquiétant de la présidence de Chadli Bendjedid. Ces deux événements symptomatiques poussaient le juriste Chérif Bennadji à écrire que la conjonction des crises « politique, sécuritaire et économico-financière » était toujours d'actualité en 2004.

Pris individuellement, l'instabilité politique et la fragilité économique ne sont pas intrinsèquement critiques, pas plus que la répétition quasi-quotidienne des grèves, des émeutes, de dissidences dans les partis et de prédictions catastrophistes de figures politiques. Pourtant, tous ces éléments nourrissent un sentiment d'anomie et de danger persistant pour la communauté nationale, dans le contexte d'après-guerre-civile. C'est ainsi qu'il faut comprendre la latence de la crise, au croisement de l'objectif et du subjectif, quand des épisodes concrets et répétés suggèrent l'imminence de la catastrophe. Sous cet angle, la latence ne peut exister que par rapport au climax passé, lequel fournit l'étalon du risque existentiel pesant sur la communauté ainsi que les épisodes exemplaires qui menacent de se répéter (soulèvement d'octobre 1988, coup d'État de janvier 1992).

Le processus demeure toutefois indéterminé. Il évolue au rythme des événements imprévus. L'attente de la catastrophe est ainsi ravivée durant le troisième mandat d'Abdelaziz Bouteflika, en réponse à des bouleversements internes (scandales de corruption de 2010, flambée contestataire de 2011, maladie du président) ou externes (soulèvements arabes, interventions occidentales en Libye et au Mali). Si tout cela peut suggérer une crise sans fin, il est exclu de postuler sa persistance infinie dans le futur. Dès lors que le processus se caractérise par l'incertitude, gardons-nous de toute prévision.

Esquisse d'une théorie de la crise

Il est temps de prendre un moment pour préciser ce que je désigne par la notion de « crise ». Le terme connaît un succès non-démenti, ce qui va de paire avec une polysémie porteuse de confusion. Le gonflement du recours à ce concept n'est pas nouveau. Edgar Morin soulignait jadis la banalisation de la notion qui, après s'être « répandue au XXe siècle à tous les horizons de la conscience contemporaine », ce serait « comme vidée de l'intérieur » (Morin, 1976). Cette imprécision est donc devenue suspecte, jusqu'à justifier le refus de l'usage conceptuel du terme, vu comme un outil dont userait la parole politique à des fins de dissimulation. Néanmoins, si tant est que l'on accepte l'idée – pas si iconoclaste – qu'un concept puisse être construit à partir d'une notion polysémique, la crise semble incontournable pour étudier le bouleversement des structures sociales, l'insécurité et l'incertitude qui pèsent alors sur les choix des acteurs, mais aussi la manière dont ces derniers peuvent tirer profit de ces transformations. En effet, la crise n'est pas qu'un processus que l'on subit, elle peut aussi être une ressource stratégique.

Une définition

Il s'agit de ne pas céder à la tentation de recouvrir la polysémie du terme afin de prévenir un éventuel procès en incomplétude. À force d'inflation de la définition, on n'arrive qu'à alimenter le flou conceptuel. Afin d'éviter cela, je vais commencer par proposer et expliquer la définition qui suit :

> la crise est un processus politique protéiforme et indéterminé, synonyme d'une exacerbation des contradictions et des violences déjà présentes dans le système social, et d'une mise en danger de l'ordre, ce qui produit en retour des postures défensives.

La crise est un « processus politique protéiforme ». Cela implique d'abord qu'elle est à la fois objective et subjective. Cela veut aussi dire qu'elle ne se limite pas à un champ social mais concerne l'évolution conjointe de différents espaces au sein desquels ses manifestations sont changeantes (Thompson, 2012, 59-81). En ce sens, le concept ne peut être cantonné à la « crise économique » comprise comme une dépression et une hausse du chômage, ou à la « crise politique » qui se traduirait pas une montée des extrêmes et une contestation du parlementarisme, mais plutôt à l'enchaînement de défaillances contingentes impliquant différents éléments interdépendants du système social, série de défaillances qui conduit à une instabilité générale du dit système. Cela nous renvoie à la grande fluidité conjoncturelle des rapports sociaux observée par Michel Dobry, laquelle favorise ce qu'il qualifie d'« interférences sectorielles » (Dobry, 1986, 141). La conjoncture critique est donc portée à s'étendre entre les secteurs que ce soit parce que les acteurs transposent leur compétition dans les institutions de l'État (Gourisse, 2014), ou parce que les contradictions économiques mènent à l'effondrement de la légitimité des gouvernants (Charlier-Yannopoulou, 1967). Le caractère protéiforme du processus nous renvoie au chevauchement des champs sociaux. Le multi-positionnement des acteurs est d'ailleurs l'un des critères déterminant dans la capacité des organisations, notamment contestataires, à durer pendant la crise. La fluidité propre à la conjoncture critique encourage cette interdépendance et ces possibilités.

Le second point de notre définition est l'indétermination du processus, c'est-à-dire que ces développements ne sont pas prédéfinis par une quelconque logique historique ou culturelle. Pour tout dire, il est même possible qu'il ne débouche sur rien d'autre que le *statu quo ante* ou quelque chose s'en rapprochant. Cette indétermination donne à voir la centralité de la notion de changement, y compris pour ceux qui luttent pour maintenir l'ordre. L'issu du processus est un enjeu dont les acteurs se saisissent, mais sur lequel le chercheur ne peut spéculer à moins de se lancer dans des interprétations causales pour le moins risquées. Fort justement, Michel Dobry fait de l'incertitude structurelle un trait essentiel de ses crises politiques qui explique largement la spécificité des logiques de situation. Il souligne ainsi la « perte d'efficacité des instruments d'évaluation » qui servaient auparavant les « calculs routiniers des acteurs » (Dobry, 1986, 150). Une précision s'impose toutefois dès lors que nous étudions l'ensemble de la crise et pas seulement son climax comme c'est le cas pour Michel Dobry. En effet, durant la période de latence, c'est bien l'incertitude qui est devenue routinière au point d'être intégrée aux modes de calculs des uns et des autres. La difficulté à évaluer avec certitude les rapports de force conditionnera donc les stratégies des acteurs.

Notre définition insiste ensuite sur l'« exacerbation des contradictions et des violences systémiques déjà présentes dans le système social ». On ne peut pas décrire une conjoncture critique sans étudier la manière dont les rapports de force entre les acteurs sont reproduits, alors même que la fluidité sociale ouvre la voie à leur remise en question. Dans un contexte souvent marqué par une raréfaction des ressources et une intensification de la lutte pour y accéder, les antagonismes se renforcent et s'expriment publiquement [5]. Il faut donc

---

5. À propos de la Turquie, Benjamin Gourisse explique que « la diffusion de l'usage de la violence est le révélateur d'un changement des règles d'accès aux ressources » (Gourisse, 2014, 14).

prendre en compte l'exacerbation des violences systémiques, c'est-à-dire des violences subtiles et structurelles qui participent de la perpétuation des rapports sociaux et tout particulièrement des rapports de domination (Zizek, 2012, 11, 20). Il va de soi que si ces violences sont d'abord comprises comme des modes d'imposition d'une domination, elles peuvent aussi être synonymes d'une remise en cause de celle-ci, puisque le rapport n'est jamais unilatéral. La violence n'est pas non plus réductible à ses formes physiques, mais existe également sous des formes économiques (précarité), institutionnelles (l'arbitraire de la loi), ou encore symbolique (paternalisme). En tout état de cause, la conjoncture critique ouvre la voie à une intensification de ces différentes formes de violence, jusqu'à un potentiel point de non-retour.

De là découle l'idée d'une mise-en-danger de l'ordre. En tant que processus indéterminé, la crise fait peser une menace sur l'organisation de la communauté politique. Celle-ci est travaillée par des rapports de force témoignant de la pluralité en son sein. Elle est structurée de manière à reproduire la distribution inégale des ressources et des postes de pouvoir entre ses membres. Ce système qui institutionnalise les rapports de force et les divisions, les catégories, les hiérarchies, je le qualifie d'ordre politique. Sa principale instance est l'État. Ce qui est menacé dans la situation de crise que nous rencontrons en Algérie, c'est bien cet ordre politique qui divise et organise. C'est à lui que s'applique en premier cet enjeu existentiel qui résulte du basculement dans l'incertitude structurelle. Toutefois, il ne faut pas croire que seul l'ordre politique est menacé. Les acteurs eux-aussi sont confrontés au péril existentiel, ne serait-ce que du fait de la montée (réelle ou appréhendée) de la violence.

C'est un élément crucial pour comprendre le dernier point de notre définition, à savoir l'adoption de postures défensives répondant à ces menaces. En effet, des politiques sont conceptualisées et des discours tenus au nom de la défense de la nation et des citoyens. Cela implique le gonflement des moyens des agences de sécurité ou la routinisation des procédures d'exception, mais aussi des prises de paroles incitant les sujets à la prudence et à l'obéissance. En pénétrant les subjectivités, la crise autorise la sécuritisation de divers aspects de la vie publique, c'est-à-dire la construction sociale de certains problèmes comme posant une menace existentielle pour la communauté. Bien que servant des desseins variés, cette sécuritisation n'est pas réductible à une peur instrumentalisée et repose sur un contexte objectif (attentats, contestation sociale, difficultés économiques) (Balzacq, 2005, Buzan *et al.*, 1998). Sous cet angle, la crise apparaît à la fois comme un processus politique touchant l'ensemble du système social mais aussi comme une ressource dont les acteurs peuvent user de manière plus ou moins stratégique.

Stratégies et représentations des acteurs

La crise est synonyme de contraintes et d'opportunités que l'on subit ou que l'on instrumentalise. Il faudra donc considérer les effets de la fluidité des positions des uns et des autres, laquelle implique des stratégies en constante évolution pour faire face aux événements imprévus. Nous retrouvons Michel Dobry pour qui « l'incertitude structurelle a nécessairement quelque incidence sur l'état psychologique des acteurs individuels » (Dobry, 1986, 153 ; Freund, 1976). Si cela est vrai pour des conjonctures courtes, ça l'est aussi quand on considère une situation qui s'étend sur une ou plusieurs décennies, mais de manière différente. Là où l'incertitude structurelle est parfois associée à l'ouverture radicale du champ des possibles, la fluidité nouvelle des positions nourrit aussi des comportements conservateurs sur le mode d'une « régression vers l'habitus ». Alors que l'incertitude perdure et est incorporée dans le fonctionnement des institutions, la nouveauté de cette fluidité s'estompe : désormais, le conservatisme des stratégies tient plus de l'apprentissage et de l'incorporation d'un état de fait que d'une régression. En d'autres termes, l'allongement du processus donne aux acteurs le temps de nouer des alliances, de changer de plan, de développer de nouvelles pratiques routinières, voire même de mettre en place d'authentiques politiques de crise. Pour les partis politiques algériens, l'accumulation des contradictions au sein de la coalition dirigeante, l'imprédictibilité des formes de répression, les soupçons de manipulation par les services ou encore la potentielle montée de la violence, sont autant d'éléments connus et constitutifs de la décision. Dès lors, la crise devient un élément de contexte décisif pour l'analyse des stratégies des oppositions et des tenants de l'ordre en Algérie.

L'effondrement des équilibres peut mener à une généralisation du recours à la violence physique dans le cadre de luttes entre groupes concurrents. « La situation immédiate devient délicate et dangereuse, parce que le champ est ouvert aux solutions de force, à l'activité des puissances obscures, représentées par les hommes providentiels » (Gramsci, 1975, 68). L'hypothèse d'un affrontement entre deux grandes tendances politiques organisées existe, selon le modèle turc (Gourisse, 2014), mais cette configuration antagoniste n'est pas l'unique menace. L'effondrement de la légitimité de l'État va de pair avec la multiplication des acteurs de la violence, avec des buts extrêmement variés et pas toujours politiques. La crise permet alors la résolution brutale des conflits autant qu'elle offre des opportunités à ceux qui savent faire usage de la force.

Parallèlement, les discours radicaux, les attentats sporadiques autant que autant que l'illisibilité des choix des organisations politiques popularisent les représentations d'une communauté prise dans un tourbillon d'irrationnel. C'est ainsi par exemple que Marnia Lazreg parle au sujet de l'Algérie de la décennie 1990 d'un « état de délire culturel et politique » (Lazreg, 2000, 148). Cela ne veut pas dire que les choix individuels et collectifs cessent d'obéir à des formes de calculs raisonnables. En revanche, cela propage des représentations de la société suggérant un état pathologique et une incapacité à agir rationnellement. C'est une dimension subjective de la crise qui mérite notre attention. Sans les prendre pour argent comptant, ces discours postulant la maladie, l'infantilisme ou l'arriération culturelle de la communauté permettent de comprendre la méfiance omniprésente. S'en tenir à une approche néo-positiviste de la crise, centrée sur les actions des uns et des autres, c'est se priver d'en saisir la portée symbolique. Dès lors que l'ensemble du système social apparaît touché par un bouleversement majeur, on ne peut faire l'économie d'une étude des représentations des acteurs. Durant la période de latence particulièrement, les choix et les non-choix des individus sont conditionnés par les expériences et les incertitudes héritées du climax de la crise. Sous cet angle, le processus dans son ensemble peut être compris comme un moment d'apprentissage et même une forme de resocialisation qui contribuera à terme à la reconfiguration de l'ordre.

Temporalités de la crise

À ce point, il est nécessaire d'aborder la question de la durée de la crise. Il est vrai que l'évocation volontairement provocatrice d'une « crise sans fin ? » a de quoi nourrir le scepticisme en dépit du point d'interrogation. Pourtant, des conjonctures critiques décrites par Michel Dobry à la crise politique turque de Benjamin Gourisse, nous constatons déjà un allongement du phénomène de quelques semaines à cinq ans. Or, l'un comme l'autre se limite aux prémices et au climax du processus, sans prendre en compte la période qui suit, période durant laquelle les causes et les conséquences de la crise continuent de se faire sentir. Dès lors que l'on considère que le climax ne marque pas nécessairement la fin de l'épisode critique, il n'est pas interdit d'envisager que celui-ci puisse s'étendre sur plusieurs décennies.

La crise étant « un état évolutif, conçu comme transitoire », il semble « absurde de parler de crise permanente » (Thom, 1976, 35-36). Pourtant, c'est arriver un peu vite à la fin du processus et oublier que, celui-ci étant indéterminé, aucune finalité ne l'attend nécessairement. C'est aussi postuler que la crise est seulement une transition, une séquence exceptionnelle entre deux périodes de normalité, et qu'elle ne peut pas être un état d'équilibre, même fragile. Or, Michel Dobry lui-même nous invite à accepter la normalité d'un processus social pour mieux l'analyser (Dobry, 2000, 613). Cela implique que l'on ne raisonne pas à partir de la fin hypothétique d'une séquence en cours. L'incertitude affecte l'observateur, même armé des plus hautes prétentions explicatives. En conséquence, celui-ci ne peut jamais éliminer l'hypothèse de l'« imprévisible survivance d'un régime en crise perpétuelle », une situation où « le point de rupture [...] s'est continuellement déplacé en avant » à l'image du système politique italien décrit jadis par Norberto Bobbio (1981, 19). C'est précisément un équilibre de l'instabilité qui caractérise ce régime algérien qui se maintient dans et par l'amoncellement des contradictions (Werenfels, 2007). Il est donc tout à fait possible de penser que ce moment de suspension dure indéfiniment, ce qui ne veut pas dire infiniment.

Dès lors, il est important de considérer la crise comme une expérience autant que comme une réalité objective (Revault D'Allonnes, 2012). En revenant de cette manière à l'individu, nous retrouvons l'enjeu existentiel déjà évoqué plus haut mais à une échelle différente. Partant, cet état transitoire du point de vue de l'histoire (et tout système politique est transitoire du point de vue de l'histoire) ne l'est plus nécessairement du point de vue de l'expérience individuelle. La longueur de l'épisode peut faire du processus un état constant à l'échelle d'une vie humaine, en faire une temporalité particulière qui marque une génération qui n'a connu qu'elle (Devriese, 1989, 13-15). L'état transitoire devient alors une condition sociale, une expérience quotidienne où est normalisé ce qui semblait exceptionnel, qu'il s'agisse de l'attentat terroriste, de l'émeute ou de l'état d'exception. C'est pourquoi, si la crise algérienne s'étend sur une trentaine d'années, il est tout à fait censé de parler d'une crise sans fin du point de vue de ceux qui l'endurent.

Par ailleurs, la fin hypothétique demeure un enjeu central pour les acteurs, un enjeu que l'incertitude structurelle rend inconnu et inquiétant. À cet égard, la question relève du « comment cela va-t-il finir ? » plutôt que du « quand cela va-t-il finir ? », chaque événement critique ravivant les espoirs et les craintes concernant le devenir de la communauté, et produisant donc les conditions d'une stabilisation aussi bien que celles d'un emballement. Les acteurs se positionnent ainsi par rapport au double mouvement de mise en péril et de mise à jour de l'ordre ; c'est là tout l'objet des politiques défensives évoquées plus haut.

Au-delà de la finalité, la rythmique du phénomène attire l'attention parce qu'elle en traduit l'indétermination. La crise étant un « *effectif processus* à rythme propre, avec des temps forts et des temps faibles, des hauts et des bas » (Poulantzas, 1976, 28), il y a des reflux, des accélérations, des répétitions et même des glaciations. D'une part, cela implique que la rythmique de la crise varie, y compris durant la phase de latence, ce qui influence les stratégies des acteurs. D'autre part, ces variations en intensité entrent en résonance avec un seuil imaginaire équivalant à un point de non-retour. La suspension du processus avant que ce seuil ne soit atteint devient ainsi un enjeu politique et un objet discursif, le nœud d'une stratégie de sécuritisation et de catastrophisation basée sur le désastre qui menace (Ophir, 2010). Cette suspension avant la catastrophe résulte de l'enchevêtrement de facteurs objectifs (les facteurs et acteurs qui nourrissent les déséquilibres ou les tempèrent) et de facteurs subjectifs (les discours catastrophistes et les traumas hérités de la guerre civile).

La crise altère la perception du passé et la capacité à penser le futur. En Algérie, ces enjeux sont d'autant plus pressants que les notions de tradition, d'authenticité, de progrès et de modernité ont une importance considérable, du fait de la lutte anti-coloniale puis du tiers-mondisme des années 1960-1970. Ainsi, dans les chapitres qui suivent, je ne me bornerai pas à démontrer que la phase de latence de la crise peut s'éterniser, mais je montrerai aussi la manière dont le temps politique a pu être altéré et l'histoire convoquée et réinterprétée, donnant naissance à des temporalités caractéristiques de la crise algérienne. Nous en aurons quelques illustrations dans le prochain chapitre.

Le pouvoir révélateur de la crise

La crise n'est donc pas réductible à l'idée d'anomie que son caractère souvent spectaculaire suggère. Le processus n'est pas uniquement synonyme d'un potentiel bouleversement radical, et peut même accentuer des phénomènes pré-existants. C'est ainsi qu'Alexis de Tocqueville fait de la centralisation un legs de l'Ancien régime approprié par les révolutionnaires (Tocqueville, 1856). Cette continuité est aussi suggérée au niveau des acteurs par l'idée d'une « régression vers l'habitus » en contexte critique. La crise semble être ainsi un moment idoine pour comprendre des dynamiques déjà existantes soudainement poussées en pleine lumière. Comme l'expliquait Hamit Bozarslan (1997, 3) la crise turque offrait une occasion unique de saisir les continuités et les discontinuités, et donc de comprendre non seulement ce qui faisait la particularité du processus en cours, mais aussi ce qui l'ancrait dans une séquence historique par-delà la rupture de l'équilibre. Bien sûr, cela ne veut pas dire que tout peut être compris à la lumière de ce qui existait auparavant. En effet, la crise se caractérisant par une conjonction du structurel et du contingent, elle repose sur les contradictions du système autant que sur l'opportunisme et le hasard. Il convient de ne pas surinterpréter le rôle des structures. Prendre en compte la dimension accidentelle permet d'éviter de s'enfermer dans des explications déterministes telles que la culture, le passé colonial ou la rente pétrolière.

Il n'en reste pas moins que la crise algérienne révèle des réalités préexistantes et habituellement cachées, par exemple le paternalisme des discours dominants et les contradictions qui sapent la cohésion du régime. Bien sûr, ce qu'elle donne à voir aura un intérêt pour la compréhension du pays lui-même, notamment concernant la configuration politique dont l'apparente illisibilité doit être discutée. Mais il s'agira dans le même temps de ne pas s'enfermer dans l'étude de cas, pour en tirer des enseignements plus larges, car l'Algérie n'est pas l'exception trop souvent présentée [6].

Il est toutefois nécessaire de reconnaître deux limites à cette démarche de révélation, ne serait-ce que pour ne pas susciter de faux espoirs. D'une part, le pouvoir révélateur attribué au processus critique n'est pas exempt d'une certaine ambiguïté. En effet, dès lors que les mythes qui dissimulent l'arbitraire sont aussi des fictions qui donnaient un sens au monde, leur invalidation peut rendre difficile la production d'une analyse compréhensive. Il y a assurément quelque chose de confondant voire d'effrayant dans les vérités révélées par la crise, et il est certain que le chercheur, aussi détaché qu'il se prétende, ne peut échapper totalement à un réflexe de réenchantement. D'autre part, il est important de reconnaître les limites de la démarche explicative, dès lors qu'il semble vain de prétendre couvrir toutes les causes et toutes les dynamiques d'un processus aussi complexe. Malgré l'intérêt de ce qu'il « se passe en amont » du phénomène, j'ai renoncé à l'exhaustivité scrupuleuse afin de privilégier l'analyse du processus. De toute façon, une approche théorique ne peut avoir de valeur au-delà du cas étudié qu'en limitant les variables observées. C'est pourquoi ce livre ne prétend pas livrer une description exhaustive des luttes de pouvoir en Algérie depuis 1962 ni dévoiler de manière implacable les méandres du « Système » algérien.

Crise de gouvernement, gouverner la crise

Un dernier point mérite notre attention avant de revenir aux faits. La crise, je l'ai dit, est aussi une condition de l'exercice du pouvoir politique et de la remise en cause de celui-ci. Elle questionne ainsi les dispositifs de pouvoir et les discours qui les soutiennent. En ce sens, elle peut conduire à une « crise de gouvernementalité » qui menace aussi bien les mécanismes de gestion de l'économie et de la population que l'État, et suscite donc un réaménagement profond de l'ordre (Foucault, 2004, 70-71). Ce réaménagement implique un ajustement des dispositifs de pouvoir par rapport à une série de normes plus ou moins globalisées. Il correspond dans le même temps à une reformulation des narratifs qui justifiaient l'organisation préalable du système social. En ce sens, l'État ne peut pas être seulement vu comme le site d'une compétition pour des ressources matérielles qui permettent l'exercice du pouvoir. La conjoncture critique implique également une lutte pour ce que l'on qualifiera de domination symbolique ou d'hégémonie culturelle, selon que l'on est wébérien ou

---

6. Ce débat autour de l'idée d'une « exception algérienne » a pris de l'ampleur après 2011, avant qu'il ne devienne évident que les différents processus révolutionnaires réunis sous le label « printemps arabe » étaient loin d'être homogènes. Il a impliqué des médias locaux et étrangers, des *think tank*, mais aussi des universitaires (cf. par exemple, Yahia Zoubir, (2013).

gramscien. Dans son ouvrage sur le cas turc, Benjamin Gourisse (2014) ne consacre que quelques lignes aux stratégies de légitimation de l'armée et à la reformulation des narratifs de la domination. Le présent livre se veut être un modeste complément à ce travail de référence. En effet, afin de comprendre l'ordonnancement social et politique qui place un vieillard impotent en position d'unique rempart contre le chaos, je propose de réfléchir à partir de la notion de catastrophisation. Le processus critique autorise la mise en place de politiques et de narratifs gestionnaires qui, pour parer à la catastrophe suspendue, relégitiment l'ordre social et réorganisent la société (Ophir, 2010). Ces dispositifs défensifs traduisent ainsi l'émergence d'une gouvernementalité dont la rationalité repose sur une dialectique permanente entre le chaos et l'ordre, le désastre qui menace et la responsabilité des gouvernants.

Les élections présidentielles d'avril 2014

C'est en gardant cette tension à l'esprit que je vais conclure ce chapitre par une description de l'Algérie au moment des élections présidentielles de 2014. Cette première rencontre avec le terrain me donne l'occasion de présenter quelques-unes des caractéristiques les plus saillantes de la configuration politique algérienne à la fin du troisième mandat d'Abdelaziz Bouteflika. Elle offre également l'opportunité de poser les questions auxquelles répondront les chapitres suivants.

La manifestation empêchée

Je ne suis pas retourné en Algérie depuis la soutenance de ma thèse en juin 2013. Vue de France, l'année politique qui vient de s'écouler présente une image pour le moins particulière. En effet, l'effacement du président Abdelaziz Bouteflika, inévitable à la suite d'un accident ischémique transitoire survenu en avril 2013, a un temps fait croire à son retrait. Pourtant, un attelage improbable de proches et de ministres a fait en sorte de porter sa candidature, et c'est bien en favori qu'un homme qui peut à peine parler postule à sa propre succession au mois d'avril 2014. Le contexte est pimenté par les habituelles accusations qu'échangent différentes figures d'importance variable. Des membres de l'entourage présidentiel attaquent le très puissant service de renseignement, le DRS (pour Département du renseignement et de la sécurité), tandis que des seconds couteaux leurs répondent en accusant le secrétaire général du FLN d'être rien moins qu'un agent des services secrets français [7].

---

7. Abdou Semmar, « Affaire Général Toufik : un parti politique accuse Amar Saâdani d'être un agent des services secrets français », *Algérie Focus*, 5 février 2014.

Les premières impressions une fois sorti de l'aéroport suggèrent un tableau plus nuancé. La politique forcenée de construction et d'équipement n'est pas sans conséquence sur le paysage. En plus des hôtels de luxe qui bourgeonnent sur tout le parcours qui me mène à Alger-centre, je peux voir la future Grande mosquée sortir de terre. Autour d'elle, un parking a pris de l'avance et, de l'autre côté de la route, une grande surface a vu le jour et des centaines de voitures témoignent de l'engouement des consommateurs. Plus loin, une partie de la promenade aménagée en bordure de la baie est terminée et offre un espace dégagé propice aux flâneries. L'investissement des fonds publics tirés de la rente des hydrocarbures continue donc à bonne allure, et se traduit notamment par la multiplication des chantiers.

Plus tard, dans le centre d'Alger, je me trouve en compagnie de deux militants du Rassemblement action jeunesse (RAJ), une organisation fondée dans les années 1990 et qui est proche du Front des forces socialistes (FFS, le plus vieux parti d'opposition) tout en restant indépendante organiquement [8]. Sous les arcades du front de mer où ils se sont retrouvés, les deux hommes se tiennent à distance l'un de l'autre et parlent par allusion, préférant les surnoms sibyllins (« qui-tu-sais » ou « notre ami ») aux références explicites. Le fond de leur propos est marqué par la prudence. En effet, à les en croire, la tension est telle au sein du régime que des changements rapides sont à prévoir.

Un sit-in du mouvement *Barakat* (« ça suffit ») est prévu à 16 heures devant la faculté centrale, rue Didouche Mourad. Mes deux compagnons font quelques commentaires aigres sur les organisateurs du rassemblement qui ont choisi de le tenir à côté de chez eux, ce qui sous-entend non sans une certaine justesse qu'ils appartiennent à la petite bourgeoisie algéroise. Ils estiment aussi que les autorités vont tolérer le rassemblement comme cela a souvent été le cas jusque-là, ne serait-ce que pour plaire aux médias internationaux qui sont présents en nombre pour couvrir chacune des actions des barakistes (« c'est pour les caméras »). De fait, en passant devant l'entrée de la faculté centrale, la présence d'une dizaine de journalistes en attente traduit la place que jouent ces derniers dans la mise en scène du rapport binaire régime/démocrates. Un détail de poids attire toutefois l'attention des deux militants. Des policiers d'un genre particulier sont présents en grand nombre aux alentours de la fac centrale. À en croire Nidhal*, chez qui je réside, ces colosses en uniforme bleu armés d'un long bâton viennent du Sud du pays et sont là pour en découdre.

Soudain, les premiers signes du rassemblement se font entendre en amont, sur la rue Didouche Mourad. En remontant vers les cris, nous sommes dépassés par les policiers qui courent, leurs grandes matraques déjà à la main. Un peu

---

[8]. En plus de leur défense commune des « libertés démocratiques », les deux mouvements se sont rapprochés durant la décennie noire en demandant un règlement politique du conflit.

avant la place Maurice Audin, un attroupement s'est formé. Quelques militants de Barakat se font entendre par petits groupes, sortant tour à tour de la foule pour crier leurs slogans avant d'être rapidement interceptés par les policiers. Tandis que ces derniers entraînent un manifestant isolé dans un escalier perpendiculaire à la rue, un cameraman et une journaliste étrangers se ruent vers la scène afin d'obtenir quelques images de la répression. Cette démarche provoque la colère d'un groupe de jeunes qui observaient jusque-là la scène sans broncher depuis un restaurant. L'un d'entre eux prend à parti la femme : « Dégage, rentre chez toi ! » En réponse, les policiers s'interposent et le ton monte tandis que les commerces ferment leurs portes. Pendant ce temps, des agents des renseignements généraux de la Direction Générale de la Sécurité Nationale (DGSN – la police algérienne) tirent le portrait des militants qui observent la scène.

Une fois la tension retombée et quelques manifestants embarqués dans les camions de police, des activistes de divers horizons restent sur la place Maurice Audin et discutent au milieu des voitures de police. Un homme, tout sourire, vient serrer la main de manière ostensible à différents visages connus et s'éloigne. Il s'agit du chef des renseignements généraux d'Alger qui vient « semer le doute » selon un barakiste. Inquiet, Nidhal* souligne l'armement des policiers qui restent place Maurice Audin. « Ils ont des kalachnikovs en plein milieu d'Alger. La dernière fois qu'on a vu ça, c'était en 1988 », dit-il en référence à la répression du soulèvement d'octobre. Pendant ce temps, deux hommes et une femme apparaissent sur la place brandissant des affiches de Bouteflika. Un petit attroupement se forme tandis qu'ils s'époumonent en criant des slogans à la gloire du Président, avant de disparaître comme ils sont venus une dizaine de minutes plus tard.

Ce premier tableau illustre la difficulté à appréhender la réalité du terrain, qui concerne à la fois le chercheur et les acteurs. En effet, l'ampleur de la répression a surpris ceux qui suivaient ces élections au plus prêt depuis deux mois. Il nous permet aussi de relever le relatif petit nombre des protestataires à mettre en rapport avec l'important dispositif coercitif mobilisé. On sent poindre également l'agacement d'une partie de la population spectatrice de ces élections et des tensions qui les accompagnent. Enfin, on constate l'usage par les acteurs de références aux épisodes du climax (ici octobre 1988) afin d'interpréter la situation sur le terrain et de la situer par rapport à une hypothétique entrée dans la violence de masse.

Le favori dans un fauteuil, l'opposition en ordre dispersé

Des figures connues manifestent d'ailleurs leurs craintes en place publique. C'est notamment le cas de Mouloud Hamrouche, le Premier ministre réformateur de 1990-1991, qui prend plusieurs fois la parole pour exprimer ses inquiétudes durant la campagne. Dans une conférence de presse largement relayée, il évoque une « crise à l'intérieur du régime » menant à « de graves menaces ». Quelques semaines plus tard, il réitère en évoquant le risque d'embrasement et en appelant rien moins que le chef de l'État (Bouteflika), le chef d'état-major (Gaïd Salah) et le chef du DRS (Médiène) à se mettre d'accord pour sortir le pays de l'impasse [9]. Si ces déclarations semblent démontrer un risque exceptionnel, elles illustrent aussi la suspension de la catastrophe, d'année en année, d'élection présidentielle en élection présidentielle. En effet, l'appel de Mouloud Hamrouche n'est pas sans rappeler le discours d'Ali Benflis, alors Premier ministre en conflit ouvert avec Abdelaziz Bouteflika. En 2002, Benflis expliquait ainsi que le pays était touché par une « crise multiforme [dépassant] le factuel et le conjoncturel et qui est de nature à affecter durablement [son] devenir lointain » (Martin, 2003). En 2002 comme en 2014, ces figures politiques soulignent la précarité de la situation du pays pour mieux faire prévaloir leur agenda réformiste.

Mais que se passe-t-il effectivement le 17 avril 2014 ? En compagnie de Nidhal* et d'un journaliste *free lance*, nous nous rendons à Bab El-Oued, dont le nom est historiquement lié aux grandes rébellions algéroises (en 1962 avec le soulèvement de l'OAS, lors des émeutes de 1988, au début de la guerre civile ou encore en janvier 2011). En cette matinée printanière, le quartier est remarquablement calme. Les bureaux de vote sont peu fréquentés, et les interviews au sortir des urnes réalisés par le journaliste traduisent une tendance plutôt flatteuse pour le président-candidat : pas moins de 100 % des votes seraient en sa faveur. Ce n'est guère surprenant dans la mesure où le rejet du système en Algérie passe principalement par l'abstention, laquelle exprime à la fois l'absence de croyance dans les procédures électorales et la défiance à l'égard des représentants putatifs (Dris-Aït Hamadouche, 2009). En conséquence, une surprise est tout à fait improbable, à moins d'un spectaculaire retournement de l'appareil d'État contre Bouteflika. Ainsi, après s'être assuré que je suis pas un journaliste, un homme commence devant moi à délivrer des consignes qu'il dit avoir reçues de l'homme d'affaire Ali Haddad, PDG d'un grand groupe de travaux publics et fervent soutien du président [10]. À l'en croire, l'élection est déjà en passe d'être gagnée (il n'est pas encore midi) et il faut donc commencer à mobiliser les supporters de l'USMA, club de football dont Haddad est l'actionnaire majoritaire, afin de fêter la victoire. L'organisation des manifestations de joie des supporters du président est indissociable de la démonstration du caractère démocratique de sa réélection. Elle s'adresse autant aux Algériens qu'aux partenaires internationaux du régime.

---

9. *Echorouk*, 31 mars 2014.
10. Lyas Hallas, « Ali Haddad organise une levée de fonds au sein FCE au profit du candidat Bouteflika », *Maghreb émergent*, 4 mars 2014.

Le lendemain, le quotidien *El Moudjahid*, organe historique du FLN, s'enthousiasme donc du « remarquable » taux de participation officiel de 51,7 % et de la régularité du scrutin. Selon l'éditorialiste, l'Algérie est devenue « le bon exemple à suivre aux plans des droits de l'Homme et de la démocratie pour les pays qui font des efforts dans cette voie » [11]. Pourtant, on ne peut pas dire que la réélection d'Abdelaziz Bouteflika à un quatrième mandat soit épargnée par la critique domestique. Faisant pièce au discours officiel, le quotidien *Liberté* insiste lourdement sur « l'image qui a fait le tour du monde », celle du président votant en fauteuil roulant tandis que son médecin lui « murmure à l'oreille », se « saisit des six bulletins » et « entre avec lui dans l'isoloir », une situation qui n'est rendue possible qu'en cas d'infirmité de l'électeur [12]. Quant au *Soir d'Algérie*, après être largement revenu sur la contestation des résultats officiels par les candidats malheureux et les partisans d'un boycott, il donne la parole à Amin Khan, « un poète et un ancien haut fonctionnaire », lequel revient sur l'absence de légitimité du régime, son incapacité à régler la crise du pays et la place de l'argent sale dans ses rouages [13]. Si la critique est virulente, elle reste néanmoins nébuleuse, condamnant le « Système », le « Pouvoir », plutôt que des individus ou des institutions clairement nommés.

Les oppositions politiques essayent pour leur part de se regrouper pour proposer une alternative. Les militants du RAJ ou du Parti Socialiste des Travailleurs (PST - trotskiste) que je rencontre pendant ces journées suivent ces manœuvres à distance, sans grand espoir tant le discrédit des uns et des autres compromet par avance le mouvement d'union. D'une part, l'opposant officiel, l'ancien Premier ministre Ali Benflis, annonce la création d'un « front rassemblant les forces du changement ». D'autre part, les différents partis ayant appelé au boycott de l'élection lancent une « conférence nationale pour la transition démocratique » qui deviendra bientôt la « coordination pour les libertés et la transition démocratique ». Le FFS appelle quant à lui à la « recherche du consensus », en laissant la porte ouverte au gouvernement comme aux oppositions. Il faut encore compter avec les manœuvres de Mouloud Hamrouche et de ses envoyés qui sondent les uns et les autres, ainsi qu'avec une « tentative de construction d'une alternative à gauche » qui est également accueillie avec scepticisme (« ils se détestent tous », m'explique un militant trotskyste). En bref, les pôles de convergences se multiplient, révélant la fragmentation du champ politique.

---

11. *El Moudjahid*, 18 avril 2014.
12. *Liberté*, 18 avril 2014.
13. *Le Soir d'Algérie*, 18-19 avril 2014.

Le RAJ a opté pour sa part pour la participation à une coalition d'associations et de syndicats pour constituer « un espace de la société civile de convergence et de lutte, démocratique, autonome et inclusif ». L'un des responsables de l'association m'affirme qu'« il faut agir sur les aspects sociaux et économiques pour mobiliser les gens et pour les ramener à des revendications politiques ». Toutefois, ce calcul stratégique passe au second plan, dès lors que dirigeants et militants se trouvent happés par un autre problème. En effet, à la suite de la manifestation du 16 avril, l'un des membres de l'association a été arrêté en compagnie d'un ami tunisien. Les deux jeunes hommes ont été seuls maintenus en détention pour des motifs flous. L'absence d'explication des autorités concernant les charges retenues, le lieu de leur détention et la date de leur présentation devant un juge accentuent l'incertitude et les stratégies divergentes. Ainsi, tandis que la direction est toujours occupée par son projet de convergence des mouvements sociaux, des militants demandent des actions de rues pour libérer les prisonniers. Des anciens, excédés par la durée de cet emprisonnement, s'impliquent à nouveau en lançant une pétition en ligne. Les avocats des détenus, proches d'associations de défense des droits de l'Homme, prônent quant à eux une approche légaliste du problème. Enfin, le village du militant arrêté manifeste à l'écart dans les montagnes de Kabylie. Toutes ces turpitudes n'empêchent nullement le pouvoir judiciaire d'imposer son rythme, et de laisser planer le doute sur l'ampleur de la punition réservée aux deux jeunes hommes qui font les frais d'une répression sélective. Ils seront finalement condamnés à des peines avec sursis et relâchés deux semaines plus tard. Au RAJ, en revanche, cette situation révèle des désaccords stratégiques (entre anciens, direction et militants), lesquels ont été renforcés par l'imprévisibilité de la coercition.

Le second tableau donne ainsi à voir plusieurs points d'importance, à commencer par la récurrence des discours catastrophistes qui se nourrissent des blocages politiques [14]. En ce qui concerne les oppositions, qu'elles soient partisanes ou plutôt situées sur le terrain de la lutte sociale ou économique, elles disposent d'une latitude certaine pour exprimer une critique virulente, mais sont limitées par une coercition arbitraire et imprévisible caractéristique de la situation d'exception, ainsi que par leur propre fragmentation.

À Chlef, entre méfiance et défiance

Pour finir, il convient maintenant de quitter Alger, qui a occupé bien trop de place dans ce chapitre, pour rejoindre la province. Ce premier détour, à dire vrai, ne nous emmène pas bien loin puisqu'il ne faut guère plus de trois heures

---

14. Sur son excellent blog, Baki Mansour évoque le risque d'une « dislocation du pays » après une guerre entre membres de « l'oligarchie ». Cf. : http://7our.wordpress.com/2014/03/23/de-la-democratie-en-algerie/).

pour rallier Chlef en train depuis la gare de l'Agha, située en plein cœur de la capitale. Deux types d'observations faites sur place méritent d'être rapportés afin de compléter notre prise de contact avec l'Algérie de Bouteflika.

Premièrement, les réactions méfiantes de mes interlocuteurs soulignent la défiance à l'égard des étrangers et de la politique en Algérie en ce mois d'avril 2014. Au-delà du refus d'être enregistré – ce qui n'est ni une surprise ni une nouveauté –, c'est l'auto-censure et la volonté d'anonymat qui interpellent. En effet, lorsqu'un architecte me décrit les raisons et le contenu de sa participation à plusieurs dossiers relatifs à l'aménagement local, il explique ne pas vouloir désigner de responsables aux problèmes constatés (corruption, absence de volonté politique) pour nous éviter à tous deux des ennuis. De même, quand Mansour*, un élu de l'Assemblée populaire de *wilaya*, membre d'un parti nationaliste minoritaire, me décrit les blocages de l'administration et la difficulté à obtenir des informations des services concernés, il refuse en revanche de parler politique, préférant s'en tenir aux détails techniques. Quelques jours plus tard, il me prend à part et m'explique que la région a été durement touchée durant la décennie noire, ce qui incite à la prudence (« Nous vivons une période troublée, avec ce qui se passe à nos frontières. Il faut que tu comprennes que tout le monde ici a une histoire, et donc nous ne voulons pas revivre une histoire connue »). Encore une fois, le climax sert de point de référence. La dernière fois où nous nous revoyons avant mon départ, Mansour* m'explique que lors de mon prochain séjour à Chlef, je devrais avoir un document officiel du ministère de l'Éducation. Une telle missive permettrait de dissiper les soupçons entourant mes motivations.

Être considéré comme un espion n'est pas chose exceptionnelle pour le chercheur qui, il faut bien l'admettre, partage avec cette profession une activité de production de savoir-pouvoir. Toutefois, en ce mois d'avril 2014, l'« espionnite » est particulièrement aiguë en Algérie, du fait de l'attention internationale générée par l'élection présidentielle et des peurs toujours vives d'une déstabilisation par la « main de l'étranger ». En témoigne les mésaventures de cette journaliste free-lance franco-marocaine venue couvrir les événements sans carte de presse, et qui a été présentée par la chaîne de télévision *Ennahar* comme une espionne. Visiblement fort inquiète lorsque je l'aperçus à Alger-centre le 16 avril, elle fût recueillie par l'ambassade de France quelques heures plus tard, laquelle s'empressa de la placer dans un avion à destination de Paris. De manière générale, cette méfiance traduit l'articulation entre une conjoncture politique génératrice d'incertitudes et un nationalisme défensif renvoyant à la décennie noire, mais aussi à la colonisation. De fait, l'occupation française demeure l'étalon en matière d'exacerbation des violences et de menace existentielle, en un mot : de crise de la communauté nationale.

Mais revenons à Chlef, puisqu'un deuxième point mérite notre attention. En effet, les propos négatifs ne concernent pas seulement les journalistes ou les espions étrangers, ou encore les militaires et l'entourage présidentiel. Dans la ville du Tell, je peux me rendre compte de la force toujours vive de discours qui portent le fer de la critique contre la population algérienne. C'est par exemple le cas de cette vieille voisine de Nidhal* qui, nous croisant un matin, s'enquiert de sa sœur qu'elle a vue grandir. Apprenant que cette dernière est désormais installée au Canada, elle affirme que c'est une bonne chose, car « plus on est loin des Algériens, mieux on se porte ». Ce commentaire traduit une tendance assez répandue à lier la pénibilité de la vie de tous les jours aux caractéristiques intrinsèques de la population. Le même jour, je marche dans les rues du centre-ville en compagnie d'un membre de l'UGTA (Union générale des travailleurs algériens) travaillant pour la caisse d'assurance sociale. Comme nous discutons des grèves récurrentes, il déclare : « les travailleurs sont toujours en train de demander de l'argent. C'est comme ça avec les Arabes, ils ne travaillent pas, ils réclament ». Un mouvement social de travailleurs est ainsi présenté par un syndicaliste comme une tare liée à l'arabité. Le lendemain, je me rends chez Karim*, l'architecte qui a promis de m'expliquer plus en détail les évolutions du plan d'occupation des sols de Chlef. Alors que la discussion s'oriente sur la prolifération du bâti organique et l'appropriation des trottoirs, il se lance dans une comparaison avec Paris. Pour lui, la différence de propreté de l'espace public s'explique aussi par « un problème de mentalité ». « Si les gens jettent des choses au sol ou s'ils laissent traîner leur sacs de patates sur les trottoirs, c'est pas seulement la faute des services de la ville. On n'a pas de notion de l'intérêt commun chez les gens, comme vous l'avez en Europe », me dit-il. Bien que ces trois propos aient des motivations différentes, ils ont au moins deux points communs. D'une part, je l'ai dit, ils portent le fer de la critique contre la population algérienne pour expliquer tout ou partie de la latence de la crise. D'autre part, ils font écho à un certain nombre de caricatures déjà présentes dans les discours coloniaux (fainéantise, comportement arriéré).

Ce troisième tableau nous permet de visualiser à Chlef différentes formes de ce travail classique d'élucidation de la crise consistant notamment à désigner des responsables (Bloch, 1940, Lordon, 2009), que ce soit en tournant le regard vers les ennemis de l'intérieur et de l'extérieur ou en pointant du doigt la population. Ce moment de jugement accompagne la quête de sens inhérente à toute situation critique ; il traduit la nécessité de faire pièce à l'incertitude structurelle. Cette quête de sens conduit notamment à mettre en accusation les Algériens et leur culture. Mis dans une perspective historique, ces discours nous amènent à saisir la crise dans sa dimension postcoloniale, ce qui appelle une prise de distance à l'égard des modèles souvent européocentrés et des marqueurs pré-conçus de la modernité politique (Karkov, Robbins, 2014). En effet, si des espaces ont expérimenté un péril existentiel radical sur le très long terme, ce sont bien ceux qui ont subit l'impérialisme européen. Dans le même temps, il sera aussi nécessaire de ne pas limiter ces espaces à leur passé colonial pour saisir des dynamiques qui prennent leur racines dans des choix plus récents, mais aussi dans un passé plus lointain (Grangaud, Oualdi, 2014).

Quelques questions

Pour conclure, résumons les quelques questions qui émergent de ce premier chapitre. L'enjeu qui se dégage en premier lieu est de comprendre ce qu'est une « crise latente ». Il conviendra donc dans les pages suivantes de voir de quelle manière la situation critique est reproduite au quotidien, en dialogue permanent avec le climax, cette catastrophe passée qui sert de référence aux acteurs. Tout en parlant de latence, il faudra également étudier les variations en intensité et en fréquence des événements qui rythment le processus. Il s'agira aussi de comprendre de quelle manière celui-ci a été approprié par la coalition dirigeante pour devenir une ressource de durabilité, et justifier aussi bien une mise à jour institutionnelle et sécuritaire que des discours alternant entre catastrophisme et paternalisme. En bref, il faudra saisir le lien entre la perpétuation de l'ordre et la latence de la crise.

Une autre catégorie de questionnement, plus pragmatique, touche aux structures de l'ordre politique algérien, ce qui semble d'une importance cruciale afin d'en finir avec le mythe de son caractère incompréhensible et exceptionnel. Ainsi, les deux prochains chapitres (2 et 3) présenteront notamment les différentes composantes de la coalition qui contrôle l'État, afin de rendre intelligibles un certain nombre de mécanismes de négociation, de répartition et de coercition. Ces chapitres montreront aussi comment les contradictions internes de cette coalition dirigeante contribuent à la suspension de la catastrophe.

Les observations rapportées plus haut soulignent également la conjonction entre une série d'ouvertures politiques et le blocage de toute alternative institutionnelle. Ce sera le thème des chapitres 4 et 5. Il s'agira ici de s'interroger sur les conditions de la mise à jour de l'ordre politique, et notamment de l'instauration d'un pluralisme partisan inoffensif. Ainsi, nous l'avons vu avec le cas du scrutin de 2014, les élections et le multipartisme ont un impact réel sur la vie politique du pays, sans que cela implique une véritable compétition instituée pour le pouvoir. L'enjeu sera alors de saisir ce qui fait qu'une mise à jour selon des critères « démocratiques » est accompagnée d'une impuissance de la critique.

Enfin, le dernier axe de questionnement concerne les conséquences de la latence de la crise sur la société dans son ensemble, ce que j'étudierai dans les deux derniers chapitres. En effet, la crise ne cesse d'appeler un tournant décisif tout en devenant synonyme d'un quotidien marqué par des événements redondants et potentiellement déstabilisateurs. Il faut donc comprendre comment le chaos qui menace influe sur les stratégies individuelles et collectives, et notamment sur la forme que prennent les mouvements sociaux (chapitre 6). Dans le même temps, tandis que le temps semble devenu cyclique et que la menace du désastre subsiste, la quête de sens devient centrale. En conséquence, j'analyserai les différentes réponses des acteurs à l'absurdité des jeux de pouvoir, à l'injustice et à la violence, qui s'engagent sur le terrain symbolique (chapitre 7). Ainsi, nous reviendrons à la fin de ce livre à la définition antique de la crise comme moment de jugement. Mais le propre de la crise qui dure n'est-il pas d'entraver le jugement, de le rendre, sinon impossible, du moins difficilement partageable ?

Chapitre 2

Luttes au cœur de l'État

« C'est le temps de l'aventure et de la guerre, où les maîtres de la société cyclique parcourent leur histoire personnelle [...] L'histoire survient donc devant les hommes comme un facteur étranger, comme ce qu'ils n'ont pas voulu et ce contre quoi ils se croyaient abrités ».

(Guy Debord)

« Ce régime a peur de la clarté, comme les oiseaux de nuit qui ne peuvent voler que dans l'obscurité ».

(Mohamed Boudiaf)

Dans l'atmosphère feutrée de son appartement de Tizi Ouzou, tandis que sa femme prépare les pâtisseries et le café, Mohand* m'explique les origines du « Système » depuis la guerre d'indépendance. Comme nombre de mes interlocuteurs, cet ancien cadre dans des partis d'opposition berbéristes remonte aux racines de l'actuel ordre politique pour expliquer sa résistance. En compagnie d'autres substantifs souvent nébuleux (« Mafia », « Pouvoir »), le terme « Système » est utilisé pour définir l'entité qui contrôle l'État algérien. Dans la description qui m'est faite, le « Système » apparaît comme intrinsèquement corrupteur, impersonnel et tentaculaire. Il semble illusoire d'espérer le réformer, tant il agit selon une logique implacable. Alors que, quelques mois plus tôt, Zine el-Abidine Ben Ali a piteusement pris la fuite en Tunisie, le vieux routier de la politique répète que renverser Abdelaziz Bouteflika ne changerait rien. Le discours de Mohand* nous en dit certainement plus sur le rapport des opposants au « Système » que sur sa réalité sociale.

Pour dépasser le stade des subjectivités, j'identifierai dans les deux prochains chapitres les groupes et les mécanismes de reproduction auxquels Mohand* faisait référence. Je joindrai pour ce faire une description des structures et des relations entre les acteurs à une réflexion sur les représentations du régime. Je m'intéresserai ainsi à l'évolution concrète des rapports de force au sein de l'État, tout en étudiant leur articulation avec les discours de légitimation des acteurs dominants au sein de ce « Système ». Ces discours sont autant de fictions appartenant à une « zone grise entre le réel et l'irréel » qui sont constitutives de l'exercice du pouvoir ; ce sont des violences symboliques par lesquelles les dominants imposent des significations légitimes masquant l'arbitraire de leur position (Bourdieu, 1972, 18 ; Hibou, 2006, 18).

Dans ce chapitre, je reviendrai plus précisément sur la situation de dyarchie apparente qui caractérise la configuration politique algérienne. En effet, les tensions entre politiciens et militaires se sont exprimées depuis 1999 dans une série de conflits opposant le président de la République et son entourage à une partie de l'aristocratie militaire. Je m'intéresserai donc d'abord au rôle de l'institution présidentielle, aux fondements institutionnels et symboliques de son renforcement sous Bouteflika, mais aussi aux limites de ce renforcement. Ensuite, je me pencherai sur le pôle militaire du régime algérien, afin de comprendre les ressorts de l'intervention des Généraux en politique et de montrer comment leur implication repose sur l'exploitation de l'enjeu qu'est la survie de la nation. Enfin, dans un troisième moment, je montrerai comment ces pôles de pouvoir coexistent au sein d'un cartel qui tient l'État, lequel est constamment parcouru par des conflits internes. Cette situation n'est pas sans alimenter une lecture policière du jeu politique devenue indissociable de la latence de la crise.

La présidence et le « Système »

Quoi que l'on pense de son efficacité ou de ses dérives, l'État algérien est moderne, c'est-à-dire sectorisé et institutionnalisé. Autrement dit, « les instances de gouvernement et d'administration sont conçues comme indépendantes des individus qui assument des rôles en leur sein » (Bastien, Lagroye, 2002, 128). Cette conception ne veut pas dire qu'il n'y a pas une privatisation opportuniste du pouvoir que les individus reçoivent. Toutefois, chacune de ces agences de pouvoir a sa propre mécanique, ses propres outils et ses propres normes qui s'imposent aux acteurs. Cette précision nous éloigne du modèle néo-patrimonial de Jean-François Médard, qui ne voit dans les formes légales-rationnelles appropriées par les états africains que des vernis visant à couvrir les relations de clientèle (Médard, 1982). En conséquence, si je vais m'intéresser aux fictions liées à la personne du président, il ne faut pas oublier que la clé de la compréhension de l'exercice du pouvoir présidentiel est l'institution et non l'individu (Sindjoum, 1999). Compte tenu de l'état de santé de Bouteflika, l'importance des hommes exerçant des responsabilités au sein de la présidence est devenue évidente : elle nous incite à faire la part des choses entre les mythes personnifiés du pouvoir et la réalité collective de son exercice.

La présidence au cœur de l'instabilité politique

L'instabilité générée par l'alternance entre moments de renforcement et d'affaiblissement de la présidence est une constante dans l'histoire de l'Algérie indépendante. La présidentialisation fut souvent un enjeu central dans l'établissement d'un gouvernement stable dans les pays anciennement colonisés (Moderne, 2001, 64). Dès 1962, Ahmed Ben Bella tenta de gouverner en se renforçant au détriment de ses concurrents dans l'État nouvellement indépendant. C'est notamment ce qui mena à son renversement par ses adversaires réunis autour du colonel Houari Boumédiène (Quandt, 1969, 234). Par la suite, ce dernier s'efforça d'accaparer la légitimité politique en la concentrant dans un organe qu'il contrôlait, le Conseil de la Révolution. Néanmoins, Boumédiène accordait plus d'importance au contrôle de l'armée qu'aux formes constitutionnelles. S'il demeura tout au long de son règne ministre de la Défense et chef d'état-major, il ne fut élu président qu'en 1976. La magistrature suprême recréée à cette occasion bénéficiait de prérogatives étendues et était conforme en-cela à l'envergure politique de Boumédiène. Après la mort prématurée de celui-ci, le processus de renforcement était à reprendre du début au moment de l'arrivée au pouvoir de Chadli Bendjedid. De par ses efforts afin de s'autonomiser en tant qu'acteur politique, le nouveau président s'aliéna progressivement une partie de ses soutiens. La présidence devint *de facto* une institution parmi d'autres, prise dans les luttes de pouvoir au sommet de l'État (Hachemaoui, 2009, 313-314). Bendjedid Chadli fut finalement limogé par l'état-major à l'issue de la phase de dramatisation en janvier 1992. Après le coup d'État, la magistrature suprême fut remplacée par un Haut Comité d'État dont le président occupait la fonction de chef de l'État. Toute la légitimité révolutionnaire mobilisée pour renforcer cet exécutif coopté ne suffit pas à empêcher l'assassinat de Mohamed Boudiaf, et guère plus à préserver son successeur des moqueries : Ali Kafi, un militant nationaliste de la premier heure devenu commandant de la *wilaya* II à partir de 1957, fut rapidement surnommé « Johnny Walker » en raison de son goût supposé pour les alcools forts.

En janvier 1994, la nomination du général à la retraite Liamine Zeroual à la tête du HCE marqua le début d'une restauration de l'autorité de l'exécutif, confirmée l'année suivante par la tenue d'une présidentielle qu'il remporta largement. En avril 1996, Zeroual mit à la retraite plusieurs centaines d'officiers, dont les généraux Belkheir et Nezzar. La même année, il fit adopter une révision constitutionnelle étendant ses pouvoirs. Fort de ses soutiens dans l'administration et les milices de « patriotes » nées durant la décennie noire, il encouragea ensuite la création du Rassemblement National Démocratique dirigé par Mohamed Betchine, un ancien officier devenu ministre-conseiller à la présidence. Le RND, constitué dans le but de « soutenir la stratégie » de Zeroual, allait bénéficier de fraudes massives pour remporter les élections législatives puis locales de 1997 (Martinez, 1999). À nouveau, un président coopté et ses proches profitaient de leur position institutionnelle centrale pour étendre leur emprise au détriment de leurs concurrents.

La concentration du pouvoir au niveau de l'institution présidentielle généra une réaction de l'intérieur du régime. À l'été 1998, une déferlante judiciaire et médiatique emporta le président et son entourage, j'y reviendrai plus tard. Quoi qu'il en soit, moins de trois ans après avoir incarné le retour de la légitimité électorale, Zeroual fut contraint d'abandonner son poste. À ce moment, le régime algérien avait usé pas moins de quatre chefs de l'État en à peine sept ans. Ce bref historique met en lumière la place particulière qu'occupe l'institution présidentielle dans la reproduction de l'instabilité politique en Algérie : elle apparaît à la fois centrale et particulièrement exposée. On comprend également comment le chef de l'État pourra apparaître paradoxalement comme un recours contre le « Système », en dépit de sa cooptation.

Le retour de Bouteflika

En cette année 1999, un homme se posait ainsi en solution afin de sortir l'Algérie de la crise. Cet homme providentiel, c'était Abdelaziz Bouteflika. Près de vingt ans après avoir été poussé à l'exil suite à des accusations de malversations financières, il revenait en tant que candidat indépendant, mais avec la bénédiction de l'état-major et le soutien du FLN et du RND. Grand favori, Bouteflika remporta le scrutin avec 73,79 % des voix, un score qu'il qualifia d'« honorable » en dépit de circonstances particulières. En effet ses six adversaires s'étaient retirés de la course électorale en dénonçant une élection arrangée malgré les promesses de transparence. Bouteflika fut donc intronisé président de la République le 27 avril 1999, à l'issue d'un scrutin tronqué bien que parfaitement légal (Bennadji, 2002). Il se posait en recours crédible face aux différents maux dont souffrait la société algérienne (guerre, corruption, image internationale ternie). Ici, je laisse une ancienne militante du Front des forces socialistes nous exposer quelques-unes des qualités reconnues au président, notamment en comparaison de ses prédécesseurs.

> Bouteflika en vérité je ne le déteste pas. Parce que pour une fois, on a eu un président qui n'était pas un militaire et qui avait quelque chose dans la tête. Pas comme Chadli ou Zeroual. Pour une fois, on avait un président qui pouvait au moins nous représenter correctement à l'étranger, sans qu'on ait honte. Il est petit mais il a quand même du charisme et l'allure d'un président. Il était connu depuis longtemps, en tant que ministre des Affaires étrangères, et puis il a fait des choses, au moins, même si ce n'était pas toujours bien. Ça déjà, ça nous changeait.
>
> (Loubna*, ancienne journaliste et militante FFS émigrée en France, Paris, été 2010).

Dans ce témoignage *a posteriori* transparaît la satisfaction de retrouver une figure familière. Assurément, le principal atout du nouveau président était lié à son passé en tant que secrétaire particulier puis ministre de Boumédiène. De fait, cette figure bien connue rétablissait une continuité historique par-delà le gouffre de la décennie noire. Personnalité incontournable des grandes heures du boumédiènisme, Bouteflika fit un temps figure de dauphin officieux, et c'est à lui qu'il revint de prononcer l'éloge funèbre du président défunt en décembre 1978. Dans un de ses ouvrages à charge, Khaled Nezzar, l'ancien chef d'état-major, offre quant à lui une vision mordante du capital symbolique dont disposait le futur président durant la campagne de 1999 : « on écoute Bouteflika avec espoir, écrit-il. Il est le retour de l'absent, la résurrection du mort. Il est le porteur d'un parfum et d'une aura, d'un prestigieux passé » (Nezzar, 2003a, 57). C'est donc en incarnant le passé glorieux de la Révolution puis de l'État développeur que Bouteflika put, au sortir du climax de la crise, porter l'espoir d'une normalisation.

Le nouveau président se voyait prêter un certain nombre de qualités. À la lecture des propos de Loubna*, la compétence et l'expérience de l'homme tranchent avec les épithètes négatives généralement liées aux membres du régime (incultes, malhonnêtes). Cet enthousiasme était d'ailleurs partagé à l'étranger et notamment en France, où Bouteflika était complaisamment présenté durant la campagne comme un « surdoué de la politique » et un « homme subtil mais déterminé »[1]. L'expérience du président étant avérée sur le terrain diplomatique, une grande partie de l'attente à son égard reposait sur sa capacité à restaurer le « prestige algérien » (Belkaïd, 2009). En effet, il faut saisir le désarroi d'une population dont le pays, devenu l'un des phares du tiers-mondisme après 1962, était désormais présenté comme une « terre sauvage » déconseillée aux ressortissants européens (Mostefaoui, 1998). L'espoir était également partagé par des universitaires qui voyaient dans l'élection de Bouteflika un signe annonçant de possibles changements tant sur le plan des réformes intérieures que des relations avec les partenaires incontournables, notamment le Maroc et la France (Lamchichi, 2000 ; Leveau, 2000).

Le retour de Bouteflika donne à voir certains des capitaux valorisés par la crise. Le parallèle avec le cas de Boudiaf indique que des positions autrefois marginales (celles des révolutionnaires ayant été écartés à la suite de luttes de pouvoir) deviennent synonymes d'une forme de probité permettant d'incarner la réforme. En outre, la figure familière du nouveau président bénéficiait d'un capital symbolique et politique lié à son expérience sous Boumédiène, ce qui permettait d'imaginer un retour au *continuum* vertueux de la modernisation. L'une des forces de Bouteflika, c'était de proposer de refermer la page de la guerre civile (selon ses mots de « permettre aussi bien aux uns et aux autres de

---

[1]. Journal télévisé de France 3, le 15 avril 1999, disponible sur le site de l'INA (http://www.ina.fr/).

rentrer au bercail sans perdre la face ») et de retrouver une continuité historique. Agir de la sorte sur la perception du temps et de l'histoire impliquait assurément quelques talents d'illusionniste. Or, si l'on peut dire une chose d'Abdelaziz Bouteflika en 1999, c'est qu'il paraissait digne et capable de produire l'image d'une Algérie retrouvée et apaisée.

Fondements institutionnels et symboliques du pouvoir présidentiel

Il ne s'agit pas seulement de s'attarder sur les qualités réelles ou supposées de l'homme. L'exercice du pouvoir présidentiel n'est possible qu'en tirant profit des ressources propres à la présidence. Ces ressources sont mobilisées par les nombreux individus qui gravitent autour et dans l'institution, qu'il s'agisse du frère et conseiller Saïd Bouteflika, du secrétaire particulier Mohamed Rougab, ou encore d'Ahmed Ouyahia, ancien Premier ministre revenu aux affaires entre 2014 et 2017 en tant que directeur de cabinet de la présidence.

De ce pôle de pouvoir part un réseau de fidélités qui pénètre les institutions publiques. Ainsi, la présidence détient un pouvoir de nomination qui s'exerce sur la quasi-totalité de l'appareil d'État, autorisant aussi bien la reprise en main de secteurs autonomisés (armée, services de renseignement, secteurs administrés) qu'une approche monopolistique. La centralisation du système politique algérien profite à la présidence. Celle-ci étend son emprise en nommant les technocrates exerçant les fonctions régaliennes, les hauts fonctionnaires (dont le gouverneur de la Banque centrale d'Algérie et le PDG de la Sonatrach), les *walis* (préfets), les ambassadeurs ou encore les responsables des organes de sécurité (article 78 de la Constitution du 28 novembre 1996). Ces nominations permettent de garantir l'influence du chef de l'État et de son entourage sur l'appareil administratif qui maille le territoire. Cela n'est pas sans nourrir les dénonciations, notamment chez les élus de l'opposition ayant réussi à obtenir la majorité dans une assemblée populaire de *wilaya* (APW).

> Depuis que Bouteflika est arrivé, il a tout centralisé. La loi l'autorise à nommer par le biais des décrets présidentiels les préfets et les sous-préfets, les directeurs des différentes administrations. C'est depuis le cabinet présidentiel que sont choisis tous les relais du pouvoir central dans les régions. Il a pu construire une administration, à l'échelle nationale, qui agit à sa guise. Par décret il peut décider de tout, jusqu'au directeur d'une agence de promotion immobilière.
>
> (Hamid Ferhat, Président de l'APW de Béjaïa, membre FFS, Béjaïa, automne 2010).

La présidence dispose également d'une emprise remarquable sur le pouvoir législatif à travers le Conseil de la Nation (chambre haute). En effet, le Président nomme directement un tiers des membres de la chambre haute « parmi les personnalités et compétences nationales dans les domaines scientifique, culturel, professionnel, économique et social » (article 101 de la

Constitution). Or, pour qu'une loi soit adoptée, il faut qu'elle obtienne la majorité absolue des voix à l'Assemblée populaire nationale (APN) et trois quarts des suffrages devant le Conseil de la Nation. En conséquence, ce tiers des sénateurs coopté par le président est en mesure de bloquer tout projet contraire à sa volonté, ce qui fait dire à Mohammed Hachemaoui que le Conseil de la Nation est un « instrument de désamorçage de l'Assemblée » et une « enclave autoritaire » (Hachemaoui, 2003, 38). L'élection du président de la chambre haute se fait sous l'étroit contrôle de la présidence, ce qui permet à Abdelkader Bensalah de demeurer depuis 2002 le second personnage de l'État et le remplaçant attitré en cas de défaillance de Bouteflika [2].

Le chef de l'État peut agir en patron institutionnel, en usant de son pouvoir discrétionnaire pour garantir les bénéfices économiques substantiels à sa clientèle parlementaire. Louisa Dris-Aït Hamadouche et Yahia Zoubir voient ainsi dans l'augmentation importante des indemnités des parlementaires votée en 2008 un moyen de « créer, sinon du lien politique, du moins des allégeances » (2009, 114). Cette disposition fut adoptée par ordonnance présidentielle en dépit d'une vague de critiques portée par les médias privés. Les députés se virent ainsi octroyer une augmentation de 300 % quelques temps avant d'approuver la réforme constitutionnelle autorisant Bouteflika à briguer un troisième mandat.

La présidence exerce également sa tutelle sur le pouvoir judiciaire, puisqu'elle désigne trois des neuf membres du Conseil constitutionnel, dont son président (article 164 de la Constitution). C'est aussi le chef de l'État qui préside le Conseil supérieur de la Magistrature, instance qui supervise la carrière des magistrats (articles 149 et 154 de la Constitution). La fonction judiciaire du président est également intériorisée, notamment en tant que recours ultime face à l'injustice (Bennadji, 2007). Il est ainsi commun que des individus en conflit avec l'administration ou les forces de sécurité fassent paraître dans la presse une lettre ouverte dans laquelle ils demandent au président d'intervenir personnellement. C'est ainsi que se manifeste un paradoxe de la fonction présidentielle, que me décrivait le secrétaire général de la Ligue algérienne de défense des droits de l'Homme (LADDH) :

> Les gens font clairement la différence entre d'un côté l'administration, l'armée, le régime dans son ensemble et de l'autre le président. Le président s'est construit une image dans l'imaginaire collectif. Bouteflika, pour une certain nombre d'Algériens, est en quelque sorte le contre-exemple de ce « Système » qui l'a mis en place. Tout le monde sait qu'il est là parce que les décideurs l'ont voulu, mais il serait en quelque sorte une victime qui n'arrive

---

2. Selon les confidences d'un journaliste algérien ayant couvert la réélection de Bensalah en 2007, aucun autre candidat ne s'est présenté par « respect » pour Bouteflika en dépit de la frustration des sénateurs. Télégramme diplomatique de l'ambassade américaine, 16 janvier 2007, référence 07ALGIERS45, rendu public par *Wikileaks*.

> pas à faire des réformes. Le « Système » incarne le blocage et Bouteflika une nouvelle solution, et il faut dépasser le blocage pour s'adresser directement à cette solution.
>
> (Abdelmoumène Khelil, secrétaire général de la LADDH, Alger, printemps 2011).

C'est donc l'homme Bouteflika qui est invoqué en recours contre le « Système », alors même que sa position traduit son appartenance à la coalition dirigeante, et qu'il bénéficie du soutien assumé des différents groupes civils qui la constituent. C'est là un mystère qui mérite d'être élucidé. En effet, la présidence est par essence liée à une mystification qui confère à son titulaire une capacité à incarner la neutralité de l'État. Lors de son intronisation, Abdelaziz Bouteflika devenait en théorie le « président de tous les Algériens », porteur d'un universalisme que dément l'origine de son pouvoir. Cette fiction de l'universel étatique est un classique de la théorique politique, comme le démontre la fameuse étude de Ernst Kantorowicz consacrée à l'Angleterre médiévale. Selon ce dernier, le roi dispose alors de deux corps, l'un physique, idiosyncratique, mortel, naturel, celui de l'individu devenu roi ; l'autre symbolique, politique, immortel, mystique, qui incarne la nation, l'État et le pouvoir (Kantorowicz, 1957). Cette fiction a été exportée par la colonisation en même temps que le mythe rationel légal de l'État-nation, lequel homogénéise la condition de ses citoyens-sujets. Fernando Coronil présente par exemple l'État vénézuélien comme une « force unifiante qui s'est constituée en produisant la fantaisie collective de l'intégration » (Coronil, 1997, 4). Cet idéal de l'État universel et homogénéisant se heurte dans le cas algérien à la visibilité des luttes de pouvoir, de l'inégal accès aux ressources, de la corruption, de la *hogra*. C'est donc vers une autre fiction, ancrée dans une tradition politique musulmane, que se tourne les victimes d'injustice : celle du prince comme arbitre suprême, y compris contre les agents de l'État. L'erreur ici serait de ne voir dans cette relation que paternalisme et patronage. En effet, le rôle du prince va bien au-delà, puisqu'il doit réaffirmer l'existence d'une forme de justice universelle dont bénéficient tous ses sujets, sans exception (Dakhlia, 1988 ; 1998).

Tout n'est cependant pas si simple, puisque le président reste la « tête symbolique » (Linz, 1990, 52) de l'État dans son ensemble. En tant que figure cooptée, il est le visage que la coalition dirigeante présente à la population. Il doit donc fournir une image qui vient en soutien du mythe monolithique du pouvoir étatique, en personnifiant le dépassement des contradictions et le rassemblement des différentes composantes de cette coalition. Il doit également figurer la transformation du privé en public. En d'autres termes, malgré la référence à l'idéal de justice métaphysique incarné par le prince musulman, on ne s'affranchit pas aussi facilement de la fiction de la neutralité rationnelle légale de l'État-nation, notamment quand celui-ci résulte d'une guerre d'indépendance qui reste au fondement des imaginaires politiques algériens.

C'est ainsi que l'on peut comprendre ce paradoxe de la présidence algérienne, à la fois symbole de justice extérieur à l'État et figure d'autorité censée figurer la réunion des groupes qui tiennent ce dernier. C'est aussi sa faiblesse, puisque la force de ces mythes dépend autant de la capacité de l'illusionniste que du contexte. Les circonstances critiques peuvent ainsi conduire à l'effondrement de la croyance (Duprat, 1992), notamment lorsque les contradictions au sein de l'État s'intensifient, j'y reviendrai bientôt. Dans le même temps, la présidence peut aussi tirer profit de la mise en récit du désastre après la guerre civile.

Le Président ou le chaos

Abdelaziz Bouteflika n'a cessé de se mettre en scène et d'être mis-en-scène comme une autorité pacificatrice, veillant aux intérêts de la communauté nationale. Par l'exercice de ses prérogatives institutionnelles, la présidence s'est notamment efforcée de transformer des processus électoraux en votes d'adhésion, dont l'enjeu s'est résumé de manière croissante à une simple alternative : « le président ou le chaos ». Il s'agit là d'une stratégie relativement banale instrumentalisant le souvenir du climax de la crise afin de maintenir l'ordre durant la période de latence.

À la suite du scrutin de 1999, les critiques du nouveau président voyaient en lui un « mal élu ». En réponse, celui-ci déclarait ne pas aimer « les 99 % », faisant ainsi écho à l'espoir de voir accéder à El Mouradia un homme plus enclin à laisser les scrutins se dérouler librement. Dans les mois qui suivirent, la présidence se lança dans une politique de concorde nationale afin de compenser son déficit initial de légitimité. Dans cette quête, l'organisation d'un référendum pour « la concorde civile et pour la paix » fut un outil précieux liant l'adhésion à une politique à la personne qui se chargeait de la conduire (Ranney, 1996). Dans un système caractérisé par la falsification des résultats électoraux et la sur-représentation médiatique d'un camp, il s'agissait aussi de transformer l'emprise de la présidence sur l'administration en capital politique. Fort de cet avantage et de l'appui des principaux partis politiques représentés à l'Assemblée, l'issu du scrutin nous renseigne avant tout sur la « quantité de légitimité » générée. Avec plus de 85 % de participation officielle, 98 % de suffrages favorables et un indéniable soutien populaire en faveur du projet, le président réussit à lier son image au retour de la paix. Si le référendum du 16 septembre 1999 laissait en suspens des problématiques susceptibles de raviver certains clivages (comme l'interdiction du FIS ou le rôle politique de l'armée), il était en phase avec une aspiration socialement partagée (ICG, 2001 ; Lamchichi, 2000). Bouteflika put dès lors se lancer dans la consolidation de sa nouvelle image d'homme de paix.

En 2004, il fut réélu avec 84,99 % des suffrages en dépit de la concurrence d'Ali Benflis et des réticences d'une partie de l'aristocratie militaire. Peu avant la tenue du scrutin, le président-candidat estimait cette fois que « le président qui n'est pas élu à la majorité écrasante n'a qu'à rentrer chez lui » (Bennadji, 2004, 181). Bouteflika s'affirmait alors comme la seule autorité politique significative en Algérie. Après avoir raffermi son contrôle sur le FLN et l'ANP, en écartant les cadres les plus gênants, la présidence était libre de mettre en œuvre sa politique de réconciliation nationale en s'appuyant sur un nouveau référendum. La question n'était pas sans générer quelque opposition au sein de la société. Cependant, une consultation ambitionnant de « restaurer la paix civile » n'acceptait pas la contradiction. La campagne fut donc menée sans la participation des associations des familles de victimes et des défenseurs des droits de l'Homme. L'appareil étatique, l'ENTV (la télévision publique), le mensuel de l'armée *El Djeich*, les anciens représentants de l'Armée islamique du salut (AIS), et certaines figures de la « société civile » ralliées à la présidence (associatifs, syndicalistes), se conjuguèrent dans leur soutien à la « Charte pour la paix et la réconciliation nationale », offrant l'image d'une concorde nationale retrouvée. Le 29 septembre 2005, le scrutin déboucha sur une victoire du camp du « oui » avec 97,36 % des suffrages exprimés, et une participation massive sur quasiment tout le territoire, à l'exception de la Kabylie où le boycott s'était généralisé après le printemps noir de 2001. Ce plébiscite parachevait ainsi le renforcement de la position du président, au détriment de ses contrepoids institutionnels (Djerbal, 2005).

En plus d'offrir l'impunité aux organes de sécurité et de permettre la réintégration sous condition d'une partie des insurgés, la charte a lié définitivement l'image de Bouteflika à la réconciliation de la « famille algérienne ». La figure présidentielle est désormais intimement lié à la mémoire de la pacification, tandis que les rappels de la « tragédie nationale » s'inscrivent dans la routine du discours officiel. Après le référendum, l'heure est désormais à la permanence de la figure du protecteur de la communauté face aux menaces qui persistent. Le redressement de la situation économique, certes conjoncturel et fragile, sert le travail de légitimation. Bouteflika est présenté comme occupant « une place d'avant-garde [...] dans le processus de modernistation » (Sidi Boumedine, 2008, 123). Multipliant les gestes économiques grâce à la remontée des cours des hydrocarbures, il se pose en garant de la stabilité, et donc de l'amélioration graduelle de la situation du pays, dans l'ordre retrouvé.

Pour inscrire définitivement la figure du restaurateur dans la durée, il restait un verrou constitutionnel à faire sauter. La constitution de 1996 prévoyait en effet que le nombre de réélections du chef de l'État soit limité. Signe qu'il n'avait plus réellement besoin de produire de légitimité, le président fit le choix de passer par un simple vote à l'APN plutôt que par une procédure plébiscitaire.

La célérité et l'efficacité implacable du processus de révision témoigne de l'emprise de l'exécutif sur la chambre basse. Abdelaziz Bouteflika annonça son désir de voir la constitution révisée le 29 octobre 2008. À peine deux semaines plus tard, le 12 novembre, l'Assemblée votait à main levée la modification constitutionnelle. 500 députés s'exprimèrent en faveur de la révision constitutionnelle, 21 s'y opposèrent, et 8 s'abstinrent. Dès lors, la permanence de la figure présidentielle était érigée en vertu.

Six mois plus tard, Bouteflika était en position de briguer un troisième mandat, sans qu'aucun challenger ne s'oppose sérieusement à lui. Il s'appuyait sur le soutien de l'état-major, de la coalition gouvernementale et des milieux d'affaires. Dans son programme officiel, le président-candidat évoquait : « cet appel puissant qui [lui était] parvenu de citoyens très nombreux et de toutes catégories, pour qu['il] poursuive la mission [qu'il avait] entreprise à [leurs] côtés » [3]. La parole officielle était limpide : en écrasant les barrières constitutionnelles à une présidence à vie, Bouteflika ne faisait que répondre à la demande populaire en faveur de la continuation de son œuvre politique, une œuvre que l'on peut résumer en deux mots : paix et stabilité. Finalement, au terme d'une bataille électorale menée sans véritable adversaire, Abdelaziz Bouteflika obtint 90,23 % des suffrages exprimés. La presse publique et privée proche de la présidence pouvait ainsi s'enthousiasmer devant ce nouveau plébiscite, poussée en ce sens par un taux de participation officiel de 74,54 %. Le lendemain de l'élection, un éditorialiste du quotidien privé *L'Expression* écrivait :

> Les citoyens ont fait le choix de la stabilité et de la continuité, notamment le retour à la paix et la sécurité retrouvée. Or, un changement de cap serait un saut dans l'inconnu. […] Il y a dans ce message l'expression de la perspicacité, celle de la mémoire et de la capacité de jugement. Il y a aussi cette volonté de doter le président de la République de cette force de représentativité avec laquelle il pourra porter haut et loin la voix de l'Algérie. Cela dit, il ne faut pas croire que la déroute des adversaires durera longtemps. Juste le temps pour eux de digérer la gifle et ils ne manqueront pas de revenir à la charge. Ce qui veut dire que le 9 avril 2009 n'est pas une fin. Ce n'est qu'un moyen, puissant il est vrai, dans une nouvelle étape de la reconstruction du pays. Il y a encore du travail à faire. Beaucoup de travail. Président et peuple [4].

Toute alternative renvoyait ici à l'inconnu, ce qui revenait à invoquer à mots couverts les mânes de la décennie noire. En miroir, l'éditorialiste justifiait l'offre politique unidimensionnelle par l'alliance unissant le président-héros et son peuple-objet [5]. Il n'omettait pas de rappeler le risque lié à un éventuel retour d'« adversaires » opposés à la fois au président et à la reconstruction du pays. On comprend ici comment la compétition instituée devient un moyen

---
3. *Une Algérie Forte et Sereine*, programme d'Abdelaziz Bouteflika, 1.
4. *L'Expression*, 11 avril 2009.
5. Je reviendrai sur la notion de peuple-objet dans le chapitre 4.

d'imposer l'absence d'alternative comme une évidence. Elle est une représentation, dans tous les sens du terme, du choix unique car nécessaire, même dans le contexte du pluralisme partisan. Face à la menace qui perdure, il faut garantir l'ordre, il faut reconstruire le pays, il faut travailler, et pour cela « doter le président de la République de cette force de représentativité ».

La mémoire du climax reste ainsi une ressource tout au long des trois premiers mandats de Bouteflika. Elle justifie des politiques de réconciliations articulées à des procédés plébiscitaires. Elle est aussi appropriée par des discours médiatiques et politiques qui relèvent de la « catastrophisation discursive » et objectivisent le besoin de sécurité (Ophir, 2010, 163). Le message produit est limpide : artisan du sauvetage de la nation, le vieil homme héroïque autorise l'avenir et suspend la catastrophe. Les plébiscites ont servi à rétablir la fiction du contrat social, selon une forme verticale et sécuritaire qui rappelle le Léviathan hobbesien. L'ordre politique rénové est voué à s'inscrire dans la durée, au nom du maintien d'une tutelle bienveillante. Il reste que la perfection de ce message se heurte à la réalité dès lors que les contradictions de la coalition dirigeante s'expriment en place publique.

L'ombre des prétoriens

La présidence n'est pas la seule institution ayant une fonction politique majeure en Algérie. Avant même l'accession du pays à l'indépendance, l'appareil bureaucratico-militaire a pris une part prépondérante dans le mouvement nationaliste, au point que certains auteurs dénoncent des agissements ayant contribué à la perversion de la révolution dès 1962 (Haroun, 2005, 266). Après la mort de Boumédiène, les hauts-gradés de l'Armée nationale populaire ont joué un rôle politique déterminant, bien que fluctuant selon la conjoncture. Le général incarne encore le vrai « décideur » dans l'imaginaire collectif, en dépit du passage au pluralisme politique. Nombreux sont ceux qui dressent le portrait d'un « Système » uniquement voué à la sauvegarde des intérêts des officiers de l'ANP. Les analyses engagées présentent fréquemment les généraux comme les principaux protagonistes de la vie politique du pays, que leurs auteurs soient de tendance berbériste (Benchikh, 2003 ; Laribi, 2007) ou islamiste (Merah, 2000). Les témoignages à charge émanent également d'anciens officiers de l'armée et des services de renseignements rentrés en conflit contre leurs supérieurs (Aboud, 2002 ; Samraoui, 2003 ; Souaïdia, 2001). Souvent édités en France, certains de ces ouvrages ont donné lieu à de vives polémiques. Dans les pages qui suivent, nous allons nous intéresser aux ressorts de l'action politique des prétoriens algériens et aux conséquences de cette intervention.

Du rôle politique de l'ANP

En 2012, à l'occasion du cinquantenaire de l'indépendance, je me rends en compagnie de deux collègues américains au stade du Cinq juillet, situé dans la banlieue ouest d'Alger, afin d'assister au spectacle gratuit organisé pour l'occasion. Dans l'enceinte copieusement garnie, les organisateurs proposent un show erratique et musical, combinant démonstrations de taekwendo, défilés d'enfants déguisés en fleurs et en papillons, sauts en trampoline, tableaux de l'Algérie moderne, incarnée par l'école et la formation professionnelle, et de l'Algérie traditionnelle, résumée à une mosaïque de folklores régionaux. Si l'ensemble de la représentation n'est pas sans générer une forme de perplexité, l'audience est conquise par la succession de cascades, et plus encore par la promesse du « méga-concert » qui doit suivre. Derrière ces dehors festifs toutefois, quelques messages illustrent la permanence du rôle prêté à l'armée. Le spectacle débute ainsi par un récit de l'occupation française, qui se résume à une série de combats et de vexations, avec force coups de feu et cascades. Au bout de la nuit coloniale, des soldats se dressent pour embusquer les troupes françaises et les décimer. C'est l'Armée de libération nationale qui surgit pour défaire l'occupant et le bouter hors d'Algérie, avec le concours du peuple, représenté par des paysans (*fellahin*) marchant en rangs serrés au devant de l'adversaire en déroute. Ici encore, le message est transparent : c'est par la lutte armée que le pays a retrouvé son indépendance, et c'est en vertu de l'héroïsme des *moudjahidin* et des martyrs (*chouhada*) que l'institution militaire se trouve confirmée dans son rôle de libératrice et intimement liée au peuple.

Cette histoire officielle centrée sur les faits d'armes propose une version unanimiste de la guerre de libération, articulée autour de l'union entre l'armée et le peuple, qui tend à recouvrir les aspects politiques de la lutte, et notamment le rôle de la diplomatie (Connelly, 2002). Elle permet néanmoins à l'état-major de revendiquer à son profit une double fonction légitimant ses ingérences répétées.

Tout d'abord, l'ANP à une fonction immunitaire, c'est-à-dire qu'elle doit protéger la communauté nationale des périls extérieurs et intérieurs qui mettent en cause son intégrité. C'est une fonction commune aux armées du monde entier, si ce n'est que l'idée est renforcée par le passé colonial. L'impératif de protection du corps national trouve ainsi son origine dans l'épisode révolutionnaire et la militarisation de la lutte. Hamit Bozarslan note que la militarisation d'une révolution se traduit par la production « d'un registre vitaliste de survie » (Bozarslan, 2011a, 33). Ce registre, ravivé par la guerre civile, inspire encore les interventions publiques des hauts-gradés algériens. La fonction immunitaire de l'institution militaire lui confère un devoir politique puisqu'il revient aux soldats de protéger les civils, y compris contre eux-mêmes. L'ANP étant constitutionnellement garante de la survie de la communauté nationale (article 25 de la Constitution), elle peut être amenée à prendre directement en main sa destinée politique.

Il apparaît donc que la fonction immunitaire de l'ANP est indissociable d'une deuxième fonction, tutélaire celle-là, qui implique un droit de regard pouvant évoluer vers un droit de propriété à l'égard de l'État. Cette revendication se situe dans la tradition de ce qui a parfois été qualifié de « radicalisme militaire », lorsque les officiers de l'État postcolonial revendiquaient une place dirigeante dans le projet développementaliste afin de mener la nation sur le chemin de la prospérité et de la modernité (Rouquié, 1979). Dans les années 1970, l'implication de l'armée dans l'économie planifiée fut symbolisée par la Direction nationale des coopératives de l'ANP, qui était alors le plus gros employeur du pays (Criscuolo, 1975, 217). La tutelle militaire s'exprime donc dans des domaines allant de la sécurité à l'économie en passant bien sûr par la politique. Elle est illustrée par la statue allégorique d'un soldat tenant la lumière située au pied du *Maqâm Echahîd*, le monument de l'indépendance, à Alger. Bien que moins commune que la fonction immunitaire, cette fonction tutélaire des militaires est aussi répandue de part le monde. Elle renvoie à ce que la science politique qualifie communément de prétoriens. C'est ainsi par exemple qu'au Pakistan, les militaires ralliés derrière Pervez Musharraf se voulaient les gardiens de la destinée du pays et justifiaient leur coup d'État de 1999 sous l'angle de la défense du bien commun (Racine, 2000 ; Jaffrelot, 2013).

Cette appropriation de la chose publique autorise les interférences militaires, en particulier lorsque la crise menace. En effet, c'est à ce moment fatidique que se rejoignent les fonctions tutélaires et immunitaires des prétoriens. Comme l'explique Ahmet Insel au sujet des militaires turcs, ceux-ci « revendiquent ensemble le statut de propriétaire de l'État, notamment lors des tensions politiques internes, surtout quand ils pressentent leur pouvoir d'État menacé » (Insel, 2008, 135). Nous allons le voir maintenant, leurs homologues algériens ont eux-aussi fait valoir leurs fonctions tutélaires et immunitaires en période de crise.

Illustration 1 : Statue d'un soldat tenant la lumière au pied du *Maqâm Echahîd*

© Photographie de l'auteur, Alger, automne 2010.

Le prétorianisme et la crise

C'est dans cette perspective qu'il faut comprendre l'implication des militaires algériens dans la phase de dramatisation, entre 1988 et 1992. Dans ses mémoires, Khaled Nezzar justifie à plusieurs reprises le rôle de l'état-major pendant cette période comme relevant à proprement parler de la « gestion de crise » ou du « règlement de la crise », notamment dans le but de défendre « l'unité » et la « souveraineté nationale » (Nezzar, 2000). La rhétorique prétorienne prend prétexte de la montée de la violence pour justifier l'exercice des prérogatives militaires à travers une série de politiques visant à maintenir l'ordre coûte que coûte (coup d'État, répression armée, infiltration). Les propos tenus *a posteriori* à un hebdomadaire français par Mohamed Lamari, qui fut chef d'état-major durant la décennie noire, illustrent cette prétention. À l'en croire, les généraux putschistes savaient ce qui était bon pour la population et étaient prêts à recourir à la force pour faire prévaloir leur vision du bien commun.

> En 1992, nous étions face à un choix très simple: soit assister à l'instauration d'un régime théocratique totalitaire à l'image de celui qui s'est installé en Afghanistan quelques années plus tard ; soit sauver les institutions républicaines, ce que nous avons fait. [...] On prétend même engager des poursuites contre moi devant une juridiction internationale. Je m'en contrefous, l'essentiel étant que mon pays soit sauvé. Et advienne que pourra... Revenons sur ce qui s'est réellement passé. Au début des années 1990, une frange de notre population a marché quand on lui a proposé d'instaurer un régime théocratique. Mais, grâce à nous, elle a finalement compris qu'il ne s'agissait que d'un moyen de conquête du pouvoir et a cessé de soutenir les terroristes. [6]

Mohamed Lamari illustre fort bien la rhétorique binaire du prétorianisme durant la crise. Le basculement dans une situation d'urgence discrédite toute tiédeur. La situation est clairement exposée dans les termes suivants : d'un côté les partisans de l'État et du bien commun (c'est-à-dire les prétoriens et ceux qui soutiennent le coup d'État), de l'autre les zélotes d'une théocratie islamiste archaïque. La disqualification des « réconciliateurs » est indissociable de ce monopole du bien commun qui permet de rejeter toute politique alternative. Le péril national, une fois devenu palpable, doit servir de rappel à la partie de la population qui s'est égarée. Dès lors, la violence d'État est présentée comme une thérapie servant la guérison du corps national, sa purge afin de rétablir l'équilibre des humeurs.

L'intervention prétorienne a toutefois un coût. La crise contribuant à révéler les rapports de force et à exacerber les violences systémiques, les acteurs individuels et collectifs sont susceptibles de s'éviter les désagréments et le discrédit en restant à l'écart. Les militaires ne font pas exception à la règle. Bozarslan remarque ainsi que si l'armée turque avait pu conserver son rôle d'arbitre du jeu politique à l'issu de la crise des années 1970, elle en sortait néanmoins diminuée dans ses prérogatives (Bozarslan, 1997, 4). Ce qui motive l'intervention des prétoriens, c'est la mise en péril de l'ordre politique et des bénéfices qu'ils en retirent individuellement et collectivement. Mais cela implique nécessairement des pertes humaines et une réputation ternie des « décideurs » militaires, comme le suggère la prolifération d'une littérature les accusant de crimes de guerre. Le coup d'État de 1992 n'est possible qu'en tant que produit d'une situation de tension extrême au cœur du champ étatique et dans toute la société, le terme d'un « long processus de dramatisation » qui a recréé les conditions de l'intervention politique des prétoriens (Insel, 2008, 137). En dehors de cette période exceptionnelle, par exemple durant la phase de latence, l'ordre constitutionnel est maintenu et l'institution militaire se concentre sur sa fonction politique immunitaire (protection des civils, lutte contre le terrorisme). La tutelle s'allège d'autant plus qu'elle ne répond à aucune disposition légale.

---

6. *Le Point*, 15 janvier 2003.

Ceci m'amène à une précision de politiste concernant la différence entre prétorianisme et système prétorien. Selon William Hale, le premier renvoie à une situation où « l'armée se constitue en force politique indépendante en recourant à la force ou en menaçant de le faire » (Insel, 2008, 135). Concernant le second, il s'agirait plutôt d'un cas où l'armée domine directement le système politique (Stepan, 1971). Il faut donc distinguer le prétorianisme, qui désigne une velléité politique de la part de tout ou une partie de l'armée, du système prétorien où le commandement militaire est effectivement en charge du gouvernement. Comparons par exemple la situation algérienne à celle d'un archétype de système prétorien, en l'occurrence la Birmanie jusqu'en 2016. Si dans les deux cas la mainmise de l'appareil bureaucratico-militaire est héritée de la lutte anti-coloniale, il y a néanmoins une différence entre une situation où les hauts gradés de l'armée sont parmi les principaux compétiteurs pour le pouvoir (Algérie), et un autre où ces derniers contrôlaient directement l'État, sans véritable challenger extérieur à l'institution (Birmanie) (Egreteau, 2010). En Birmanie, l'armée avait le pouvoir et ne le partageait pas ou bien marginalement. En revanche, certains politiciens et hauts fonctionnaires algériens sont en mesure de devenir des acteurs à part entière du jeu politique, à l'image de Bouteflika et de ses proches. Même dotés d'un droit de regard politique, les hauts-gradés sont contraints de former des coalitions sociales, et de laisser aux civils le soin de gouverner. Cette distinction a son importance dès lors qu'une partie de la littérature sur l'Algérie est obsédée par les prétoriens, quitte à cantonner des acteurs civils de poids à un rôle de pantin. Cette nuance permet aussi de souligner que la latence de la crise maintient la possibilité d'un réinvestissement des champs étatique et politique par les prétoriens, possibilité qui alimente en retour l'incertitude structurelle. Les acteurs impliqués dans la compétition pour le pouvoir ou dans la contestation doivent intégrer cette situation dans leurs calculs, ce qui les poussera notamment à discuter avec les militaires.

Les contradictions du prétorianisme

La position des prétoriens reste sujette à des variations conjoncturelles. Cette instabilité est alimentée par les contradictions inhérentes au prétorianisme algérien. En théorie, du fait de sa légitimité historique et de la double fonction que ses dirigeants revendiquent, l'armée algérienne est située en surplomb de la vie politique nationale. Pour Nezzar, elle n'est pas moins que « l'âme de l'édifice politique et administratif du pays » (Nezzar, 2003a, 51). Le général à la retraite suit une vieille représentation du radicalisme militaire auquel faisait déjà écho Khalfa Mameri, futur ambassadeur à Paris, dans sa thèse de doctorat soutenue en 1973 :

S'agissant de l'ANP et à l'instar de toute armée, son rôle la place en fait et par définition au-dessus et en dehors de la vie politique. Elle est à la fois du patrimoine national et gardienne de celui-ci de façon immuable.

Pourtant, loin de cette position théorique en surplomb de la société, l'ANP s'est activement impliquée dans la reproduction sociale et politique de l'ordre. Ainsi, pour William Zartman, à partir du coup d'État manqué contre Boumédiène en 1967, « l'armée [remplissait] les fonctions de mobilisation politique et militaire en entraînant les conscrits étudiants ». (Zartman, 1969, 275). L'ANP devint donc très tôt une institution relais de la stratégie hégémonique de Boumédiène, ayant une fonction partisane qui l'éloignait de fait de sa position supposément neutre de « gardienne du patrimoine national ».

Du fait de son engagement concret dans le maintien de l'ordre politique, l'ANP a été fragmentée par des luttes internes. La guerre d'indépendance avait déjà posé les bases de divisions importantes, entre intérieur et extérieur, « Arabes » et « déserteurs de l'armée française ». Depuis ces fractures fondatrices, la chronique des luttes au sein de l'armée est riche et invalide toute prétention à la neutralité. Après le coup d'État de 1965 contre Ben Bella, ce fut au tour du chef d'état-major Tahar Zbiri de rentrer en rébellion contre Boumédiène en 1967, au motif que ce dernier tentait de mettre en place un pouvoir personnel contraire à l'intérêt national [7]. Ce coup d'État manqué traduisait l'échec de la gestion collégiale mise en avant dans un premier temps, le renforcement de Boumédiène provoquant de graves remous au sein de l'ANP d'où avaient naturellement émergé ses principaux opposants (Quandt, 1969, 260). Plus tard, la déchéance de Mostefa Beloucif, chef d'état-major brusquement mis à la retraite en 1987 puis condamné pour détournement de fonds publics en 1992, illustra la persistance de luttes intestines impliquant les hautes sphères de l'armée et la présidence [8]. Ainsi, le sommet de l'armée n'était pas étranger aux luttes de pouvoir pour le contrôle de l'État et de ses ressources qui conduisirent à la guerre civile, pas plus que sa base n'était déconnectée des conflits politiques qui divisaient l'Algérie entre 1988 et 1992 (Souaïdia, 2001, 60).

La fiction d'une armée politiquement neutre, homogène et garante de l'intérêt commun est également affaiblie par l'existence d'une structure qui vient concurrencer l'état-major, en l'occurrence celle qui a porté depuis septembre 1990 le nom de Département du renseignement et de la sécurité. Jusqu'en janvier 2016, le DRS regroupait plusieurs directions, qui constituaient chacune

---

7. C'est la justification donnée *a posteriori* par Tahar Zbiri au *Soir d'Algérie*, 13 octobre 1990.
8. La chute de Beloucif est généralement expliquée par son refus de cautionner l'achat d'un système de radar couteux à la France, en période de disette budgetaire.

un organe de sécurité particulier, avec son organisation, ses prérogatives et ses méthodes. Parmi les subdivisions du département, on comptait notamment le Groupe d'intervention spécial, les fameux « ninjas » chargés des opérations antiterroristes. Cette institution clé de la coalition dirigeante a parfois été décrite comme un « "super-ministère" de la Sécurité qui contrôl[ait] l'ensemble des structures dédiées au renseignement » (Sifaoui, 2012, 219). La différence, de poids, est que contrairement à un ministère, le DRS s'était constitué en structure autonome du gouvernement et pouvait directement influer sur la compétition instituée en dehors d'un cadre légal (Addi, 2002, 197). Il prenait part aux luttes politiques, comme en témoignent l'affrontement par voie de presse entre certains de ses défenseurs et des membres de l'entourage présidentiel en février 2014. Le département influençait une partie de la presse privée par le biais du Centre algérien de communication et de diffusion et disposait également de relais dans les entreprises publiques. Finalement, le DRS entrait à l'occasion en compétition avec l'état-major, y compris lors de la gestion de crises sécuritaires majeures comme lors de la prise d'otages de masse à Tinguentourine, dans le Sahara, en 2013.

Ces divisions au sein de l'institution sont doublées par des conflits opposant tout ou partie des hauts gradés à des hommes politiques du sérail, qu'il s'agisse de Mouloud Hamrouche en 1991 ou de Bouteflika depuis 1999. De fait, si Addi note la préférence des prétoriens pour la délégation du pouvoir à des technocrates, cette stricte limitation n'est possible qu'en rejetant toute forme d'autonomie du champ politique et des institutions élues (2002, 196). Le retour de la légitimité électorale depuis 1995 implique mécaniquement une autonomisation relative des politiciens, notamment de ceux qui acquièrent une stature nationale. Ainsi, la libéralisation politique a contribué à publiciser les conflits impliquant les prétoriens et à invalider leur prétention à la neutralité.

Un dernier type de contradiction contribue à invalider l'image mythique de l'ANP. En effet, les militaires ont été impliqués depuis 1962 dans une série de prédations, lesquelles sont pour partie liées à un contexte général de revanche économique de la part d'individus ayant subi la précarisation liée à la guerre d'indépendance (Farsoun, 1975, 4), mais aussi à l'investissement croissant des militaires dans l'économie planifiée après l'indépendance (Viratelle, 1967) et enfin aux nombreux passe-droits et avantages en nature qui leur permirent de prospérer dans une économie en crise (Gèze, 2005, 183-184). Cette implication des prétoriens dans la prédation participe d'un processus de reconversion et d'inclusion qu'Elizabeth Picard qualifie d'« enkystement par l'économie » dont nous verrons les figures dans le chapitre suivant. En suivant le schéma qu'elle décrit, les haut-gradés algériens ont profité de leur position dans l'État pour entrer « en force dans des réseaux économiques soit légaux, soit parallèles, à la recherche de privilèges financiers et de rentes de substitution » (Picard, 2008,

322-323). On comprend que cet intéressement invalide la représentation d'une armée préoccupée uniquement de la sauvegarde de l'intérêt national, et promeut au contraire l'image d'une « mafia de généraux ».

Une institution critiquée...

L'ANP dans son ensemble a vu sa réputation ternie par l'image violente et prédatrice associée aux « décideurs » militaires depuis la décennie noire. Certains des reproches adressés à l'institution apparaissent dans l'anecdote qui suit. J'ai rencontré Ali* à Taghit, dans la *wilaya* de Bechar, à l'automne 2010. Suite à un imprévu, je devais partir en urgence à Alger. Comme il remontait pour sa part à Mascara, le médecin âgé d'une trentaine d'années m'avait proposé de faire la route en sa compagnie. Sur le trajet, ente deux observations sur la beauté des paysages de granit qui découpaient l'horizon, il s'était épanché sur les difficultés qu'il rencontrait dans l'exercice de sa profession de médecin, notamment liées à l'insécurité et aux pratiques mafieuses de certains de ces collègues. Il m'avait également décrit la fatigue qu'il ressentait devant l'omniprésence de la corruption, tout en regrettant de ne pouvoir partir pour la France.

Comme nous étions arrêtés à un énième barrage de gendarmerie, l'un des jeunes hommes en uniforme s'emporta soudainement contre lui parce qu'il avait freiné trop tard. L'atmosphère dans la voiture s'était tendue, tandis que le militaire continuait sa leçon de morale, une main posée négligemment sur la crosse de sa mitraillette. Une fois son laïus terminé et la voiture repartie, Ali* lâcha, l'air sombre : « Moins tu vois d'uniformes verts, plus tu es en sécurité. Ils disent qu'ils nous protègent, mais tout le monde dans ce pays sait que les généraux, c'est des gangsters qui se servent dans les caisses ». Il se lança ensuite dans une explication des racines du « Système » et du rôle des généraux, et je me gardais de l'interrompre, bien que la partition me soit familière.

Ses critiques contre la mafia au pouvoir furent bientôt interrompues par les appels pressants de ses parents, qui s'inquiétaient de ne pas le voir déjà rentré. À partir de cet instant, son humeur s'assombrit et la discussion s'orienta vers son principal soucis : la pression familiale. De fait, il allait de moins en moins vite à mesure qu'il se rapprochait de Mascara. En arrivant le soir-même, je fus présenté de manière très officielle à son père, Mohamed*, qui regardait les informations d'une chaîne française dans sa chambre située au deuxième étage de la grande demeure. En saluant le sexagénaire moustachu, je compris l'aveu d'Ali*, qui reconnaissait être encore impressionné quand il s'approchait de la chambre paternelle, malgré ses 35 ans révolus. L'ancien haut fonctionnaire dans une banque d'État en imposait incontestablement.

Lors du repas qui suivit, l'armée revint sur le devant de la scène. Apprenant ma qualité de chercheur, le père d'Ali* avait à son tour entrepris de me révéler les causes de la situation du pays. Très rapidement, il en était venu à la corruption et à l'armée. Je reproduis ici son explication des raisons l'ayant poussé à payer afin d'épargner la conscription à ses fils, telle que je l'avais notée le soir même :

> Quand vous avez des fils, vous ne pouvez pas les laisser partir faire ces choses-là. C'est inhumain ce qu'ils vous font là-bas. Ce sont des analphabètes qui se prétendent supérieurs et qui donnent des ordres à des jeunes diplômés, qui les insultent et qui les frappent s'ils le veulent. Ils ne savent même pas lire et ils se vengent en leurs faisant nettoyer les toilettes. Mes fils, quand il a fallu les envoyer au service, j'ai payé pour chacun d'entre eux. Beaucoup d'argent, je n'ai pas compté. Pour le deuxième, ça n'a pas marché, ils l'ont gardé un mois. Vous imaginez comme ça a été dur. En un mois, il peut arriver des choses terribles. (notes de terrain).

Mohamed* était un défenseur de l'État fort et du parti comme nécessités historiques. Malgré ses opinions et le confort qu'il avait retiré de sa carrière de haut fonctionnaire, il critiquait la violence et l'inculture de ceux qui étaient venus à la suite de Boumédiène, et tout particulièrement des militaires. Il s'était donc efforcé d'éviter à ses trois fils le service militaire, quitte à verser de fortes sommes. Le risque physique était la première de ses préoccupations. Dans le même temps, il dressait un portrait peu flatteur des instructeurs, dont il supposait l'analphabétisme, la cruauté, et *in fine* la frustration. Ce qu'il voyait dans le service militaire, c'était une machine à broyer les égos, un rite de passage permettant à une institution brutale par nature de pousser des jeunes à la soumission en les rabaissant. Éduqué, vivant dans le confort entouré de sa famille, Mohamed* liait son rejet de la conscription au statut de ses fils. Respectivement médecin et banquier, ils appartenaient selon lui à cette élite que les bénéficiaires de l'ordre ont tout intérêt à casser pour maintenir le *statu quo*.

Il y avait certainement là une forme de discours de classe de la part de l'ancien fonctionnaire. Ses propos rejoignaient néanmoins d'autres analyses soulignant la défiance croissante à l'égard de l'ANP. L'affaiblissement des mythes fondateurs de l'institution fait suite à la décennie noire qui a révélé la brutalité de ses membres et l'incurie de ses chefs (Abada, 1995 ; Rouadjia, 1995). Durant la phase de latence, l'image des décideurs militaires reste fortement négative, notamment en raison de leur ingérence et de leur corruption supposées. Néanmoins, c'est la dévaluation de la conscription dont témoigne cette anecdote qui est le signe le plus flagrant de la perte de prestige et d'autorité de l'ANP. Autrefois liée à l'intégration citoyenne et à la promotion sociale, l'armée est désormais cette institution qui pousse les jeunes à mettre leur vie entre parenthèse et à risquer leur vie face à un terrorisme qui n'a jamais été complètement défait. La crise d'autorité de l'ANP, de son droit à être obéi sans poser de question, est rendue évidente par la multiplication des tentatives de se soustraire au service militaire par le biais de différentes dérogations. À cet égard, il n'est pas innocent de remarquer qu'Abdelaziz Bouteflika a lui-même exonéré plusieurs générations d'appelés.

... mais toujours incontournable

Faut-il pour autant croire que la réputation de l'armée est à ce point détériorée que son prestige est réduit à néant ? Face à des affirmations définitives telles que « Milosevic est un enfant de choeur face à Nezzar et ses compagnons » (Aboud, 2002, 257), l'aristocratie militaire algérienne n'est pas restée muette. Des officiers retraités prennent fréquemment la parole pour se défendre des accusations portées contre eux et l'institution. Dès 1997, par exemple, le général Yahia Rahal sortit de son devoir de réserve pour défendre l'ANP contre les critiques, non sans reconnaître les « erreurs » de certains de ses collègues dans leur « gestion » de la crise. Sans prendre pour argent comptant les justifications des militaires, une approche plus nuancée semble nécessaire, ne serait-ce que du fait du renouvellement générationnel qui fait que les généraux éradicateurs sont souvent morts (Lamari, Belkheir) ou retraités (Nezzar), et qu'ils ont été remplacés par des officiers plus jeunes, souvent formés durant la guerre civile. La relative féminisation symbolisée par la nomination des premières femmes générales a aussi participé de la rénovation de l'image de l'armée.

Les vieilles rengaines sont toutefois les plus tenaces. Fin 2009, une manifestation en apparence triviale a permis de rappeler la persistance du lien symbolique entre la population et l'ANP. C'était à l'occasion des barrages qualificatifs pour la Coupe du monde de football joués contre l'Égypte et marqués par des débordements et une ferveur exceptionnels dans les deux pays (Temlali, 2010). La dernière confrontation se déroulant sur terrain neutre à Khartoum, au Soudan, c'est l'ANP qui assurait la logistique pour le déplacement des supporters algériens. Lors des scènes de liesse précédant ce dernier match et surtout après la qualification, un vieux mot d'ordre du radicalisme militaire réapparut parmi les slogans scandés par la foule : « *Djeich, cha'ab, ma'a al-Khadra* » (« L'Armée et le peuple avec la Verte! », c'est-à-dire l'équipe nationale). Si le football avait remplacé Boumédiène, l'armée et le peuple se trouvaient néanmoins de nouveau associés lors de cet épisode exutoire qui permettait de revendiquer haut et fort la fierté de l'appartenance nationale. De fait, si le sens de cette alliance a été affaibli par la crise, il est toujours bien présent, notamment dans les moments qui voient la nation symboliquement attaquée – par exemple quand les supporters égyptiens assaillent le bus de l'équipe nationale, lors du match précédent.

À la persistance de ce lien symbolique s'ajoute encore une vraie puissance matérielle. Malgré les restrictions récentes, l'ANP continue d'être protégée des coupes budgétaires. En 2009, les dépenses militaires représentaient 15 % du budget du gouvernement, soit 3,9 % du produit intérieur brut algérien. À titre de comparaison, à la même date, les dépenses militaires représentaient seulement 1,3 % du PIB tunisien (un taux à la hauteur de la plupart des nations européennes). En 2013, le budget militaire algérien atteignait 5 % du PIB, plaçant le pays en cinquième position du classement publié par la Banque mondiale [9]. Signe de l'indépendance persistante de l'état-major, le budget de l'armée n'a été soumis au contrôle du Parlement qu'à une seule reprise, en 1991.

Parallèlement à la poursuite de la lutte contre le « terrorisme résiduel », la valorisation du rôle de l'armée passe par la mise en scène d'une institution préoccupée du bien public. Par exemple, un journaliste du quotidien privé *l'Expression*, toujours très admiratif des composantes du régime, pouvait écrire dans un article consacré aux efforts de l'ANP pour désenclaver les villages isolés par les intempéries hivernales que celle-ci « s'implique chaque jour un peu plus dans des missions humanitaires et d'intérêt public, donnant aujourd'hui l'impression, après son désengagement total de la vie politique, d'une institution sans faille ». [10]

Sapé durant la décennie noire, les mythes de l'institution ont donc été reformulés. Les enjeux que sont la professionnalisation et le retrait de la vie politique de l'armée sont constamment invoqués. Dans le même temps, la latence de la crise rend possible la réactualisation des prétentions tutélaires des haut-gradés, qui sont régulièrement évoqués comme des recours par les hommes politiques, y compris des opposants. Les conditions de l'intervention sont toujours présentes. Lorsqu'elle déneige une route, l'ANP agit en vertu de la loi n° 91-23 du 6 décembre 1991, celle-là même qui avait été l'un des ressorts légaux du putsch de janvier 1992. À la suite de la levée de l'État d'urgence, en février 2011, un complément opportunément ajouté à cette loi a permis de légaliser « le recours aux unités et formations de l'Armée nationale populaire pour répondre à des impératifs liés à la lutte contre le terrorisme et la subversion ». Nous le verrons plus tard, les réformes autorisent bien souvent la répression, sur un registre mêlant régulation et exception.

Les mystères du cartel qui tient l'État

La présidence, l'état-major et le DRS jouent un rôle de premier plan dans la marche du « Système » algérien. Pourtant, les observateurs décrivent parfois

---

9. D'après les statistiques de la Banque mondiale (http://donnees.banquemondiale.org/).
10. *L'Expression*, 30 janvier 2005.

une configuration politique particulièrement confuse. Après avoir constaté l'existence d'un « appareil décisionnel factionnalisé et opaque », ils sont souvent réduits à souligner l'incertitude politique qui en découle et à concentrer leur regard sur les enjeux sécuritaires (Arieff, 2013). Dans la section qui suit, je vais néanmoins tenter de comprendre cette coalition dirigeante et d'expliquer ses principe directeurs, puis je m'intéresserai à l'expression publique des tensions en son sein.

Un cartel

Prenons comme point de départ le diagnostic de Pierre Bourdieu selon lequel « l'État n'est pas un bloc, c'est un champ » (Bourdieu, 2012, 41). De la sorte, on conçoit que ce champ est propice à la mise en relation d'acteurs divers, selon des modalités variées allant de leur entente à leur affrontement. L'État est à sa manière un « espace social où des acteurs sont en concurrence avec d'autres acteurs pour le contrôle des biens rares » (Bourdieu, 1992, 73). Cela n'empêche pas, en Algérie comme ailleurs, la reproduction de la fiction universaliste et monolithique de l'État. Cette fiction est d'autant plus forte qu'elle est partie intégrante d'un éthos partagé. En effet, le champ étatique est aussi un « champ d'action stratégique » caractérisé par la coprésence d'acteurs qui interagissent sur la base d'une compréhension commune des objectifs, des règles et des relations qui structurent le champ (Fligstein, McAdam, 2012, 9). Au sein de l'État, ces acteurs sont notamment en compétition pour la détention d'un capital spécifique, d'une « sorte de méta-pouvoir, de pouvoir sur tous les pouvoirs » (Bourdieu, 2012, 580). Grâce à ce dernier, les agents et les institutions étatiques acquièrent une capacité à agir sur les autres champs (économique, culturel, politique...). Cette capacité à agir sur l'ensemble de la société s'appuie sur la fiction universaliste déjà évoquée. C'est au nom du « peuple » et de la « nation » que les agents de l'État agissent sur l'ensemble de l'espace social. Parce que leur action est nécessairement tournée vers l'extérieur, les acteurs ne peuvent se livrer à une compétition acharnée. Le champ étatique est donc aussi un espace de rassemblement et de négociation. Il est une « arène du compromis » (Camau, 2006a, 43-44) où les groupes engagés dans la compétition interne pour le méta-pouvoir marchandent et s'affrontent tout en garantissant un équilibre suffisant au maintien de l'ordre et à la pérennisation de leurs intérêts.

Dans le même temps, l'autonomie de l'État est limitée par les liens existant avec les autres champs sociaux. La perméabilité relative du champ étatique et les luttes constantes en son sein impliquent la labilité de la coalition qui le domine. Cela ne veut pas dire que cette alliance ne répond pas à un principe organisateur. Interrogé en pleine vague de soulèvement dans les pays arabes, Hamit Bozarslan évoquait ainsi l'existence d'une structure étatique cartellisée largement répandue au Moyen-Orient (Bozarslan, 2011b, 46). Le terme cartel capture la logique de collusion qui caractérise les relations entre acteurs au sein d'un champ marqué par la compétition. En économie, un cartel régule la compétition dans un secteur spécifique afin d'assurer la sécurité des affaires et les bénéfices de ses membres (Horwitz, 1986). Cette réunion d'acteurs est capable d'agir collectivement afin d'influer sur le prix des marchandises afin de limiter les risques résultant de leur concurrence sur le marché. C'est en cela que le terme de cartel est plus adapté que celui de coalition : il renvoie à l'idée que des compétiteurs se réunissent car ils cherchent à garantir une situation de prévalence en dépit de leur concurrence. La notion de cartel désignera donc dorénavant l'ensemble des acteurs, individuels et collectifs, qui composent cette alliance hétérogène contrôlant l'État algérien, et dont l'objectif est d'assurer le maintien du *statu quo*, de diminuer les coûts de la compétition, en bref, de sécuriser des bénéfices.

Les bénéfices en question découlent du monopole du méta-pouvoir qu'autorise la main-mise sur le champ étatique. Ils peuvent être économiques (enrichissement) ou politiques (faire la promotion d'un agenda islamiste), symboliques (devenir le représentant reconnu d'une communauté) ou matériel (financer les infrastructures à Tlemcen), collectifs (défendre les prérogatives de l'ANP) ou individuels (demeurer président à vie). Ainsi, loin d'être limité à sa connotation péjorative renvoyant aux organisations de narcotrafiquants latino-américains, le terme cartel décrit une union dictée par la volonté de sécuriser des intérêts divers résultant d'une emprise collective sur l'État, dans la lignée de la réflexion développée par Richard S. Katz et Peter Mair (1995) sur les partis de gouvernement européens.

Afin d'assurer les bénéfices de ses membres, le cartel algérien doit reproduire les rapports de force sur lesquels repose l'ordre politique. Néanmoins, certaines tensions internes débouchent sur des oppositions directes entre groupes et institutions concurrents. Dans ce contexte, les adversaires situés dans l'État en instrumentalisent les institutions pour accaparer les ressources (moyens de la violence, argent) et s'affronter par le biais d'actes de régulation (enquêtes anti-corruption, mises à la retraite, recouvrements de dettes impayées) qui sont en fait autant de coups portés à un concurrent (Byrd, 2003, 72). Et c'est là que la crise joue pleinement son rôle de révélateur, lorsqu'elle intensifie les désaccords entre les groupes et expose leur compétition en place publique. Ce n'est pas seulement la concurrence au sein du cartel qui est dévoilée, mais aussi le gouffre autrement plus banal entre la prétention des gouvernants à une action neutre et désintéressée, et la réalité de leur détournement du méta-pouvoir à des fins inavouables. Les conséquences n'en sont pas moins remarquables, tant du point de vue de l'efficacité des stratégies d'euphémisation que de la crainte socialement partagée d'une montée de la violence.

Des conflits exposés en place publique

Jean Leca et Jean-Claude Vatin (1977) ont souligné très tôt la tendance marquée des dirigeants algériens à se critiquer mutuellement. La succession de conflits exposés en place publique entretient désormais la latence de la crise, tout en dessinant un schéma directeur des règlements de compte au sein du cartel. Revenons sur le cas de Liamine Zeroual et sur la bourrasque médiatique et judiciaire qui entraîna son départ en 1998. Le plus proche collaborateur du président était Mohamed Betchine, général à la retraite par ailleurs ancien chef des services de renseignement. Omniprésent, il occupait le poste de ministre-conseiller de la présidence et était membre du bureau politique du RND. Les noms des deux hommes étaient fréquemment associés. Ainsi, lorsque le président révéla à ses proches qu'il renonçait à briguer un second mandat, Betchine apparu logiquement comme son successeur naturel. Or, depuis l'intronisation de Chadli Bendjedid en 1979, la sélection du président relève du compromis entre groupes et non d'une succession par héritage (ICG, 1999b, 6).

Dans un contexte dramatique de redoublement de la violence à l'encontre des civils marqué par une série de massacres entre l'été 1997 et l'hiver 1998, la lutte interne au cartel reprit de plus belle, les relais d'opinion des groupes antagonistes s'affrontant par voie de presse. À ce jeu, les dossiers à charge dont disposent les différents acteurs pour détruire la réputation de leurs opposants sont déterminants. L'entourage présidentiel fut laminé. Betchine et le ministre de la Justice Mohamed Adami se trouvèrent impliqués dans des affaires de corruption et de trafic de voiture. En dépit de la décision de Liamine Zeroual d'écourter son mandat en convoquant des élections présidentielles anticipées, au nom de sa « volonté d'alternance », les attaques ne faiblirent pas. Adami démissionna le 19 octobre 1998, imité le lendemain par Betchine, dans l'espoir d'une limitation des conséquences judiciaires (ICG, 1999a, 3-6).

L'ouverture des années 1989-1991 se traduit désormais par l'utilisation de la presse privée dans le cadre de ces règlements de compte. Aux luttes d'appareil confinées dans les sphères bureaucratiques a donc succédé un type de conflit qui prend directement à partie l'opinion. Les mécanismes légaux de régulation et le pluralisme médiatique sont détournés d'un même mouvement. Les accusations et les dénégations largement publicisées nourrissent la crainte d'un nouveau coup d'État voire d'un basculement du pays dans la guerre civile. Il est en effet possible qu'une reconfiguration du cartel conduise au limogeage du chef de l'État, comme ce fut le cas pour Chadli Bendjedid après qu'il ait ouvert la porte à une cohabitation avec le FIS. Pourtant, comme l'affaire Adami-Betchine le montre, plutôt que de s'attaquer directement au président et de mettre en péril le *statu quo*, ses concurrents concentrent en général leur offensive sur un ou plusieurs de ses proches. La révélation d'affaires de corruption nuit par contamination à la réputation de l'entourage présidentiel dans son ensemble.

Les situations de tension ne sont pas réductibles à la dichotomie présidence-armée. Durant l'affrontement entre Abdelaziz Bouteflika et Ali Benflis entre 2003 et 2004, la détérioration de la relation entre le Premier ministre et la présidence a pu donner l'impression d'une réelle bipolarisation du leadership politique. Au cours du 8ème congrès du FLN en avril 2003, Benflis fut plébiscité comme secrétaire général. Devant cette compétition grandissante, Bouteflika décida d'abord de ne plus réunir le conseil des ministres puis de limoger son encombrant chef du gouvernement. À terme, le rapport de force se révéla favorable au président et à ses proches. Profitant du pouvoir de surveillance dont il disposait en vertu de la loi sur les partis politiques de 1997, le ministre de l'Intérieur Noureddine « Yazid » Zerhouni, un fidèle de Bouteflika, lança une enquête sur le déroulement du congrès qui amena à l'annulation des résultats. Finalement, le conflit fut soldé par la large victoire du président-candidat lors des présidentielles d'avril 2004. Du point de vue des équilibres institutionnels, Benflis ne faisait pas le poids.

Cette bipolarisation temporaire du jeu politique traduisait aussi le retournement d'une partie de l'aristocratie militaire contre la présidence. En 2002 se déroulait à Paris le procès en diffamation opposant Khaled Nezzar à l'ancien officier Habib Souaïdia. À cette occasion, la presse algérienne relayait les critiques des soutiens de l'ancien chef de file des éradicateurs concernant la prise en charge insuffisante de ses frais de procès [11]. Si Nezzar avait soutenu le candidat Bouteflika en 1999, ses écrits publiés quatre ans plus tard témoignent d'un net retournement. En narrant le rejet par ce dernier du poste de président du HCE qui lui avait été offert en 1994, l'ancien chef d'état-major le dépeignait alors comme « un petit cœur et une petite âme » qui « n'avait semblé grand que dans l'ombre d'un grand » (Nezzar, 2003a, 39, 40). Plus loin, moquant la version officielle qui confère à Bouteflika un passé de héros de la résistance armée, il faisait explicitement référence à sa petite taille : « cette prétention à réécrire l'histoire, à la revisiter, à la redimensionner pour l'affubler à son avantage, le révèle soudain gauche et emprunté, dans un habit ALN plus large et plus grand que son gabarit réel » (*ibid.*, 69). À la même époque, le chef d'état-major Mohamed Lamari lançait une mise-en-garde claire en affirmant au quotidien *Le Matin* que « toute personne investie des prérogatives de président de la République comptant toucher à l'ordre républicain, remettre en cause le pluralisme politique, tenter un réaménagement constitutionnel sur-mesure, ou mépriser la société et le peuple, trouverait l'armée devant elle » (Laribi, 2007, 206).

---

11. *Le Matin*, 23 septembre 2002.

Le scrutin présidentiel suivant offrit à la présidence l'occasion de se débarrasser de ses opposants au sein de l'institution militaire. Après la reprise en main du FLN, ce fut donc au tour de l'état-major. Lamari fut poussé à la démission en août 2004. La « recherche la cohésion de l'armée » conduisit également à la mise-à-l'écart d'autres figures prétoriennes, telles que Larbi Belkheir ou Mohamed Touati. On pourrait dès lors penser que la chronique des conflits du cartel avait trouvé sa conclusion. Ce serait oublier que la présidence s'appuyait encore sur une partie de la hiérarchie militaire, dont le nouveau chef d'état-major Ahmed Gaïd Salah. D'autre part, la mise à l'écart des généraux éradicateurs avait épargné le DRS, et notamment Mohamed Médiène, dit « Toufik », l'homme à la tête des services de renseignements depuis 1990. Or, les services de renseignements conservaient une forte capacité de nuisance. Leur réforme était rendue difficile par l'importance stratégique de leurs relais dans la société et dans la presse, de leur rôle sécuritaire, mais aussi des informations en leur possession. Comme cela a pu être relevé pour les pays de l'ex-URSS, la renforcement de la présidence trouvait là une limite structurelle de poids (Frison-Roche, 2004, 64-54).

Au début de l'année 2010, une série d'affaires de corruption retentissantes a touché des membres influents de l'entourage présidentiel. Le ministre des Travaux publics, Amar Ghoul a été impliqué dans un scandale financier lié aux versements de commissions lors de la construction de l'autoroute est-ouest. Il a été auditionné par la justice, sans que sa carrière ne s'en trouve affectée. Une affaire autrement plus grave a touché la Sonatrach, le géant des hydrocarbures algérien, ses dirigeants appointés par la présidence, et le ministre de l'Énergie Chakib Khelil. Cette fois, les investigations parallèles du DRS et de la justice italienne conduisirent à l'inculpation de Khelil et à sa fuite vers les États-Unis. Ces « affaires » trahissaient un contexte tendu par les enjeux récurrents de la succession et de la réforme des services de renseignements. Peu de temps après la fuite de l'ancien ministre de l'Énergie, un projet de restructuration du DRS fut annoncé, suivi d'une vague de mise-en-retraite de ses haut-gradés, dont Athmane Tartag, l'ancien directeur du Centre principal Militaire d'investigation (CPMI) de Ben Aknoun, un lieu devenu tristement célèbre durant la guerre civile.

Au cours du troisième mandat, le conflit entre la présidence et le DRS ressurgit régulièrement en place publique. Durant la campagne électorale de 2014, Amar Saâdani, le secrétaire général du FLN et proche de la présidence, s'en prend aux services qu'il accuse d'interférer dans la vie politique et judiciaire du pays. En réponse, le général à la retraite Hocine Benhadid intervient dans la presse pour suggérer que le comportement de l'entourage présidentiel confine à la haute trahison. La rumeur d'un conflit entre Gaïd Salah et Toufik enfle. Finalement, c'est le président lui-même, dans des propos relayés par l'agence de presse officielle, qui vient rappeler l'importance de la cohésion de l'armée en dénonçant des « conflits fomentés » par les ennemis du pays [12]. Il faudra attendre la nouvelle réélection de Bouteflika pour que le conflit soit soldé à l'avantage de la présidence et de ses alliés au sein de l'état-major. À l'automne 2015, Toufik est finalement mis à la retraite. En quelque mois, le DRS est démantelé. Une partie de ses services passent sous le contrôle de l'état-major, tandis que les autres sont regroupés au sein d'une nouvelle structure, le Département surveillance et sécurité, dépendant directement de la présidence et dirigé par Tartag.

Des affrontements internes ont donc ponctué à intervalles réguliers les trois premiers mandats de Bouteflika. Ces tensions publicisées ont alimenté la rumeur récurrente d'un conflit parmi les élites dirigeantes dont les conséquences seraient potentiellement dévastatrices pour le pays (Aït Kaki, 2004b). En remémorant la séquence 1988-1992 ou la phase d'extrême violence de 1997-1998, elles participent activement à la latence de la crise. En objectivant le péril existentiel, ces conflits exposés en place publique sont partie intégrante de la construction de la catastrophe à venir.

Lecture policière

La notion de « peur bleue » permet de restituer le processus de catastrophisation dans une perspective historique. Elle renvoie à la guerre de libération et à la paranoïa instillée chez les nationalistes par l'armée française à coups de faux maquis et de listes de « traîtres » opportunément communiquées. Cette stratégie basée sur l'intoxication visait à répandre la « bleuite » parmi les insurgés, un terme qui désignait alors une situation de suspicion généralisée. Durant la guerre civile, les manipulations réelles et supposées des forces de sécurité justifièrent à nouveau l'emploi du terme. Le souvenir de ces deux guerres est indissociable de la prédominance d'un imaginaire politique marqué par la suspicion.

La « peur bleue » est reproduite par la concurrence au sein du cartel. À l'évocation par les membres du gouvernement de la force de l'« argent mafieux » ou de l'action de « traîtres » au cœur de l'État s'ajoutent des manifestations plus concrètes de la férocité de ces affrontements. Au début de l'année 2010, alors que les affaires de corruption déstabilisent la présidence, Ali Tounsi, le directeur de la police nationale (DGSN) est abattu dans son bureau par l'un de ses proches collaborateurs. Ce meurtre est d'autant plus illisible que les avocats de l'assassin présumé suggèrent l'implication du ministre de l'Intérieur de l'époque, Yazid Zerhouni [13]. Cet épisode semble révéler l'ampleur

---

12. *APS*, 18 février 2014.
13. *El Watan*, 24 février 2011.

des désaccords qui fracturent alors le cartel, sans pour autant en donner une explication valable. Comme l'explique Bourdieu, « à l'intérieur du champ, on se tue pour des choses qui sont imperceptibles pour les gens qui se trouvent à la porte d'à côté » (2012, 502).

La médiatisation et les avis des experts sont centraux dans l'entretien de la peur bleue. Les tentatives d'interprétation des rapports de force au sein du cartel se succèdent, par exemple lorsque le politologue Lahouari Addi déclare à l'issue des élections législatives de mai 2012 que « le plus grand perdant de ces élections, c'est Bouteflika », celui-ci ayant été « lâché par l'armée »[14]. Il suffira de changer de source pour trouver un diagnostic différent mais tout aussi inquiétant. La multiplication des interprétations contradictoires, dans la presse privée et publique, sur les sites internet ou les réseaux sociaux, entretient l'incertitude. Les arcanes du méta-pouvoir sont dévoilées tout en demeurant illisibles pour les novices qui n'en retirent aucune certitude durable.

La compétition interne qui travaille le cartel popularise aussi une lecture policière de l'histoire et du jeu politique qui accordait au DRS une place de choix. Madjid Benchikh, qui fut doyen de la faculté de droit d'Alger et membre du FFS, livre dans l'un de ses essais un témoignage évocateur de la toute-puissance prêtée aux « services », qui intervenaient jusque dans la création des partis concurrents (Benchikh, 2003). Acteur tout-puissant, le DRS manipulerait les contestataires, ferait parler les députés, instrumentaliseraient Al-Qaïda au Maghreb islamique (AQMI). À en croire un politologue algérien qui s'exprimait à l'occasion d'un colloque en avril 2014, les « services » avaient alors un plan tout tracé afin de conduire à un état d'urgence légitimant la prise de pouvoir prétorienne dans la foulée des élections présidentielles, sur le mode du coup d'État de 1992. On voit ici de quelle manière les « spécialistes » contribuent à la fabrication d'une lecture du jeu politique annonçant la catastrophe à venir.

Jusqu'à son remplacement en 2015, le général-major puis général de corps d'armée Toufik Médiène était le symbole du pouvoir occulte du DRS un être aux capacités télékynétiques qui « contrôle totalement la scène politique, l'activité économique et l'administration » (Burgat, Gèze, 2007, 656). Paroxysme de la puissance, Toufik n'existait pas en tant que corps physique ; de lui, il ne circulait qu'une seule photo contestée remontant aux années 1980. Esprit malin d'inspiration soviétique, il était issu de la fameuse promotion « tapis rouge » formée en URSS après l'indépendance, avant de devenir une puissance quasi-magique hantant le champ étatique, l'âme-damnée de cet « État profond » qui

---

14. Lahouari Addi, « Deux grands perdants de ces élections : Bouteflika et le FFS », *Le Quotidien d'Algérie*, 13 mai 2012.

contrôle tout, même ce qui semble l'affaiblir. Ainsi, peu après que la prise d'otage sur le site gazier de Tigentourine eut démontré l'échec de la mission antiterroriste attribuée au DRS, des rumeurs commencèrent à circuler pour en attribuer la paternité au Machiavel du département. L'hypothèse de la manipulation a depuis longtemps été relayée dans les médias internationaux par des spécialistes, journalistes ou chercheurs, qui attribuent la paternité du terrorisme sahélien aux services algériens (Keenan, 2009).

La lecture policière permet certes de faire face à la peur bleue en donnant un sens aux luttes qui secouent le cartel, voire en en prévoyant l'issue. Si ces théories peuvent être comprises comme des régimes de vérité répondant à l'incertitude et à la défiance à l'égard des élites dirigeantes, elles contribuent dans le même temps à hypertrophier le rôle des actes intentionnels, des calculs rationnels au détriment des causes structurelles et des contingences. Sous cet angle, elles renforcent la vision d'un « Système » aussi désincarné qu'omnipotent et nourrissent une tendance au conspirationnisme (Silverstein, 2002). Or, le conspirationnisme est à la fois désenchantement et réenchante-ment en ce qu'il exagère la puissance de l'ennemi révélé, et justifie donc un fatalisme dont Mohand* se faisait l'écho en introduction de ce chapitre (Taïeb, 2010).

Cette lecture policière ne doit pas être réduite à sa dimension subjective, puisqu'elle s'appuie aussi sur des évidences dont doivent tenir compte les acteurs. En effet, discuter avec des cadres de partis d'opposition conduit rapidement à prendre la mesure de l'influence des militaires, et des nécessités stratégiques qui en découlent. C'était par exemple le cas en 2011, lorsqu'un permanent du RCD m'expliquait les raisons qui rendaient nécessaire la consultation des généraux par le président de son parti.

> On sait que le véritable pôle de décision c'est le DRS, c'est l'état-major. D'ailleurs, qui ne le sait pas. Alors je dis qu'il vaut mieux aller traiter avec le Bon Dieu qu'avec son Prophète. On est évidemment allé rencontrer les militaires, pas seulement Toufik mais les autres généraux. [...] cela ne veut pas dire que nous sommes d'accord avec eux. C'est seulement que nous devons bien leur parler puisque ce sont eux les vrais décideurs.
>
> (Asaf*, membre permanent du RCD, Tizi Ouzou, Printemps 2011).

Le constat de cet ancien directeur de collège relevait du sens commun, et ce n'est pas la dernière fois qu'un militant ou qu'un responsable évoquait devant moi la nécessité de garder ouvert les canaux de discussion avec les prétoriens. Prendre langue avec les services de sécurité, intégrer l'influence des militaires dans les stratégies, anticiper leur potentiel réinvestissement des champs étatiques et politiques, ce sont autant de nécessités qui influent sur les calculs des acteurs. De fait, la tutelle militaire est encore une réalité algérienne. Dans le même temps, observer la vie politique sous Bouteflika c'est également être constamment confronté aux accusations de collusion, de corruption, de manipulation relevant souvent de la rumeur ou de la calomnie. Le socle des certitudes se dérobe bien vite sous les pieds du chercheur. Dès mon premier séjour de recherche en 2008, un député du MSP (islamo-conservateur) m'avait révélé ses doutes sur les événements d'octobre 1988, sur leur probable manipulation afin de « ne pas laisser les choses mûrir ». C'était le jour anniversaire des vingt ans de la répression, et ce qui me semblait alors être un mouvement de contestation populaire venait de devenir une machination ourdie depuis les cercles intérieurs du « Pouvoir ».

Une analyse du cartel doit donc à la fois intégrer et prendre de la distance à l'égard des discours évoquant la toute puissance des « forces du mal » qui agissent au cœur de l'État, selon la formule employée en 1992 par l'ancien Premier ministre Ghozali dans sa lettre de démission (Sifaoui, 2012, 268). Tandis que ces récits sont révélateurs des relations qui cadrent le jeu politique, ils participent également d'une représentation de l'implacable force corruptrice du pouvoir et suggèrent une prise de distance prudente à l'égard d'une contestation coûteuse et vaine. Gardons donc à l'esprit les fonctions multiples de cette lecture policière, qui vont de la mystification à la révélation en passant par la prescription.

Nécropolitique

Les luttes au sommet de l'État sont d'autant plus inquiétantes qu'elles impliquent des hommes physiquement absents, quand des sources « bien informées » ne les disent pas tout simplement mourants [15]. Depuis son hospitalisation en 2005 pour un cancer, la santé défaillante d'Abdelaziz Bouteflika et son effacement font particulièrement l'objet de conjectures ou de moqueries. Peu après son allocution télévisée du 15 avril 2011 annonçant des réformes prochaines, je me trouvais en compagnie d'étudiants à la cité universitaire Boukhalfa II de Tizi Ouzou. Ceux-ci ne manquèrent pas de moquer le discours de « mort-vivant » du Président. « On voyait les ficelles qu'ils utilisaient pour lui faire bouger les lèvres », raillait l'un d'entre eux. À mon retour à Alger, j'avais entendu les mêmes moqueries concernant la performance du président. Certains commençaient déjà à s'inquiéter de sa capacité à remettre le trophée entre les mains du vainqueur de la Coupe d'Algérie de Football, au début du mois de mai. Or, c'était avant l'accident ischémique transitoire qui l'a rendu incapable de se mouvoir et d'articuler une parole audible. Après 2013, Bouteflika est devenu un corps que l'on exhibe à l'occasion d'un vote ou de la visite d'un secrétaire d'État américain. Il semble

---

15. Dans un article publié à partir des documents révélés par *Wikileaks*, les auteurs qualifiaient ainsi Médiène et Bouteflika d'« ennemis mourants qui règnent sur Alger ». Cf : http://wikileaks-press.org/stratfor-algerian-secret-services-grip-on-power/

maintenu artificiellement en vie, patientant à l'orée de l'au-delà que sa Grande mosquée soit terminée. Cette situation fait écho au cas de Franco, dont Michel Foucault (1997) fait l'exemple paradigmatique de l'existence d'un pouvoir biopolitique, d'une capacité à faire vivre.

Pourtant, à proprement parler, la latence de la crise repose plutôt sur une forme particulière de nécropolitique, de système où la gestion de la population et l'exercice du pouvoir donne une place centrale à la mort (Mbembe, 2006). Cela passe par des politiques relativement classiques, à l'image de l'utilisation de la mémoire des martyrs de la guerre d'indépendance pour redistribuer des ressources financières. Il y a également des nécropolitiques directement liées à la crise, comme l'exercice d'une violence massive par les forces de sécurité durant la guerre civile, ou encore l'organisation *a posteriori* de l'amnistie, c'est-à-dire de l'oubli légal des homicides perpétrés lors de la décennie noire pour générer obéissance et unité. Ainsi, tant l'ANP que la présidence ont joué un rôle dans la gestion nécropolitique du pays, même si c'est plutôt la seconde qui agit durant la phase de latence.

La mort est également un discours qui façonne le réel, dès lors que son spectre est constamment agité. Il y a d'abord l'idée du passage de flambeau par cette « famille révolutionnaire » qui a tant pesé sur la destinée politique du pays depuis 1962. C'est cette thématique qui est affirmée encore et encore, à l'occasion d'une inauguration ou d'une date symbolique. Lors de la cérémonie du cinquantenaire au stade du 5 juillet, le dernier tableau présenté s'appelle tout simplement « transmission ». Pour conclure la cérémonie et laisser la place au méga-concert tant attendu, deux lycéens, un garçon et une fille, gravissent un plan incliné pour rallumer de leur torche la flamme de la mémoire de la Révolution et des martyrs.

Pourtant, la récurrence de ce thème traduit la difficulté du renouvellement générationnel. Les vieux révolutionnaires s'accrochent aux commandes de l'État, tandis que les jeunes Algériens se plaignent fréquemment d'habiter un pays invivable, d'être dégoûtés, fatigués par la ville et par les autres. Certaines confessions d'impuissance et de douleur renvoient à la mort quotidienne du Nord-Africain immigré en France décrite par Franz Fanon (2001, 28). Le passage de la génération révolutionnaire – sa mort – est une promesse tout le temps différée. Elle demeure entourée de ses martyrs, sans jamais vouloir franchir le pas. La démonstration du pouvoir biopolitique contredit la promesse réitérée de la mort prochaine. Cette tension s'accompagne d'une glaciation, d'une cryogénisation dans la quête d'une infinie permanence. Pour ceux qui participent à la compétition instituée, cette glaciation est encore synonyme d'impuissance, comme me l'expliquait un député du MSP confronté à l'absence de débats sur la réforme constitutionnelle de 2008 :

> En France, vous commencez à parler des présidentielles deux ans auparavant ; en Algérie les élections sont dans un peu plus de six mois et il n'y a presque pas de débat. En tant que membre d'un parti lui-même membre de la coalition présidentielle, je n'ai pas connaissance au jour d'aujourd'hui de la volonté du Président et du contenu de l'amendement en cours de rédaction.
>
> (Abdelkrim Dahmen, membre du conseil national du MSP, ancien député de Tipaza, Alger, automne 2008).

La présidence perpétue la glaciation par son silence. En novembre 2010, plus d'un an et demi après sa deuxième réélection, les gigantesques portraits d'Abdelaziz Bouteflika ornent toujours la place des martyrs de Constantine – la troisième ville du pays –, avec ce même slogan : « Pour une Algérie forte et sereine ». La vie politique est suspendue à la santé d'un président dont les bilans ne sont jamais rendus publics. Le mystère demeure donc, et avec lui ce temps mort où la postcolonie rejoint la colonie (Fanon, 2002, 74). Certains voient dans le décès prochain du président l'ouverture tant attendue du champ des possibles. Estimant que le président est mourant, un élu local du RCD de Tizi Ouzou m'affirme au printemps 2011 : « Quand Bouteflika, qui a prolongé la vie du Système en 1999, va mourir, ils ne pourront pas s'en sortir ». D'autres en revanche n'en finissent pas de s'étonner de la vitalité de l'esprit qui s'accroche à ce corps défaillant. En 2014, comme nous sommes assis en train de regarder les images de son vote en fauteuil roulant sur Canal Algérie, Nidhal* remarque l'éclat de ses yeux bleus et s'exclame : « C'est la première fois qu'on le voit comme ça depuis un an. Il est de retour ! Il va tous les bouffer ! ».

La *necropolis* algérienne ne saurait être réduite à Bouteflika. Elle repose sur le péril qui menace la communauté politique et chacun de ses membres. Ainsi, si la glaciation permet la survie de l'ordre, le dégel implique pour sa part le retour de la loi de la mort. En réponse, l'enjeu existentiel propre à la crise se trouve au cœur des dispositifs de pouvoir. On comprendra qu'au sortir d'une guerre civile, une société soit plus encline à se tourner vers une offre politique promettant la vie sauve plutôt que vers une alternative plus ou moins radicale, assimilée par les dirigeants et leurs soutiens à un « saut vers l'inconnu ». Tandis que les luttes incessantes au sommet de l'État entretiennent l'idée du péril existentiel, le gouvernement assène cet *ultima ratio* du discours étatique : « c'est nous ou le chaos ». Pour soutenir les politiques et les discours défensifs qui mobilisent des lambeaux d'idéologies constituant une vulgate hétérogène (nation, progrès, islam), le souvenir de la guerre civile demeure une ressource clé. Les tenants de l'ordre ne se privent donc pas de recourir à cette violence symbolique qui consiste à « maintenir aux yeux de la victime – et des gens autour de lui ou d'elle – le spectacle morbide de ce qui a eu lieu » (Mbembe, 2006, 54).

Illustration 2 : La glaciation du temps : les affiches électorales dominent toujours la place des martyrs de Constantine plus d'un an après la deuxième réélection de Bouteflika

© Photographie de l'auteur, Constantine, automne 2010.

L'éternel retour

Le cartel algérien est secoué par des contradictions régulières sans que les équilibres fondamentaux ne soient bouleversés. C'est précisément cette idée d'une limitation des risques résultant de la concurrence, d'une garantie des bénéfices des acteurs cartellisés, qui justifie l'usage du terme. Dans le même temps, cette limitation des risques n'implique pas que ces équilibres soient garantis définitivement. L'instabilité persiste, et chaque événement annonciateur de changement se dilue dans un quotidien qui se répète, de promesse de réforme en mise en garde contre le chaos, inscrivant le pays dans une routine politique où rien ne semble fiable, vrai, durable. La crise latente, c'est par exemple l'éternel retour de la passation de pouvoir. Le 1er novembre 2004, pour le cinquantième anniversaire du déclenchement de la guerre d'indépendance, Abdelaziz Bouteflika proclame devant le congrès de l'Organisation nationale des *moudjahidin* : « La légitimité révolutionnaire, c'est terminé ». L'ordre cryogénisé se perpétue pourtant. Huit ans plus tard, le 8 mai 2012, date anniversaire des massacres du printemps 1945, celui qui est toujours président de la République déclare à nouveau que « [sa] génération a tout donné ». La même scène se répète donc, tandis que le FLN remporte largement les élections législatives qui ont lieu deux jours plus tard.

Les mêmes personnages s'éclipsent à la suite d'un revers, et réapparaissent à un poste plus ou moins neuf à l'occasion d'une énième reconfiguration. Mis à la retraite en 2005, le général Mohamed Touati revient six ans plus tard au poste de conseiller à la présidence en charge des réformes politiques. Ahmed Ouyahia et Abdelaziz Belkhadem, respectivement à la tête du RND et du FLN, sont évincés de leurs partis en 2012. C'est pour mieux revenir en 2014 pour préparer la réélection de Bouteflika. Quand à Khaled Nezzar, il sort de sa retraite et fait face à un nouveau procès en 2013, en Suisse cette fois. À cette occasion, il étale son hostilité persistante à l'égard du président. Difficile, dans ce contexte, de ne pas faire un parallèle avec la description des luttes au sein du FLN que faisait Jean-Jacques Lavenue au tournant des années 1990 :

> à suivre les évolutions politiques du FLN, et par la force des choses de l'Algérie, depuis bientôt quinze ans tout semble se passer comme si celui-ci était condamné à rejouer en épisodes multiples : « la succession de Boumédiène ». De « victoire des réformateurs » en « revanche des orthodoxes », le public voit paraître, disparaître, ressurgir, sur une scène où le décor ne change pas des héros devenus de véritables stéréotypes : [...] Selon les variantes de l'anecdote, les divas sortent, démissionnent à grand fracas, complotent sur les débris de leurs pouvoirs.

(Lavenu, 1993, 168-169).

Les règles du jeu ont certes changé, mais son caractère cyclique persiste. La scène politique et médiatique a été libéralisée, et désormais la routine conflictuelle implique de nouveaux acteurs et de nouveaux partis. Capitalistes de connivences, politiciens, technocrates ou leaders d'organisations satellitaires s'impliquent dans la vie politique et dans la routine du gouvernement. Pour compléter notre compréhension de la configuration algérienne, il convient maintenant d'élargir notre présentation du cartel.

Chapitre 3

Complices et labyrinthes

> « L'idée qu'il y a, à un endroit donné, quelque chose qui est un pouvoir, me paraît reposer sur une analyse truquée [...]. Le pouvoir, c'est en réalité des relations, un réseau plus ou moins organisé, plus ou moins pyramidalisé, plus ou moins coordonné de relations ».
>
> (Michel Foucault)

> « Le Forum des chefs d'entreprise considère que cette politique [de réforme économique] doit être poursuivie avec détermination. Aussi, il soutient le programme de Monsieur Abdelaziz Bouteflika et exprime sa volonté à demeurer mobilisé aux côtés des pouvoirs publics, comme il l'a toujours été jusqu'ici, pour contribuer positivement aux efforts d'édification d'une économie performante, prospère et solidaire ».
>
> (Communiqué du FCE)

Le redéploiement des réseaux de pouvoir s'est fait en lien avec la libéralisation économique amorcée au début des années 1980 par la restructuration des entreprises publiques et leur éclatement en plusieurs centaines de structures désorganisées (Boudjenah, 1999). À la même époque, la réforme de l'agriculture déboucha notamment sur la liquidation des structures auto-gérées, la baisse des subventions et la distribution des terres selon des critères obscurs (Swearingen, 1990). Ces premiers ajustements contribuèrent à la dégradation du climat politique. Plusieurs années avant de devenir ministre des Finances sous Bouteflika, l'économiste Abdelaziz Benachenou pointait déjà du doigt l'hostilité du contexte macro-économique, la brutalité des réformes déjà engagées, et *in fine* la profonde déstructuration à venir (Benachenou, 1992). En dépit des coûts sociaux qu'elle promettait d'occasionner, la libéralisation économique continua néanmoins d'être présentée comme un mal nécessaire qui ne manquerait pas de toucher durement la population (Goumeziane, 1994).

Après la signature d'un accord avec le FMI en avril 1994, un programme d'ajustement structurel (PAS) fut mis en œuvre. La dévaluation de 50 % du dinar algérien (DA) entraîna mécaniquement une augmentation de la dette extérieure d'entreprises publiques déjà fragilisées, leur découvert cumulé passant de 10 milliards de DA à la fin 1994 à plus de 100 milliards de DA en juin 1996. Dans ce contexte, le secteur public exsangue était promis à un démantèlement prochain, d'autant que les institutions financières internationales poussaient en ce sens, arguant des revenus substantiels qui seraient dégagés. Le PAS a aussi conduit à une révision des priorités gouvernementales. Si l'État est resté omniprésent dès lors qu'il s'agit de sécurité et d'hydrocarbures, il s'est partiellement désengagé de ses missions de service public, notamment en matière de santé et d'éducation (Brahimi El-Mili, 2003, 163-175).

La décennie noire a offert un grand nombre d'opportunités liées à la croissance de l'économie informelle et à l'ouverture des marchés. L'ajustement structurel a autorisé un processus de privatisation associant aux gouvernants des élites parasitaires tirant profit de la prédation institutionnalisée. La reconfiguration politique est donc indissociable de l'émergence d'un capitalisme de connivence enrichi par les privilèges et les monopoles (Hibou, 1999 ; Heydemann, 2004). Cette reconfiguration s'est aussi appuyée sur la guerre civile, la violence permettant une redistribution et une accumulation des capitaux sociaux, économiques et politiques. La conjonction des violences physiques et économiques s'avère toujours primordiale dans la (re)construction d'un ordre politique (Tilly, 1992).

Ce chapitre décrit l'extension des réseaux de pouvoir dans et en-dehors de l'État, le renouvellement à la marge du cartel plutôt que l'alternance en son cœur. Il démontre que les acteurs et les groupes sociaux impliqués dans le maintien du *statu quo* sont loin de se limiter aux têtes d'affiches usuellement évoquées. En étudiant l'élargissement des réseaux du cartel en différentes directions à la faveur du climax de la crise, il explique également la reconstitution d'une base sociale en mesure de gagner des élections. Le cartel rejoint ici la notion d'État intégral par laquelle Antonio Gramsci décrit la relation symbiotique qui unit les sociétés civile et politique. Pour le penseur italien, le consentement ne peut pas être obtenu en s'appuyant uniquement sur l'appareil étatique. La production de l'hégémonie repose sur les chevauchements organiques qui transcendent la dichotomie entre État et société (Gramsci, 1977, 763). Dans les pages qui suivent, je reviendrai d'abord sur le rôle des acteurs et des groupes qui agissent depuis le cœur du champ étatique, qu'ils soient technocrates, magistrats ou dirigeants des services de sécurité. Ensuite, je me pencherai sur les groupes situés en périphérie de l'État, qui permettent la pénétration des réseaux au plus profond de la société et assurent ainsi une base sociale au cartel. Enfin, je démontrerai la relative banalité de cette architecture du pouvoir, tout en soulignant les mécanismes (corruption et clientélisme) qui permettent l'élaboration de liens horizontaux et verticaux.

Le champ étatique

Pour faire fonctionner une instance différenciée telle qu'un État-nation, il faut des compétences spécifiques, correspondant à chaque secteur de la machinerie étatique. Différentes agences de pouvoir cohabitent dans le champ, fonctionnant selon des logiques différentes et complémentaires, et nécessitant des savoirs que seuls certains possèdent. À chaque agence correspond un ou plusieurs types d'agent (technocrate, économiste, magistrat, officier) qui joue un rôle de premier plan dans le fonctionnement des « *dual-use institutions* », dans l'accomplissement de leurs tâches officielles et officieuses. Toutes ces agences et tous ces agents sont toutefois liés par des intérêts communs ou des dynamiques holistes. Les groupes constitués entrent en compétition tout en partageant l'intérêt supérieur qu'est le maintien de l'ordre. C'est ainsi que se dessine, depuis le cœur du champ étatique, cette situation d'interdépendance entre les secteurs et cette mise en réseau des agences de pouvoir qui constituent la coalition dirigeante élargie (Camau, 2006b, 77).

Les techniciens de l'État

Dans une lettre ouverte largement diffusée en 2013, Hocine Malti, un ancien vice-président de la Sonatrach, s'adressait à Toufik Médiène en l'appelant « *Rab Dzayer* », Seigneur d'Alger, suggérant l'immensité des pouvoirs du patron du DRS [1]. Dans les faits pourtant, personne ne peut contrôler tous les secteurs d'un État différencié. Entre le pouvoir prêté aux prétoriens par certains observateurs, et la réalité de leur capacité à peser sur les décisions nécessitant un savoir technique, il y a un gouffre.

> Tout le monde connaît Zerhouni, l'ancien du DRS, mais ce n'était pas le pire. Celui qui était vraiment drôle, avec la grosse tête, c'était son secrétaire général, le mec moustachu, sans aucune connaissance, genre ancien militaire aussi. Il venait tout seul, avec son autorité, et il disait ce qu'il voulait ici et là, sans rien connaître aux trucs techniques. On lui expliquait un procédé d'habillage extérieur qui s'appelle la façade ventilée, et lui il répondait qu'il ne voulait pas cette dalle de sol. On avait beau lui expliquer que ça n'avait rien à voir, il persistait. Ça, normalement, il n'avait pas à le choisir. D'une part, il y a un comité technique avec la compétence derrière lui, et d'autre part la commande est déjà faite par la direction des ouvrages publics (DOP). […] évidemment, ça ne se passe pas comme il le veut. La journée où on reçoit les politiques c'est juste formel. Il a aucun contrat, aucun papier. Donc tout ce que tu as à faire c'est te tenir au plan qui est prévu.
>
> (Abdelhakim*, diplômé de l'école polytechnique d'architecture d'Alger, Paris, été 2010).

---

1. Hocine Malti, « lettre ouverte au général de corps d'armée Mohamed "Tewfik" Médiène, Rab Dzayer », *Blog Mediapart*, 17 février 2013.[En ligne : https://blogs.mediapart.fr/hocine-malti/blog/170213/algerie-lettre-ouverte-au-general-de-corps-darmee-mohamed-tewfik-mediene-rab-dzayer].

L'anecdote narrée par Abdelhakim* semble plutôt révélatrice de l'inculture prêtée aux décideurs que de l'omnipotence des « moustachus ». Avant de venir en France pour reprendre ses études, le jeune architecte avait un temps travaillé pour Cosider, une entreprise publique spécialisée dans le BTP. Selon lui, le secrétaire général du ministre de l'Intérieur pouvait certes se rendre en tournée d'inspection sur le chantier du nouveau centre national de production des titres d'identités, mais son savoir limité lui interdisait *de facto* d'intervenir et d'exiger tel ou tel dallage. La décision revenait aux fonctionnaires, ingénieurs et architectes compétents. Pour cette raison, un ministre ou un général n'est souvent impliqué que dans les décisions finales. Il n'intervient pas dans la gestion journalière des agences de pouvoir sectorisées, étant ignorant de leurs mécanismes fondamentaux. Dans la pratique, le pouvoir de décision est limité *de facto* par les contraintes techniques et les compétences. Du fait de la spécialisation des différentes institutions étatiques qui s'est accentuée à partir de la moitié du XIXe siècle (Tilly, 1992, 29), les techniciens de l'État sont donc incontournables. Ce sont eux qui façonnèrent la politique de développement industriel dans les années 1970 (Adamson, 1998, 98-99). Ils sont encore particulièrement présents dans ce qu'Isabelle Werenfels qualifie de premier et deuxième cercles des élites algériennes, en reconnaissant justement toute la difficulté qu'il y a à situer précisément un individu entre ces deux niveaux (Werenfels, 2007, 23-24).

Plutôt que de limiter son analyse aux Généraux qui menèrent le coup d'État de 1992, Hugh Roberts souligne le rôle des technocrates dans la mise-en-œuvre de réformes pro-marché à la même époque (Roberts, 2003, 92). Il redonne ainsi toute leur importance à ces techniciens formés au sein des grandes écoles algériennes ou étrangères. L'École nationale d'administration, créée en 1964 sur le modèle de l'ENA française avec laquelle elle a un programme d'échange, a ainsi fourni quelques Premiers ministres issus de sa filière diplomatique (Abdelmalek Sellal, Ahmed Ouyahia). Les derniers présidents de la Sonatrach sont aussi issus de structures prestigieuses telles que l'École nationale polytechnique (Nourreddine Cherouati) ou l'Institut Algérien du Pétrole (Abdelhamid Zerguine). Certains ministres ayant des portefeuilles économiques stratégiques tels que les Finances ou l'Énergie et les Mines sont pour leur part passés par les universités françaises (Youcef Yousfi, Karim Djoudi) ou américaines (Chakib Khelil). Nombre de ces techniciens sont entrés « au service de l'État » au temps de l'économie planifiée, en administrant les moyens de production au sein des grandes entreprises publiques. Ils appartiennent donc à l'archétype de la classe-État qui met en œuvre les politiques développementalistes (Elsenhans, 1982). De par ses compétences techniques, la classe-État intervient ausi dans le détournement de la rente pétrolière et des marchés publics, ainsi que dans la mise en œuvre de la répression et de la redistribution. Ces hauts-fonctionnaires jouent donc un rôle important pour conceptualiser et mettre en œuvre des politiques de gestion de la crise, notamment quand il s'agit d'organiser les réformes économiques, d'encadrer les privatisations ou de restructurer la dette.

Le livre-témoignage de l'ancien Premier ministre Ahmed Benbitour (2006) fournit une image assez précise de ces tâches cruciales que seuls des techniciens expérimentés peuvent mener à bien (notamment le rééchelonnement de la dette extérieure). Il illustre également la rhétorique de ces acteurs qui réfutent toute appartenance à un pouvoir opaque, quand bien même ils ont atteint les plus hautes responsabilités, ce qui n'est pas sans participer au brouillage des repères politiques. Le discours de Benbitour nous renvoie à nouveau à Werenfels, pour qui la récurrence du substantif « le Pouvoir » pour désigner la coalition dirigeante ne permet pas seulement de dénoncer les dirigeants : en renvoyant au « Pouvoir », certains membres de l'élite dirigeante peuvent se dégager de leur responsabilité de manière bien commode. Ce discours est donc un obstacle à l'examen critique des structures et des acteurs impliqués (Werenfels, 2007, 133).

Conservation et coercition

Rachid Tlemçani a très tôt souligné la logique conservatrice des « serviteurs de l'État » algériens (Tlemçani, 1986, 160), laquelle est sûrement largement partagée de part le monde. À cet égard et comme de raison dans un système bureaucratique, l'action de l'administration centrale est particulièrement synonyme de blocage et de contrôle.

> Le problème pour nous c'est qu'une fois qu'on constate qu'un directeur travaille mal, on ne peut rien faire. La commission d'enquête sera tout le temps rejetée. Ensuite, si jamais le gouvernement accepte de relever la personne, le temps que le dossier passe par les différents services de sécurité pour des enquêtes, il faudra deux ou trois ans pour que le directeur soit relevé. [...] Quelque part nous sommes tous pris en otage, nous subissons un terrorisme administratif. Toutes les prérogatives, en matière de logement, d'économie, de social, de culture, dépendent exclusivement de l'administration.
>
> (Hamid Ferhat, président de l'APW de Béjaïa, membre du FFS, Béjaïa, automne 2010).

Lors de notre entretien, Hamid Ferhat ne cessait de fustiger le centralisme algérois. Il dénonçait particulièrement les obstacles posés par l'administration afin d'empêcher toute forme de gouvernance locale et affublait le wali du sobriquet imagé d'« œil de Moscou ». Assurément, il n'est guère besoin de répression là où les innombrables blocages engendrés par les procédures administratives suffisent. Le témoignage du président de l'APW de Béjaïa révélait la disproportion des forces et l'inutilité des recours face à l'ogre bureaucratique. Après lui, combien de militants allaient me conter les entraves posées à leur action par la direction de l'université ou les services de la *wilaya*, en interdisant un rassemblement ou en annulant au dernier moment la location d'une salle polyvalente.

D'autres secteurs de l'État sont structurellement intéressés à la permanence de l'ordre, à commencer par la magistrature. Ses membres bénéficient de logements de fonction, d'une prime de logement équivalente à deux fois le salaire moyen, d'une prime de transport et d'un crédit véhicule. Ce confort économique est le prix de la participation active des magistrats à la répression, y compris quand celle-ci implique de s'écarter du droit. Durant les années 1990, ils ont été partie prenante du dispositif « éradicateur », en tolérant des aveux obtenus sous la torture ou en accélérant les procédures devant déboucher sur des condamnations à mort (Assam, 2004, 12-16). Comme nous l'avons vu dans le premier chapitre, ils continuent en 2014 d'ordonner le maintien en détention de militants sur lesquels s'est abattu le glaive très sélectif de la justice. Les juges ont également un rôle de contrôle social exacerbé par la contestation permanente. Si le droit du travail est relativement favorable aux salariés en Algérie, la répétition des conflits sociaux peut donner lieu à des sanctions exemplaires. Les juges condamnent parfois certains mouvements en dépit de l'inscription du droit de grève dans la constitution, au nom de l'« ordre public » ou de l'« intérêt des citoyens » (Koriche, 2007, 53-54). L'intervention de la justice dans les litiges économiques servira aussi à confirmer le monopole d'un affairiste protégé, ou à sanctionner la défaite d'une fraction du cartel. J'y reviendrai un peu plus bas.

Il va de soi que la conservation des équilibres concerne également les différents organes de sécurité. En plus de l'état-major, j'ai déjà évoqué préalablement le rôle du DRS et des subdivisions spécialisées qui le constituent. Il faut encore ajouter la Direction générale de la sûreté nationale (DGSN), commandée jusqu'en juin 2018 par le général-major à la retraite Abdelghani Hamel, qui réunit les différents corps de la police algérienne. En 2012, elle comptait plus de 188.000 fonctionnaires, un chiffre en constante augmentation sous Bouteflika [2]. Une autre agence d'importance est la Gendarmerie nationale commandée jusqu'en 2015 par le général-major Ahmed Boustila. Celle-ci comptait 130.000 éléments en 2012 après la création de six nouvelles unités [3].

À ces agences de sécurité « régulières », le cartel a aussi adjoint des groupes paramilitaires constitués durant la guerre civile. C'est ainsi que le corps des gardes communaux a été créé en 1994 comme force anti-terroriste d'appoint, avant d'être restructuré et progressivement intégré à l'ANP après

---

2. *Horizons*, 4 novembre 2012.
3. *APS*, 10 juillet 2012.

la décennie noire. Il comptait environ 90.000 membres au moment de sa dissolution officielle en 2012. À la périphérie de l'État, le cartel a autorisé la création de Groupes de légitime défense (GLD), lesquels agissaient en dehors de tout cadre légal jusqu'à ce qu'une loi ne normalise leur activité en 1997. Au plus fort de la guerre civile, ces milices de « patriotes » ont compté jusqu'à 200.000 membres et activement contribué au déferlement de violence à laquelle a été soumise la société (Martinez, 2001, 57). Elles ont été progressivement dissoutes à partir de 1999. Ces deux groupes paramilitaires illustrent la reconfiguration du cartel et le recrutement d'une nouvelle base sociale à la faveur de la guerre civile. Dans les années 2000, ces nouveaux acteurs de la « violence légitime » se sont notamment reconvertis dans l'économie sécuritaire publique et privée, et ont également fourni une base électorale aux candidats du cartel.

La multiplication des agences de sécurité contribue à l'illisibilité du champ étatique. En 2012, un responsable de l'Église catholique installé depuis plus de quarante ans en Algérie, pouvait ainsi me narrer une expérience évocatrice. Au cours des années 2000, il avait reçu à plusieurs reprises des courriers de la « Direction des études chargée de la programmation et de la formation » exigeant le départ d'étudiants étrangers liés à l'Église. Selon le papier à en-tête utilisé pour les dites missives, cette officine dépendait de la DGSN puis, hiérarchiquement, du ministère de l'Intérieur. Suite à une nouvelle menace d'expulsion visant des arrivants portugais, l'ecclésiastique avait décidé de faire jouer ses connaissances afin d'obtenir un entretien avec Ali Tounsi, qui dirigeait alors la police algérienne. Une fois dans le bureau de ce dernier, il lui avait demandé de lui expliquer les raisons qui poussaient la Direction des études chargée de la programmation et de la formation à exiger le départ immédiat de personnes ayant obtenu un visa le plus légalement du monde. Après l'avoir écouté, le chef de la police s'était saisi de la lettre. Puis, ayant consulté ses collaborateurs à voix basse, il s'était finalement excusé de ne rien pouvoir faire pour arranger la situation. L'explication ne manqua pas de marquer le responsable catholique : ni Ali Tounsi ni ses collaborateurs n'avaient, à les en croire, entendu parler d'une telle direction. Elle n'était pas liée à la DGSN, mais utilisait pourtant son papier à en-tête pour menacer d'expulsion des individus rentrés légalement sur le territoire national. En concluant son histoire, l'ecclésiastique m'avait interrogé avec un air amusé : « Qui, à votre avis, se cache derrière cette direction ? Existe-t-elle vraiment ? »

Le contrôle des agences étatiques est l'enjeu de luttes âpres, tout particulièrement pour les organes de sécurité. Dans cette lignée, dès son arrivée au pouvoir, Bouteflika plaça l'un de ses proches, Zerhouni, au poste de ministre de l'Intérieur, afin d'affirmer son contrôle sur la DGSN. Dans le même temps, chaque structure a une forme d'autonomie et des hommes tels que les généraux Hamel et Boustila comptaient assurément parmi les plus puissants d'Algérie. Il faut donc prendre acte de l'interdépendance de ces agences, de la fragmentation et de la cohésion qui en résultent simultanément.

Répartition de la rente

Une position stratégique dans le champ étatique autorise par ailleurs l'accès aux ressources issues de la rente. Depuis la nationalisation des hydrocarbures le 24 février 1971, les revenus dégagés de leur exploitation demeurent invariablement la principale source de revenu du pays et, *a fortiori*, de l'État. En 2007, le secteur rapportait à l'Algérie 58,2 milliards de dollars, soit 97,8 % des exportations totales. Le secteur représentait 45,9 % du PIB alors que le reste du secteur industriel se limitait à 5 % (OCDE, 2008). En 2011, en dépit de la réduction constante de la production, le secteur générait toujours 98 % des recettes à l'exportation et 70 % des recettes budgétaires (OCDE, 2012). Ce revenu constant, favorisé par une cotation à la hausse des hydrocarbures, a autorisé la constitution d'une réserve en devises considérable pendant les trois premiers mandats de Bouteflika. En 2012, celle-ci atteignait 182 milliards de dollars et suscitait notamment des demandes de contributions du FMI [4].

Dans cette perspective, la direction de la Sonatrach est particulièrement stratégique car à l'origine des capitaux qui irriguent le pays. Lorsque les réformateurs ralliés derrière Mouloud Hamrouche arrivèrent au pouvoir au tournant des années 1990, ils tentèrent de s'attaquer aux pratiques opaques au sein de la première entreprise d'Afrique. Cette initiative, parfois qualifiée *a posteriori* d'« irréaliste », fut finalement avortée au profit du *statu quo* (Benderra, 2005, 57). Pour comprendre le caractère extrêmement sensible de ce projet, il faut avoir à l'esprit le diagnostic de John P. Entelis, pour qui la Sonatrach a depuis son origine été « une partie complètement intégrée de la structure gouvernementale nationale ». De fait, les technocrates à la tête de la compagnie alimentent le ministère de l'Energie, lequel fut à son tour un pourvoyeur de Premiers ministres, en particulier durant la décennie noire. Hauts fonctionnaires de la compagnie et officiels gouvernementaux ont fréquemment été amenés à échanger leurs positions (Entelis, 2000). Les dirigeants anciens et actuels de la Sonatrach sont assurément des membres importants du cartel.

La répartition des ressources passe ensuite par le gouvernement qui alloue le budget aux différents secteurs, chaque ministère ayant un pouvoir de décision important traduisant le centralisme administratif. C'est donc en cette

---

4. *Le Monde*, 24 avril 2012.

direction que les décideurs locaux regardent pour obtenir le financement de leurs projets, comme l'expliquait Mansour* :

> Le rapport [de la commission mixte sur l'aménagement du territoire] a été transmis à la *wilaya* qui le fait remonter jusqu'au ministère. C'est au niveau du ministère que tout est décidé car c'est de là que vient l'argent. À partir du moment où il y a un accord à ce niveau, on va lancer les études de marché et, tôt ou tard, le projet va aboutir.
> (Mansour*, élu à l'APW, Front El-Moustakbal, Chlef, printemps 2014).

Membre de l'APW depuis un peu plus d'un an, Mansour* assumait le rôle de médiateur des élus locaux. S'il se plaignait de la difficulté à travailler avec l'administration, il savait néanmoins que c'était en passant par celle-ci pour remonter jusqu'au ministère que les financements seraient débloqués et qu'il pourrait répondre aux sollicitations des habitants de Chlef. La règle était claire et les ressources disponibles, à condition de jouer le jeu de l'appareil d'État. Cette logique préside à la construction de ce que Mohammed Hachemaoui décrit comme un système de « médiation clientélaire », qui descend jusqu'à l'échelon local où le jeu social demeure actif, où chaque élu doit démontrer sa capacité à faire arriver les ressources (Hachemaoui, 2003, 35-36). Cette redistribution centralisée permet également de punir les *wilayas* contrôlées par l'opposition. L'allocation des financements se fait alors de manière à ce qu'ils ne puissent pas être utilisés correctement, par exemple en les débloquant le plus tardivement possible et en réclamant la restitution des excédents qui n'ont pas pu être alloués :

> J'ai été élu à l'APW, j'ai vu des budgets faramineux arriver juste avant la fin de l'année administrative de sorte qu'il était impossible de les dépenser. Qu'on ne me dise pas qu'ils ne sont pas au courant du temps qu'il faut pour dépenser de l'argent en comptabilité administrative, entre les commissions, les appels d'offre, etc.
> (Mohand*, ancien cadre du FFS puis du RCD, Tizi Ouzou, printemps 2011).

Les administrations ministérielles et les services de *wilaya* ne sont pas seuls à organiser la redistribution de la rente. D'autres institutions entrent en jeu, telles que les banques publiques qui sont elles aussi gérées par des techniciens désignés par la présidence. À travers le contrôle du système bancaire, ce sont les réserves financières dont dispose le pays qui sont mises à disposition des entrepreneurs liés au cartel, mais aussi plus largement de pans entiers de la société. Cela se traduit par l'injection massive de fonds, dans le but de « résorber les surliquidités du secteur bancaire », sous la forme de crédits pour les PME, la micro-entreprise (notamment à destination des jeunes), ou le logement. En langage bancaire, ces financements impliquent un taux important de « créances non performantes », c'est-à-dire de prêts accordés malgré l'improbabilité de leur recouvrement. Or, si la Banque d'Algérie remarquait la concentration de ces crédits en direction d'un nombre restreint d'« emprunteurs liés économiquement entre eux » (Banque d'Algérie, 2013, 26-27), c'est bien parce que cette distribution profite à des affairistes privilégiés

Les agences de pouvoir ayant une fonction économique ou sécuritaire organisent ainsi la prise de bénéfice des membres du cartel et le maintien de l'ordre. Cette systématisation d'un fonctionnement officieux participe alors d'une crise des institutions, puisque celles-ci deviennent « des réalités séparées de leur relevance originelle » (Berger, Luckmann, 2008, 129).

> Nous sommes conscients des assises sur lesquelles repose le pouvoir algérien : c'est la violence, la corruption, la mystification et le mensonge. La société est soumise à une tyrannie qui a fait du mensonge et de la corruption un mode de gouvernance.
>
> (Hamid Ferhat, président de l'APW de Béjaïa, membre du FFS, Béjaïa, automne 2010).

Hamid Ferhat ne mâchait pas ses mots pour dénoncer le « Pouvoir » qui avait trahi les Algériens et les promesses de l'indépendance. Il décrivait un système de détournement systématique, où les discours officiels n'avaient d'autre fonction que de cacher des agissement inavouables, sans toutefois remplir cette mission. Nourrie par les affaires et les conflits qui sapent le mythe de la neutralité étatique, cette « désobjectivation » des institutions est caractéristique de la crise (Dobry, 1986, 154).

À la périphérie de l'État

Le cartel ne saurait toutefois être cantonné au champ étatique, d'autant que la libéralisation économique, médiatique et politique a entraîné une multiplication des acteurs pertinents. Dans cette section, je vais me pencher sur les groupes situés à la périphérie du champ étatique, dont les dirigeants doivent être considérés comme des membres à part entière du cartel puisqu'ils jouent eux aussi un rôle actif dans la perpétuation des équilibres et dans la prise de bénéfice. Les pages qui suivent démontrent d'une part la grande diversité des logiques d'associations et d'autre part l'existence d'une base sociale réelle et diversifiée.

Les partis-cartel

Je ne reviens que brièvement sur la question des partis politiques, puisque la question sera amplement traitée dans le chapitre suivant. Qu'il soit dit pour le moment que le FLN et le RND sont à proprement parler des « partis-cartel ». Cette notion renvoie à la collusion entre leurs dirigeants afin de mieux se répartir les bénéfices découlant de leur participation au gouvernement, ainsi qu'à leur position de médiateurs entre la société et l'État dont ils sont structurellement dépendants (Katz, Mair, 1995 ; Aucante, Dezé, 2013). Cette fonction de médiation était évoquée par Mansour*, quand il m'expliquait que, dans leur entreprise visant à attirer l'attention bienveillante du ministère, les élus de l'APW étaient « aidés par le fait que les députés soient du FLN ou du RND », lesquels « sont écoutés au ministère » et permettent donc aux projets qu'ils défendent d'être soutenus. Les deux partis nationalistes participent donc à la gestion politique et à la médiation sociale, en contrôlant la représentation et en redistribuant les ressources matérielles et symboliques (salaires, subventions, audibilité).

Le champ politique algérien étant particulièrement fragmenté, les deux partis-cartel sont complétés par une myriade de partis plus ou moins grands, plus ou moins factices. Certains rejoignent la coalition gouvernementale, revendiquant leur indépendance tout en accordant leur soutien au président ; d'autres tentent de défendre tant bien que mal un programme d'« opposition dans le régime ». Tout cela sera expliqué dans le chapitre suivant.

Les organisations satellitaires

Le cartel inclut aussi les dirigeants d'« organisations de la société civile » qui gravitent autour du champ étatique. Celles-ci étendent la base sociale de la coalition dirigeante et figurent le ralliement d'une partie de la société à des choix politiques exigeant un soutien unanime (par exemple la réélection du président de la République). Elles ont une fonction à la fois médiatrice et représentative.

L'Union générale des travailleurs algériens (UGTA) est la plus importante de ces organisations satellitaires du cartel. Fondée en 1956, la centrale syndicale a vu ses velléités d'autonomie contredites par le bureau politique du FLN dès 1962 (Mohand-Amer, 2012). Du temps du parti unique, sa direction se trouva coupée des milieux ouvriers et ramenée au rang d'appendice du FLN sclérosant toute revendication syndicale. Durant la décennie noire, l'UGTA soutint la stratégie éradicatrice. Son secrétaire général, Abdelhak Benhamouda, prit la tête du Comité national pour la sauvegarde de l'Algérie (CNSA) qui demanda l'annulation du second tour des élections législatives. Benhamouda fut assassiné par le GIA en 1997, à la sortie du siège du syndicat situé en plein centre d'Alger. Il est depuis considéré comme l'un des principaux martyrs de la lutte contre le terrorisme.

Avec la fin de la guerre civile, l'UGTA est revenue à un rôle plus classique dans le cadre des luttes internes du cartel. Durant le premier mandat de Bouteflika, elle a pris position contre les privatisations voulues par le gouvernement en programmant notamment ses premières journées de grève générale depuis 1991, les 23 et 24 février 2003. Le syndicat est ensuite rentré dans le rang après la présidentielle de 2004 (Benderra, 2005, 53-55). Depuis, la centrale syndicale adopte un registre combinant défense des travailleurs, nationalisme défensif et soutien au président. Sa relation privilégiée avec le gouvernement est assumée et mise en avant par ses membres.

> L'UGTA n'est pas un syndicat autonome, c'est un syndicat qui est rattaché à l'État. Nous avons un fonctionnement très organisé. Nous à l'UGTA-PTT de la Grande Poste, nous travaillons selon la voie hiérarchique, avec le bureau de coordination de la *wilaya* d'Alger et lui ensuite il contacte le niveau fédéral. C'est [le niveau fédéral] qui aura des contacts au niveau du ministère et qui nous permettra de régler les problèmes avec la direction au niveau local. Nous sommes plus efficaces dans la négociation parce que nous avons cette organisation avec l'État.
>
> (Kamel*, délégué syndical UGTA-PTT, Alger, automne 2010).

Lors de notre discussion, Kamel* faisait du lien avec l'État le principal atout de la centrale syndicale. Plus qu'une organisation portant les revendications conflictuelles des travailleurs, c'est une logique d'arrangement entre appareils bureaucratiques qui faisait jour. Le système de médiation présenté n'est pas sans faire écho à ce que décrivait Mansour* au niveau de l'APW de Chlef : les demandes remontent verticalement jusqu'aux représentants habilités à solliciter directement le membre du gouvernement compétent qui négocie les termes de la redistribution.

En dépit de la concurrence grandissante de syndicats autonomes, la centrale syndicale bénéficie de la reconnaissance historique des pouvoirs publics. « [L'UGTA] appartient depuis longtemps au FLN, m'affirmait Kamel*. C'est le seul syndicat qui a le pouvoir pour faire en sorte de représenter le travailleur. » De fait, la centrale syndicale représente les salariés lors des discussions tripartites, en compagnie du gouvernement et des organisations patronales (notamment le Forum des chefs d'entreprises). L'UGTA est donc placée en situation de médiatrice lors des démarches de conciliation ou, plus rarement, lorsque les litiges sont portés devant la justice. Elle contribue ainsi activement au désamorçage des conflits sociaux.

En parallèle à cette fonction de médiation, les pouvoirs publics disposent avec l'UGTA d'un acteur favorable sur le plan politique (Koriche, 2007, 43-46). Le soutien de la centrale syndicale pourra être amalgamé à celui « des travailleurs » et répondre au souci de représentativité des tenants d'un ordre « mis aux normes » démocratiques. L'intégration des dirigeants de l'UGTA au cartel apparaît néanmoins clairement lorsque son secrétaire général, Abdelmadjid Sidi-Saïd, fait activement campagne en faveur du quatrième mandat de Bouteflika, allant jusqu'à comparer le président à Mandela [5].

En plus du monde du travail, les réseaux du cartel s'étendent également vers le milieu universitaire, celui-ci étant un terrain favorable à la politisation autant qu'à la contestation sociale (Baamara, 2013). Pour cette raison, des

---

5. *L'Expression*, 29 janvier 2014.

organes liés aux partis politiques de l'alliance présidentielle évoluent dans cet espace privilégié pour le recrutement de nouveaux éléments. À côté de l'Union nationale des étudiants algériens, liée au FLN, et de l'Union générale des étudiants algériens, affiliée au RND, le principal syndicat étudiant est l'Union générale des étudiants libres (UGEL). L'UGEL est de tendance islamo-conservatrice et se rallie donc au parti politique représentant ce courant au sein du gouvernement, au gré des scissions et des défections. Après le départ du MSP du gouvernement en 2012, l'UGEL s'est rallié au TAJ d'Amar Ghoul, avant de revenir dans le giron du parti fréniste historique. Le syndicat étudiant se caractérise par son activité caritative et mobilise autour de la question palestinienne, tout en portant des revendications plus sensibles telles que la qualité de vie dans les résidences étudiantes. Si l'UGEL est susceptible de se détacher du cartel au grés de l'évolution des alliances politiques, ce n'est pas le cas de l'UNEA et de l'UGEA. En plus de leur rôle de médiation, ces syndicats étudiants forment une base de jeunes militants mobilisables lors des référendums ou des élections présidentielles. Le soutien d'une partie même minoritaire du milieu estudiantin est essentiel à une élection se voulant un tant soit peu crédible, dans un pays où plus de 55 % de la population avait moins de trente ans en 2015 selon l'ONS.

Les « organisations de la société civile » permettent la mise en scène de la représentativité politique du cartel ainsi qu'une certaine mobilisation *a minima*. Prenons par exemple le cas des élections présidentielles de 2009. En janvier, le quotidien privé *La Tribune*, propriété de l'homme d'affaire Ali Haddad dont nous reparlerons bientôt, titrait sur le « million de jeunes signataires en faveur du troisième mandat ». Il révélait également en deuxième page le soutien du Forum des chefs d'entreprises. Jeunes et entrepreneurs, mais aussi travailleurs représentés par l'UGTA, toutes les forces vives du pays étaient ainsi réunies pour soutenir Abdelaziz Bouteflika dans son entreprise de restauration. Seul l'irréductible Abdallah Djaballah faisait figure de dernier opposant islamiste en appelant au boycott du scrutin [6]. En mobilisant les organisations satellitaires représentant la « société civile », le cartel s'efforçait de dissimuler une évidence : la réélection de Bouteflika avait été actée bien avant le début de la campagne.

La famille révolutionnaire

Afin d'assurer la représentation politique et la médiation socio-économique, le cartel s'appuie également sur un groupe social historique que l'on désigne sous le nom de « famille révolutionnaire ». La famille révolutionnaire est à la fois une génération constituée par l'expérience commune d'un

---

6. *La Tribune*, 30-31 janvier 2009. Sur Djaballah, cf. Michael Willis (1998).

événement (la guerre d'indépendance) et par un groupe plus restreint qui fait de cette guerre un argument d'autorité légitimant à la fois des privilèges, un droit à la parole et un droit à l'action (Devriese, 1989, 14). Pour comprendre la place cruciale qu'elle occupe dans le système économique, social et politique de l'Algérie de Bouteflika, il faut avoir à l'esprit la réflexion d'Omar Carlier, qui écrivait en 1991 qu'« il n'est guère de société contemporaine [...] dont le destin ait été pareillement marqué par la colonisation et la décolonisation, dont l'être et le paraître doivent tant au poids de la guerre » (Carlier, 1991, 83). L'invocation rituelle de la mémoire des martyrs traduit la place de la famille révolutionnaire dans la *necropolis* algérienne. Elle est ainsi assimilée à la gérontocratie au pouvoir, à la génération *tab j'nanou* dont Bouteflika promettait le départ lors de son discours du 8 mai 2012 à Sétif. Précisons toutefois que si l'appartenance à ce groupe social a longtemps été capitale dans la reproduction du cartel, le renouvellement générationnel progressif en atténue la portée. Derrière la prédominance apparente d'une gérontocratie, il faut souligner l'importance d'acteurs devenus adultes après l'indépendance et formés à l'école de l'État-développeur, puis durant la guerre civile (Werenfels, 2007, 79 *sq.*).

La Révolution demeure néanmoins un marqueur de la légitimité politique dont rend compte la constitution : les candidats à l'élection présidentielle doivent présenter un certificat attestant de leur participation à la Révolution ; s'ils sont nés après 1942, ils doivent justifier de la « non-implication » de leurs parents « dans des actes hostiles » à celle-ci (article 73 de la Constitution). L'appartenance à la famille révolutionnaire est aussi un facteur de cohésion des élites dirigeantes. À titre d'exemple, les huit sénateurs nommés par Abdelaziz Bouteflika en janvier 2007 étaient tous d'anciens *moudjahidin*, comme lui.

Toutes les branches de la famille ne se valent pas, et certaines ont particulièrement pourvu le cartel en dirigeants, à l'image du ministère de l'Armement et des Liaisons générales. Selon le président de l'association des anciens *moudjahidin* du MALG, Daho Ould Kablia, en 2004 ceux-ci avaient donné à l'Algérie pas moins de trois chefs de gouvernement, vingt ministres et plusieurs dizaines d'officiers de haut rang [7]. Ould Kablia n'allait d'ailleurs pas tarder à venir grossir leur rang en devenant ministre de l'Intérieur de 2011 à 2013. De fait, les « Malgaches » forment une caste à part dans la famille révolutionnaire, notamment amenée à prendre la tête des organes de sécurité.

La famille révolutionnaire a autant contribué à produire l'État qu'elle a été produite par celui-ci. Ainsi, plusieurs grandes associations nationales sont censées la représenter, parmi lesquelles l'Organisation nationale des

---

7. *Le Quotidien d'Oran*, 15 décembre 2004.

Moudjahidin (ONM), l'Organisation nationale des enfants de *Moudjahidin* (ONEM) ou encore de l'Organisation nationale des enfants de *chouhada* (ONEC). En 2012, le ministère de l'Intérieur reconnaissait neuf associations nationales officiellement rattachées à la famille révolutionnaire. Ce recensement témoigne du degré d'institutionnalisation de l'appartenance : est reconnu comme étant membre de la famille révolutionnaire l'association dont la candidature a été approuvée par les pouvoirs publics. De la même manière, est reconnu comme *moudjahid* celui dont le dossier, accompagné de trois attestations sur l'honneur, est validé par le ministère. C'est depuis le champ étatique que l'appartenance commune est produite et reproduite, à force de tampons et de commissions. Quoi de plus normal, alors, que cette organisation soit elle aussi mobilisée lors des campagnes électorales pour soutenir son plus illustre représentant, Si Abdelkader El Mali, alias Abdelaziz Bouteflika.

Au-delà de la légitimité historique, la famille révolutionnaire joue une partition similaire à d'autres organisations situées en périphérie de l'État : soutien politique et redistribution des ressources. De nombreux avantages matériels et symboliques concernent ainsi les *moudjahidin*, les veuves et les enfants de *chouhada*. L'assemblée des bénéficiaires est d'autant plus pléthorique que l'histoire dominante a contribué à gonfler le nombre des victimes de la guerre d'indépendance pour asseoir le mythe fondateur. Avec un million et demi de martyrs selon la version officielle, la légitimité révolutionnaire est potentiellement présente à tous les niveaux de la société.

Pour Luiz Martinez, la participation à la guerre est devenue synonyme d'un droit sur le pays et ses ressources, et notamment la rente des hydrocarbures. Pour cette raison, la famille révolutionnaire a joué un rôle crucial au moment de la guerre civile, en faisant « corps avec l'État », notamment à travers le recrutement des anciens combattants dans les milices formées pour soutenir l'action des forces de sécurité (Martinez, 2010, 98-99). La « famille révolutionnaire » est donc étroitement liée au maintien de l'ordre mais aussi à la prédation, ce qui affaiblit le mythe fondateur. C'est ainsi que le chauffeur de taxi qui m'emmenait sur les lieux de l'assassinat du chanteur Lounes Matoub pestait contre ces faux *moudjahidin* qui soutenaient le « Système » en échange d'allocations et de bons d'essence. Se présentant comme un fils de *chahid*, il s'emportait contre les « vendus » qui déshonoraient la mémoire de la Révolution. De fait, la figure du faux *moudjahid* est devenu l'un des symboles d'une société où les repères historiques sont brouillés (McDougall, 2005, 127). Si la colonisation et la guerre d'indépendance ont joué un rôle crucial dans « l'être et le paraître » de l'Algérie contemporaine, la conscience répandue du détournement de l'histoire ne peut que rendre incertain le rapport au réel.

Les réseaux confrériques

L'affaiblissement de la légitimité historique implique que les réseaux de pouvoir sur lesquels repose le cartel empruntent d'autres chemins. Ainsi, depuis le début des années 1990, les confréries soufies (*zaouïas*) ont été de plus en plus intégrées dans les processus de répartition de la rente, de mobilisation et de démobilisation politique. Cette évolution a été signalée par les travaux récents de Isabelle Werenfels (2014) et Mohammed Hachemaoui (2013, 97 *sq.*), dont les approches paraissent complémentaires.

La première se penche sur les circonstances de la réintroduction des confréries dans les structures de pouvoir des ordres politiques maghrébins. Werenfels suggère que le retour en grâce des ordres soufis correspond d'une part au besoin d'opposer à l'islam politique et au salafisme, compris comme des produits d'exportation, un « islam national et traditionnel » plus obéissant. Il traduit d'autre part une mise à jour impliquant l'augmentation de la base sociale afin d'assurer les victoires électorales que les convenances internationales exigent. Les confréries savent de surcroît se rendre utiles autant pour mobiliser que pour démobiliser, en servant de médiatrices et en participant à la redistribution. La reconfiguration de l'ordre passe donc par l'insertion d'acteurs dont les calculs stratégiques rendent compte d'opportunités et de contraintes nouvelles. Elle confère aussi à ces nouveaux partenaires un pouvoir de nuisance qui leur permet de peser politiquement.

Le second part quand à lui d'une approche basée sur des observations ethnographiques réalisées dans la *wilaya* d'Adrar, située au sud-ouest du pays. Hachemaoui montre ainsi que le renforcement des confréries répond aux spécificités du jeu social local auxquelles s'adaptent les différents acteurs du jeu politique national, qu'ils appartiennent à des partis du cartel ou à l'opposition. Les structures traditionnelles, dont les *zaouïas*, sont revitalisées par la concordance de stratégies collectives visant à acquérir une base sociale et de stratégies individuelles s'efforçant de rentabiliser une notabilité. En conséquence, les circuits clientélistes deviennent des facteurs considérables dans les calculs électoraux, offrant ainsi à des acteurs locaux l'opportunité de se constituer en intermédiaires du pouvoir central.

Les confréries soufies offrent des opportunités d'intégration économique, sociale et culturelle faisant pièce à l'absence de perspective et à la désaffiliation grandissante. Dans un contexte maghrébin où l'apaisement de la jeunesse est un enjeu politique majeur, les *zaouïas* servent au désamorçage des tensions (Nabti, 2006). Du fait de leur rôle dans les œuvres de charité mais aussi de leur base sociale, ces organisations religieuses prennent part à la mise à jour de l'ordre et en tirent une certaine autonomie (Pierret, Selvik, 2009). En intégrant les confréries soufies à sa structure de pouvoir, le cartel s'est donc adjoint de précieux auxiliaires qu'il faut savoir honorer. Le ministre des Affaires religieuses rappelle d'ailleurs régulièrement le rôle des *zaouïas* dans la préservation de la stabilité sociale du pays, une reconnaissance qui s'accompagne de surcroît de financements généreux.

Finalement, il n'est guère surprenant de constater que la présidence de Bouteflika est souvent présentée comme celle de la restauration du rôle des confréries soufies, lesquelles oscillent entre neutralité bienveillante et franc soutien. En 2009, par exemple, le journaliste Mustapha Benfodil soulignait malicieusement la complaisance des cheikhs de la confrérie Alawiya à l'égard d'un « Sidi » Bouteflika en passe d'être réélu, malgré leurs prétentions répétées à l'apolitisme [8]. Les dirigeants de l'Union nationale des *zaouïas* algériennes (UNZA) ne s'embarrassent plus de tant de précautions. Après quelques atermoiements, l'association a réaffirmé en 2014 son soutien au chef de l'État par la voix de son président, Mahmoud Chaalal, exigeant même un « vote massif » dans un style digne des plus illustres porte-paroles du cartel.

Les milieux d'affaires

L'ouverture du cartel s'est également faite en direction du champ économique. Pendant le climax de la crise, le développement d'une économie marchande a profité à ceux qui avaient les appuis adéquats, ouvrant la voie à un nouveau partage des intérêts entre différents groupes (Heydemann, 2007, 14-15). Le processus de privatisation des entreprises publiques s'est accéléré après l'ordonnance du 26 août 1995. Dans un contexte de multiplication des mesures d'« ajustement structurel », un nouvel outil organisait la reconfiguration : le Conseil national des privatisations. Placé sous le contrôle du gouvernement, il évaluait les prix de vente, sélectionnait les offres, et pouvait décider du recours à des contrats de gré à gré (Aidoud, 1996). En dépit du caractère théoriquement exceptionnel de cette dernière mesure, l'aménagement du cadre légal facilitait la prédation à bas coût de sociétés publiques par les entrepreneurs disposant de soutiens hauts-placés.

La décennie noire a donc facilité la reconfiguration des réseaux de pouvoir à la faveur du partage d'une véritable rente résultant de la conversion à l'économie de marché (Tlemçani, 1994). Ce partage s'est fait au profit du secteur privé et du capital international, sous le contrôle d'acteurs étatiques ayant acquis un pouvoir discrétionnaire dans le processus de démantèlement. Comme de raison, l'enjeu représenté par cette manne n'était pas sans attiser les tensions entre élites dirigeantes. C'est ainsi, par exemple, que le conflit entre Bouteflika et son éphémère Premier ministre Ahmed Benbitour a pu être expliqué par la volonté présidentielle de s'arroger le droit de nomination des membres du très stratégique Conseil national des privatisations.

---

8. *El Watan*, 21 mars 2009.

Dès le début de la libéralisation économique, le cartel et ses affiliés ont bénéficié de leur position favorable dans le champ étatique. Certains nouveaux *businessmen* ont quitté la direction d'entreprises publiques, l'administration ou l'armée, et ont donc pu valoriser leurs contacts au gouvernement. Le démantèlement du secteur public et la croissance du secteur informel ont également contribué à l'émergence d'une nouvelle bourgeoisie d'affaires enrichie par l'ouverture à la concurrence de marchés lucratifs tels que les travaux publics, l'agroalimentaire ou l'industrie pharmaceutique (Dillman, 2000). Quelques-uns de ces affairistes ont acquis un pouvoir politique indéniable, à l'image d'Abdeslam Bouchouareb, ancien entrepreneur et fondateur de la première confédération patronale algérienne, devenu intime de la présidence et ministre de l'Industrie pour la seconde fois entre 2014 et 2017.

D'autres font office de prête-noms pour des figures majeures du cartel à qui leur fonction interdit d'intervenir directement dans l'économie. C'est ainsi qu'Abdelghani Djerrar a pu devenir en quelques années le richissime PDG de Tonic Emballage. En 2005, cette compagnie de papeterie employait 3500 personnes, dominait près de 60 % du marché de l'emballage algérien et déclarait un chiffre d'affaires à l'export de 36 millions d'euros [9]. Loin de devoir cette ascension fulgurante à ses seuls talents et à son engagement en faveur du recyclage, Djerrar était en fait l'ami d'un des fils du chef d'état-major Mohamed Lamari, et son protégé. Le jeune entrepreneur d'El Biar a pu bâtir son entreprise grâce à un crédit de plusieurs centaines de millions d'euros accordé par la Badr, une banque publique spécialisée dans le soutien de l'agriculture, un crédit accordé « sur la base d'une hypothèque sur-évaluée » (Hachemaoui, 2009, 319). Le succès de Djerrar était toutefois lié aux relations qu'il entretenait avec un membre du cartel, ce qu'il a payé au prix fort. Devenu un acteur économique de poids, l'affairiste se mêlait désormais de politique en apportant son soutien à Benflis. Une fois Bouteflika réélu, il dut répondre aux demandes de recouvrement d'une dette à laquelle son entreprise ne pouvait faire face. L'édifice Tonic Emballage ne tenait que dans la mesure où le prêt était considéré comme un don. Finalement, après avoir passé quelques nuits dans la prison de Serkadji, Djerrar fut placé sous contrôle judiciaire en 2007 et l'entreprise nationalisée quelques années plus tard.

Un autre *golden boy* a défrayé la chronique à la même période, en l'occurrence Rafik Khalifa. Le jeune homme originaire d'Oujda s'était lui aussi enrichi très rapidement dans les années 1990, au point de bâtir un empire comptant notamment une banque, une chaîne de télévision et une compagnie aérienne. À son apogée, son groupe comptait plus de 12.000

---

9. Taïeb Belmadi, « Tonic, le Titanic algérien », *Jeune Afrique*, 10 septembre 2009.

employés et avait un chiffre d'affaires estimé à 1 milliard de dollars (Tlemçani, 2005, 38). Comme Djerrar, Khalifa avait bénéficié d'un crédit surévalué accordé par une banque publique, la Banque de développement local. Comme lui, il bénéficiait de soutiens haut-placés. Son père, Laroussi Khalifa, avait été le premier ministre de l'Industrie de l'Algérie indépendante et l'un des « pères fondateurs » de la Sécurité militaire, le futur DRS. Grâce à ses connexions, Khalifa fils put attirer les placements d'un grand nombre de particuliers et d'institutions publiques en promettant des taux défiant toute concurrence (et toute logique économique). Sa banque permettait aussi le blanchissement de fonds et l'octroi de crédits avantageux (par exemple à l'avantage de Bouchouareb). Là encore, un retour de fortune était à prévoir, notamment du fait de l'hostilité grandissante de la présidence. Les exubérances du magnat prirent fin en 2002, avec le blocage des fonds de la banque et la liquidation judiciaire de l'empire, causant des pertes records pour l'État algérien. Après s'être réfugié en Angleterre et avoir été condamné par contumace à la prison à perpétuité, Rafik Khalifa a finalement été extradé en 2013 pour croupir dans une geôle de Blida en attendant un nouveau procès.

Devant le spectacle de l'enrichissement rapide de ces magnats, certains observateurs dressent le tableau d'un véritable pillage des biens publics durant la décennie noire. Faisant écho à l'image d'une prédation déchaînée, Lyes Laribi évoque dans son essai au vitriol un « festin » mêlant « décideurs » et « groupes armés » (Laribi, 2007, 183). Plus concrètement, les exemples de Djerrar et Khalifa illustrent la récurrence du schéma qui lie l'émergence de ces nouveaux entrepreneurs à une bienveillance étatique résultant dans des passe-droits décisifs. Si les deux hommes ont dû leur chute aux luttes au sein du cartel, d'autres patrons particulièrement puissants ont su rester proches de la présidence, à l'image d'Omar Ramdane (Modern Ceramics), Mohamed Bairi (Ival) ou Ali Haddad (ETRHB-Haddad). Ces derniers sont des poids lourds du Forum des chefs d'entreprise, la principale organisation patronale algérienne, et collectaient activement des fonds pour soutenir le président-candidat en 2014.

Les patrons algériens tendent à soutenir la stabilité dont ils bénéficient. En effet, derrière le discours sur la « bonne gouvernance », les devises dégagées par l'exportation des hydrocarbures continuent de financer des pratiques commerciales non-productives (importation, spéculation). De plus, la poursuite de ces activités est souvent liée au bon vouloir du gouvernement. Sans être toujours favorable aux choix de ce dernier, le patronat algérien est donc contraint pour des raisons relevant de l'opportunisme ou du réalisme à entretenir des liens avec le cœur du cartel, au sein de l'administration, du gouvernement et de la hiérarchie militaire (Bellal, 2011). Cela ne veut pas dire que les patrons soutiennent unanimement Bouteflika. Plusieurs membres du FCE se sont opposés au quatrième mandat. Des chefs d'entreprises influents tels que Slim Othmani (Rouiba) et Issad Rebrab (Cevital) ont même quitté l'organisation avec fracas durant la campagne présidentielle. La crise de leadership subséquente a permis à Ali Haddad de prendre la tête du forum en novembre 2014, et de se trouver ainsi en position de force pour demander des réformes de l'économie tout au long de l'année suivante.

En dépit de la primauté du champ étatique, il ne faut pas sous-estimer le pouvoir de ces capitalistes enrichis grâce aux privatisations et aux monopoles. Signe de leur influence, les grands patrons ont investit le champ médiatique, d'abord dans la presse écrite, puis dans l'audiovisuel. Issad Rebrab possède ainsi le journal *Liberté* et la chaîne satellitaire *KBC*, tandis qu'Ali Haddad contrôle les quotidiens *Waqt El-Djazaïr* et *le Temps d'Algérie*, et la chaîne *Dzaïr TV*. Le milliardaire Ahmed Mazouz est quant à lui rentré au capital du groupe *Echorouk*, qui réunit quelques-uns des médias privés les plus diffusés du pays.

Ces hommes d'affaires agissent à la fois comme des agents du *statu quo* politique et des défenseurs de la libéralisation progressive de l'économie (Boubekeur, 2013). À partir de 2013, dans un contexte d'assèchement de la rente des hydrocarbures, leur influence s'exprime de différentes manières. Tandis que Ali Haddad coopère avec les membres les plus libéraux du gouvernement pour conceptualiser des réformes et demander davantage de flexibilité, Slim Othmani dirige pour sa part une « *task force* » chargée de rédiger un code de la gouvernance de l'entreprise algérienne, en collaboration avec le FCE et un certain nombre de bailleurs internationaux (dont l'UE et le FMI). Chacun à leur manière, les deux hommes participent à la restructuration économique de l'ordre algérien.

En bref, l'élargissement des réseaux du cartel, qu'il se fonde sur le capitalisme de connivence ou sur le soutien des ordres soufis, contribue à la stabilisation de l'ordre tout en insérant des éléments ayant leur propres agendas politiques ou économiques (Pierret, Selvik, 2009, 611). Tant les atermoiements de l'UNZA que les départs au sein du FCE traduisent l'autonomie relative de ces nouveaux acteurs. L'attachement au maintien des équilibres généraux va ainsi de pair avec une intensification des contradictions au sein de la structure de pouvoir. L'influence des affairistes contribue par exemple à la reproduction d'une économie de marché mixte, fondée sur la distribution de la rente et des prébendes, laquelle n'est pas soutenable sur le long terme (Dillman, 2000). Les mêmes acteurs nourrissent donc le processus de catastrophisation pour défendre leurs bénéfices tout en soutenant les réformes d'inspiration néolibérale suppposées éviter la catastrophe.

Réseaux et labyrinthes

Les réseaux centrés sur le champ étatique pénètrent les autres champs sociaux (politique, syndical, universitaire, religieux, économique). Cette pénétration facilite la répartition des ressources considérables extraites par l'État et la constitution d'une base sociale plurielle à des fins de mobilisation et de démobilisation. Les différentes organisations fournissent de surcroît le cartel en nouvelles élites, lesquelles prennent une part variable dans la concurrence interne, en fonction de leur calculs et de leurs moyens. Compte tenu de ce pluralisme et de cette compétition, on est en droit de s'interroger sur ce qui permet la cohésion générale de l'ensemble. Je vais m'intéresser maintenant aux mécanismes qui permettent l'établissement des liaisons verticales et horizontales entre acteurs et groupes sociaux. En effet, la reconfiguration des années 1990 a dans le même temps fragmenté et lié entre elles les élites dirigeantes qui durent se conformer aux règles de la prise de bénéfice (Werenfels, 2007, 152-153).

La corruption : le ciment

Lors d'une conférence grand public organisée par le quotidien *El Watan* en juillet 2012, le politologue Mohammed Hachemaoui expliquait avec passion à l'assistance que « la corruption est située au cœur du système depuis ses origines ». De fait, c'est même un phénomène qui atteint des institutions qui se voudraient insoupçonnables. Ainsi, lors de mon séjour à Chlef en 2014, l'une des affaires qui mettaient la ville en émoi était le scandale de corruption touchant la direction des affaires religieuses de la *wilaya*. L'imam de la grande mosquée et le directeur par intérim avaient été pris en flagrant délit, en demandant 50.000 dinars à un agent pour accepter sa mutation [10]. Comme j'évoquais l'affaire avec Karim*, l'architecte qui avait accepté de m'initier à la géographie de la ville, celui-ci avait simplement balayé l'air de la main et affirmé : « De toute façon, ça n'étonne plus personne ! ».

Selon la définition minimaliste de Susan Rose-Ackermann, la corruption implique le détournement d'un pouvoir quelconque au profit d'un tiers en échange d'une rétribution (Rose-Ackermann, 1975). D'un point de vue étatique, on parlera plutôt d'un « abus d'autorité publique pour des avantages privés », par exemple au moment de l'attribution d'un marché (Cartier-Bresson, 2000, 14). En d'autres termes, il s'agit pour un agent de l'État de monnayer son accès au méta-pouvoir. En Algérie, la corruption est à la fois structurelle, dans le sens où elle repose sur l'absence de contrôle du pouvoir discrétionnaire des agents étatiques, et structurante, puisqu'elle est une pratique

---

10. *El Watan*, 10 avril 2014.

partagée et parfois incontournable. Elle contribue donc au maintien de l'ordre autant qu'elle est nourrie par ce dernier.

Évaluer l'ampleur de la corruption est une gageure. En l'absence d'éléments chiffrés permettant de mesurer une pratique occulte, le recours à des données subjectives renseigne d'abord sur le sentiment des acteurs économiques et n'offre donc qu'une lumière partielle. En 2014, l'Algérie apparaissait à la 105ème place – sur 170 pays – du classement publié par l'ONG *Transparency International* mesurant la perception du niveau de corruption du secteur public. Elle arrivait ainsi derrière la Tunisie (79ème), le Maroc (80ème), et même l'Egypte (94ème). Seule la Libye était plus mal classée parmi les pays maghrébins.

Les affaires retentissantes impliquant des poids lourds du cartel (de Mohamed Betchine à Chakib Khelil) suggèrent le caractère institutionnalisé de la corruption. Nombre d'observateurs affirment que cette caractéristique s'est renforcée sous la présidence de Bouteflika. Les messages de l'ambassade américaine à Alger révélés par *Wikileaks* confirment cette idée en incriminant particulièrement des figures clés de l'entourage présidentiel, tels que les frères du président ou le chef d'état-major Gaïd Salah [11]. Le système de détournement se retrouve néanmoins à tous les niveaux de la machinerie étatique, des dirigeants de la Sonatrach impliqués dans un système généralisé de malversation jusqu'à l'imam de la Grande mosquée de Chlef. En conséquence, la presse privée ne manque pas d'évoquer l'ampleur du phénomène. Le quotidien *Le Soir d'Algérie* dédie régulièrement une double-page au problème, qu'il intitule « Soir Corruption ». Il y intègre parfois un petit lexique, où l'on apprend par exemple que *qahwa* (café) peut désigner le pot-de-vin, ainsi que des comparaisons avec d'autres pays [12].

Pour faire bonne figure, le gouvernement prend des mesures ostentatoires : une loi votée en 2006 prévoit ainsi de fortes peines, par exemple de deux à dix ans de prison et de 200.000 à 1 million de dinars d'amende pour une tentative ou une offre de corruption [13]. Toutefois, les poursuites judiciaires visent aussi ceux qui font infraction aux règles non-écrites du jeu, s'insurgent publiquement contre la norme qu'est devenue la corruption et manquent ainsi à leur devoir de solidarité. L'affaire dite des « magistrats faussaires » témoigne du traitement réservé à celui qui dénonce les abus de manière importante. En 1992, un fonctionnaire du ministère de la Justice, Benyoucef Mellouk, avait révélé les manœuvres de magistrats visant à obtenir le statut de *moudjahidin* par le biais de la corruption. Sanctionné une première fois d'une peine de trois ans de

---

11. Télégrammes diplomatiques de l'ambassade américaine, datés respectivement du 19 décembre 2007 (référence 07ALGIERS1806) et du 25 janvier 2008 (référence 08ALGIERS85), rendus publics par *Wikileaks* en 2011.
12. *Le Soir d'Algérie*, 29 décembre 2008.
13. Loi n° 06-01 relative à la prévention et à la lutte contre la corruption du 20 février 2006, article 25.

prison avec sursis en 1997 pour « vol et divulgation de dossiers confidentiels », Mellouk a finalement été condamné à quatre mois de prison ferme pour diffamation en 2008, à la suite de plaintes déposées par deux anciens ministres [14]. L'agent étatique qui se désolidarise en critiquant un comportement partagé s'expose à une punition exemplaire.

La corruption et les malversations financières sont aussi des instruments de compétition et de régulation au sein du cartel, comme nous l'avons vu au moment des affaires Betchine ou Sonatrach. Des dispositifs judiciaires effectifs permettent l'élimination des adversaires. Les lois sont donc applicables, mais cette application vise aussi à arbitrer des tensions internes. Fatiha Talahite résumait la situation en ces termes : « le contrôle, qui est en réalité un auto-contrôle, [devient] formel et bureaucratique. Inefficace à empêcher les malversations, il peut être instrumentalisé à des fins politiques ou personnelles » (Talahite, 2000, 59-60). Cet usage de la corruption dans le cadre des luttes de pouvoir est assez commun de part le monde, notamment quand il s'agit d'habiller des purges en « campagnes d'assainissement » de la gouvernance (Broadhurst, Wang, 2014 ; Hibou, Tozy, 2000).

Ceci dit, la corruption permet d'abord des prises de bénéfices conséquentes et l'érection de relations horizontales liant les différents champs sociaux. Ainsi, avec le soutien de partenaires positionnés dans des ministères économiques (PME, travaux publics, pêche, commerce, industrie), les entrepreneurs peuvent se soustraire à un certain nombre d'obstacles grâce aux dérogations. Au niveau local, la levée des entraves bureaucratiques passe par de bonnes relations avec les individus disposant d'une bribe utile de méta-pouvoir. Cela fonde l'importance des connaissances (*maârifa*) qui facilitent l'accès à certains services ou passe-droits. Les agents économiques doivent entretenir des liens avec les dirigeants politiques nationaux ou locaux, et les rétribuer de différentes manières afin de s'assurer de leur bonne volonté. La corruption a donc une dimension préventive afin d'« éviter d'être confrontés à des comportements hostiles » (Musella, 1999, 41).

Dans ce contexte, la corruption échappe aux sphères dirigeantes pour devenir une pratique banale et parfois nécessaire, par exemple quand elle permet de réduire de six mois le délai d'attente pour qu'un ministère valide un projet de création d'entreprise. « Processus auto-entretenu », elle voit son niveau croître en même temps que le nombre d'agents impliqués et les bénéfices dégagés (Jacquemet, 2006, 140). Elle se diffuse le long des réseaux de pouvoir, et devient une norme qui exclut ceux qui n'y prennent pas part et induit des mesures coercitives à l'encontre de ceux qui la dénoncent. Commune

---

14. *Algérie focus*, le 2 juillet 2014. Cf. : http://www.algerie-focus.com/blog/2014/07/entretien-benyoucef-mellouk/

dans les cercles dirigeants et rendue incontournable par la bureaucratie, la corruption détermine des rapports horizontaux, entre membres de la même institution ou avec les acteurs extérieurs venus solliciter un service. Elle participe alors de la diversification des réseaux de pouvoir mais aussi de la solidarité entre les individus et les groupes impliqués, tel le ciment garantissant la cohésion de l'ordre.

Le clientélisme : la charpente

L'ordre algérien est soutenu par un autre mécanisme structurant, en l'occurrence le clientélisme. Ce type de relation sociale prend la forme d'une « alliance dyadique verticale » basée sur la proximité entre acteurs inégaux et une réciprocité des services (Leca, Schemeil, 1983). Le clientélisme permet la redistribution des ressources et l'institutionnalisation de fidélités personnelles, notamment à l'échelon local. La principale différence avec la corruption repose sur la verticalité de la structure mise en place ainsi que sur le caractère stable de la relation. Se reconnaissant l'un l'autre, patron et client répètent leurs échanges et enrichissent leur relation d'une dose d'affectif. Toutefois, dès l'instant qu'il intervient dans le domaine public, le clientélisme est intimement lié à la corruption, dans la mesure où le premier établit un système d'échange en réseau qu'empreinte la seconde (Médard, 2000).

Dans la pratique, les échanges de services se déclinent sous des formes aussi bien économiques que politiques. Il peut s'agir d'une place à l'université ou du ralliement d'un groupe au candidat. La valeur de l'objet de l'échange augmente si celui-ci est touché par la pénurie. C'est le cas de l'emploi dans un contexte de chômage endémique. La dépendance des individus faiblement pourvus à l'égard d'acteurs mieux connectés avec le champ étatique, d'où provient la majorité des ressources, est alors renforcée par la crise qui accentue le manque. À cet égard, le clientélisme en Algérie est aussi structurel.

Relever le lien entre la crise et le développement du clientélisme conduit à réfuter une approche positiviste qui ferait du second la traduction de comportements « archaïques » persistants. En effet, le chercheur est souvent exposé à des discours mettant en cause la « mentalité » pré-moderne des Algériens. Dans un contexte algérois pour le moins étriqué, où les milieux d'expatriés côtoient les représentants de l'intelligentsia francophone, il n'est pas rare d'entendre un commentaire amer faisant une peinture culturaliste de la société algérienne. Par exemple, un musicien originaire d'Annaba m'expliquait à la terrasse d'un appartement de l'Aérohabitat, un verre de vin à la main, que « le problème des Algériens, c'est qu'ils vivent encore dans un système féodal ». Il poursuivait en dénonçant leurs réflexes hiérarchiques : « Quand ils veulent faire quelque chose, ils vont demander à leur père qui va demander à son supérieur et ainsi de suite ».

La structuration verticale des relations sociales est souvent interprétée au prisme de la dichotomie opposant le moderne au traditionnel, y compris dans les travaux académiques. Pour l'anthropologue Abderahmane Moussaoui, l'État étant incapable d'ériger un modèle social basé sur des « normes modernes », il se contente de récupérer à son profit les « normes communautaires » qui encadrent la prédation et permettent la répartition des ressources (Moussaoui, 2006, 73). Qu'il me soit permis ici d'émettre quelques doutes non pas sur l'existence du communautaire en Algérie, mais plutôt sur son opposition à la « modernité ». Le clientélisme épouse en effet des circuits bureaucratiques qui n'ont rien de traditionnels. La méfiance à l'égard de cette dichotomie est d'autant plus nécessaire que ce discours sur la « modernité » se nourrit de représentations exclusives de l'universel et du particulier auxquelles le chercheur est constamment exposé, notamment dans la configuration postcoloniale qui lie l'Algérie et la France.

Hachemaoui remarque avec justesse que la résurgence du communautaire est liée à une forte déstructuration sociale, et donc à une dilution des anciens paradigmes résultant des bouleversements connus par le pays. Ainsi, le recours à la tribu serait davantage une stratégie relationnelle impliquant la « réinvention de la tradition » (Hachemaoui, 2014). Le clientélisme permet d'apporter une réponse pratique à des problématiques économiques (le chômage) et sociales (l'atomisation). Dans le même temps, le cartel utilise ce phénomène afin de combler son déficit de crédibilité politique en ayant recours à des médiateurs, qu'ils s'agisse d'un homme politique issu d'une tribu importante, d'un ancien *moudjahid* devenu chef de milice, d'un notable enrichi dans les affaires ou d'un cheikh de *zaouïa*. Ces étiquettes sont de surcroît cumulables, offrant à certains agents un répertoire d'actions varié afin de monnayer les capitaux en leur possession. Tout ceci nous amène à recuser le raisonnement binaire qui ferait du clientéliste un comportement archaïque et apolitique (Zaki, 2008, 178).

Cela implique une prise de distance à l'égard de la notion de néo-patrimonialisme. Un regard poussé sur la situation algérienne, prenant en compte la force du conflit politique, la défiance à l'égard des figures d'autorité et la multitude des mouvements de contestation, questionne les représentations paternalistes que les dominants affectionnent. Les changements démographiques dans la région ont bouleversé les structures psychosociales traditionnelles, rendant peu adéquat le qualificatif de néo-patrimonial (Camau, 2006a, 34). Il convient là encore de se méfier de catégories « indigènes » favorisées par une lecture relativiste qui se focalise sur les formes politiques « locales » telles que le tribalisme. Leca et Schemeil (1983, 456) insistent sur le fait que le clientélisme existe sous une forme ou une autre dans toute société.

Telle une charpente, le clientélisme soutient l'ordre, de son sommet à ses bases éclatées. En tant que phénomène structurel, la banalisation du clientélisme est une manifestation objective de la latence de la crise qui raréfie les capitaux disponibles et sape la légitimité du cartel. En tant que phénomène structurant, il participe à la réactivation du communautaire en prenant des formes adaptées au répertoire symbolique (tribu, confrérie soufie, famille révolutionnaire) et renforce l'assise verticale des réseaux de pouvoir. Ceux-ci empruntent alors au registre communautaire comme une source jaillissant du sol suit le lit d'une rivière asséchée. C'est ainsi que peuvent se nouer ces relations d'échange verticales et horizontales. Cependant, ces comportements restant largement associés à la prédation d'une caste de privilégiés, ils alimentent des représentations très négatives d'élites dirigeantes « féodales », « régionalistes » ou « mafieuses ». De plus, les réseaux de pouvoir permettent certainement la généralisation d'une médiation avec des pans entiers de la population, mais ils traduisent également la difficulté du cartel à générer de l'autorité par ses propres moyens.

L'ordre politique algérien est-il exceptionnel ?

Dans ce chapitre, j'ai analysé la structure de l'ordre en m'efforçant de dépasser le tropisme qu'exercent les centres de gravité du cartel (état-major, présidence, DRS). La multiplication des agences de pouvoir, dans et en dehors de l'État, et l'établissement de réseaux pénétrant profondément la société traduisent l'éclatement de cette structure. Celle-ci n'est pas uniquement verticale mais inclut des relations horizontales fluctuantes selon le contexte et la nature de l'échange. Cette description de l'ordre politique algérien dévoile les réseaux de pouvoir comme « un faisceau plus ou moins organisé, plus ou moins pyramidalisé, plus ou moins coordonné, de relations » (Foucault, 2001, 302). La possibilité qui nous est offerte de visualiser cette disposition inhérente à tous les systèmes de domination illustre le pouvoir révélateur de la crise : en Algérie, à force de contradictions et d'exacerbation des violences systémiques, ce qui doit être caché devient visible.

À la lumière de ces révélations, « l'autonomisation accentuée de l'État » maghrébin semble avoir vécue (Camau, 1978, 196). Le climax de la crise a accompagné une association grandissante des acteurs situés en périphérie à la prise de bénéfice et au maintien de l'ordre. De fait, il semble désormais hors de propos de situer l'Algérie dans la catégorie des États-bunker à la manière de Clément Henry et Robert Springborg (2010, 113-161). Même s'il fait écho à un agencement sécuritaire centralisé, le concept est malheureux dans la mesure où il postule l'existence d'un ensemble cohérent, restreint et fixe d'acteurs contrôlant l'État, et où il donne l'image d'une coalition retranchée. En vérité, des segments entiers de la société sont associés aux bénéfices, en s'insérant dans les réseaux de clientèle ou en fournissant les élites « représentatives » qui vont intégrer le cartel. L'idée d'un bunker semble inadaptée à la flexibilité et à la perméabilité de la structure.

Un autre type d'analyse des « autoritarismes arabes » repose sur la thématique bien connue de la résistance de l'État-rentier. Dans sa comparaison avec les cas libyens et irakiens, Luiz Martinez insiste par exemple sur le rôle du pétrole dans la constitution de la coalition dirigeante et de ses réseaux. De fait, la rente autorise le financement du dispositif coercitif et l'intégration constante de nouveaux groupes cooptés. Comme je l'ai écrit plus haut, la crise rend particulièrement attractifs les capitaux dégagés par l'exportation des hydrocarbures, ce qui fait de leur prédation institutionnalisée « une composante fondamentale de la survie des coalitions autoritaires en période de rareté des ressources ». (Martinez, 2010, 211). Pourtant, il ne suffit pas d'affirmer que les ressources sont une bénédiction pour les autocrates arabes. Certes, elles permettent d'acheter des fidélités et de financer la répression. Néanmoins, les richesses dégagées de l'exploitation des hydrocarbures sont également l'objet de convoitises particulièrement vives, ce qui n'est pas sans attiser la concurrence interne. De ce point de vue, l'exemple algérien se rapproche du cas vénézuélien (Coronil, 1997, 9, 138). Compétition politique et compétition économique se confondent, s'exacerbent, ce qui suscite la récurrence d'événements critiques exposant les pratiques non-avouables des élites dirigeantes. Combinée au pouvoir révélateur de la crise, la manne pétrolière n'est plus seulement une bénédiction. En nourrissant les affrontements au sein du cartel, elle accentue aussi l'image d'une clique hétéroclite de « voleurs de pétrole ».

La question des hydrocarbures est importante pour une autre raison. En effet, en concentrant le regard sur les usages internes de la rente, l'observateur tend à ignorer l'importance des partenariats étrangers, sous la forme de transferts de compétences ou d'interventions directes. En effet, derrière le mythe de l'indépendance nationale que les États-rentiers développent volontiers se cache une profonde insertion dans des réseaux de pouvoir transnationaux (Vitalis, 2007). De ce point de vue, ces autocraties pétrolières existent dans un marché global où la stabilité politique des uns est indissociable de la prospérité économique des autres. Pour dépasser le piège de la comparaison entre les « démocraties occidentales » et les « systèmes autoritaires », rappelons que les hydrocarbures jouent, dans un cas comme dans l'autre, en faveur du maintien des équilibres internes (Mitchell, 2011). Finalement, contre l'argument particulariste de l'État-rentier s'impose l'inévitable adossement des États au système-monde, même quand il s'agit de postcolonies ayant fait de leur indépendance une priorité. D'un point de vue analytique, la difficulté est de concilier cet adossement avec le fait que ces États reposent aussi sur des bases autochtones (Mbembe, 2001, 41).

Les tenants de l'ordre local sont aussi les médiateurs d'un ordre global, à la fois politique, sécuritaire, spatial et économique. Les dirigeants d'Afrique du Nord sont ainsi devenus les partenaires des Européens dans la lutte contre le terrorisme et l'immigration « irrégulière ». Cette position implique que des mécanismes de solidarité entrent en jeu, notamment par l'intervention des institutions financières internationales qui financent et orientent le redéploiement de l'État. Ce phénomène n'est nullement propre à l'Algérie. Le FMI et la Banque mondiale ont joué un rôle similaire dans la Russie des années 1990 en facilitant la confiscation des richesses au profit d'une minorité, à la faveur d'une vague de privatisation, de démantèlement des services publics et d'ouverture aux capitaux étrangers (Paillard, 2004). C'est ainsi que le cartel algérien va également trouver dans l'espace transnational des soutiens afin d'assurer la permanence des équilibres en échange d'ajustements structurels.

Une fois replacé dans cette perspective relationnelle, l'argument particulariste ne tient plus. Les ordres nationaux ont certes des fonctionnements adaptés à leur histoire et à leur place dans le marché globalisé, ils reposent néanmoins sur des mécanismes de cohésion et de compétition comparables. L'apparition d'une coalition dépassant les contours institutionnels n'est pas spécifique à une partie du monde. La constitution d'alliances officieuses échappant au contrôle des gouvernés peut également être constatée dans les systèmes porteur du label « démocratique », notamment à la faveur du pouvoir révélateur de la crise. En Italie par exemple, le scandale de corruption « *tangentopoli* » a révélé l'émergence d'une caste d'hommes politiques d'affaires et la mise en place « dans les coulisses [d'un] crypto-gouvernement » prenant des décisions à l'écart des partis politiques traditionnels (Della Porta, 1995). Ces acteurs s'étaient eux-aussi coalisés dans leur quête des bénéfices formidables qu'octroie le méta-pouvoir. On assiste ainsi à la constitution d'alliances entre les niveaux les plus élevés de la technocratie et du gouvernement, des milieux capitalistes et sécuritaires, des sphères de l'expertise et des faiseurs d'opinion, dont la solidarité relative vise d'abord à garantir la pérennité de l'ordre et la stabilité des bénéfices, en accord avec la logique élémentaire du cartel. Ainsi apparaissent des configurations qui varient sans changer fondamentalement, où les politiques publiques sont régies par un mode de gouvernement « oligarchique, coopté et clôturé […] où les gouvernants élus sont marginalisés ou bien acquis à la cause interne de la coalition » (Massardier, 2008, 52).

Selon une nouvelle manifestation de la loi du monopole jadis énoncée par Norbert Elias, la concentration du méta-pouvoir dans l'État va de pair avec l'établissement d'un réseau des puissants qui les rend interdépendants (Elias, 1990, 25 *sq.*). La négociation et l'échange de service, symptômes de cette interdépendance, conditionnent les relations entre les membres du cartel et leurs partenaires internationaux. Dans ce contexte, l'attribut des puissants est précisément leur faculté à traverser les frontières, sociales ou nationales, et à jouer de cette ubiquité pour constituer leur réseau.

Les espaces labyrinthiens de l'ordre

Nous avons vu dans ce chapitre que le cartel est une structure évolutive et relativement inclusive. L'alliance peut donc s'agrandir et donner une place prépondérante à des acteurs n'appartenant pas au champ étatique – du moins à l'origine. C'est ainsi par exemple qu'Abdeslam Bouchouareb ou Ali Haddad sont devenus des hommes forts de l'entourage présidentiel. Cette évolutivité s'avère centrale pour s'adapter aux aléas du processus critique. La structure qui en résulte n'est pas invisible. Nous sommes ainsi en mesure de présenter un instantané relativement fidèle du cartel en 2014, sans toutefois prétendre à l'exhaustivité.

Illustration 3 : Les principales composantes du cartel algérien en 2014

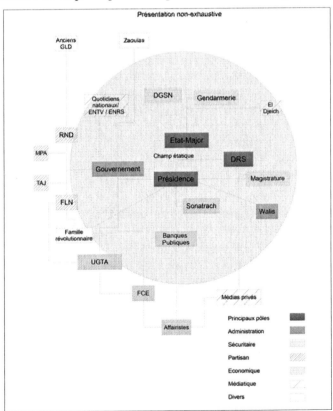

Faut-il le répéter : la visibilité ne saurait être synonyme de lisibilité. En 2014, le fait que les figures principales du cartel soient un général au visage inconnu (Toufik) et un président dont on ne saurait dire s'il sait où il se trouve (Bouteflika), illustrait spectaculairement l'illisibilité des arcanes du méta-pouvoir. Alors, plutôt que de donner un avis péremptoire sur l'une des questions récurrentes sur l'Algérie de Bouteflika (« qui a le pouvoir ? »), il faut se résoudre à rappeler que le pouvoir est par essence diffus et que la configuration algérienne est caractérisée par l'incertitude et la fragmentation.

L'indétermination des stratégies des élites fait tomber un nouveau voile de mystère, d'autant que la faculté des acteurs à agir simultanément dans différents champs croît avec leur positionnement dans la hiérarchie sociale. Cette ubiquité, dans l'armée et dans les affaires, dans la politique et dans les médias, permet la mobilisation de capitaux complémentaires. Le multi-positionnement apparaît essentiel afin d'exploiter au mieux les ressources disponibles (Boltanski, 1973). Tout cela entretient logiquement les questionnements sur les alliances nouées, les dépendances et les trahisons de chacun.

La conjoncture fluide favorise les mouvements et les coups stratégiques. Elle brouille les positions et renforce le mystère qui entoure les espaces labyrinthiens de l'ordre. Ici, on m'opposera sûrement mon insistance sur le pouvoir révélateur de la crise. Pourtant, s'il y a un paradoxe, il n'y a pas de contradiction. En effet, la crise dévoile la prédation du bien public par des réseaux étendus, la précarité et le mécontentement de la population, l'intéressement des dirigeants et leurs conflits. Cela ne veut pas dire qu'elle rend la configuration politique intelligible. Certes l'ordre est violent. Certes une partie de ses tenants sont corrompus. Cela ne suffit nullement à fixer avec certitude les responsabilités.

Que faire alors, lorsque le profane se trouve confronté aux espaces labyrinthiens de l'ordre ? Que faire lorsque l'ubiquité des acteurs rend impossible la détermination de leur position ? Prenons par exemple le cas d'un ancien officier du DRS devenu politologue, Mohamed Chafik Mesbah. Celui-ci était interrogé par le *Soir d'Algérie* en juin 2012 au sujet de la fraude aux élections législatives. Il pouvait y affirmer (sans surprise) l'opacité des résultats mais aussi mettre en avant la responsabilité des partis d'opposition et « leur discours creux de dénonciation de la fraude » [15], renvoyant dos-à-dos la coalition gouvernementale et ses opposants. Cette prise de parole d'un ancien des « services » devenu expert médiatique ne peut que générer la perplexité. Qui pourrait, en effet, affirmer avec certitude que Mesbah a rompu ses liens avec son ancien employeur ? Qui, dans le même temps, serait certain du contraire ?

---

15. *Le Soir d'Algérie*, 20 juin 2012.

Dans le tourbillon de la restructuration étatique et économique, le brouillage des repères est devenu une technique de gouvernement (Hibou, 1999, 30). Il favorise l'établissement de réseaux complexes qui se constituent et se reconstituent au gré des contingences, dans le champ étatique comme en dehors. Or, le propre des élites dirigeantes est « la maîtrise de ces espaces labyrinthiens, et l'aptitude à s'y repérer et à les utiliser pratiquement » (Boltanski, 1973, 26). Elles maîtrisent les règles du jeu de l'influence et du déplacement, les arcanes du méta-pouvoir étatique, là où les non-initiés peinent à discerner une logique. Ce brouillage ne suffit pourtant pas à les faire passer pour bénéfiques et désintéressées. Dès lors, l'enjeu pour les tenants de l'ordre est de dissimuler l'arbitraire sur lequel celui-ci repose.

CHAPITRE 4

Partis de l'ordre

« Quand le parti de l'ordre faiblit tandis que celui de l'anarchie grandit, c'est l'anarchie qui finit par triompher ».

Gustave Le Bon

« L'image du pouvoir pour moi [...], c'est une bande de mafieux qui gardent le pouvoir pour eux et pour leurs propres intérêts, et qui sont prêts à tout pour le garder. C'est Larbi Belkheir et compagnie, vraiment un groupe de mafieux dont on connaît la plupart des noms et qui sont là depuis des dizaines d'années ».

Abdelhakim*

La transformation de l'ordre algérien a été marquée par de brèves phases d'ouverture alternant avec de longues périodes de glaciation. Dès février 1989, la réforme constitutionnelle a légalisé le pluralisme, mettant fin à trente ans de parti unique et entraînant la création de dizaines de formations politiques. Avec la décennie noire puis l'arrivée au pouvoir de Bouteflika, les équilibres ont été figés. Entre 1999 et 2011, aucun parti n'a reçu l'agrément du ministère de l'Intérieur, empêchant de la sorte la recomposition du champ politique (Di Virgilio, Katô, 2001). C'est seulement en 2011 que le ministère a autorisé la légalisation de formations restées dans l'attente parfois plus d'une dizaine d'années. Cela s'est traduit par une rapide prolifération alimentant l'instabilité du paysage partisan et le flou autour d'organisations parfois sans ancrages ni objectif précis. Les ouvertures ont ainsi épousé le rythme de la crise, survenant à la suite des émeutes de 1988 puis de la réplique algérienne des soulèvements arabes de l'hiver 2011. Répondant à la mise en danger de l'ordre, ces politiques défensives ont permis son adaptation et, *in fine*, son maintien.

Dans les deux chapitres qui suivent, j'étudie les circonstances d'une mise à jour reposant sur l'ouverture plus ou moins contrôlée de la compétition instituée, du paysage médiatique, ainsi que l'acceptation d'une critique publique (Heydemann, 2007). Cette adaptation se traduit par l'établissement d'une compétition partisane sans impliquer nécessairement une forme d'alternance. Il serait néanmoins réducteur de n'y voir qu'une « démocratie de façade » (Benchikh, 2009). À la suite des ouvertures successives, l'espace public algérien a évolué, tant dans ses formes que ses supports et sa rationalité. Sous Boumédiène, la critique était proscrite et les propos discordants sévèrement punis, tandis que la capacité de mobilisation du cartel permettait une emprise des acteurs politiques sur la société. Cette emprise s'est délitée progressivement depuis la fin des années 1970 (Carlier, 1995, 75). De nouvelles voix se sont faites entendre par le biais des mouvements culturels et identitaires, exprimant une défiance croissante. Après 1988, celle-ci a été portée par les partis, les associations et les journaux privés nouvellement créés.

Sous Bouteflika, la publicité algérienne accueille trois niveaux de critiques, impliquant des espaces et des acteurs différents. Il y a tout d'abord une critique populaire reposant sur une sociabilité de proximité, à l'image de la maison de café jadis étudiée par Omar Carlier (1990). Ses espaces souvent masculins sont les cafés, bien sûr, mais aussi les arrières-boutiques, les parcs et les rues où se réunissent les jeunes gens faute de mieux. On y discute pas nécessairement de la compétition politique, mais l'évocation de la vie publique y prend la forme d'anecdotes, de rumeurs ou de blagues dénonçant les passe-droits. Une seconde critique est médiatique et médiatisée, car portée à la fois par les journaux, où les éditorialistes expriment leurs opinions, et les réseaux sociaux. Ce sont des espaces des diagnostics plus ou moins experts, où l'on spécule sur les stratégies des uns et des autres et les liens qui les unissent. Ce sont aussi des espaces de la caricature, où circulent les dessins de Dilem ou Hic, ainsi que des photomontages féroces réalisés par des anonymes. La dernière forme de critique est également médiatisée, mais elle relève plutôt de la communication publique des acteurs engagés, qu'ils soient membres du gouvernement, opposants, militants associatifs ou syndicalistes. Cette communication publique vise, comme partout, à défendre des stratégies et des représentations du monde social. Dans le même temps, elle est marquée par des propos très virulents, des accusations réciproques de manipulation, de trahison ou de corruption. Ceci peut être compris comme une conséquence de la fragmentation sociale et politique héritée de la décennie noire, mais aussi comme une manière de l'alimenter durant la phase de latence.

Ces trois niveaux de critique partagent une tendance systématique à mettre en cause les motivations des acteurs publics, que ce soit au niveau local ou national. En effet, la rationalité politique qui caractérise l'espace public algérien donne une large place à l'instrumentalisation et à la suspicion. Les activistes, commentateurs ou politiciens, utilisent à leur tour ce même langage afin de gagner en audibilité, ce qui contribue à modeler le spectacle du champ politique que nous allons étudier maintenant.

Dans ce chapitre, je m'intéresserai à l'Alliance présidentielle, cette coalition de partis qui soutient le président et figure une majorité plurielle selon les usages de la globalisation démocratique (Camau, 2006b). Je présenterai d'abord le noyau dur constitué par deux partis-cartel, le FLN et le RND. Je montrerai ensuite comment la crise a permis au cartel d'intégrer de nouveaux partenaires à la marge, en me penchant sur les péripéties d'un parti islamiste, le Mouvement pour la société de la paix (MSP) [1]. Enfin, la dernière section étudiera la manière dont le discours de l'ordre se nourrit de la latence de la crise en se concentrant sur un registre sécuritaire et nationaliste qui infantilise le « peuple ».

Le cœur de l'Alliance présidentielle

En tant qu'extension du cartel dans le champ politique, le maintien du *statu quo* et la distribution des bénéfices du méta-pouvoir sont les principaux objectifs de l'Alliance présidentielle. Comme son nom l'indique, celle-ci réunit les soutiens politiques au président. Dans le contexte de crise, la personnalisation du débat et le ralliement d'une myriade de partis, petits et grands, à la personne de Bouteflika, stabilisent le jeu politique. Avec sa tendance à évacuer les débats de fonds et ses gouvernements constitués de techniciens et de proches de la présidence, l'Alliance présidentielle semble avoir un autre objectif : elle permet de condenser la pluralité et d'éteindre la dimension conflictuelle du politique, suivant en cela une tendance commune à de nombreux systèmes « démocratiques » (Linz, 2004a).

Un cartel, deux « vrais » partis

Le Front de libération nationale est l'ancien parti unique et le détenteur d'une partie de la légitimité révolutionnaire. Ce sont ses membres qui étaient à la manœuvre, notamment diplomatique, lors de la phase finale de la guerre contre la France. Il a également été à la pointe du processus d'institutionnalisation de l'État indépendant, ce qui a poussé Leca à le présenter comme « l'accoucheur de l'État » (Leca, 1968). Toutefois, le parti a rapidement été confronté à l'autonomisation du gouvernement et à ses propres limites, au point d'être fréquemment présenté par Boumédiène comme un « corps sans âme » (Balta, Rulleau, 1978, 121). Dans les années 1980, le FLN fut happé par le tourbillon de la crise, ce qui entraîna un pluralisme croissant mais aussi des tensions en son sein (Aït-Aoudia, 2015). Sa direction s'efforça de présenter une alternative au sein du cartel, avec l'opposition des cercles boumédiènistes à Chadli Bendjedid, puis avec la dissidence menée par Abdelhamid Mehri

---

1. En arabe, le parti est appelé *Harakat Mujtamaa' as-Silm*, et l'acronyme est donc Hamas.

durant les années 1990. En janvier 1995, une partie des membres de l'ancien parti unique participèrent à la plate-forme de Sant'Egidio réunissant les défenseurs d'un règlement pacifique et politique de la crise, en la notable compagnie de dirigeants en exil du FIS. Le FLN fut donc « puni » électoralement lors des élections législatives de 1997 et ce n'est qu'en 2002 qu'il redevint le principal parti gouvernemental, avant d'être repris en main par la présidence deux ans plus tard.

La dissidence de la direction du FLN a conduit à une situation rare mais évocatrice de la fragmentation politique héritée du climax de la crise : en Algérie, il n'y a pas un mais deux « partis du régime ». Au vide politique généré par l'interruption du processus électoral en 1992 et la guerre civile, le cartel a répondu en créant de toute pièce un parti réunissant des soutiens à la politique éradicatrice (miliciens, membres de l'administration et des forces de sécurité, laïcs intransigeants). Il s'agit du Rassemblement national démocratique auxquels appartiennent notamment l'actuel Premier ministre Ahmed Ouyahia et le président du Conseil de la nation Abdelkader Bensalah, lequel doit en théorie assurer l'intérim en cas d'incapacité du chef de l'État. Le RND est historiquement lié à l'administration et aux « patriotes » des groupes de légitime défense (GLD), milices armées par le gouvernement et engagées dans la lutte contre les maquis islamistes et takfiris durant la décennie noire [2]. L'origine du deuxième parti-cartel se situe dans l'opposition au « terrorisme » et au « fondamentalisme ». À proprement parler, le RND est un parti de la dictature au sens latin, celui du sauvetage de la nation et de la République dans l'exception, du recours à la violence au nom de la nécessité.

Ce qui caractérise donc les partis-cartel, c'est que leur rapport organique à l'État repose sur un droit historique, hérité pour l'un de la guerre d'indépendance, pour l'autre de la guerre civile, ces deux périodes fondatrices de l'Algérie de Bouteflika. Les discours de légitimation qui en découlent sont évocateurs de cette idée du droit historique. Je laisse ici la parole à deux militants qui, chacun à leur manière, m'expliquaient la légitimité sans égale de leur mouvement.

> Le vrai parti algérien, c'est le Front de libération nationale. Le reste, le RCD, le FFS, c'est pas de la politique, c'est juste de la camelote. Tout ça, c'est pour l'argent, pour le pouvoir. Ils font des manipulations de l'opinion dans certaines régions, et ça provoque des émeutes. [...] Au FLN au moins on fait de la vraie politique avec le Président Abdelaziz Bouteflika, pour l'Algérie et le peuple algérien.
>
> (Moncef*, militant FLN, Alger, automne 2010).

---

2. Selon Hadj Driss Zitoufi, l'ancien chef du GLD de Chlef : « 30 % des GLD sont des militants RND, et personne ne pourra les faire détourner de leur parti. Les GLD existaient avant la création du parti, et lorsque le RND a été créé, en 1997, tout le monde y a adhéré de son plein gré et avec la force de la conviction qui le caractérisait à l'époque ». *L'Expression*, 21 avril 2006.

Moncef* était un chef d'entreprise dans la quarantaine avancée. Il se revendiquait membre du FLN depuis sa majorité, ce qui faisait remonter son adhésion au milieu des années 1980. Heureux de pouvoir m'aider à faire la différence entre les « vrais » et les « faux » partis, principalement berbéristes, il m'avait expliqué son engagement politique comme une évidence liée à l'union historique entre le vieux parti nationaliste, la nation et le peuple. Seul le FLN pouvait se revendiquer de la défense de l'intérêt public, puisqu'il l'avait toujours fait. On retrouve ici le registre de la fonction tutélaire revendiquée par les héritiers de la légitimité révolutionnaire (Armée, famille révolutionnaire, FLN). Dans le même temps, on retrouve dans le discours de Moncef*, cette rationalité politique caractéristique de l'espace public algérien qui postule systématiquement l'instrumentalisation de l'adversaire. En miroir, penchons-nous sur les paroles d'un supporteur du RND :

> Je suis parmi les premiers à avoir rejoint le RND dès 1996. à cette époque la situation sécuritaire était vraiment mauvaise, et le RND c'est le parti qui a combattu les terroristes. C'est un parti que j'aime parce qu'il était là dans les moments difficiles. Nous sommes d'abord des patriotes algériens, fils de *moudjahidin* et de *chouhada*, comme beaucoup de monde.
>
> (Mustafa*, militant RND, Alger, automne 2010).

Militant de la première heure du RND, Mustafa* avait également sa « petite place » au sein d'une association de quartier dont il ne cachait pas le statut de dépendance électorale du parti. Celle-ci était réactivée ponctuellement afin de sélectionner des candidats « sérieux et chefs de famille » et les faire élire. L'homme, également dans sa quarantaine, n'était pas peu fier de son engagement politique, qu'il liait à sa réussite économique – autrefois chauffeur, il dirigeait désormais sa propre entreprise de transport routier. Ses propos inscrivaient le sacrifice des patriotes dans la lignée de celui de la famille révolutionnaire en réunissant les deux guerres par le lien de filiation. À sa manière, Mustafa* réaffirmait la justesse de l'association du RND à l'État et la légitimité de ses prétentions tutélaires. Soucieux de présenter au chercheur étranger une image consensuelle, il n'oubliait pas de préciser : « On est pour la sécurité, on est pour la paix, et on veut être des démocrates. On veut travailler avec le monde entier et on veut que l'Algérie soit à la hauteur ».

La présence de deux partis du cartel est un stigmate du climax durant la phase de latence de la crise. Ainsi, leur principale différence idéologique est liée au positionnement à l'égard des islamistes durant la décennie noire. Pour le reste, les deux organisations adoptent la rhétorique nationaliste défensive dénonçant les ingérences et les manipulations étrangères, déjà caractéristique de l'État-développeur (Criscuolo, 1975, 198-199). Toutes deux parlent pour le « peuple » et soutiennent le président. Toutes deux usent de poncifs politiques dans les états du *Global South* (stabilité et développement) en les saupoudrant de démocratie. Cette proximité idéologique se traduit par une compétition pour les postes. Quand le FLN est revenu en grâce en 2002, c'est le RND qui en a fait les frais en perdant plus d'une centaine de députés. Dans ce contexte, les défenseurs de l'un ou de l'autre peuvent questionner la légitimité du concurrent. Après avoir critiqué les partis berbéristes, Moncef* n'avait pas manqué de me préciser que « le RND c'est un parti qui est comme le FLN, sauf qu'il a été créé par des gens qui voulaient profiter de la crise. Je veux dire Ahmed Ouyahia et Liamine Zeroual ». Mustafa* n'était pas en reste. Une fois l'enregistreur éteint, il avait laissé filer quelques critiques à l'encontre du parti historique qui s'était compromis avec les « extrémistes » à San't Egidio. Chacun à sa manière, les deux militants mettaient en doute l'engagement du concurrent au service de la nation et du peuple. La rationalité politique faisant la part belle à la suspicion est nourrie par la compétition des deux mouvements.

Les mésaventures d'un barbéfélène

De manière anecdotique, la principale différence entre les deux partis-cartel, à savoir la perméabilité à l'islamisme et à ses avatars, est illustrée par les choix capillaires des deux hommes qui furent à leurs têtes durant les années 2000. Tandis qu'Ahmed Ouyahia porte la large moustache baathiste des militaires et des hauts fonctionnaires, Abdelaziz Belkhadem arbore quant à lui la barbe taillée des islamistes. Le second est parfois désigné sous le sobriquet de « barbéfélène », un terme désignant les défenseurs de la ligne islamo-conservatrice au sein de l'ancien parti unique.

Les trajectoires de ces personnages clés des partis-cartel illustrent la relation entre les espaces labyrinthiens de l'ordre et les critiques visant les figures de la compétition instituée. Dans les discussions, le politicien est ainsi souvent lié à un homme de l'ombre, dont il sert les intérêts dans le champ. On lui prête également ses propres hommes de paille qui permettent son enrichissement secret. Par exemple, Ouyahia serait le protecteur du transporteur privé Mahieddine Tahkout, ce que ce dernier nie évidemment [3]. Dans le même temps, l'actuel Premier ministre est réputé proche des militaires et notamment de Toufik, pour qui il aurait fait office de contre-poids au pouvoir de l'entourage présidentiel au sein de l'exécutif. En 2000, il était ainsi présenté par un journaliste comme le « totem phallique de la toute-puissance de l'armée » (Dris-Aït Hamadouche, Zoubir, 2009, 119). Trois mandats plus tard, quand il remplace Moulay Mohamed Guendil au poste de directeur de cabinet du Président, il est qualifié par la presse de potentiel remplaçant de Bouteflika,

---

3. Abdou Semmar, « Tahkout : "Ouyahia n'a jamais été mon associé et je n'ai jamais détourné d'argent public" », *Algérie focus*, 29 août 2013.

mais ferait cette fois face à la méfiance de « certains responsables du DRS » [4]. Ces diagnostics s'appuyant sur des sources « bien informées » ne permettent pas de percer les mystères du cartel. Ils contribuent toutefois à produire une image de la politique où les arrières-pensées et les rivalités obscures sont monnaie courante. Cela n'est possible qu'à condition que l'actualité politique et la communication des acteurs justifient ces théories. Suivons les mésaventures de l'une de ces têtes d'affiche, en l'occurrence Abdelaziz Belkhadem, afin de mieux saisir le spectacle qui est produit.

Belkhadem est un vieux routier du parti unique devenu député sous Boumédiène. Durant les années 1980, il fut à l'initiative du vote du code de la famille ce qui lui vaut la réputation d'être un représentant du courant islamo-conservateur du FLN et l'inimitié de la gauche au sein du parti unique et au-delà. Il accède néanmoins à la présidence de l'Assemblée en 1990 avant d'être écarté après le coup d'État. Cette trajectoire illustre la disgrâce de l'aile conservatrice du FLN après 1992, du fait de ses accointances supposées avec les islamistes (Lavenue, 1993, 117). Belkhadem ne reviendra sur le devant de la scène qu'en 2000, à la faveur de sa nomination par Bouteflika au poste de ministre des Affaires étrangères. En 2003, il est placé à la tête du mouvement des « redresseurs » du FLN, chargés de reprendre le parti à Benflis pour mieux le mettre à disposition du président. Ce coup interne lui vaut de prendre la direction de l'ancien parti unique et de continuer son ascension jusqu'au poste de Premier ministre avant de redevenir « simple » ministre d'État et représentant personnel du président [5].

Dès lors, Belkhadem est présenté comme un potentiel successeur au chef de l'État. C'est sans compter sur les tensions internes au FLN qui se poursuivent durant le troisième mandat de Bouteflika et que la presse nationale couvre dans les détails. En position de force après la tenue du 9ème congrès en 2010, Belkhadem s'attaque aux meneurs d'un énième mouvement de « redressement » qu'il menace d'un passage en commission de discipline. Parmi ceux-ci, on retrouve des membres du gouvernement, tel que le ministre de la Formation et de l'Enseignement professionnel El Hadi Khaldi. À l'approche des élections législatives de 2012, les redresseurs persistent et demandent la traduction de Belkhadem devant un conseil de discipline. Le secrétaire général est accusé de prendre part à un « complot » contre le FLN. Alors que ses adversaires diffèrent leur offensive en attendant le scrutin, Belkhadem présente cette fronde de plus en plus virulente comme une preuve de démocratie [6]. C'est donc « démocratiquement » qu'il sera déchu de ses

---
4. Abdou Semmar, « Ouyahia : un pied à la présidence en attendant le 2ème ? », *Algérie focus*, 13 mars 2014.
5. Pour plus de détails, cf. Tarek Afid, « Algérie Belkhadem à quitte ou double », *Jeune Afrique*, 13 juin 2012.
6. *Le Jeune Indépendant*, 15 avril 2012.

fonctions à la tête de l'ancien parti unique, un soir de janvier 2013. Cette fois, la totalité des ministres FLN du gouvernement se sont retournés contre lui.

La résurrection politique de Belkhadem ne se fait guère attendre. Durant la campagne de 2014, il est rappelé par la présidence en tant que ministre conseiller. Ce retour correspond à une reprise des luttes fratricides au niveau de la direction du FLN. À peine l'élection présidentielle achevée, le « conseiller » se lance à l'assaut de l'ancien parti unique, en espérant faire chuter Amar Saâdani et reconquérir le poste dont il a été démis dix-huit mois plus tôt. En juin, une réunion du comité central du parti à l'hôtel El Aurassi, à Alger, tourne au pugilat. La confusion au sein du FLN ne cesse de croître. Alors qu'il se réclame du soutien du chef de l'État, ce que contestent ses concurrents, Belkhadem assiste à l'université d'été d'un parti islamiste consacrée à la transition politique. C'en est trop, semble-t-il, puisqu'il attire la colère olympienne d'El Mouradia. La punition est d'une dureté remarquable : un communiqué présidentiel annonce le limogeage du « barbéfélène », qui perd son poste de ministre et toutes ses fonctions partisanes. Cette double sanction est présentée comme une mise à mort politique d'une exceptionnelle dureté [7].

L'histoire pourrait s'arrêter aux faits, ceux-ci étant suffisamment erratiques pour générer d'eux-mêmes l'idée d'une anomie dans le champ politique. Toutefois, en Algérie comme ailleurs, le spectacle politique prend vie à travers la relation qu'en font les médias, tandis que l'incertitude structurelle impacte la restitution de ces péripéties. Les mésaventures de Belkhadem nourrissent alors les suppositions de rigueur, enclenchant le processus de transformation du fait en flou. *Le Quotidien d'Oran* rapporte des propos anonymes selon lesquels « on aurait vu Belkhadem "quelque part, en discussion avec des membres influents du *makhzen* marocain, et avec des responsables de cet État islamique en Irak et dans le Levant" » [8]. On retrouve ainsi dans l'Alliance présidentielle les mêmes dynamiques que nous avions déjà identifiées au sein de l'État : illisibilité, effroi et confusion. Les critiques publiques dépeignent pour leur part un jeu politique où les uns manipulent les autres sans jamais se soucier du bien commun.

Rôle et critique des partis-cartels

Au-delà des péripéties des Ouyahia, Saâdani et autres Belkhadem, les organisations qui forment le cœur de l'Alliance présidentielle souffrent d'un discrédit qui touche jusqu'à leurs militants. Ce discrédit est lié à leur fonction de mobilisation et de redistribution telle que j'ai pu la décrire pour d'autres

---

7. Achira Mammeri, « Bouteflika signe la mort politique de Belkhadem, de plus en plus incontrôlable », *TSA*, 26 août 2014.
8. *Le Quotidien d'Oran*, 3 septembre 2014.

organisations périphériques dans le chapitre précédent. La première gamme de reproches vise ainsi leur rôle dans le maintien du *statu quo* et la prise de bénéfice dans un système de prédation institutionnalisée. Le FLN, du fait de sa position historique, est particulièrement la cible de ces attaques. L'adhésion à l'ancien parti unique est décrite, non sans raison, comme un moyen de profiter des avantages économiques et administratifs qui viennent récompenser la participation au jeu politique. Dans un entretien à *El Watan*, le sociologue Abdelnasser Djabi résumait ainsi une conception largement partagée du rôle de l'ancien parti unique :

> Le FLN est un strapontin pour ceux qui veulent jouir de privilèges et bénéficier rapidement d'une promotion sociale. C'est l'arène où s'affrontent ceux qui cherchent à profiter de la rente et à maintenir l'ordre établi. Le plus important pour eux, c'est l'intérêt personnel. [9]

En d'autres termes, l'ancien mouvement révolutionnaire serait devenu un parti de « khobzistes ». Dérivant de *khobz*, le pain, ce terme désigne ceux qui se soumettent en intégrant le système de clientélisme, qu'ils aient un accès direct à la rente ou un bénéfice plus modeste tel qu'un emploi ou un local pour y établir leur commerce. Il est dans doute normal qu'une organisation partisane ayant accès à des ressources conséquentes attire de nombreux militants motivés par les bénéfices matériels et symboliques qui accompagnent leur engagement (Gaxie, 1977). En tant que premier parti du pays, le FLN est ainsi voué à intégrer de nombreux acteurs et à fournir ainsi une base sociale mobilisable lors des élections. Le vieux parti nationaliste est aidé en ce sens par le flou qui entoure sa ligne idéologique. Son populisme n'impliquant aucune base sociale homogène, il facilite notamment l'intégration des membres des classes moyennes et supérieures (Tizziani, 2007). Le FLN se trouve ainsi dans une fonction d'attrape-tout : il ne vise pas de groupe social particulier mais cherche à attirer toutes les catégories de population pour produire du soutien aux politiques étatiques (Kirchheimer, 1966).

Le système de médiation clientélaire qui en résulte diminue la composante idéologique de l'engagement et favorise la constitution de notabilités locales. La dynamique de fragmentation est ainsi accompagnée par l'avènement d'« hommes politiques d'affaires » qui entrent en lutte pour les capitaux et les fiefs. On trouve une situation comparable à la description que fait Donatella Della Porta du système politique italien en crise au début des années 1990 (Della Porta, 1995). Baha-Edddine Tliba, richissime homme d'affaire d'Annaba, offre un exemple caractéristique. Élu député indépendant en 2012, Tliba s'est ensuite rallié au FLN pour devenir vice-président du groupe parlementaire du parti, avant d'obtenir le poste de vice-président de l'APN.

---

9. *El Watan*, 7 novembre 2010.

Devenu officiellement un personnage majeur de l'État, cet homme au physique imposant, parfois surnommé « l'émir du Qatar d'Annaba », doit en partie son ascension au soutien de Gaïd Salah et Saâdani.

L'influence croissante de ces affairistes au sein du FLN s'accompagne d'intenses luttes au niveau local et national. En général, la captation des ressources par les partis-cartel résulte dans des affrontements entre concurrents. La violence physique peut alors être utilisée par certains élus ou militants lors de conflits internes. À l'automne 2010, le renouvellement des structures du FLN a ainsi entraîné des échauffourées. L'occupation de la *mouhafadha* (section locale) d'Annaba par des « redresseurs » opposés au sénateur Mohamed-Salah Zitouni a débouché sur de violents affrontements qui s'étendirent sur plusieurs mois. Le sénateur lui-même aurait brandi une arme à feu à l'encontre des occupants qui demandaient son départ [10]. Ce type d'affrontement est récurrent. En janvier 2012, c'est à Boumerdès, à une cinquantaine de kilomètres à l'est d'Alger, que se sont produits de nouveaux heurts entre militants de l'ancien parti unique [11]. Les conflits peuvent aussi opposer des militants des deux partis-cartel, notamment lorsque leurs candidats se trouvent au coude-à-coude lors d'une élection, et donc que l'accès aux bénéfices est en jeu. Ainsi, au moment des élections locales de 2012, de véritables batailles rangées ont opposé à plusieurs reprises les partisans des deux partis dans la *wilaya* de Constantine [12]. Ces violences électorales fratricides découlant de l'affrontement de potentats locaux nourrissent une critique médiatique et populaire qui fustige des « mafieux » reconvertis en politique. Injures et coups de gourdins s'accordent sans doute mal avec l'image des « vrais » partis de l'unité de la nation que les militants relaient dans leurs discours.

Dans leur entreprise de mobilisation du soutien populaire, les deux partis-cartel bénéficient de surcroît de l'assistance de l'administration. Lors des législatives de 1997, le RND fut le bénéficiaire d'une entreprise de travestissement de la volonté populaire si flagrante qu'une commission d'enquête parlementaire fut même diligentée, sans que ses conclusions ne soient jamais rendues publiques. Ces dérives diverses, liées aux fonctions de mobilisation et de redistribution des partis-cartel, nourrissent ainsi un étiquetage négatif. Commentant la chute du RND lors des législatives de 2002, Myriam Aït-Aoudia dressait un portrait particulièrement parlant :

> La discrétion du parti dans la campagne électorale et son faible score peuvent s'expliquer par l'effet des nombreuses querelles internes qui défrayent la chronique depuis deux ans et de la mise en accusation, pour corruption et mauvaise gestion, de dizaines de ses maires.

---

10. *El Watan*, 13 octobre 2010 ; *Liberté*, 11 décembre 2010.
11. *Liberté*, 15 janvier 2012.
12. *Le Temps d'Algérie*, 27 novembre 2012 ; *La Nouvelle République*, 10 décembre 2012.

> La course au leadership interne, dénuée d'arguments programmatiques, et l'absence totale de prise en compte de l'intérêt général dans la gestion des affaires publiques ont ainsi pu contribuer à donner du RND une image déplorable (Aït-Aoudia, 2003a, 5).

Ce constat est partagé par les adversaires des partis-cartels. Eux-aussi dénoncent régulièrement des fraudes massives qui bénéficieraient au FLN et au RND, par exemple après les législatives de 2012. Les différents niveaux de critiques (populaire, médiatique, communication politique) se rejoignent donc pour dénoncer la manipulation des scrutins et le détournement des ressources. Cela n'empêche pas l'Alliance présidentielle de demeurer attractive.

Le prix de la cooptation : le cas du MSP

La domination de l'Alliance présidentielle ne peut en effet être comprise en se limitant au duo FLN/RND, même si les deux partis-cartel disposent constamment à eux seuls d'une majorité absolue dans les deux chambres. Elle repose également sur la cooptation d'autres mouvements afin d'élargir la base sociale du cartel, d'étendre la répartition des bénéfices mais aussi de figurer la conformation aux normes de la globalisation démocratique. La cooptation implique un « processus d'absorption de nouveaux éléments dans le leadership ou la structure de décision politique d'une organisation afin de prévenir les menaces pesant sur sa stabilité ou son existence » (Selznick, 1949, 13). Diverses tendances politiques sont susceptibles d'être intégrées, ce qui traduit l'hétérogénéité idéologique au sein du cartel. Dans cette partie, nous allons nous pencher sur le cas des islamistes du MSP, afin de montrer comment le processus critique a favorisé le compromis et produit les conditions d'un procès en compromission.

L'islamisme, un sous-champ fragmenté

Les islamistes sont par définition ceux qui font explicitement de la religion musulmane la principale base normative guidant leur approche des questions politiques. Toutefois, les références religieuses et idéologiques étant multiples, il n'existe pas de mouvement islamiste unifié. Des figures telles que l'Égytien Hassan al-Banna, le fondateur des Frères musulmans, ou le Pakistanais Sayyd Abul Ala Maududi sont des références réformistes tandis que les écrits et la pensée de Sayyid Qutb ou Ali Shariati influenceront des interprétations plus révolutionnaires voire djihadistes (Roy, 1992 ; Bozaslan, 2004). En Algérie, il faut ajouter le rôle d'Abdelhamid Ben Badis et de l'association des oulémas dans le mouvement national (McDougall, 2006), ainsi que celui du penseur et sociologue Malek Bennabi qui a influencé le courant algérianiste (*djaz'ara*). Derrière cette énumération non-exhaustive de figures séminales, on perçoit que ce qui est qualifié d'islamisme s'avère en fait être un sous-champ politique où différentes tendances sont en lutte pour l'hégémonie. Même en Égypte, où les Frères musulmans ont une prévalence historique, les résultats électoraux des salafistes d'*An-Nour* et des dissidents libéraux d'*Al-Wassat* aux élections de 2011 ont démontré que l'hétérogénéité est la norme (Steuer, 2012).

Les discours politiques islamistes tendent à dissimuler la plasticité idéologique et les arrangements multiples. Dans les faits par exemple, l'idée d'une norme chariatique intangible va à l'encontre des pratiques des juristes. Elle est étrangère au droit musulman qui permet de lever les interdictions religieuses quand les circonstances l'exigent et d'adapter le cadre légal aux cas pratiques. De fait, plutôt qu'une norme rigide, la *charia* est le « vocabulaire flexible d'une "économie morale" des demandes et contre-demandes émanant de classes et de factions » (Zubaida, 2003, 11). Cette plasticité laisse la possibilité d'un ajustement des stratégies des mouvements islamistes.

Cette capacitation d'adaptation a servi le renforcement du sous-champ islamiste dans les années 1980, dans un contexte de transformations économiques, politiques et démographiques. Le puritanisme a été réintroduit en politique pour faire pièce à un sentiment de dérive de la société, tout en permettant des mécanismes de solidarité en mesure d'atténuer les effets des réformes économiques. Les islamistes légalistes ont bénéficié de la bienveillance des gouvernements arabes qui y voyaient un moyen de contrebalancer les thèses marxistes sur les campus. Fort de cette connivence et du discrédit grandissant de la « Gauche » à la fin des années 1970 (Bozarslan, 2011a, 112), l'islamisme s'est imposé comme une syntaxe politique dominante dans une grande partie du monde arabe, sans que ne cesse toutefois la compétition au sein du sous-champ.

En Algérie, le FIS proposa néanmoins une synthèse entre la majorité des courants de l'islam politique jusqu'à sa dissolution en 1992. Vecteur du mécontentement social, de la crispation identitaire et du rejet de l'État *taghout* exacerbés par la guerre du Golfe (Roberts, 2003, 63-81), le mouvement trouva dans la popularité de jeunes imams un moyen d'attirer les catégories déclassées des quartiers populaires d'Alger. Grâce à un discours imprégné d'un radicalisme messianique en rupture avec l'intelligentsia islamiste traditionnelle, le FIS put aussi attirer les tendances plus marginales de l'islam politique, notamment les salafistes et les « Afghans » revenus du djihad contre l'Union soviétique. Dans le même temps, l'incorporation du courant djaz'ariste le dota d'une élite intellectuelle, plus pragmatique et donc plus susceptible de séduire la bourgeoisie conservatrice.

Le FIS faisait donc la synthèse de différentes subjectivités correspondant à des évolutions socio-économiques contradictoires propres à l'Algérie de Chadli Bendjedid (paupérisation des couches urbaines, émergence d'une bourgeoisie commerçante). En tant que tel, il est irréductible à l'image de parti totalitaire et violent colporté par ses adversaires. Les divisions de sa direction, rendues évidente par les tensions de l'été 1991, illustrent la diversité des stratégies « islamistes ». Certains furent rapidement cooptés, comme Saïd Guechi ou Ahmed Merrani. D'autres se radicalisèrent face à la répression des grèves de juin. Quant au courant djaz'ariste mené par Abdelkader Hachani, il mit à profit l'arrestation de Madani et Belhadj pour prendre le contrôle du parti après le congrès de Batna et le mener à la victoire lors des élections de décembre 1991 (Younessi, 1995, 370-371). Toutefois, après la dissolution du Front en mars 1992, l'islam politique algérien s'est trouvé privé de sa principale force partisane. Il y avait donc un espace à combler, correspondant à une base électorale d'environ 4 millions d'électeurs.

Le chemin de la cooptation

Le MSP est un parti issu des Frères musulmans qui est devenu le plus important du sous-champ islamiste algérien après 1992. Il a longtemps fait figure de pilier de l'Alliance présidentielle et a fourni de nombreux ministres, notamment dans des domaines économiques (PME, Pêche, Tourisme, Travaux publics). En échange de ces portefeuilles lucratifs, il a participé à la gouvernementalisation du cartel qui tient l'État, une évolution nécessaire afin d'atténuer l'image d'une structure bureaucratico-militaire occulte et déconnectée de la société (Baduel, 1996 ; Zoubir, Dris-Aït Hamadouche, 2006).

D'abord nommé Mouvement pour la société de l'Islam (MSI), le parti a a vu le jour en décembre 1990, dans la lignée de l'association prédication et réforme (*El-Irchad wal-Islah*). Très tôt, son leader Mahfoud Nahnah s'était démarqué des autres courants islamistes, par exemple en s'abstenant de participer au rassemblement de novembre 1982 à la faculté centrale d'Alger. Il ne fut donc pas signataire de la pétition fondatrice du mouvement islamiste algérien (Al-Ahnaf *et al.*, 1991, 37). Les Frères algériens s'alignèrent plutôt sur la tendance dominante dans le courant fréristе depuis les années 1970 : respect de la loi, action associative, recherche du compromis avec les dirigeants. Ce positionnement légaliste ne pouvait que heurter leurs concurrents plus radicaux, d'autant que les dirigeants de ce courant élitiste cachaient difficilement leur mépris pour les « autodidactes populistes » du FIS. Il y avait sûrement un monde entre Ali Belhadj et Mahfoud Nahnah, parfois qualifié d'« islamiste en alpaga » (Ternisien, 2005, 183-184). Au lendemain de la naissance officielle du MSI, Nahnah fut ainsi littéralement chassé par les partisans du Front lors d'un prêche dans une mosquée de Médéa (Al-Ahnaf *et al.*, 1991, 42).

Durant la guerre civile, le MSI se tint à l'écart de la violence en prônant le respect de l'État. Il refusa de rejoindre le camp des « réconciliateurs » dessiné lors de la rencontre de Sant'Egidio. Reprenant les canons du discours nationaliste, Nahnah évoqua un piège de l'étranger pour justifier cette défection

(Zoubir, Dris-Aït Hamadouche, 2006, 76). Le MSI était alors soumis à la pression des belligérants. L'exécution en janvier 1994 du président d'*El-Irchad wal-Islah*, Mohamed Bouslimani, est symptomatique de la situation du mouvement. Revendiqué à la fois par l'Organisation des jeunes Algériens libres (un groupe terroriste pro-gouvernemental) et le GIA, ce meurtre témoigne des menaces qui pesaient sur les acteurs ayant choisi une stratégie de non-alignement. Dans ce contexte de violence redoublée, l'État a pu faire valoir sa capacité à offrir une protection en échange de l'obéissance. Progressivement, le parti frériste s'est donc rallié à la défense de l'ordre, dans le cadre d'une stratégie de « soutien critique ». C'est la période des concessions dépeinte par Abdelkrim Dahmen, un membre du conseil national du MSP, lors de l'entretien qu'il m'avait accordé en 2008 :

> La crise de ces deux dernières décennies en Algérie a incité le parti à ne pas se préoccuper de son agenda propre, et, en compagnie d'autres formations politiques et du pouvoir lui-même à se focaliser sur les priorités pour le pays. Pour pouvoir arriver à une entente mutuelle avec ces partenaires dont certains ne voulaient même pas dialoguer avec nous, il a fallu faire des concessions, laisser de côté un certain nombre de nos convictions et de nos concepts pour arriver à s'entendre mutuellement.
>
> (Abdelkrim Dahmen, ancien député de Tipaza, membre du conseil national du MSP, Alger, automne 2008).

Lors de notre discussion, l'ancien député insistait sur les notions de « responsabilité » et de « priorités ». C'est par devoir que son parti avait accepté de discuter avec le cartel. Selon les mots d'Abdelkrim Dahmen : « Mieux valait une légitimité entachée que pas de légitimité du tout ». De fait, la crise valorise l'attitude pragmatique propre à cette tendance bourgeoise que Samir Amghar (2010) qualifie « d'islamisme gestionnaire ».

La participation aux élections présidentielles de 1995 fut un pas important en direction du cartel. La stature de Nahnah, préposé à la captation des voix des anciens sympathisants du FIS, permit d'assurer un taux de participation renforçant la légitimité de Liamine Zeroual. Pour sa part, le parti frériste gagnait en assise électorale et s'affirmait comme la nouvelle force dominante du sous-champ islamiste. Toutefois, ce choix stratégique n'était pas sans générer des critiques. La convergence d'intérêt avec ceux qui avaient interrompu illégalement un scrutin gagné par des islamistes et menaient une violente répression était déjà perçue comme une forme de renoncement.

> Ce choix de 1995 a été mal vu par les Frères musulmans [à l'étranger] car il s'agissait pour eux d'apporter une caution à un régime répressif envers les islamistes. Nous avons dû défendre notre choix à force d'arguments, même avec des gens que nous considérions comme des amis. Le terme de « Frères » n'est pas galvaudé, et il nous a fallu défendre nos choix vis-à-vis de ceux-ci. Ça a été une période un peu trouble, même sur le plan personnel.
>
> (Noureddine Aït-Messaoudene, membre du Conseil national du MSP, chef de cabinet de Soltani au ministère d'État, Alger, automne 2008).

Confrontés aux contraintes propres à la configuration algérienne, les dirigeants du MSP ont dû multiplier les aménagements stratégiques. Le pragmatisme a un coût, notamment du point de vue des relations avec des partenaires étrangers qui ne perçoivent pas ces contraintes politiques de la même manière. Les propos de Noureddine Aït-Messaoudene montrent que, dès ce moment, le MSI pouvait prêter le flanc à la critique en raison de ses choix stratégiques.

En échange de sa participation au processus de relégitimation de l'ordre, le MSI devenu MSP [13] obtint néanmoins ses premiers ministères. Dès 1996, le parti décrocha un portefeuille de ministre des Petites et Moyennes Entreprises et un autre de secrétaire d'État chargé de la Pêche. La rétribution impliquait également l'entrée au Parlement. Lors des législatives de 1997, dont j'ai déjà dit qu'elles furent marquées par une fraude massive, le MSP obtint 69 sièges. Bien que loin derrière le RND et ses 155 élus, il devançait néanmoins un FLN « puni » qui recueillait seulement 64 sièges. À partir de ce moment, le parti s'installait dans le « soutien critique », une opposition de l'intérieur. N'ayant pas les moyens d'accéder au pouvoir par eux-mêmes, ses dirigeants acceptaient une forme de partenariat et apportaient leur concours à l'entreprise de mise à jour. En agissant de la sorte, ils pouvaient se confronter à l'expérience de la gestion quotidienne, ce qu'un positionnement intransigeant ou un cantonnement dans le champ associatif ne leur aurait jamais permis (Hamladji, 2005).

> Le MSP est devenu une école théorique en se confrontant à l'action et en abandonnant une posture philosophique. Dans sa manière de traiter des questions fondamentales comme la référence à la religion, comme la référence à l'islamisme international, comme la nécessité d'accepter l'autre politique, qu'il soit communiste ou berbériste, l'expérience algérienne était quelque chose de très nouveau. (Abdelkrim Dahmen, 2008).

Abdelkrim Dahmen soulignait la position de précurseur du parti et la nécessité d'innover face à la crise. Cet apprentissage implique aussi l'intervention d'acteurs extérieurs, puisque le politicien a bénéficié de formations prodiguées par une ONG américaine. Son insistance sur l'importance du pluralisme et de la discussion témoigne d'ailleurs de l'appropriation des thématiques libérales classiques. Cette conformation aux normes « démocratiques » accompagne la transformation d'un parti élitiste en une « école du pouvoir ». Le MSP embrassait désormais l'objectif du maintien de l'ordre (Adel, 2006). Malgré les bénéfices accompagnant cette réorientation, Abdelkrim Dahmen admettait à mots couverts le coût du compromis quand il remarquait que « le MSP a suffisamment retravaillé son corpus idéologique [...] pour que ce soit aux autres formations politiques de faire ce travail ».

---

13. L'ordonnance n° 97-09 du 6 mars 1997 interdisant le recours aux « composantes fondamentales de l'identité nationale », le parti est devenu le Mouvement pour la société de la paix.

Intégration et tension

Nous l'avons vu précédemment, l'élargissement du cartel s'accompagne du redéploiement de ses réseaux en direction d'une base sociale élargie. Selon cette logique, la direction du MSP apportait en dot une base élitiste, combinant bourgeoisie ascendante et intelligentsia conservatrice, qu'il avait su séduire par son discours mêlant responsabilité, libéralisme économique et rigorisme religieux (Amghar, Boubekeur, 2008). Dans le même temps, les couches urbaines paupérisées sur lesquelles s'appuyaient largement le FIS se sont éloignées de la politique, perçue comme immorale et vaine. Le MSP s'est donc fait le porte-drapeau d'un islamisme opposé à la contestation radicale dans la mesure où celle-ci introduit le désordre et la division. Le cas algérien illustre le rôle potentiel des islamistes bourgeois dans la relégitimation d'un ordre contesté qu'avait jadis anticipé Rémy Leveau (1997).

Le processus de cooptation est inhérent au besoin de surmonter « un état de tension entre l'autorité formelle et le pouvoir social » (Selznich, 1949, 15-16), ce qui se traduit par la participation des acteurs cooptés à la médiation des conflits. Les islamo-conservateurs ont aussi apporté au cartel leur pénétration du milieu universitaire grâce à l'UGEL. Confrontées à des conditions matérielles difficiles, les universités sont un terrain où peut se déployer l'action associative qui fait traditionnellement la force des Frères musulmans. Le syndicat étudiant prend part au mouvement de « *protesta* » et relaye les revendications les plus pressantes, notamment concernant la qualité de vie dans les cités universitaires. Toutefois, si l'UGEL dénonce le laxisme des « responsables » et de l'« administration », elle ne met pas en cause les structures de l'ordre.

L'intégration de l'islamo-conservatisme algérien est conforme à la mise à jour pluraliste. Hors de question, donc, d'interdire le raï ou d'imposer un code vestimentaire islamique. Soucieux de démontrer leur ouverture, les porte-paroles du MSP, souvent issus de professions libérales ou de l'enseignement supérieur, s'affirment comme « responsables », « démocrates » et « modérés ». Ils se présentent en défenseurs des droits de l'Homme, de la démocratie, mais aussi de l'économie de marché. Abdelkrim Dahmen n'avait pas omis de me préciser qu'il avait été observateur international dans plusieurs élections après avoir suivi une formation prodiguée par le *National Democratic Institute* américain. L'entretien qu'il m'avait accordé n'était d'ailleurs pas étranger à cette stratégie. L'ONG fournit savoir-faire et brevet de bonne conduite tandis que le chercheur participe à la construction des islamo-conservateurs en objets de la démocratie en devenir (Roy, 2004, 45 ; Boubekeur, 2008). Bien que mus par des objectifs différents, le parti, le cartel, les experts et les associations internationales s'associent dans la production du thème de la « transition démocratique par l'inclusion des islamistes ».

Les partisans du MSP se prêtent volontiers à la démonstration de l'existence d'un islamisme « mature ». Étant donné la nature musulmane de la société algérienne, les thématiques potentiellement radicales, telles que le *tawhid* (unité) ou la *hakimiyya* (souveraineté de Dieu), changent de sens. Le discours religieux devient synonyme d'une recherche du compromis à travers la dénonciation partagée de la *fitna* (division, sédition). Le populisme mystique, plébéien et radical du FIS a ainsi été remplacé par un positionnement consensuel dont le MSP est l'étendard :

> En Algérie, on a un islam correct. Avec des vrais croyants et une ouverture d'esprit. C'est cet islam que porte le Hamas, et c'est celui de Cheikh Nahnah. C'est lui qui disait que le Hamas équilibrait les choses, il se plaçait loin des extrémistes, entre les laïcs qui ignorent notre culture et notre tradition musulmane et les radicaux qui voulaient tout détruire. Nahnah, c'est un langage de la tolérance et de la modération.

(Youssef*, avocat, sympathisant MSP, Alger, automne 2010).

Youssef*, que j'avais rencontré devant le local de l'UGEL dans la faculté centrale d'Alger, tenait particulièrement à cette image d'un islamisme savant et raisonnable, ouvert sur le monde et à la différence. À plusieurs reprises lors de nos rencontres, il avait évoqué la figure de Nahnah comme garant d'un « islam correct », centriste et à l'écoute. Afin de prouver sa tolérance, il m'avait expliqué avoir un ami homosexuel. Pourtant, cet islamisme présentable relaye également des thématiques relevant d'une démagogie puritaine stigmatisant les comportements « déviants » qui s'écartent de la foi « majoritaire ». Le parti frériste dénonce l'importation de boissons alcoolisées, l'évangélisme protestant ou le « comportement amoral » des participants à la *Star Academy* arabe. Interrogé sur la sévérité des sanctions à l'encontre des jeunes hommes pris en train de se sustenter en public pendant le mois de Ramadhan, Noureddine Aït-Messaoudene m'expliquait qu'il s'agissait d'abord de protéger la population :

> Dans ce cas précis, il s'agit de ne pas agresser une société à 99 % musulmane par un comportement irrespectueux. Même les étrangers sont respectueux du jeûne des autres, ces gens-là auraient dû se cacher. [...] Tant que cette question reste sur le chapitre de l'ordre public, je peux comprendre [qu'ils risquent la prison].

(Noureddine Aït-Messaoudene, 2008).

Dans ce registre coercitif, le MSP s'est affirmé comme un parti de l'ordre et un soutien de l'État dans son entreprise de discipline morale. Les pouvoirs publics interviennent par le biais de dispositifs de « sécurité humaine » devant « protéger » la population des risques liés à la globalisation (Amar, 2013). De la même manière que le nationalisme défensif repose sur l'évocation de manipulations étrangères, la démagogie puritaine joue sur l'idée d'une agression de la « société à 99 % musulmane ». Dans les deux cas, il ne s'agit pas de mobiliser la population mais de la maintenir dans une posture de méfiance.

La nation, comme l'islam, doivent être protégés des menaces qui planent sur l'unité (du pays, de la communauté des croyants), ainsi que l'expliquait le chef de cabinet de Soltani :

> Notre société comme toute société, même en Occident, a le droit de défendre ses caractéristiques primaires. Il est normal de chercher à protéger nos caractéristiques, surtout quand les prosélytes jouent sur le terrain de la contestation et du mal-être des gens. La situation sociale très difficile est exploitée par ces prosélytes qui en jouent et nous sommes très vigilants sur ce point car il s'agit ni plus ni moins de la cohésion de la société.
>
> (Noureddine Aït-Messaoudene, 2008).

On retrouve dans ces paroles les signes de l'adaptation du MSP au thème du péril existentiel menaçant la communauté. Au sein du gouvernement, ses membres défendaient les intérêts d'un peuple aisément manipulable face à une altérité menaçante et à la catastrophe toujours suspendue. En jouant sur le registre de l'homogénéité et de la morale, l'intégration des islamistes « présentables » du MSP participe d'une gestion des tensions toujours présentes durant la phase de latence.

Les Frères divisés

Après leur intégration au gouvernement, les dirigeants du MSP se sont efforcés de relativiser l'ampleur de leur compromission. Cela n'a pas empêché certains observateurs de le considérer comme un nouveau parti-cartel (Zoubir, Dris-Aït Hamadouche, 2006 ; Werenfels, 2007b). Lors de nos entretiens, les membres du parti s'efforçaient toutefois de jouer la partition du « soutien critique ».

> On remarque désormais un retour à un régime présidentiel très franc. Peut-être que ce choix en lui-même se défend, mais les limites avec les autres pouvoirs ne sont plus tracées ce qui conduit à un effacement notamment du pouvoir législatif. Il y a là quelque chose de problématique. La disparition de la séparation entre les trois pouvoirs renforce l'exécutif et, au sein de celui-ci, la figure du président de la République. C'est une dérive dangereuse. De l'autre côté, d'un point de vue de la gouvernance on sait clairement à quel niveau se situe la responsabilité. Le drame du temps du parti unique c'est qu'il y avait une dissolution des responsabilités, on parlait du pouvoir comme une sorte de nébuleuse mystérieuse regroupant des clans et des généraux. Le fait de pouvoir situer clairement la responsabilité est un côté positif.
>
> (Noureddine Aït-Messaoudene, 2008).

En dénonçant une « dérive dangereuse », le chef de cabinet de Soltani se posait en démocrate concerné par les équilibres institutionnels. Analyser les conséquences de la présidentialisation lui donnait l'occasion d'exprimer à la fois sa distance et de rappeler les raisons pragmatiques du « soutien critique », lequel permettait la constitutionnalisation du jeu politique. Épousant le cadre convenu de la transition démocratique, Noureddine Aït-Messaoudene évaluait donc la progression de la gouvernance tout en soulignant les limites du processus. En effet, le risque de la cooptation est de se voir accolé l'image de celui qui « mange à tous les râteliers ». En bref, de devenir comme les autres. Il faut donc combattre cette image négative, et légitimer une stratégie qui est souvent comprise comme une compromission afin de de maintenir une forme de « plausibilité subjective » (Berger, Luckmann, 2008, 171).

Pour autant, la crédibilité de la stratégie de « soutien critique » s'atténue avec le temps, à mesure que le péril immédiat et objectif (la guerre civile) qui justifiait le compromis initial s'éloigne et que la crise se routinise, invalidant de fait les promesses d'une amélioration de la gouvernance. Alors que l'implication de certains dirigeants du MSP dans la prédation devient évidente, la croyance dans la capacité du parti à proposer une solution s'atténue, ce dont doivent tenir compte les défenseurs de cette stratégie.

> Le discours de soutien critique, il était rendu nécessaire par la guerre civile. Il fallait un État fort et un soutien de l'élite intellectuelle que le Hamas représentait. Le pays a toujours besoin de la stabilité pour se relever. Maintenant ce discours critique mais libre, depuis que Nahnah est mort, il y a très peu de gens qui le comprennent, y compris à l'intérieur du parti.
>
> (Youssef*, 2010).

À l'en croire, Youssef* n'avait jamais douté du bien-fondé de la ligne suivie par le parti. Il était fier d'avoir apporté sa propre contribution au soutien critique en votant à trois reprises en faveur de Bouteflika. Il était pourtant sensible à la défiance croissante. À ses yeux, la disparition du charismatique fondateur du mouvement était indissociable de la perte de capacité à faire entendre le bien-fondé de la participation au gouvernement. Le parti pouvait certes mettre en scène son indépendance par le « soutien critique », il paraissait néanmoins compliqué de rester crédible en ayant passé plus d'une décennie à fournir des ministres au gouvernement.

En 2008, le politologue Yahia Zoubir avait aimablement consenti à m'éclairer sur la trajectoire du MSP. Selon le chercheur, le parti frériste était passé par un vrai processus de « FLNisation », certes « d'une autre manière, avec une autre appellation, mais avec les mêmes finalités », en premier lieu la corruption. De fait, l'intégration de la structure de pouvoir va de pair avec une conformation à ses usages.

> Des gens viennent proposer un nom et une popularité en échange du cachet MSP. Il y a la volonté politique et l'ambition personnelle. Les personnes qui agissent ainsi vont souvent chez le parti qui leur est le plus proche, qui correspond le plus à leurs idées. Mais combien de partis politiques peuvent se permettre d'agir autrement ? Même les partis membres de l'alliance ne couvrent pas toutes les communes du territoire.
>
> (Abdelkrim Dahmen, 2008).

Abdelkrim Dahmen concédait que son mouvement s'était adapté aux pratiques dominantes dans le champ politique. Il est sans doute compliqué de changer le « Système » de l'intérieur. Malgré sa cooptation, le MSP n'a jamais fait figure de composante essentielle du cartel. Ses dirigeants pouvaient bien devenir ministres, ils n'étaient que des partenaires d'appoint dans la coalition présidentielle et n'ont donc jamais été en mesure de bouleverser les équilibres à leur avantage.

La position du parti coopté reste d'autant plus fragile que l'intégration au cartel se traduit par une implication accrue de ses dirigeants dans la litanie des scandales révélés par la presse. Le successeur de Nahnah, Bouguerra Soltani, fut ainsi cité lors du premier procès de l'ancien golden-boy Rafik Khalifa. Après la découverte d'un trafic de thon rouge en lien avec des armateurs turcs quelques années plus tard, le secrétaire général du ministère de la Pêche, lui aussi membre du MSP, fut inculpé. Cela conduisit à la révélation de nombreux dysfonctionnements à l'époque où Soltani était détenteur du portefeuille. En 2010, le scandale des marchés de l'autoroute Est-Ouest et du tramway d'Alger atteignit une autre figure du parti en la personne du ministre des Transports Amar Ghoul, conduisant à l'inculpation de son chef de cabinet. Sous le poids des affaires successives, l'image d'un parti de la responsabilité est impossible à maintenir. Le MSP a été de plus en plus associé dans l'espace public au dévoiement de la politique et à l'affairisme. En 2011, le quotidien *El Watan* pouvait ainsi intituler un article : « L'argent. L'autre religion du MSP » [14].

Une crise de leadership profonde a donc commencé à agiter le parti frériste, la prédominance de Soltani étant ouvertement contestée. Le modèle de discipline partisane au MSP semble plus proche de celui du FLN que des Frères égyptiens. C'est lors du congrès de 2006 qu'émergèrent les dissidents menés par Abdelmadjid Menasra. En réponse à cette fronde, Soltani multiplia les coups politiques afin de modifier à son avantage une situation en apparence inextricable. Il tenta d'abord de se poser en chantre de la lutte anti-corruption en dénonçant publiquement les « détournements de plusieurs milliards de dinars de fonds publics, divulgués quotidiennement par la presse nationale ». Il fut alors sommé par Bouteflika de produire des dossiers qu'il disait détenir, et dut faire machine arrière [15]. Après ce premier échec, Soltani et ses partisans se lancèrent dans un nouveau chantier : l'unification de la mouvance islamiste, une entreprise qui se heurta longtemps aux antagonismes innombrables au sein du sous-champ. Ces tentatives ne permirent pas de briser les dynamiques centrifuges qui étreignaient le MSP. La fronde déboucha sur le départ de Menasra et ses partisans en 2009, afin de fonder un nouveau parti, le Front du Changement.

À la fin 2011, la direction du MSP a finalement annoncé son retour dans l'opposition, poussée en ce sens par le succès des islamistes marocains et

---

14. *El Watan*, 23 décembre 2011.
15. *AFP*, 2 décembre 2006.

tunisiens. Soltani a formé à cette occasion l'Alliance de l'Algérie verte en compagnie d'*El-Islah* et d'*En-Nahdha*, deux partis fréristes mineurs ayant également fait l'expérience de la cooptation. Toutefois, l'indépendance nouvelle du MSP ne pouvait qu'effrayer ses membres les plus liés au cartel. Dans la foulée des élections de 2012, Mustapha Benbada a accepté le poste de ministre du Commerce dans le nouveau gouvernement d'Abdelmalek Sellal. Une autre dissidence a été lancée par Amar Ghoul, ministre des Transports et tête de liste fraîchement élue, malgré les menaces de la direction du parti. Cette défection a donné naissance à un nouveau parti, le TAJ (Rassemblement espoir de l'Algérie), lequel a immédiatement pris la place du MSP au sein de l'Alliance présidentielle en séduisant une partie de ses députés et en lui ravissant un temps le soutien de l'UGEL [16]. L'année suivante, Abderrazak Mokri prenait la place de Soltani afin de reconstruire la crédibilité du parti dans l'opposition.

L'attractivité du cartel alimente un mouvement centrifuge qui affaiblit l'ensemble du sous-champ islamiste. Une vingtaine d'années de pluralisme et de participation au gouvernement a débouché sur l'éclatement d'organisations réformistes confrontées à la méfiance de l'électorat. Cela ne veut pas dire que l'islamisme algérien a perdu toute portée contestataire. Il existe notamment des figures épargnées par la compromission, à l'image d'Abdallah Djaballah, qui incarne l'irréductible épouvantail islamiste, sans toutefois basculer dans l'agonisme pur du FIS. Il est le fondateur d'*En-Nahdha* et d'*El-Islah*, partis dont il a été expulsé afin d'en faciliter la cooptation. Avec son nouveau parti, *El-Adala*, il a obtenu sept sièges à l'issu des élections de 2012. Conservateur sur le plan religieux, Djaballah dénonce la corruption des élites, demande une politique économique sociale et le réengagement de l'État (Amghar, Boubekeur, 2008, 18). Dans son discours, la conjonction des thèmes de la justice sociale, de la lutte contre la *hogra* et du nationalisme peuvent sembler accréditer la thèse d'une ressemblance avec le FIS. Toutefois, Djaballah demeure un membre de l'élite islamiste, ancrée – et donc circonscrite – dans le Constantinois. S'il est certes un opposant de longue date que le cartel n'a jamais séduit, il demeure en revanche isolé dans un sous-champ remarquablement fractionné.

De fait, là où le populisme contestataire du FIS avait réuni une partie des mécontents de manière à constituer une force politique menaçant l'ordre établi, la mosaïque actuelle de partis fréristes se distingue par les antagonismes qui la structurent, la divisent et l'affaiblissent. En conséquence, l'alliance sociale de circonstance dont avait pu profiter le FIS, réunissant « contre-élites » ascendantes, bourgeoisie pieuse et couches urbaines paupérisées (Mekamcha,

---

16. Chérif Ouazani, « Algérie : Le Taj d'Amar Ghoul, une machine à gagner ? », *Jeune Afrique*, 9 novembre 2012.

1999, 394-395), n'est plus. La fragmentation sociale, produite par la libéralisation économique et la guerre civile, et la fragmentation politique, nourrie par la gestion du pluralisme et notamment par les stratégies de cooptation du cartel, en ont rompu la dynamique.

Pluralisme et apolitisme

Compte tenu de la domination des partis-cartels et de la gestion bureaucratique des élections, il est tentant de parler pour l'Algérie d'un « champ politique désamorcé » (Tozy, 1991). L'expression ne rend toutefois pas justice aux luttes qui se déroulent durant les élections et au sein des organisations partisanes. Les campagnes ouvrent un champ des possibles restreint mais bien réel, qui nourrit ainsi des conflits internes au sein des appareils pour l'hégémonie et les ressources (Baamara, 2016). Dès lors, le maintien du *statu quo* passe par la capacité du cartel à profiter de cette concurrence pour intégrer, diviser et exclure.

Inclassables et indépendants à vendre

Le paysage politique algérien se caractérise par la multiplication de partis difficiles à situer qui jouent différentes variations sur le registre nationaliste dominant. Ces partis peuvent fournir des challengers de substitution lors de scrutins joués d'avance. Par exemple, lors des élections présidentielles de 2009, Louisa Hanoune la secrétaire générale et porte-parole du Parti des travailleurs (PT), fit figure de *sparring partner* pour un Bouteflika assuré d'être réélu. Elle décrocha à l'occasion une honorable seconde place avec 4,22 % des suffrages exprimés. Troisième force d'opposition du pays après l'Alliance pour l'Algérie verte et le FFS à en croire les résultats des législatives de mai 2012, le PT se réclame de la gauche anti-libérale. Parti du prolétariat et de la nation, il est particulièrement proche de l'UGTA. Il s'inscrit aussi dans la tradition du nationalisme défensif algérien, sa porte-parole ne manquant jamais une occasion de dénoncer les complots tramés à l'étranger. Alternant entre opposition et participation, critique du gouvernement et alliance temporaire avec le RND, Hanoune incarne l'ambiguïté de ces acteurs évoluant dans la périphérie du cartel sans jamais s'y associer ouvertement. Elle mettra en doute la santé du président, avant de qualifier sa victoire d'incontestable et de souligner sa stature « d'homme de gauche » [17]. Malgré cette ambiguïté, le PT a des relations avec des partis d'opposition plus radicaux. Poids lourd dans une gauche morcelée, proche des syndicats, il est *de facto* un partenaire incontournable. Ainsi, pour justifier l'alliance nouée avec le mouvement de

---

17. Essaïd Wakli, « Louisa Hanoune : Ce que j'ai dit à Bouteflika », *Algérie focus*, 2 mai 2014.

Hanoune en 2012, un cadre du Parti socialiste des travailleurs (PST, trotskyste) m'expliquait : « On ne se fait pas d'illusion sur qui on a affaire, mais c'est la règle. On a fait un choix stratégique pour se faire entendre ».

Le PT n'a pas le monopole de l'ambiguïté. Il partage son tropisme à l'égard de la coalition dirigeante avec le Front national algérien (FNA) de Moussa Touati, un ancien membre des forces de police. Créé en novembre 1998, à partir de l'Organisation nationale des enfants de *chouhada* dont Touati est l'un des fondateurs, le FNA a connu une montée en puissance constante au début des années 2000, au point de devancer parfois le MSP. Sa rhétorique reprend des éléments de langage connus (nation, peuple, crise, réforme). Qualifié dans les médias de « FLN *bis* » ou de « parti sans programme », le FNA se distingue par le flou qui entoure son agenda politique, au-delà d'un leitmotiv qui consiste à « rendre la parole au peuple ». Sa principale contribution au débat public semble d'alimenter les spéculations quant à son positionnement par rapport au « Système ». Cette ambiguïté se traduit par les transfuges de ses membres en provenance ou en direction de partis-cartel. En novembre 2007, plusieurs dissidents du RND avaient par exemple rejoint le parti de Touati. Quelques années plus tard, en mai 2012, ce sont des députés du FNA fraîchement élus qui vont grossir les rangs du TAJ. Dans les deux cas, ces mouvements sont liés à un scrutin (élections locales en 2007, législatives en 2012). En période électorale, l'absence de ligne claire est un atout pour les candidats à la cooptation. Pour mieux saisir les opportunités du marché politique, certains acteurs préféreront « éviter les prises de positions "compromettantes" » (Bourdieu, 2001, 221).

La distribution des postes et des investitures est particulièrement propice au marchandage. L'échange de capitaux (légitimité d'appareil contre légitimité personnelle) rentre dans le cadre d'une négociation pragmatique, notamment entre partis et notables, chacun possédant ce que l'autre désire. Quand il est question d'achat de poste, cet échange portent le nom de *chkara*, un terme désignant le sac ou le sachet utilisé pour transporter les sommes d'argent (et les pots-de-vins). Toutefois, la représentation politique est aussi un acte de magie sociale qui implique le respect des formes pour maintenir la croyance du profane (*ibid*). Il faut pour cela que la marchandisation des postes soit dissimulée. Or, il se produit tout le contraire lorsque Moussa Touati annonce publiquement le prix des places sur les listes du FNA. Le fait que la transgression soit ainsi exposée en place publique dissipe la croyance nécessaire à la représentation politique. En publiant une directive avec les sommes demandées pour l'investiture du parti lors des élections législatives de 2012, le président du FNA renonce à dissimuler les fondements économiques de l'engagement politique au sein de son parti [18].

---

18. Les sommes pouvaient atteindre plusieurs millions de dinars. *Le Soir d'Algérie*, 19 mars 2012.

Il dissipe le mystère et sape le ministère. Dès lors que l'élu a payé pour son poste, l'éminence économique prend le pas sur la représentativité. Un candidat à l'investiture au sein du FNA, arrivé premier lors des primaires du parti à Souk-Ahras, a ainsi pu être devancé sur la liste par un vaincu s'étant acquitté de la somme demandée [19]. Les fonctions politiques marchandisées deviennent accessibles à des acteurs politico-économiques cumulant les capitaux. Cela se fait bien sûr au détriment de la crédibilité de l'ensemble de la classe politique.

La rentabilité de l'engagement politique bien négocié encourage la prolifération des petites formations indépendantes attirées par la perspective des bénéfices. Avant les élections municipales de 1990, plus de 60 mouvements avaient vu le jour en une année. Selon William Quandt, il s'agissait d'une stratégie des « réformateurs » afin de saper l'influence de la vieille garde du FLN (Quandt, 133). Cette fragmentation persiste dans l'Algérie de Bouteflika en dépit des tentatives de convergence. Le foisonnement de partis indépendants sans véritable ligne, se réclamant du « Président », de la « stabilité » de la « Concorde » ou du « changement », renforce la suspicion à l'égard d'un champ politique où l'intéressement le disputerait à l'opportunisme, où la participation serait indissociable de la compromission.

Le cycle ininterrompu des querelles de leadership et des dissidences révèle la compétition au sein des appareils partisans. Ce phénomène est tellement répandu qu'un terme générique est utilisé : les dissidents sont des « redresseurs », et se placent ainsi dans la lignée du « redressement révolutionnaire » de 1965. Comme les militaires justifiaient jadis leur putsch en accusant Ben Bella d'avoir cherché à monopoliser les leviers de décisions, les redresseurs prétendent généralement agir contre l'autoritarisme de leur direction. De fait, le leadership partisan est souvent personnalisé et la direction harmonisée. Ce sont là des conséquences assez répandues de la compétition électorale et de la bureaucratisation des partis, avec comme corollaire l'effacement des contradictions derrière un unanimisme de façade (Michels, 1914, 277-279). L'Algérie se conforme donc à une tendance globale des systèmes partisans, mais la communication publique des acteurs politiques y apparaît particulièrement conflictuelle, en s'appuyant notamment systématiquement sur les thématiques de la manipulation et de la corruption.

Ce mode de fonctionnement qui cumule unanimisme de façade et dissidences publiques est peu propice à la constitution de courants institutionnalisés en lutte pour le contrôle de l'appareil (Katz, 1980, 6). De manière générale, la direction est contrôlée par un groupe en situation de force, sans laisser le temps à des factions organisées de mettre en place une concurrence sur le long terme, sans permettre, donc, une diversification des positions au sein de

---

19. *La Tribune*, 1er avril 2012.

l'organisation. En conséquence, quand la prise de contrôle échoue, les dissidents sont exclus et donc amenés à créer à leur tour une nouvelle formation politique qui pourra tirer bénéfice de l'ancrage local de son leader. C'est par exemple le cas d'*El-Karama*, un parti fondé par Mohamed Benhamou, président très temporaire du FNA après une tentative de renversement de Touati. *El-Karama* a obtenu une députée aux élections de mai 2012.

Ces redressements qui deviennent dissidences contribuent à rendre plus illisible encore une carte du monde partisan déjà extrêmement complexe. Des petits mouvements ayant un ancrage strictement local et pour seule légitimité le capital social du notable ou de la célébrité qui porte leur étendard, peuvent néanmoins être représentés à l'Assemblée. Lors des élections législatives de 2007, pas moins de 15 partis ayant obtenu moins de 3 % des suffrages ont obtenu un ou plusieurs députés. Cinq ans plus tard, on comptait 23 formations dans ce cas. À ces chiffres, il faut encore ajouter quelques dizaines de députés « indépendants », c'est-à-dire défendant les seules couleurs du Président.

En retour, la fragmentation du champ exacerbe la compétition pour les capitaux mis en jeu. La dynamique centrifuge maintient les partis dans une optique de survie à court terme et les empêche de présenter une alternative forte au cartel (Dris-Aït Hamadouche, Zoubir, 2009). Bien sûr, je l'ai évoqué plus haut, les partis-cartel ont leurs propres « redresseurs ». Toutefois, s'ils ne sont pas plus homogènes et disciplinés que leurs concurrents, ils bénéficient des arbitrages systémiques, mais aussi d'avantages matériels et organisationnels déterminants. Pendant ce temps, le cycle des dissidences alimente le marché politique en candidats à la cooptation.

Discrédit et apolitisme

Si l'entrée en politique des notables et des entrepreneurs pare d'une certaine manière au manque de capitaux (argent et notoriété) auquel doivent faire face tous les partis, elle contribue également à renforcer la dimension matérielle de la compétition au détriment de sa dimension idéologique (Catusse, 2004 ; Della Porta, 1995). Des structures opportunistes comme le TAJ (dissident MSP) ou le MPA (dissident RCD) sont symptomatiques des calculs qui motivent la création de certaines organisations. Selon une dynamique encore une fois assez banale, ces transfuges apparaissent comme autant de preuves du carriérisme supposé des politiciens, autant de coups portés à la crédibilité du système représentatif (Heurtaux, 2008, 130).

La constitution de fiefs dominés par des hommes politiques d'affaires (du pouvoir comme de l'opposition) alimente également les critiques dénonçant des « mafias » enrichies dans les travaux publics, la spéculation (ciment, produits alimentaires) ou la sous-traitance (sécurité, transport). Dans l'arène locale, les détracteurs d'un parti pourront assimiler les *big men* adverses à des parrains, cumulant des activités mafieuses à leur fonction politique. C'est ainsi qu'Hocine*, un étudiant militant pour le FFS, me présentait Nordine Aït Hamouda, le député RCD de Tizi Ouzou – par ailleurs fils du célèbre colonel Amirouche –, comme un véritable *boss* contrôlant la ville et ses environs grâce aux résidus de milices de patriotes constituées durant la guerre civile. Il est certain que la compétition entre les deux partis berbéristes, dont je parlerai dans le chapitre suivant, nourrit ces discours. Quoi qu'il en soit, la critique des partis est reproduite aux niveaux populaire, médiatique et politique. Le champ est touché dans son ensemble par un étiquetage péjoratif qui popularise un registre de l'apolitisme largement partagé (Arnaud, Guionnet, 2005, 21).

Bien sûr, ce registre recèle une charge conflictuelle à l'égard de l'ordre en place et de ceux qui semblent ses complices. Dire que « la politique c'est *haram* », c'est aussi refuser par avance toute légitimité au détenteur d'un mandat électif. L'apolitisme, comme discours, et l'abstention, comme pratique, sont donc irréductibles à la caricature de l'absence de culture civique. Le rejet touche le personnel politique de manière indiscriminée pour le ramener dans les caricatures à un bestiaire peu flatteur d'ânes et de lièvres. Les députés sont particulièrement visés car les avantages dont ils bénéficient (salaire, prime de logement) apparaissent comme un moyen d'acheter leur docilité. De ce fait, tout ce qui se rapproche de la compétition instituée semble à éviter.

> Je n'ai jamais eu d'engagement politique car je ne voulais pas d'étiquette FLN ou RND. Je préfère militer dans une association autonome, même si je sais que des politiciens cherchent à la posséder pour son expérience ou sa notoriété dans l'intérêt de leur parti ou de leur carrière. [...] Le pire serait de passer pour une association du pouvoir, ou une association du président, ou même dans l'autre sens pour une association du RCD.
> (Yasmine*, coordinatrice générale pour l'ONG Touiza
> "développement et promotion du volontariat", Alger, automne 2010).

Yasmine*, de par ses propos autant que son parcours, illustrait bien l'étiquetage péjoratif du champ politique. Née à Oran, la jeune femme avait été membre du réseau algérien des jeunes engagés et avait multiplié les formations, notamment avec l'ONG allemande Friedrich Ebert. Elle était particulièrement préoccupée par la question de l'indépendance des femmes et qualifiait son travail de « militantisme ». Son rejet de l'engagement politique était donc loin de traduire un repli individualiste et incivique. Pourtant, Yasmine* n'avait que de la méfiance pour les « manipulations politiques ». Les partis représentaient à ses yeux des intérêts étrangers au bien commun. Si elle acceptait l'idée de travailler avec l'État par nécessité, elle rejetait aussi bien le « pouvoir » que « l'opposition ». À l'image de Yasmine*, nombreux sont les acteurs du champ associatif ou syndical qui cherchent à se prémunir de la contagion des tares attribuées à la politique. Ceux-ci valorisent donc l'idée d'autonomie, y compris quand ils ont des liens personnels avec un parti.

La CLE est autonome du plan national et d'un point de vue politique. Elle n'appartient à aucun parti politique même si bien sûr il y a des militants politiques à l'intérieur. Mais il n'y a aucun parti politique qui les gère, qui les manipule ou qui les récupère.

(Hocine*, membre de la Coordination locale des étudiants, militant FFS, Tizi Ouzou, Printemps 2011).

Pour Hocine*, le but était ne pas repousser des camarades qui, bien que partageant les revendications du mouvement étudiant, auraient fui à la première évocation d'une organisation partisane. Lui-même ne manquait pas de pester contre les « khobzistes », y compris au sein du FFS et comprenait la méfiance des autres étudiants. Dans l'Algérie de Bouteflika, pour porter un discours contestataire ou réformiste, il semble crucial de s'éloigner du champ politique. La tendance est donc à l'évitement de la politique, bien que celui-ci s'exprime de manière nuancée, plus ou moins stratégique, en fonction des positions et des circonstances de la prise de parole (Eliasoph, 1998).

Si la défiance à l'égard de la politique est largement partagée de part le monde, la spécificité algérienne réside dans l'idée que celle-ci n'est rien d'autre qu'une façade. Dès 1997, le retour des élections pluralistes était décrit par le journaliste Rabeh Sebaa comme une « chosification de la politique », autorisant le détournement de l'idée démocratique et la prolifération d'organisations opportunistes (Sebaa, 1997, 106). Loin de satisfaire les espoirs exprimés en 1999, les trois premiers mandats d'Abdelaziz Bouteflika ont accentué cette idée partagée d'un système factice servant d'alibi aux « khobzistes » en tout genre. Bien qu'exagérée, cette représentation atteint la grande majorité des acteurs du jeu politique. Pour parler en termes gramsciens, on constate une « crise d'hégémonie de la classe dirigeante » algérienne se caractérisant par une séparation entre représentants et représentés qui affaiblit les partis politiques et renforce la position du « pouvoir bureaucratique (civil ou militaire) » (Gramsci, 2001, 68). Les technocrates apparaissent donc comme des recours, en vertu de leur rationalité et de leur neutralité prétendues. À l'image d'Abdelmalek Sellal ou Ahmed Ouyahia, les chefs de gouvernement sont en majorité des techniciens issus de la classe-État.

Discours de l'ordre

Cela ne veut pas dire que les porte-paroles du cartel abandonnent tout travail de légitimation. Le discours de l'ordre subsiste dans l'espace public, pose les principes de la gouvernance sécuritaire et présente l'ordre comme une évidence en s'appuyant sur des propriétés sociales attribuées aux dominants et aux dominés (Bourdieu, Boltanski, 1976). Dans l'Algérie de Bouteflika, cette idéologie dominante s'appuie sur un registre sécuritaire teinté de paternalisme, de populisme et de conservatisme qui fait écho aux prétentions tutélaires et immunitaires des principales autorités politiques. Jouant sur la latence de la crise, les porte-paroles du cartel se mettent en scène comme les défenseurs de la communauté nationale et opposent un unanimisme de façade à une pluralité inquiétante.

Illustration 4 : Photomontage diffusé sur *Facebook* un mois avant les élections législatives de 2012 représentant les candidats sous la forme d'ânes, de hyènes et de poules

© Karim Narcisse.

*Le discours de l'ordre selon Chakib**

La justification du *statu quo* passe notamment par un retournement du stigmate contre les porteurs de la critique. Pour comprendre la tension qui oppose ces derniers aux défenseurs du pouvoir dans l'espace public, il est utile de revenir à l'échelon local, et plus précisément à une discussion entre des professeurs de collège en grève à Ghardaïa, à l'automne 2011. Parmi la demi-douzaine d'hommes qui m'avait invité à partager un thé à la terrasse d'un café pour m'expliquer les raisons de leur mouvement, un seul refusait d'incriminer le gouvernement. Il s'agissait de Chakib*, père de deux enfants professeur de français et par ailleurs sympathisant du FLN pour lequel il affirmait avoir toujours voté. En réponse, ses collègues le moquaient en le qualifiant de « khobziste ». Il avait beau tenter de justifier son allégeance politique en invoquant la geste révolutionnaire, les accomplissements historiques du parti ou encore l'importance de Bouteflika dans le rétablissement de la paix, les autres grévistes lui opposaient ce même argument outrancier : « si tu supportes le FLN, c'est pour l'argent ». Plutôt qu'une accusation personnelle, c'était une manière de jouer sur la réputation du parti pour disqualifier l'argumentation de l'enseignant, dans un contexte de rapports familiers. En réponse aux railleries, Chakib* se désolidarisait de ses collègues grévistes et retournait les accusations :

> Les gens qui font des grèves ou qui manifestent contre le régime sous prétexte de ce qu'il s'est passé en Tunisie, ils ne sont pas honnêtes. Ce qui les intéresse, c'est ce qu'ils peuvent en retirer pour eux, pas le bien du pays. Ils font comme les gens du FFS ont fait ici. Ils alimentent le désordre pour leur propre profit. C'est ça leur démocratie...
>
> (Chakib*, enseignant, sympathisant FLN, Ghardaïa, automne 2011).

Le sympathisant du vieux parti révolutionnaire en était convaincu, il y avait derrière le mouvement de protestation incessant des « manipulations ». S'agaçant des railleries de ses collègues, il m'enjoignait de ne pas prêter attention au désordre alimenté par des Kabyles venus « répandre » leur régionalisme dans le Sud. En faisant sienne la rationalité politique de l'instrumentalisation, il m'affirmait que l'enjeu n'était rien de moins que l'unité du pays. Cet argumentaire réprouvant la contestation au nom de l'intéressement des opposants et du danger pour l'unité nationale est un lieu commun du discours de l'ordre. Il illustre la dimension discursive de la suspension de la catastrophe.

Par la suite, la discussion avait dérivé sur les conditions de l'enseignement au collège, sur le manque de matériel et sur la pauvreté du niveau des élèves. Ce tableau très noir avait conduit l'un des grévistes présents, un professeur de mathématiques, à évoquer le désespoir d'une partie de la « jeunesse » et à justifier l'émigration clandestine vers l'Europe comme une manière d'échapper à un système éducatif bloqué. À ces mots, Chakib* était sorti de son silence pour exprimer son désaccord de manière tempétueuse :

> Qu'est-ce qu'ils connaissent de la réalité, de la France ? En fait, la principale raison pour laquelle les jeunes souhaitent partir de ce pays, c'est à cause des idées fausses qu'ils voient à la télévision. Les *harraga*, ce qu'ils cherchent en France, c'est le libertinage, la pornographie et l'alcool.
>
> (Chakib*).

En discréditant les émigrants, l'enseignant évitait de mettre en question les structures économiques et sociales. Fervent défenseur d'un FLN ayant activement participé au gouvernement pendant plus de quarante des cinquante années d'indépendance, il refusait de reconnaître les raisons d'un exil qu'il présentait comme une preuve de faiblesse. Cela le conduisait à expliquer la « *harga* » par la poursuite d'objectifs moralement condamnables. À l'en croire, les jeunes étaient à la fois influençables par la télévision et dépendants de leurs pulsions. L'hypersexualité est un trait récurrent des discours de dénigrement visant des catégories ciblées par des politiques disciplinaires, qu'il s'agisse du jeune, du colonisé « au comportement encore primitif » ou de minorités sexuelles (Amar, 2013 ; Fanon, 2001, 25-26). Plus généralement, cette rhétorique paternaliste fustigeant une « jeunesse » amorphe et prompte à se plaindre s'avère largement partagée, dans une configuration où le conflit politique s'articule avec des conflits de générations.

Le soir-même, alors que nous remplissions ensemble quelques grilles de mots croisés en dégustant un jus de fruit, Chakib* était revenu sur la discussion du matin. À nouveau, il avait évoqué l'immaturité des uns et les manipulations des autres, avant de finir en soulignant la différence du FLN.

> Avant, quand il n'y avait que le FLN, c'était plus simple. C'est le parti qui s'est battu contre la France, qui a permis la naissance de l'Algérie. C'est lui qui a fait grandir le pays jusqu'en 1988. Tous les nouveaux partis, ils critiquent beaucoup, mais ils ne veulent pas le pouvoir pour le peuple algérien mais seulement pour l'argent.
>
> (Chakib*).

En reprenant l'image de la corruption des partis politiques et en faisant du FLN une exception historique, Chakib* réaffirmait le monopole de la responsabilité qui caractérise le discours de l'ordre. La simplicité et l'honnêteté de l'époque du parti unique s'opposaient au désordre résultant du multipartisme. La nostalgie de la clarté politique d'antan contrastait avec un présent fait d'opacité et d'arrière-pensées. Sous cet angle, c'est contre l'illisibilité politique associée au pluralisme que l'ordre est appelé à durer.

Défendre l'unité et l'intégrité de la nation

Dans leur communication politique, les porte-paroles du cartel se mettent en scène comme les garants de l'unité nationale et les protecteurs du peuple contre lui-même. Initialement liée au programme d'émancipation nationale après l'indépendance, cette rhétorique unanimiste et paternaliste est renforcée par la mémoire de la guerre civile. La demande de concorde est en effet partagée socialement parce qu'elle répond à la désagrégation de la communauté nationale pendant la décennie noire. La mémoire du climax de la crise sert les coryphées d'un nationalisme défensif, dont l'argumentaire repose sur la sauvegarde de l'intégrité de la communauté face aux menaces internes et externes.

Je l'ai déjà dit, le thème de la concorde nationale a pris une place considérable dans la stratégie de légitimation personnelle d'Abdelaziz Bouteflika. Elle a dans le même temps servi l'exigence constante d'unité, quitte à en passer par la légalisation de l'oubli à travers l'amnistie de 2006. Durant la campagne pour le référendum de 2005, Belkhadem pouvait ainsi affirmer sans nuance qu'« aucun militant au FLN n'est contre la charte pour la paix et la réconciliation »[20]. Le processus unanimiste et plébiscitaire mis en branle par le camp présidentiel empêchait mécaniquement les opposants de se faire entendre. La réconciliation nationale ne souffrait pas de demi-mesure ni de débat contradictoire. La réunion de la « famille algérienne » permettait néanmoins la mise en place de mécanismes d'exclusion. Alors même qu'elle protégeait les factions armées ayant combattu pour le maintien de l'ordre (organes de sécurité, patriotes, gardes communaux), l'ordonnance de février 2006 excluait légalement certains acteurs politiques sous couvert de rétablissement de la concorde dans la cité. Elle stipulait en effet que « l'exercice de l'activité politique est interdit, sous quelque forme que ce soit, pour toute personne responsable de l'instrumentalisation de la religion ayant conduit à la tragédie nationale » (article 26 de l'ordonnance n° 06-01 du 27 février 2006). L'unité et la réconciliation ont donc servi à écarter certains contempteurs radicaux de l'ordre au sein du sous-champ islamiste, sans que ceux-ci aient nécessairement emprunté la voie des armes.

La suspension persistante de la catastrophe permet la répétition de la rengaine sécuritaire. À travers le terrorisme résiduel, alors qu'AQMI a remplacé le GSPC qui lui-même succédait au GIA, la crise latente apparaît dans sa dimension objective et justifie le *statu quo*. Tandis que les soulèvements arabes de 2011 attisent la crainte d'un déséquilibre, la victoire du FLN aux élections législatives de 2012 est présentée comme la traduction d'un « vote refuge » par le ministre de l'Intérieur Kablia[21]. Quand vient le temps de réclamer un quatrième mandat pour Abdelaziz Bouteflika, ses supporters dans les instances dirigeantes de l'UGTA et du FLN voient en lui l'unique « garant de la sécurité et de la stabilité »[22]. La compétition politique est ainsi sacrifiée à une logique supérieure, un impératif de survie à court terme qui implique un non-choix devenu choix responsable. La fin de règne peut s'éterniser dès lors que le risque d'un basculement dans le chaos demeure.

Nous le verrons dans le chapitre 6, tandis que les tenants de l'ordre s'efforcent de monopoliser les valeurs d'unité et de sécurité, leurs critiques trop virulentes sont accusées de pousser à la sédition. La contestation, qu'elle

---

20. *Info Soir*, 18 septembre 2005.
21. *Le Quotidien d'Oran*, 12 mai 2012.
22. *L'Expression*, 29 janvier 2014 ; *APS*, 2 février 2014.

soit motivée par un contentieux économique ou culturel, est dénoncée sur le registre de la désintégration nationale. Comme nous l'avons constaté avec Chakib*, la Kabylie a longtemps nourri les peurs nationalistes. En tant que terreau du berbérisme, la région a fini par devenir un symbole des forces centrifuges qui menaceraient l'Algérie. La disqualification de partis tels que le FFS ou le RCD passe donc, entre autres, par la dénonciation de leur ancrage régional voire ethnique (ou « raciste »). Ils s'opposeraient à la fondation révolutionnaire en divisant le peuple. Face à la menace kabyle, une personnalité ambiguë comme Louisa Hanoune est une procureure zélée. Durant sa campagne de 2004, la chef de file du PT disqualifiait le mouvement politique né du Printemps noir de 2001 en ces termes :

> L'état-nation est menacé dans ses fondements. Nos craintes sont fondées. Nous assistons à une escalade politique en parallèle à un ballet de personnalités étrangères représentant l'alliance contre l'Irak et le peuple palestinien. [...] Le mouvement politique qui se fait appeler *archs* remet lui aussi en cause les fondements de la République puisqu'il a une représentativité régionale, voire ethnique.[...] La conclusion d'un accord avec ce mouvement signifierait l'éclatement de l'Algérie [23].

Hanoune amalgame avec constance la contestation berbériste et la « main de l'étranger », allant à l'occasion jusqu'à lier les autonomistes aux djihadistes qui ont fait des monts du Djurdjura leur sanctuaire. En usant du spectre de l'impérialisme occidental, le cartel algérien joue une partition similaire à celle de ses homologues égyptiens ou syriens (Sallam, 2011a, 204). L'invocation forcenée de l'union n'efface pas pour autant les lignes de fractures qui subsistent au sein de la communauté nationale. Dans le cas de la Kabylie, elle oppose au contraire des projets revendiquant chacun la défense d'une unité géographique naturalisée (la région contre la nation). Elle entretient alors la tension politique, objectivise le risque d'éclatement et légitime ainsi la rhétorique immunitaire des tenants de l'ordre.

Depuis le milieu des années 2000, la menace du « régionalisme » et de l'« éclatement » est également associée aux mouvements sociaux nés dans le Sud du pays, lesquels revendiquent une meilleure répartition des richesses tirées des hydrocarbures. En 2011-2012, dans le double contexte des interventions en Libye et au Mali, la conjonction tensions internationales et nationales a contribué à déplacer l'épicentre des menaces séditieuses. En visite à Tammanrasset, le Premier ministre d'alors, Ahmed Ouyahia, dénonçait « les complots ourdis au nom de la démocratie » et « les desseins étrangers [qui] ciblent le pétrole, le gaz, l'uranium ». Il reprenait un discours évocateur du paternaliste étatique :

---

23. *L'Expression*, 26 février 2004.

> Ce qui se passe chez les voisins constitue une opportunité pour unifier nos rangs et prendre conscience de la valeur de l'indépendance, de l'intégrité territoriale, de l'unité nationale et de la valeur de la paix. [...] Il n'y a pas de place pour celui qui veut provoquer une révolution en Algérie sous prétexte de la disparité ou de la discrimination dans le développement. L'État assure le développement à travers toutes les régions du pays sans discrimination [24].

Ouyahia terminait son appel par cette mise en garde : « Nous formons un seul peuple mais la vigilance reste de mise ». Réfutant les motivations de la contestation dans le Sud, le Premier ministre profitait du contexte international pour réciter une partition éprouvée : les tenants du cartel sont les garants de la stabilité, et font preuve d'un attachement viscéral à l'unité du peuple et à l'intégrité de la nation. Cette communication politique s'adresse d'ailleurs aussi bien à la population qu'aux partenaires internationaux. Le jour précédent, Ouyahia avait rappelé les risques du désordre provoqué par les soulèvements chez les voisins arabes dans un entretien accordé au *Monde*. À cette occasion, il qualifiait la contestation d'« agitation » dont les Algériens avaient eu à connaître les fruits les plus amers. À l'en croire, le peuple avait depuis entendu la parole de ses tuteurs, il était rentré dans le rang car il connaissait « trop bien le prix de l'anarchie » [25].

Les trois natures du peuple

Le peuple est une cible privilégiée des discours de l'ordre, à la fois en tant que sujet idéal de la révolution et cible des saillies paternalistes. C'est d'autant plus le cas que l'abstention est devenue une problématique centrale pour la production d'une légitimité en apparence démocratique. Ainsi, le peuple qui est invoqué pour être « démocratisé » n'est pas le peuple héroïque de 1962. La polysémie de la notion renvoie aux évolutions de l'ordre politique. En effet, c'est dans le contexte de la lutte contre l'occupation coloniale qu'apparaît la première nature du peuple, celle de peuple-classe. En tant que signifiant vide, le terme « peuple » sert l'agrégation des différents groupes sociaux dans le cadre de leur lutte politique (Laclau, 2005). Dans la situation révolutionnaire, une force conflictuelle se constitue comme une totalité dépassant les divisions du corps social. Ce peuple-classe « n'est ni l'addition des partenaires sociaux ni la collection des différences mais tout au contraire le pouvoir de défaire les partenariats, les collections et ordinations » (Rancière, 1998, 50). Il est caractérisé par sa « vitalité collective », son « inquiétante étrangeté » et sa capacité à « détruire tout type de régime » (Premat, 2004, 13). C'est en se revendiquant de la totalité qu'une partie de la population algérienne a pu mettre à bas l'ordre colonial durant la guerre d'indépendance. Pareillement, c'est en

---
24. *APS*, 7 avril 2012.
25. *Le Monde*, 6 avril 2012.

« faisant peuple » que des groupes mobilisés et coalisés ont pu concrétiser le conflit politique en place publique et amener aux révolutions de 2011 en Tunisie ou en Égypte.

L'existence du peuple-classe est un phénomène éphémère bien que décisif politiquement. Si, selon la devise mythique d'*El Moudjahid,* la révolution a été faite « par le peuple et pour le peuple », ce n'est pas à ce dernier qu'il reviendra de gouverner. Après l'indépendance, l'acteur laisse la place au sujet. La nouvelle élite dirigeante façonne son ordre rénové et organise le reflux du peuple-classe. C'est ainsi, par exemple, que Cornelius Castoriadis décrit la prise de pouvoir des Jacobins durant la révolution française comme l'ascension d'une bureaucratie spécifique poussant au retrait du peuple, pour ne plus laisser qu'un lien abstrait entre représentants et communauté nationale (Castoriadis, 1990, 15). Ces différentes délégations impliquent l'exercice de la souveraineté par un nombre réduit d'acteurs (politiciens, prétoriens, technocrates). Le peuple, dès lors, n'est plus un protagoniste de la lutte politique. Il devient une masse dont on cherche à entretenir l'inertie par des rétributions ou que l'on mobilise ponctuellement.

Cette représentation jacobine du lien entre le peuple et ceux qui défendent sa cause était au fondement du tiers-mondisme algérien (Malley, 1996, 34 *sq.*). C'est ainsi qu'est progressivement apparu un peuple-objet convoqué par le « populisme autoritaire » cher à Lahouari Addi (2012). Sous Boumédiène, cela se traduisait par une injonction à soutenir les politiques de développement à travers la médiation du leader. Dans sa thèse de doctorat, le futur député et ambassadeur Khalfa Mameri écrivait : « il n'est pas à notre sens de gouvernement valable et viable s'il n'y a pas communauté et intimité de pensée entre le peuple et son chef » (Mameri, 1973, 6). Mis au service d'une logique unanimiste, le peuple-objet a donc été amené à déléguer ses pouvoirs à ses représentants au sein du triptyque ANP-FLN-État. Cette évolution accompagne le basculement vers une logique coercitive où les nouveaux dirigeants désignent les ennemis du peuple. Il ne vise plus à proprement parler le renversement de l'inégalité mais plutôt la légitimation d'une nouvelle hiérarchie par le biais d'un déplacement des valeurs (Monod, 2009).

Mais le peuple n'est pas définitivement figé dans cette position d'objet. Dans le contexte de crise révolutionnaire comme celle que l'Algérie expérimente à partir de 1988, la production du sens de l'obéissance s'interrompt, les différentes catégorisations, hiérarchisations, ordinations qui divisent et structurent la société sont dépassées par la réaffirmation de la dimension conflictuelle du politique. Cela implique d'abord la réapparition du peuple-classe, sous la forme de ce « peuple musulman » dont le FIS se fera le porte étendard. Cela implique aussi un retournement de perspective au niveau de l'élite dirigeante « trahie » par la population dont elle disait sauvegarder les intérêts. Le peuple, alors, devient une entité instable, puérile, dangereuse, qu'il faut discipliner, contraindre et éduquer pour parer à ses passions chaotiques. Dans la bouche des tenants de l'ordre, il est désormais un peuple-enfant. C'est par ce retournement que les Jacobins répondirent à la vague de soulèvements qui toucha la France en 1793 : la mise en scène de l'égarement et de l'immaturité populaires justifia une répression à grande échelle (Muller, 2000). On voit ici de quelle manière le peuple-enfant vient en soutien des représentations de dirigeants qui pensaient – ou prétendaient – agir pour le bien commun.

Peuple-classe, peuple-objet et peuple-enfant apparaissent alternativement ou concomitamment, au gré des variations du processus critique. La contestation sous toutes ses formes entre en résonance avec les représenta-tions paternalistes des dirigeants. C'est ainsi que les émeutes et l'abstention sont interprétées comme autant de preuves du besoin d'éducation de la population. Le discours du peuple-enfant naturalise les asymétries qui structurent le système social. Le but est de sauver la population d'elle-même, notamment en lui apprenant les normes d'une participation respectueuse et ordonnée. Pour expliquer les soulèvements urbains de janvier 2011, le « barbéfélène » Belkhadem affirmait par exemple que les émeutiers ne faisaient que répéter des slogans entendus lors de matchs de foot et il déplorait le manque de conscience civique dans le pays [26]. Le peuple-enfant est sans nul doute la cible d'une nouvelle mission civilisatrice. Il doit être développé et démocratisé, il doit faire acte de civisme en glissant un bulletin – le bon – dans l'urne, il doit accepter les coupes budgétaires sans broncher et se soumettre au contrôle policier qui vise à tempérer ses accès de colère infantiles. Sous le prétexte d'une transformation graduelle de la société, de sa mise aux normes de la modernité économique, sécuritaire et politique, le discours de l'ordre légitime une entreprise disciplinaire visant à corriger la population.

Limites et relativité du discours de l'ordre

La communication publique des tenants de l'ordre instrumentalise la latence de la crise afin de construire leur légitimité : ils doivent défendre l'islam, défendre l'économie, défendre la mémoire de la révolution, défendre un pays menacé par des forces centrifuges, défendre, enfin, le peuple contre lui-même. Cette légitimité reste toutefois relative. La fragmentation sociale et politique limite considérablement la capacité des porte-paroles du cartel à figurer l'unité et la responsabilité dont ils se réclament.

Ainsi, alors même qu'Ouyahia rappelait le peuple à son devoir d'union en 2012, c'était au tour de son parti de connaître, une nouvelle fois, les affres de la dissidence. En pleine campagne électorale, la secrétaire générale de l'Union des

---

26. *Horizons*, 8 janvier 2011.

femmes algériennes (une association de la famille révolutionnaire) Nouria Hafsi annonçait la création d'un mouvement de redressement dirigé à l'encontre du Premier ministre. Pour elle, le RND s'apparentait à un « Rassemblement national dictatorial [...] géré comme une caserne ». Elle concentrait ses attaques sur Ouyahia, présenté comme « un danger pour l'Algérie » dont les ambitions conduiraient à mettre le pays « à feu et à sang »[27]. On ne peut que relever l'ironie qu'il y a à voir le plus éminent des contempteurs de l'agitation populaire être à son tour présenté comme une menace.

Tout est donc question de relativité. Une fois mis en comparaison avec la réputation de leurs concurrents, le FLN et le RND gagnent non pas en crédibilité mais en normalité. De fait, les partis-cartel dominent la compétition instituée parce qu'ils ont un meilleur accès au méta-pouvoir, parce qu'ils sont en position de force pour la négociation, parce qu'ils sont soutenus par les composantes non-partisanes du cartel (administration, armée, organes de sécurité, syndicats, présidence, milieu des affaires). Le FLN gagne les élections parce qu'il « est ce qu'il est » et que les rapports de force en sa faveur demeurent. En comparaison, ses concurrents se débattent dans un cadre pluriel et fragmenté. Ils font eux-mêmes office de repoussoirs car identifiés à des fondamentalistes, des régionalistes, des opportunistes ou des khobzistes.

J'y reviendrai dans le chapitre suivant, les partis d'opposition doivent d'abord se préoccuper d'exister dans le cadre d'une compétition instituée qui affaiblit ses participants. Face à l'empilement des difficultés (dissidence, cooptation, concurrence), le capital politique est difficile à entretenir et encore plus à accumuler. En conséquence, « aucun parti politique, aucune personnalité publique ne parvient à émerger de façon suffisamment forte pour apparaître comme un challenger sérieux » (Dris-Aït Hamadouche, Zoubir, 2009, 126). Le discrédit dont souffre l'ensemble du champ politique algérien prévient l'apparition d'alternatives viables, sans que le discours de l'ordre n'arrive à faire méconnaître l'arbitraire des positions de pouvoir.

L'impossible euphémisation

Les propos d'Abdelhakim* en ouverture de ce chapitre révèlent la circulation de représentations extrêmement péjoratives du cartel. La blague qui suit illustre d'une autre manière l'accusation portée contre ceux qui tiennent l'État algérien.

> Le grand parrain de la *Cosa Nostra* en Italie ne cesse d'entendre parler de la puissante mafia algérienne. Un jour, il finit par être agacé par ces rumeurs et décide de voir si ces concurrents sont aussi forts qu'on le dit. Il envoie donc l'un de ses hommes en Algérie afin de se renseigner. Lorsqu'il revient, l'homme lui dit, l'air gêné :

---

27. *El Watan*, 28 mars 2012.

- Je suis désolé chef, mais ces Algériens sont trop forts pour nous.
- Comment ça, dit le chef, ils ne peuvent pas être plus forts que la *Cosa Nostra* ?
- Chef, ils ont une armée, un drapeau et des ambassadeurs. Ils ont même leur propre police, leur justice, leur assemblée nationale et leur gouvernement.

La *vox populi* semble confirmer l'intuition remarquable de Charles Tilly : le fonctionnement de l'État est similaire à celui d'une organisation criminelle, notamment du fait de ses fonctions d'extraction et de protection (Tilly, 1985). Si la réduction du cartel à une mafia qui aurait fait main basse sur un État est caricaturale, décrire les dirigeants en ces termes porte néanmoins un coup violent à leur légitimité. Prenons le cas de Bouteflika. Compte-tenu de sa santé vacillante, ce dernier a été mis en scène comme une figure absente, bienveillante et incontestable, selon les canons du patriarcat traditionnel (Rahem, 2008). Pourtant, le président est la cible d'attaques constantes venant de tous horizons. Son célibat ne va pas sans générer son lot de remarques moqueuses sur sa proximité avec sa mère et sur son orientation sexuelle. La corruption de son entourage est également un motif de moquerie, et le président est parfois appelé « *Boutesriqa* », ce qui signifie le « père du vol ». Ces expressions du rejet de l'autorité présidentielle sont d'autant plus radicales qu'elles la tournent en dérision. Sans nier le fatalisme dont témoignent aussi ces traits d'humour populaire (Perego, 2018), ils s'inscrivent aussi dans un registre de la résistance maintenant la possibilité d'une transition vers la contestation ouverte (Allal, 2012).

Pourtant, les tenants de l'ordre se veulent incontournables, car liés historiquement à l'indépendance nationale, et indépassables, car seuls garants de la stabilité dans un contexte politique toujours fragile. Ces discours d'euphémisation traduisent une volonté de travestissement des rapports de force qui fondent tout ordre politique (Bourdieu, 2001, 210-211). Toutefois, il ne suffit pas d'affirmer que l'État est neutre, que le parti (ou l'armée) est uni ou que le président veille à la paix. Pour que la magie soit opérante, il faut que les performances des acteurs soient dignes des croyances qu'ils cherchent à susciter. Cela vaut pour le président comme pour le chef de parti, le chef religieux ou le leader syndical. Il faut également que le contexte soit propice à la croyance dans le bien-fondé de la domination, ce qui n'est évidemment pas le cas lorsque la crise latente rend les contradictions publiques et exacerbe les violences socio-économiques.

Dans l'Algérie de Bouteflika, ce travestissement se heurte donc à un certain nombre de représentations concurrentes qui associent les officiers à des brutes, l'entourage présidentiel à une clique de corrompus ou les ministres à des incompétents. La fragmentation du cartel et la concurrence au sein de l'alliance présidentielle minent la « cohésion des dominants » et hypothèquent leur capacité à maintenir « la surface lisse du pouvoir euphémisé » (Scott, 2008, 71).

Il n'est donc guère surprenant de constater l'émergence de sens contestataires identifiant les dirigeants et leurs relatifs à des mafieux ou à des serviteurs de l'étranger. Si les tenants de l'ordre sont si mal vus, si leur position est souvent comprise comme une usurpation, si leur prise de bénéfice est assimilée à un vol, il convient de nous pencher désormais sur les mécanismes qui rendent ces critiques impuissantes.

CHAPITRE 5

La dissidence face à l'encadrement des libertés

> « L'opération qui consiste à fonder, à inaugurer, à justifier le droit, à faire la loi, consisterait en un coup de force, en une violence performative et donc interprétative qui n'est en elle-même ni juste ni injuste et qu'aucune justice et aucun droit préalable et antérieurement fondateur, aucune fondation préexistante, par définition, ne pourrait garantir ni contredire ou invalider ».
>
> (Jacques Derrida)

> « L'effacement de l'opposition représente un danger réel pour la démocratie. Certains ont tendance à mettre cet état de fait sur le dos du pouvoir, mais peut-on attendre de celui-ci qu'il encourage son opposition. L'évolution des choses nous démontre que les responsabilités sont partagées et que le manque d'audibilité de l'opposition n'est pas à reprocher uniquement au pouvoir ».
>
> (Noureddine Aït-Messaoudene)

La complexification de l'ordre implique l'intégration croissante de la critique à la pratique de la domination afin de mieux nier l'arbitraire. Cette évolution va de pair avec la libéralisation économique marquant la transition vers une société « capitalisto-démocratique » (Boltanski, 2009, 190). Bien entendu, cela n'équivaut nullement à l'extension implacable des libertés démocratiques. S'il ne faut pas négliger les possibilités offertes, la « démocratisation » sert aussi à maintenir les équilibres préalables (Carothers, 2002). L'ordre politique algérien s'est donc mis à jour en appropriant et réinterprétant des normes internationales. Pour cela, des bénéfices concrets ont été concédés à la population, notamment à travers la concession de nouveaux espaces de contournement où les griefs peuvent être exprimés. Mais ce pluralisme n'empêche par le cartel de contenir ses opposants en profitant de la position centrale que ses membres continuent d'occuper dans l'État (Ferrié, 2003). La critique s'exprime sans permettre la mise à bas de l'ordre politique. Au contraire, elle est encadrée par des dispositifs légaux et répressifs qui dessinent un espace de la liberté d'expression tolérée, au nom de la catastrophe suspendue. Cette évolution n'est pas étrangère à la logique de la gouvernementalité libérale, à cette « culture du danger » qui autorise la définition de libertés bornées par des dispositifs de sécurité permettant l'intervention et la régulation (Foucault, 2004, 67-69).

Ce cinquième chapitre analyse la neutralisation de la critique en dépit de l'appropriation de certaines techniques de pouvoir « démocratiques » par le cartel algérien. Pour illustrer cette problématique, je reviendrai d'abord sur la séquence qui a vu le cartel concéder un certain nombre d'ouvertures sous la pression des soulèvements survenus dans d'autres pays arabes, avant de mettre en scène le retour à l'ordre grâce aux élections législatives de 2012. Ensuite, j'étudierai la place de la critique et ses vecteurs dans la publicité algérienne, en montrant les possibilités offertes aux politiciens, aux syndicalistes ou encore aux éditorialistes. Pour autant, cette parole conflictuelle n'échappe pas aux mesures de contrôle. Les pratiques répressives s'avèrent sélectives et imprévisibles. En accompagnant l'évolution globale vers un gouvernement de l'exception, le cartel algérien s'est en effet doté des outils et des arguments permettant une coercition et une censure variables, notamment au nom de l'antiterrorisme. Enfin, je finirai en décrivant l'insularité contestataire, cet isolement de la critique « libérée » qui sera illustré avec le cas de la Kabylie et des partis « berbéristes ». En bref, ce chapitre démontre comment la convergence entre ouverture et limitation, régulation et exception, a contribué à rendre la critique visible mais impuissante.

Le printemps algérien

L'Algérie n'est pas restée en-dehors des printemps arabes, pas plus d'ailleurs que le Maroc ou la Jordanie. Comme l'explique Jean-François Bayart, chaque pays « répondait à une logique propre selon une rythmique régionale » (Bayart, 2014, 154). L'Algérie a donc accompagné cette évolution selon sa propre dynamique, en connaissant d'abord une vague de contestation remarquable au début de l'année 2011, puis en revenant à une forme plus consensuelle et disciplinaire de « transition démocratique ». Le cartel a ainsi mis à profit certains des principes de la transitologie (consolidation, élection, réforme des institutions) afin de contenir la menace révolutionnaire.

Ouverture et crispation

Comme la Tunisie ou l'Égypte, l'Algérie n'a pas attendu l'hiver 2010-2011 pour que l'ordre soit mis en péril. Nous avons vu que la condensation des contradictions au sein du cartel nourrit la latence de la crise politique. Ajoutons à cela la mise en cause des autorités, la protestation continue, et le rejet des représentants politiques putatifs, le pays montre la plupart des signes de la situation révolutionnaire (Arendt, 1972, 71). Ainsi, alors que la Tunisie tremble et avant que l'Égypte ne se soulève à son tour, l'Algérie accompagne la

« rythmique régionale » à travers une vague d'émeutes qui touche tout le pays, et notamment le quartier symbolique de Bab El-Oued à Alger, situé non loin du Parlement et du Palais du Gouvernement.

Suite à la flambée émeutière de janvier, plusieurs syndicats autonomes rejoints par la LADDH annoncent prendre « le parti et la défense de la jeunesse algérienne »[1]. Par la suite, des organisations politiques, des associations et des syndicats s'unissent au sein de la Coordination nationale pour le changement et la démocratie. Néanmoins, la CNCD va rapidement être affaiblie par le retrait du FFS et par des divisions croissantes entre son pôle social et son pôle politique, qui s'opposent aussi bien sur les objectifs du mouvement que sur les moyens à employer. Rapidement, la coalition contestataire se scinde en deux CNCD (l'une dite « partis politiques », l'autre dite « Barakat »). La fragmentation triomphe encore une fois de la tentative d'union (Baamara, 2012).

C'est d'un mouvement sectoriel que vient la principale manifestation de mécontentement populaire. En effet, la contestation étudiante contre le passage au système LMD, qui n'a cessé d'enfler depuis le début de l'année universitaire, débouche sur la constitution de plusieurs coordination locales étudiantes. Le mouvement s'auto-limite, en se cantonnant à des revendications « pédagogiques » et en refusant de se rapprocher des organisations partisanes. Il a néanmoins une portée politique, ne serait-ce que parce que certains de ses animateurs sont aussi militants de partis d'opposition (Baamara, 2013). Ses slogans empruntent déjà aux révolutions voisines (« Harrouabia dégage ! », « *wazara irhabia* ! » – ministère terroriste ! –). Finalement, le 12 avril, une marche à Alger débouche sur des affrontements avec les forces de l'ordre. Bien qu'empêchés de se rendre au Palais du Gouvernement puis à la Présidence, des milliers d'étudiants font entendre des demandes radicales dans un espace interdit. « Le peuple veut la chute du régime ! » retentit sur les boulevards algérois. C'est le pic d'un mouvement qui va ensuite lentement refluer avec la fin de l'année universitaire. Deux semaines après la manifestation, revenus dans leur chambre de la cité universitaire Boukhalfa 2, Hocine* et Abdou* me racontent ce jour mémorable où ils ont fait trembler le « Pouvoir ». « Après avoir vécu ça, je peux mourir tranquille ! » affirme le premier en enfournant une boule de chique dans sa bouche et en s'enfonçant dans son lit. Il est vrai que la capitale était sanctuarisée depuis plus de dix ans.

Une fois passés les émeutes de janvier et le mouvement étudiant, la contestation rentre dans le rang. Le souvenir de la décennie noire est toujours présent dans l'espace public et certains commentateurs rappellent qu'un soulèvement populaire pourrait mener à un bain de sang (Zoubir, 2013). Pour

---

[1]. Cf. La déclaration complète sur le blog non-officiel du FFS : http://ffs1963.unblog.fr/ 2011/01/10/declaration-commune-laddh-cla-satef-coordination-des-sections-cnes-snapap/

éviter une nouvelle tragédie, il faut des réformes. L'intensification du processus critique ouvre ainsi la voie à la mise à jour. L'état d'urgence proclamé par Boudiaf en 1992 est levé le 23 février 2011, afin de démontrer le « retour à l'état de droit ». Le 15 avril, un Abdelaziz Bouteflika affaibli apparaît à la télévision pour annoncer des mesures visant à « renforcer la démocratie », parmi lesquelles l'amendement de la constitution, la révision des lois sur les partis politiques et l'émergence d'un espace médiatique autonome. Une commission nationale de consultation sur les réformes politiques est créée. L'ANP est associée au processus, puisque le général-major à la retraite Mohamed Touati, qui fut l'une des têtes pensantes de l'institution durant la guerre civile, revient pour piloter la commission. La présidence garde néanmoins la main sur la mise à jour, en tant que pôle civil garant de la démocratie en devenir. Aucune de ces réformes ne va bouleverser les rapports de force. Certaines ouvrent même la voie à des mesures de rétorsion, à l'image de la nouvelle loi sur les associations, qui interdit l'« ingérence » dans les affaires de l'État et encadre les possibilités de financements étrangers. Ces réformes sont donc accueillies avec une certaine méfiance, notamment la nouvelle loi sur l'information (Dris, 2012)

Pourtant, il faut bien reconnaître que certaines ouvertures sont bien réelles, par exemple l'apparition de nouvelles chaînes de télévision privées. Très tôt, la méfiance à l'égard des supports audiovisuels publics a nourri la diversification des sources par le recours aux chaînes étrangères (Mostefaoui, 1998). Cette tendance n'a fait que s'accentuer avec l'avènement de la télévision par satellite, couplé à une science certaine du piratage. La libéralisation de l'audiovisuel confirme donc cette tendance ancienne tout en renforçant le pluralisme médiatique national et le poids des médias privés dans un contexte de défiance à l'égard des chaînes publiques (Bozerup, 2013).

En parallèle à ces ouvertures, la réponse du cartel implique également une mise en branle de l'appareil sécuritaire pour contenir le mécontentement, à mesure que les vagues de contestations sectorielles se succèdent. Arrivé en Algérie après la marche des étudiants, à la mi-avril, je trouve Alger verrouillée par la présence policière. Le Comité national de défense des droits des chômeurs a à son tour décidé d'appeler à un rassemblement sur la Place du 1er mai, pour la fête internationale du travail. Ses membres sont une cinquantaine, auxquels se sont joints des militants de gauche et des syndicalistes. Face à cette modeste assemblée, le dispositif policier mobilise une centaine de policiers appartenant aux URS (Unités républicaines de sécurité). Après avoir pu se rassembler et scander leurs slogans pendant une heure, les manifestants sont progressivement submergés par la marée d'hommes en combinaison bleu marine puis dispersés. Deux points interpellent particulièrement. Il y a d'abord l'impressionnante disproportion du dispositif répressif déployé pour contrôler les syndicalistes. Ensuite, il y a surtout la méfiance de l'assistance à l'égard du mouvement social. Les Algérois qui attendent leur bus sur la place évoquent les violences en Libye. « Ici, ce sera pire » m'affirme l'un d'entre eux. Quand ce n'est pas la peur du chaos, c'est la fainéantise supposée des chômeurs, leur intéressement ou encore leur possible manipulation qui sont mis en avant (« Ils ne sont là que pour l'argent », « ils ont été payés pour causer des problèmes »). Le redéploiement du dispositif répressif s'appuie sur la rationalité politique de l'instrumentalisation et de la suspicion.

Malgré la fin de l'état d'urgence, Alger reste interdite aux manifestations. La présence policière y est massive et changeante. Le 5 octobre 2011, pour la commémoration annuelle du soulèvement de 1988, les séides de la DGSN sont à nouveau présents en nombre, mais cette fois beaucoup sont des agents en civil. Deux heures avant le début du rassemblement, prévu à 11 heures, les cadres du RAJ qui organisaient une manifestation commémorative ont été arrêtés de manière préventive. Les jeunes militants sont donc contraints à l'improvisation. Ils se déplacent par petits groupes pour éviter une interpellation et hésitent sur le lieu de réunion, avant de rejoindre d'autres organisations devant le Théâtre national algérien. En dépit des obstacles posés tout au long de la journée, le rassemblement peut se tenir. Les « interpellés » sont libérés pour l'heure du repas. Le harcèlement policier et la menace floue que représentent les agents en civil ont néanmoins rendu la matinée épuisante pour des militants qui, pour une bonne partie, sont venus de province.

À force de répression et de réforme, le cartel surmonte l'année 2011 sans être réellement mis en danger. Usant du spectacle des guerres civiles qui s'installent en Libye et en Syrie, ses porte-paroles exigent l'union du peuple face au complot étranger et au désastre qui menace. Sortie de la temporalité révolutionnaire pour réintégrer celle de la transition, l'Algérie est installée dans une phase de consolidation qui n'en finit pas. À l'approche des élections législatives de mai 2012, les injonctions au vote se multiplient en réponse aux appels au boycott. Farouk Ksentini, le président de la Commission nationale consultative pour la promotion et la défense des droits de l'Homme, appelle à des sanctions contre les abstentionnistes. Peu après, Tarek Mameri, un activiste du quartier populaire algérois de Belcourt, est enlevé en pleine nuit et conduit au commissariat. Le succès de ses vidéos sur *Youtube* a fait du jeune défenseur du boycott un élément subversif à faire taire. Ainsi, alors que la critique publique des partis politiques est tolérée en règle générale, les activistes isolés sont des cibles d'une répression qui rappelle les pratiques étatiques de la décennie noire. Tandis que les premiers se heurtent aux régulations étatiques, les seconds subissent l'exception dans toute sa brutalité.

Le Léviathan montre ses crocs, fait disparaître pour quelques heures ou quelques jours, puis rappelle l'importance du scrutin à venir.

Élections et abstention

Les élections législatives de mai 2012 sont présentées comme un « printemps algérien ». Alors que de nombreuses organisations fraîchement légalisées se joignent à la compétition, la campagne met *de facto* fin à la glaciation politique. Sur les panneaux algérois, pas moins de trente-huit listes sollicitent les suffrages populaires. Certains font campagne pour le « changement », d'autres pour le président, et une dernière catégorie cumule sans souci de contradiction les deux revendications. Les partis-cartel récitent pour leur part la partition de la consolidation. Non loin de la Grande Poste, dans le centre d'Alger, je discute avec des militants du RND qui tentent, tant bien que mal, d'arrêter les passants ou à défaut de leur glisser un tract dans la main. Les six jeunes hommes sont tirés à quatre épingle et rasés de près. Ils incarnent parfaitement l'image du parti de l'ordre qu'est le RND. Celui qui répond pour tout le groupe est élève à l'École nationale d'administration. Leur réaction à ma démarche oscille entre méfiance et plaisir de pouvoir restituer le discours du parti. Le porte-parole du groupe m'explique que même à Alger-centre, les gens qu'ils démarchent sont soit trop pressés soit hostiles. Quand je demande pourquoi les gens devraient voter pour leur parti, ils se concertent. Finalement, l'apprenti énarque me répond :

> Il faut soutenir le RND parce que c'est un parti qui fait en sorte que le pays reste stable et uni, et qui travaille pour la reconstruction nationale depuis quinze ans. Quand vous commencez à reconstruire une maison qui a été détruite par une catastrophe, vous ne pouvez pas vouloir tout changer quand vous arrivez au deuxième étage. C'est la même chose pour le développement de l'Algérie. On a fait les fondations, on a des murs solides, et il faut continuer de s'appuyer là-dessus si on ne veut pas tout gâcher. (notes de terrain).

À en croire ce discours d'institution, le travail entamé depuis 1997 n'est pas terminé et il faut de la continuité pour éviter qu'il soit réduit à néant. Le choix responsable est celui de la continuité de l'ordre. Sans nier le principe de l'alternance, le porte-parole du groupe file ensuite la métaphore en se penchant sur l'Alliance pour l'Algérie verte et sa supposée inexpérience (« Si vous avez un champ et que vous semez des graines, vous ne pouvez pas donner le tracteur à quelqu'un qui n'est pas qualifié juste avant la récolte ou sinon il va tout détruire »). Le registre de la destruction est là pour rappeler l'enjeu existentiel.

Dans cette campagne, le rôle du « challenger » revient à la coalition islamiste réunissant trois partis fréristes. C'est l'Alliance pour l'Algérie verte qui fait parler dans les médias et les chancelleries occidentales. Deux jours avant la tenue des élections législatives, je quitte le centre d'études diocésains des Glycines situé à El Biar, sur les hauteurs d'Alger. Avant de franchir la porte, l'un des pères plaisante sur le fait que certaines ambassades se préparent à l'éventualité d'une « vague verte » et conseillent aux *gaouris* (Européens) de se calfeutrer chez eux. Les militants du FFS ou du PST à qui je parle dans les jours qui suivent ne donnent aucun crédit à l'Alliance. Difficile en effet d'imaginer un raz-de-marée islamiste « dans la lignée des printemps arabes » quand la coalition islamiste compense son déficit de militants à Alger en payant des jeunes tellement pressés de se débarrasser de leur corvée qu'ils donnent leurs tracts aux étrangers et aux enfants. La pénétration sociale de ces organisations fréristes est négligeable en regard des réseaux caritatifs qui firent jadis la force du FIS (Aït-Aoudia, 2013).

D'autres partis d'opposition se prennent également au jeu. Après avoir boycotté pendant dix ans les scrutins nationaux, le FFS a décidé de participer aux élections législatives. Son vieux leader, Hocine Aït Ahmed a annoncé de son lieu de résidence en Suisse qu'il « considère que la participation à ces élections est une nécessité tactique »[2]. Les raisons de ce choix sont nombreuses : il s'agit de profiter de l'occasion pour mobiliser, pour faire passer un message, mais aussi pour mettre fin à une stratégie de boycott coûteuse politiquement (abandon des arènes nationales), financièrement (perte des cotisations des élus), humainement (défections) mais aussi symboliquement (accusations d'irresponsabilité). Compte tenu des possibilités offertes par l'ouverture, il est compliqué de rester durablement à la marge de la compétition instituée (Ferrié, 2009). De plus, la crise latente impose la thématique du péril existentiel aux opposants. Lors d'un meeting du parti dans la banlieue d'Alger auquel j'assiste fin avril, le candidat à la députation Mostefa Bouchachi s'alarme des propos tenus par des jeunes du Sud qui l'aurait averti que, si les Français revenaient, ils seraient « les premiers des Harkis ». Pour le président de la LADDH qui a pris la tête de la liste algéroise du FFS, le risque est de voir le pays éclater sous la pression du mécontentement socio-économique, ce qui légitime son engagement. Quoi qu'il en soit, le choix de la participation attise les tensions et les suspicions au sein et en dehors du parti, tout en ouvrant des possibilités de bénéfices individuels et collectifs. Les intérêts sont parfois contradictoires, entre les orientations stratégiques de la direction et celles, plus morales, de certains militants, mais aussi entre les ambitions concurrentes des uns et des autres. La participation électorale fait certes bouger les lignes, mais elle mine aussi la cohésion du plus vieux parti d'opposition (Baamara, 2016).

Le « printemps » électoral organisé par le cartel n'engendre pas l'enthousiasme populaire, loin s'en faut. En province, certains meetings ont été interrompus ; les leaders des principales formations politiques de l'ancienne

---

2. *APS*, 2 mars 2012.

coalition présidentielle ont été pris à partie, parfois physiquement, par des citoyens en colère. Alors même que l'un des rédacteurs me concède avoir tenté d'adoucir le rapport officiel pour ménager les autorités algériennes, l'ONG américaine NDI estime que la campagne se déroule « sans enthousiasme des partis et [avec] un engagement faible des électeurs » (NDI, 2012, 8). Lors des derniers jours de la campagne, les Algérois avec qui j'échange apparaissent souvent agacés par le spectacle qu'on leur impose. Un couple de Bouzareah, dans la banlieue de la capitale, m'explique qu'ils n'iront pas voter car ils « s'en foutent » éperdument. Lui est cadre, elle est infirmière, et tous deux présentent cette assemblée comme celle des « décideurs », un corps étranger au peuple. Comme je lui fais remarquer que je ressens une certaine tension, une universitaire se désole : « les gens sont épuisés, avec ces élections qui ne riment à rien, dit-elle. Ils ne veulent qu'une seule chose, c'est qu'on les laisse tranquilles ». C'est une fascinante particularité du système politique algérien que d'être arrivé à une situation où les choix qu'il propose, incontestablement multiples, sont à ce point vidés de leur sens qu'ils deviennent presque impossibles à cautionner.

Revenu d'entre les morts pour l'occasion, Bouteflika apparaît le 8 mai 2012 à Sétif pour appeler à la mobilisation pour cet événement qu'il veut aussi important que le 1er novembre 1954. À cette occasion, il prononce les fameux mots « *jili tab j'nanou* », « ma génération a déjà tout donné ». C'est donc aux jeunes et aux femmes, qu'il revient de prendre le relais. À sa suite, les candidats cherchent tant bien que mal à raviver la croyance dans la magie de la représentation. Comme l'expliquait Bourdieu, « le problème est de faire en sorte que le peuple entre dans le jeu et soit pris au jeu, qu'il soit pris à l'illusion politique ». Or, le souvenir des élections interrompues, arrangées ou jouées d'avance rend cette croyance difficile à entretenir : « pour être pris au jeu politique, il faut un minimum de chances » (Bourdieu, 2012, 564).

Le lendemain des élections, le ministre de l'Intérieur Daho Ould Kablia annonce que le FLN et le RND ont remporté à eux deux 291 des 462 sièges mis en jeu. L'Alliance pour l'Algérie verte a raflé quelques 47 sièges. Le FFS pourra tout juste constituer un groupe parlementaire avec ses 21 députés. Le PT et ses 17 élus échouent à faire de même. Les autres mouvements doivent se contenter des miettes concédées par le cartel. Pour les observateurs étrangers, ce raz-de-marée est une surprise. Pourtant, les résultats sont loin d'être improbables. En effet, le FLN « écrase » les élections législatives de 2012 avec à peine 14 % des voix. Le scrutin majoritaire à un tour, les 18 % de bulletins nuls et la fragmentation du champ politique ont fait le reste : 23 formations ont récolté entre 1 % et 3 % des suffrages exprimés.

Dans les jours qui suivent, les fraudes sont au cœur des dénonciations de la presse privée et des partis d'opposition. Il n'y a certes que les quotidiens publics et les partenaires internationaux du cartel pour se réjouir d'un « scrutin libre, transparent, régulier et équitable », selon les mots du chef de la mission d'observation de l'Union africaine [3]. Certains responsables politiques algérois s'empressent d'aller consulter les procès verbaux disponibles à la *wilaya* et de les communiquer à tout ce que leur répertoire téléphonique compte de journalistes. *El Watan* consacre ainsi deux pleines pages aux fraudes électorales, preuves à l'appui. Toutefois, le soutien de l'administration ne suffit pas à expliquer la victoire du FLN et du RND. L'incapacité de la mosaïque d'opposition à mobiliser une population qui bien souvent la considère comme aussi « corrompue » ou « incapable » que les partis-cartel explique aussi partiellement ce résultat. Confrontés aux querelles internes, aux dissidences, à la cooptation, aux promesses irréalistes, les Algériens ont finalement préféré soutenir le parti de l'abstention, de loin le plus puissant.

C'est là que se situe le véritable enjeu. Le jour des élections, la chaîne privée *Ennahar-TV* diffuse un micro-trottoir où de nombreux interviewés algérois affirment crânement « *Manvotech* », « je ne vote pas ». Lors de l'annonce des résultats, le taux de participation atteint péniblement les 42 %. En réponse à une journaliste qui l'interroge sur l'abstention dans les *wilayas* du littoral, Daho Ould Kablia déplore que les gens soient partis « à la plage, faire du camping ou bien n'importe quoi » plutôt que d'aller voter [4]. Face au désaveu populaire, il réaffirme la posture paternaliste des révolutionnaires qu'il incarne à la perfection, en tant qu'ancien du MALG. À la vision de cette scène, les mots de Juan Linz reviennent à l'esprit : loin d'une quelconque idéologie, le cartel se pose en « solution au problème particulier d'une société particulière à un moment particulier » (Linz, 2004b, 584-585). Dans le contexte de la globalisation démocratique, ce problème a changé de nature : il ne s'agit plus de combattre le sous-développement ou le communisme, mais plutôt de discipliner un peuple-enfant à qui il faudrait désormais inculquer les rudiments de la modernité politique.

Les voies de la critique

À la fin du mois de juin 2012, une scène diffusée sur les réseaux sociaux fait parler à Alger. En effet, l'ancien chef d'état-major Khaled Nezzar a été pris à partie par des jeunes du Mouvement de la jeunesse indépendante pour le changement (MJIC) à El Alia, le plus grand cimetière d'Alger. Se sachant filmé, l'un d'entre eux qualifie les généraux d'« assassins » responsables de la

---
3. *El Moudjahid*, 12 mai 2012.
4. Cf. https://www.youtube.com/watch?v=7oaH7-opFOA (consulté le 20 octobre 2014).

situation du pays [5]. À travers cette altercation largement commentée, on perçoit l'évolution du système de domination. Nezzar lui-même a joué le jeu du débat public, en devenant le porte-voix des « éradicateurs » dans ses livres. De fait, le temps du contrôle de l'expression et de la falsification systématique de la réalité est révolu. Tandis que les biographies des ministres et des militaires font la chronique des luttes de clans, il n'est plus interdit de se livrer à une critique virulente du gouvernement ou encore de dénoncer l'influence des affairistes. Les acteurs n'en sont pas moins limités de différentes manières.

Critique virulente et disproportion des forces

Le champ politique est le principal bénéficiaire de la latitude laissée à la critique. Les discours de politiciens hostiles au centralisme, à la stratégie gouvernementale, dénonçant la corruption, l'irresponsabilité ou l'incurie des responsables du cartel, s'expriment en apparence sans entrave dès l'instant qu'ils se fondent dans la compétition instituée. Les politiciens peuvent donc affirmer leur défiance à l'égard du « Système » en toute légalité. Jamais avare d'une tribune démontrant son « militantisme sans concession », selon ses propres mots, Hamid Ferhat, le président de l'APW de Béjaïa, multipliait ainsi les dénonciations de l'incurie de l'État. En voici un exemple :

> Encore une fois les hautes autorités du pays persistent dans l'exclusion de la population dans la prise en main de son destin. Si l'objectif de la révolution était d'abord la libre autodétermination, un demi-siècle après, il n'en est rien de cela. [...] La loi du mensonge, de la corruption et de la violence serait le sport républicain dans notre pays. Il ne se passe pas un jour où l'on ne découvrirait pas des promesses mensongères, de multitudes affaires de corruption ou alors de violentes régulations sociales. Comment expliquer, sinon, l'extrême appauvrissement de pans entiers de la société et l'insoluble sous-développement des territoires devant une extraordinaire opulence ? Cela pour dire que notre pays est dans une phase de non gouvernance.
>
> (Déclaration publique du P/APW de Béjaia, 4 octobre 2010).

Venant du président de l'une des deux assemblées régionales aux mains de l'opposition, pareil discours n'a en fait rien de surprenant. La virulence de la communication publique des politiciens est partie intégrante du système de domination, car elle sert la démonstration de la liberté laissée aux opposants.

Pourtant la critique, bien que libre en apparence, ne cesse jamais d'être confrontée à la disproportion du dispositif coercitif. En effet, le cartel laisse s'exprimer la défiance en ayant les moyens d'y mettre fin quand elle dépasse les limites de sa « tolérance ». Le champ syndical a ainsi vu le bourgeonnement d'une multitude d'organisations défendant les travailleurs sans avoir de lien

---

5. Le MJIC est une organisation de défense des droits de l'Homme et de la démocratie fondée en 2011. Cf. http://www.dailymotion.com/video/xruzhq_abdounezzar_news

organique avec le cartel comme c'est le cas de l'UGTA. Ces syndicats autonomes sont particulièrement présents dans la fonction publique où ils comptent parfois plusieurs dizaines voire centaines de milliers d'adhérents (à l'image du SNAPAP-Syndicat national autonome des personnels de l'administration publique – ou du CNAPEST-Conseil national autonome des professeurs de l'enseignement secondaire et technique). Ces organisations syndicales portent les revendications des travailleurs dans l'espace public en ayant recours à la grève, à l'occupation ou au sit-in. Leur critique des politiques publiques est souvent sans concession. Dans le même temps, malgré l'ouverture du champ, les syndicats autonomes sont la cible d'interdictions administratives tandis que les grèves se heurtent fréquemment à la répression policière, au point de motiver des rappels à l'ordre de l'Organisation internationale du travail (OIT, 2012, 53).

L'espace de contournement varie selon les champs (médiatique, syndical, associatif, politique), les personnes, les lieux, mais aussi le contexte national et régional. Prenons l'exemple du champ associatif, et plus précisément des associations qui dénoncent les exactions étatiques durant la décennie noire (LADDH, associations de familles). Celles-ci demandent par exemple le passage des coupables de crimes contre l'humanité devant la Cour pénale internationale ; elles dénoncent la brutalité des organes de sécurité et accusent fréquemment les pouvoirs publics de mensonges. Pour leurs porte-paroles comme Abdennour Ali Yahia, il est possible d'accuser publiquement le gouvernement de mensonge et de complicité de crimes de guerre (Addi, 2004). Dans le même temps, l'accès de ce bloc associatif aux médias est circonscrit à une partie de la presse écrite et aux chaînes étrangères. Là encore, les accusations publiques illustrent une forme d'ouverture en accord avec la globalisation démocratique, mais l'espace public accessible est restreint.

Le seuil de tolérance à l'égard de la critique est fixé par les tenants de l'ordre. Ainsi, à partir d'août 2010, les organisations comme SOS disparus ou le Collectif des familles de disparus en Algérie qui tenaient des rassemblements réguliers depuis la fin de la guerre civile se sont vus interdites de sit-in devant les bâtiments publics algérois. Pour Farouk Ksentini, qui fait figure de représentant du cartel en matière de droits de l'Homme, le problème des disparus de la décennie noire était clos [6]. Il n'était donc plus souhaitable de l'aborder en pleine rue. La disproportion des forces entre un état policier et des associations pouvant mobiliser quelques dizaines d'individus permet d'alterner entre permissivité et répression. L'intensité de la répression et l'aire de l'espace de contournement sont sujets à des évolutions constantes dans chacun des champs concernés. Ainsi, pour mieux adapter leurs pratiques

---

6. *Le Midi Libre*, 20 août 2010.

contestataires, les militants, syndicalistes, activistes demeurent particulièrement attentifs aux signes d'humeur des « décideurs », qui seront présentés comme « paniqués », « sur les nerfs » ou encore « à bout de souffle ».

Ouvertures médiatiques sous tension

S'il est un espace où la critique s'exprime de manière particulièrement virulente en Algérie, c'est bien le champ médiatique, et particulièrement la presse écrite. Dès 1989, la nouvelle législation sur les partis avait légalisé l'existence de revues liées aux différentes organisations politiques qui forçaient l'accès à l'espace public. Le FIS disposait par exemple de son propre organe central, *El Mounqidh*, avant même que la loi sur l'information ne soit votée. Par la suite, la suppression du ministère de l'Information puis les dispositions volontaristes du gouvernement Hamrouche alimentèrent un véritable « état de grâce » de la presse écrite se traduisant par l'apparition d'une myriade de journaux privés (Mostefaoui, 1992, 61-62). Dans le cadre de la loi n° 90-07 du 3 avril 1990 relative à l'information, les journalistes se voyaient ainsi offrir trois ans de salaire en guise d'indemnités de départ, des avantages bancaires mais aussi des prêts à taux réduit.

Par la suite, la presse écrite a réussi à survivre à la décennie noire tout en conservant une grande variété de lignes éditoriales, en dépit des attentats visant les journalistes et de la censure imposée au nom de la sécurité. Certaines publications sont des relais assumés de certaines fractions du cartel, tels qu'*El Moudjahid* pour le FLN ou qu'*El Djeich* pour l'armée. Des journaux privés sont liés à un courant politique, à l'image de l'arabophone *Ennahar* qui est proche des islamo-conservateurs. D'autres encore jouent sur le registre de la « presse de référence » libérale et revendiquent une indépendance critique, comme l'arabophone *El Khabar* et le francophone *El Watan*. D'autres, enfin, sont la propriété de grands hommes d'affaires et suivent donc l'alignement politique de ces derniers, à l'image de *Liberté* (propriété d'Issad Rebrab et critique du gouvernement) ou de *Le Temps d'Algérie* (appartenant à Ali Haddad et pro-gouvernement).

La variété des opinions proposées est illustrée par la couverture du procès en diffamation intenté par Khaled Nezzar à l'ancien officier des forces spéciales Habib Souaïdia, tenu à Paris en juillet 2002. Le dossier de presse réuni par l'ONG *Algeria-Watch* propose une sélection exhaustive des articles relatant cet épisode sensible [7]. Certains journaux reprenaient les thématiques habituelles que sont le risque d'éclatement du pays et le complot étranger, dénonçant une coalition malveillante d'ONG, de berbéristes, de déserteurs et de personnalités

---

7. Le dossier de presse est disponible à l'adresse suivante : http://www.algeria-watch.org/pdf/pdf_fr/Dossier_presse_proces_Nezzar_Souaidia.pdf

françaises. Ils faisaient en fait écho à la position de Nezzar, lequel était déjà devenu l'un des porte-paroles de l'ANP face aux ingérences des « droits-de-l'hommistes » (Nezzar, 2003b). Mais les titres de la presse privée abordaient également quantité de points brûlants : le rôle de la France dans les affaires internes du pays, les violences commises par les forces de sécurité durant la décennie noire, les luttes entre la présidence et certains prétoriens, l'interruption du processus électoral, la politique de concorde. À cette occasion, tous ces thèmes explosifs étaient discutés en place publique par des journaux aux vues diamétralement opposées.

Bien sûr, les médias sont aussi un espace stratégique pour les différents acteurs en concurrence dans le champ étatique. Nous en avons vu un exemple éclatant avec la tempête médiatique de l'été 1998 qui fut fatale à plusieurs membres de l'entourage de Liamine Zeroual. La presse est un auxiliaire précieux quand il s'agit de régler ses comptes en préservant la fiction de la neutralité des institutions étatiques. Ainsi, du fait du devoir de réserve qui incombe aux officiers de l'ANP encore en activité, leurs charges médiatiques passeront souvent par la plume d'un journaliste (Addi, 2002, 197). Ces interventions insidieuses alimentent la suspicion à l'égard des manipulations et des silences complices qui caractériseraient la presse écrite algérienne. Celle-ci n'échappe donc pas au registre dominant de l'instrumentalisation. À en croire le politologue Chérif Dris, le pluralisme de la presse conduirait à « mélanger subtilement le langage officiel et l'expression libre afin que les récepteurs soient moins suspicieux » (Dris, 2012, 319). Cela traduit la capacité des acteurs politiques et étatiques à user de leur pouvoir d'imposition symbolique pour populariser leurs représentations dans l'espace public. Ce mélange entre langage officiel et libre expression est une pratique répandue de la communication publique reposant sur la diffusion d'éléments de langage, notamment grâce aux relations développées avec les médias (Riutort, 2007, 54-81). On parlera donc de « terroristes » plutôt que de « rebelles », de « Commission nationale consultative de promotion et de protection des droits de l'Homme » plutôt que d'« appendice servant à officialiser l'intérêt pour une question en vogue ».

Plus généralement, les travaux portant sur la complaisance des journalistes à l'égard des élites dirigeantes sont nombreux, y compris dans les systèmes représentatifs libéraux (Halimi, 2005 ; Bennett *et al.*, 2007). L'interdépendance des espaces sociaux implique de fait une situation de connivence plus ou moins consciente, d'autant que les financements, les contacts et les autorisations qui facilitent l'activité journalistique sont fournis par les champs étatiques, politiques ou économiques. En bref, même si le soupçon d'instrumentalisation est légitime, le détournement des médias dans le cadre des luttes de pouvoir est assez commun et n'enlève rien à l'existence d'un niveau de publicité favorable à l'expression d'une critique sans concession.

Le dessinateur Ali Dilem s'est par exemple rendu célèbre pour ses caricatures parues dans *Le Matin* puis dans *Liberté*. Les généraux y apparaissent sous la forme de gros moustachus portant sur la poitrine une médaille en forme de tête de mort. Bouteflika est quant à lui dessiné sous les traits d'un petit bonhomme coiffé d'une queue de cheval ornée d'un nœud rose. Dilem aborde également de manière grinçante le désespoir populaire en évoquant les tentatives d'immolation ou le désir d'émigration (Dilem, 2011). De manière générale, la presse privée algérienne donne une grande importance aux chroniqueurs et aux caricaturistes qui couchent sur le papier les sentiments souvent peu amènes éprouvés par une partie de la population à l'égard des « décideurs », mais aussi l'amertume résultant de la latence de la crise à laquelle est confronté le pays.

En dépit de l'espace concédé à la critique, la possibilité d'une intervention punitive persiste par le biais de différents dispositifs matériels. Après la phase de libéralisation, l'État a conservé un contrôle étendu des secteurs de l'impression et de l'édition, ce qui a longtemps permis de maintenir sous pression les rédactions. L'augmentation des prix des imprimeries a été utilisée dès le début des années 1990 pour asphyxier financièrement la presse écrite (Mouffok, 1995, 44). En août 2003, six quotidiens furent ainsi interdits de parution et tenus de payer aux imprimeries d'État des factures importantes. Afin de se prémunir de cette menace, le francophone *El Watan* et l'arabophone *El Khabar* sont devenus copropriétaires de leur propre imprimerie. Située à Ayn Naadja, celle-ci a été la cible d'une attaque menée par une foule désireuse d'y mettre le feu au mois de septembre 2011, ce qui a pu être présenté comme une réponse aux désirs des deux quotidiens de profiter de l'ouverture de l'audiovisuelle pour fonder leurs propres chaînes [8]. Pour nuire à la presse écrite privée, le cartel a encore d'autres moyens, tels que le harcèlement fiscal ou les mesures visant à contrôler et à restreindre les recettes publicitaires, toujours possibles en vertu de la loi sur l'information de 2012. De fait, les réformes n'empêchent pas les mesures de rétorsion à l'égard d'une presse privée plus exposée aux contingences économiques. L'ouverture s'accompagne donc d'une mutation des dispositifs de contrôle.

Censure et répression

L'ouverture d'un espace de contournement offre des opportunités pour mettre en cause le bien-fondé de l'ordre, tout en permettant différentes formes d'interventions et de régulations. De ce point de vue, les discours normatifs libéraux sont trompeurs. De la même manière que la sacralisation de la *charia*

---

8. *El Watan*, 15 septembre 2011.

conduit à négliger les débats qui font évoluer la norme juridique, la sacralisation d'une liberté d'expression vierge de toute censure ne rend pas compte des luttes constantes qui définissent les limites de l'espace de contournement (Tocqueville, 1981, 265-268). Les systèmes représentatifs libéraux ont leurs règles et leurs exceptions, souvent justifiées au nom de la sécurité et du respect des institutions. Ainsi, certains juristes « libéraux » et « démocrates » défendront la limitation de la liberté d'expression – tout en la reconnaissant comme fondamentale – en jouant sur le registre de la nécessité (Morange, 1990). Dans cette section, nous verrons que la répression en Algérie repose sur le brouillage des frontières du permis et du répréhensible, du dicible et de l'indicible, et maintient de la sorte la possibilité du contrôle.

Une censure à géométrie variable

L'État algérien est signataire de la déclaration universelle des droits de l'Homme et surtout du pacte international relatif aux droits civils et politiques. Seul le second, ratifié par l'Algérie en 1989, est porteur d'obligations juridiques. Au niveau du droit national, la constitution de 1996 garantit les libertés de conscience, d'opinion et d'expression (articles 36 et 41). Dans l'Algérie de Bouteflika, la répression de l'expression critique n'est donc plus une pratique acceptée officiellement. Cela ne veut pas dire que celle-ci a complètement disparu, y compris sous des formes violentes. Certains potentats locaux peuvent ainsi avoir recours à des pratiques violentes mafieuses (enlèvements, passages à tabac, assassinats) à l'encontre des activistes et des journalistes qui dénoncent leurs agissements. C'est ainsi que le journaliste Abdelhaï Beliardouh, correspondant d'*El Watan* à Tébessa, fut enlevé et torturé par le président de la chambre de commerce locale en 2002, avant de se suicider. Dix ans plus tard, ce dernier et ses complices furent acquittés malgré les nombreux témoins oculaires [9]. Toutefois, le cartel qui tient l'État dispose de ressources légales lui permettant de réprimer ses critiques trop virulentes sans enfreindre ouvertement les canons du pluralisme. Le caricaturiste Ali Dilem en a fait l'expérience. Ses dessins n'épargnant aucune des institutions clés du cartel lui ont valu plusieurs condamnations dans le cadre de la loi sur l'information de 2001. Au-delà des limites de l'espace de contournement, l'expression critique devient délit de presse. Le respect de symboles sacrés de la nation légitime la censure qui devient régulation : le pluralisme reste ainsi borné par les mythes unanimistes qui fondent l'ordre (Catusse, Karam, 2010).

La censure à géométrie variable implique quantité de moyens détournés. Mohamed Benchicou, qui fût le directeur du *Matin*, a ainsi chèrement payé ses multiples attaques contre Bouteflika au moment où celui-ci luttait encore pour

---

9. *El Watan*, 15 et 16 décembre 2012.

renforcer sa position dans le cartel (Benchicou, 2003). Le journal fut poussé à la fermeture à la suite d'un redressement fiscal de plusieurs dizaines de millions de dinars en 2003. Au même moment, Benchicou fut arrêté à son retour de Paris et inculpé pour « infraction au contrôle des changes ». Il écopa d'une peine de deux années de prison ferme assortie d'une amende de 20 millions de dinars. Pris en possession de devises étrangères, le directeur de la rédaction du *Matin* fut mis dans la position d'un mercenaire et criminalisé. Sa condamnation dans le cadre d'un délit financier accréditait le discours offensif de Bouteflika qui brocardait alors les « mercenaires de la plume » [10]. En 2008, son *Journal d'un homme libre* fut saisi à l'imprimerie à la demande de la ministre de la Culture Khalida Toumi au nom de son ton subversif, de son révisionnisme historique et de son racisme supposé.

La répression s'exerce également à l'encontre du champ intellectuel, toujours sous la forme d'actes de régulation qui ne rentrent pas ostensiblement en conflit avec la globalisation démocratique. Pour avoir tenu dans la presse des propos très critiques à l'encontre de l'université algérienne, en dénonçant les conditions d'enseignement et de recherche [11], l'universitaire Ahmed Rouadjia a ainsi été condamné à 25 000 dinars d'amende suite à une première plainte pour diffamation du recteur de l'université de M'sila. Après une nouvelle plainte du recteur, il a été condamné cette fois à six mois d'incarcération et 20 000 dinars d'amende. Il a également été suspendu de son poste pendant un an et privé de salaire, avant d'être réintégré à la demande du ministre de l'Enseignement supérieur. Ici, le délit d'opinion est dissimulé à l'aide de la législation anti-diffamation.

Dans la majorité des cas cependant, l'épée de Damoclès est retenue, que ce soit par omission volontaire ou par le recours à des mesures de grâce. Par ce biais, Bouteflika n'a pas manqué de démontrer sa bienveillance, tout en blâmant les journalistes pour la répression qui s'abattait sur eux. En 2004 par exemple, le président profitait de la journée internationale de la liberté d'expression pour déclarer qu'en Algérie « la presse ne [subissait] aucune censure » mais qu'elle « se [devait] de définir les pratiques et les règles déontologiques qui [s'imposaient] à elle » [12]. Deux ans plus tard, en mai 2006, il graciait par décret les journalistes poursuivis pour diffamation, ce dont bénéficièrent plus de trois cents personnes. Le président était dans son rôle de père : il punit, certes, mais sait aussi faire preuve de mansuétude à l'égard des journalistes turbulents qui apprennent les règles du débat public. La presse

---

10. *Le Matin*, 15 juin 2004.
11. Ahmed Rouadjia, « Petit essai sur la sociologie de la misère à l'université de Msila », *Le quotidien d'Algérie*, 13 juillet 2010.
12. *L'Expression*, 3 mai 2004.

irresponsable s'avère fidèle en cela aux représentations du peuple. Comme lui, elle doit être éduquée et disciplinée. Dans le même temps, le recours à la grâce réaffirme l'arbitraire du souverain. Nous nous trouvons ici à la jonction entre les principes de la régulation et de l'exception.

Le cadre de la loi est en effet changeant. La punition tombe en fonction de critères difficilement évaluables (gravité de la faute, inimitiés haut-placées, désir de faire un exemple ou tout simplement malchance). Comme me le faisait remarquer un journaliste d'*El Watan* en juillet 2012 : « c'est très difficile de savoir où ils fixent la barre ». À sa suite, combien d'universitaires, de syndicalistes ou de citoyens se posent cette question au moment de prendre la parole publiquement ? La censure fait irruption à intervalles réguliers et sous des formes différentes, rappelant aux porteurs de la critique que toute chose n'est pas bonne à dire, sans que les normes du dicible et l'indicible soient définitivement posées. Compte tenu des contours flous du domaine de l'expression tolérée, l'ombre menaçante de l'imprimatur pousse à l'auto-censure. En d'autres termes, l'ouverture de l'espace public est une incitation à la participation autant qu'à la limitation.

Faire évoluer l'espace de contournement

Il faut garder à l'esprit la maxime foucaldienne qui veut que « là où il y a des droits, il y a des technologies de pouvoir » (Turkel, 1990, 190). De fait, l'entrée dans la légalité est indissociable d'un encadrement par des dispositifs de pouvoir. Certes, l'existence de ces outils ne signifie pas que l'on en fera nécessairement usage mais plutôt que l'on garde les moyens d'intervenir. Les tenants de l'ordre politique s'affranchissent ainsi de la manie du contrôle, pour apprendre l'art de la régulation. Il s'agit de sanctionner les « abus » de liberté pour protéger les institutions, la nation, le peuple, au nom de la moralité, de la sécurité et, pourquoi pas, de la démocratie. Nul n'étant censé ignorer la loi, il est désormais de la responsabilité des acteurs de se conformer aux règles d'un jeu en constante évolution, de durcissements en ouvertures. La légalisation est aussi une responsabilisation.

Dès les premières réformes du gouvernement Hamrouche, la loi algérienne contenait déjà plusieurs dispositions permettant la punition des délits de presse, notamment s'ils venaient à mettre en péril la sacro-sainte unité de la nation. L'article 86 de la loi d'avril 1990 stipulait par exemple que « quiconque publie ou diffuse délibérément des informations erronées ou tendancieuses, de nature à porter atteinte à la sûreté de l'État et à l'unité nationale est puni de réclusion à terme de cinq à dix ans ». Après l'arrivée au pouvoir de Bouteflika, le cartel a poursuivi son entreprise de régulation de l'expression acceptable. Les amendements au code pénal déposés en mai 2001 donnèrent lieu à une fronde du milieu journalistique. Il faut dire que les nouvelles dispositions de la loi prévoyaient des peines exemplaires pour tout « propos diffamatoires, insultants ou humiliant » visant le président ou une institution publique, pour les auteurs comme pour les responsables de la publication (articles 144 *bis*, 144 *bis* 1 et 146 du code pénal). Plus tard, le dispositif légal s'est enrichi à la faveur de la réconciliation nationale, politique héritée du climax de la crise s'il en est. Sous couvert de la restauration de la concorde (et donc de prévention de la catastrophe), une peine de trois à cinq ans de prison assortie d'une amende allant de 250 000 à 500 000 dinars était promise à celui « qui, par ses déclarations, écrits ou tout autre acte, utilise ou instrumentalise les blessures de la tragédie nationale, pour porter atteinte aux institutions de la République algérienne démocratique et populaire, fragiliser l'État, nuire à l'honorabilité de ses agents qui l'ont dignement servie, ou ternir l'image de l'Algérie sur le plan international » (article 46 de l'ordonnance n°06-01 du 27 février 2006). La même année, une nouvelle disposition a pénalisé le blasphème, ouvrant la voie à la punition des infractions religieuses (article 144 *bis* 2 du code pénal). Protégé dans le cadre de la section « outrages et violences à fonctionnaires et institutions de l'État », l'islam est devenu l'objet des velléités immunitaires des tenants de l'ordre. Comme la nation, la religion sert à légitimer les incursions punitives dans l'espace de contournement.

La crise impose son mouvement sinusoïdal et avec lui les ouvertures qui succèdent aux durcissements. À la phase de restauration marquée par la multiplication des lois répressives succède alors la déstabilisation qui appelle la démonstration de l'engagement du pays sur la voie de la consolidation des « acquis démocratiques ». Ainsi, la nouvelle loi organique de 2012 réaffirme certes la méfiance du cartel à l'égard de la presse, mais elle fait dans le même temps disparaître les peines de prison pour les délits de presse (Dris, 2012, 315-316).

Le cartel n'a cessé d'adapter l'arsenal répressif pour mieux contrôler les évolutions de l'espace public. Il s'est par exemple employé à renforcer les outils de contrôle d'internet, notamment en développant des groupements de surveillance spécialisés au sein de la gendarmerie et des services de renseignement. La mutation de la loi a accompagné celle de l'appareil sécuritaire, notamment à la faveur de nouvelles mesures visant la « cybercriminalité » (loi n° 09-04 du 5 août 2009). Face aux succès des critiques propagées sur les forums, réseaux sociaux et autres blogs, le cartel a réaffirmé la prévalence de l'arbitraire. Après l'enlèvement et la condamnation de Tarek Mameri en 2012, suite à ses appels au boycott des élections législatives, d'autres activistes de la toile ont fait l'expérience de la répression. Le blogueur Abdelghani Aloui a ainsi été arrêté suite à des propos visant Bouteflika et Sellal publiés sur son compte *Facebook*. Embastillé à la prison de Serkadji en septembre 2013 pour « atteinte à la personne du président de la

République, outrage à corps constitués et apologie du terrorisme », il a été maintenu en détention préventive jusqu'en mars 2014.

L'arbitraire de ces interventions réaffirme l'omnipotence du cartel. Ainsi, le jour de la cérémonie de prestation de serment de Bouteflika, en mai 2014, la faiblesse du débit internet dans la capitale était interprétée par certains de mes interlocuteurs comme une manœuvre ourdie depuis le cœur des espaces labyrinthiens de l'ordre. Des forces obscures agissaient pour entraver le *web*. Certains y voyaient les signes avant-coureurs d'un coup d'État, d'autres une mesure de rétorsion dirigée directement contre eux, quand d'autres encore suggéraient une volonté d'éviter les moqueries visant le président impotent.

Quoi qu'il en soit, la « liberté d'expression » se révèle comme un espace de contournement délimité par des normes légales évolutives justifiant autant de pratiques répressives en apparence erratiques. Dans ce contexte, la défiance peut être dite, parfois de manière virulente, à condition toutefois d'« accepter d'entretenir un rapport d'asymétrie absolue avec le dispositif coercitif de l'État » (Bozarslan, 2011c, 53). La libéralisation traduit cette asymétrie en normes légales qui, à leur tour, structurent les conflits sociaux ou politiques. La violence de la loi est de ce fait étrangère à toute idée transcendante du bien et du juste, mais traduit plutôt un rapport de force (Derrida, 1990, 940). Dans ce sens, les ouvertures qui ponctuent le processus critique doivent être comprises comme autant d'ajustements prenant acte des évolutions sociopolitiques afin de mieux maintenir l'ordre. Elles autorisent des formes de régulation, tout en conférant une marge de manœuvre aux forces de sécurité. En somme, l'évolution conjoncturelle de l'exercice de la domination repose sur l'hybridation entre une « violence fondatrice » (le rapport de force qui autorise l'ajustement légal) et une « violence conservatrice » (le maintien de l'ordre). Cette confusion entre fondation et conservation va de pair avec l'extension du domaine de la sécurité et de la police (Vaughan-Williams, 2008). Le déséquilibre est le principe du contrat tacite qui accompagne l'ouverture contrôlée : l'ordre libéralisé ne doit pas être menacé, sous peine d'un retour de la coercition pure, du Léviathan et de ses concurrents, de la décennie noire. La parole publique peut toutefois être critique, dès lors qu'en entrant dans le domaine de la légalité, elle cesse par définition d'être révolutionnaire.

En résumé, la liberté d'expression, en Algérie comme ailleurs, est une fiction juridique. La critique jouit d'un espace d'expression autorisé dont les limites variables sont définies par des rapports de force institutionnalisées. La loi fait évoluer les limites du cadre, mais travestit également l'expression de la force en coercition légitime, au nom du respect (diffamation) ou de la sécurité (subversion). L'arbitraire de l'ordre algérien transparaît toutefois dans le refus de ses tenants de fixer durablement des limites. Tant qu'elle demeure imprévisible, la répression semble pouvoir frapper tout le monde.

Terrorisme et état d'exception

L'ouverture et la régulation sont indissociables d'un état d'exception rendu permanent au nom de la catastrophe suspendue. La crise a ainsi permis la mise à jour des pratiques répressives, notamment durant la décennie noire. Entre 1988 et 1992, la dramatisation de la crise politique a ouvert la voie à une série de mesures sécuritaires au nom de la sauvegarde de la nation. En 1991, un décret présidentiel signé par Chadli Bendjedid légalisait les mesures administratives d'internement en dehors de tout contrôle du système judiciaire (décret présidentiel n° 91-196 du 4 juin 1991). Le 9 février 1992, le nouveau président du Haut conseil d'État, Mohamed Boudiaf, promulguait l'état d'urgence, au nom des « graves atteintes à l'ordre public et à la sécurité des personnes » (Assam, 2004, 1995). Ces deux décisions légitimèrent la répression des opposants islamistes et leur déportation dans les camps de sûreté ouverts dans le Sud du pays. En 1995, une batterie de lois votées par le Conseil national de transition étendait l'arsenal législatif disponible pour réprimer les actes « terroristes » et « subversifs » (article 87 *bis* de l'ordonnance n° 95-11 du 25 février 1995). Cette série de mesures impliquait l'entrave à la liberté de circulation, l'interdiction des « attroupements » sur la voie publique, la punition de l'atteinte aux symboles de la nation et de l'obstruction aux forces de l'ordre. Les peines encourues étaient augmentées et pouvaient aller jusqu'à la peine de mort.

Avec la fin de la guerre civile, le cartel a reconverti son potentiel coercitif vers un usage policier. La conformation au paradigme sécuritaire se fait en lien avec la globalisation démocratique, ces deux phénomènes traduisant l'insertion dans le système-monde (Cavatorta, 2009). Il s'agit donc de « faire l'économie de la force armée » et de privilégier un maintien de l'ordre policier et légalisé (Picard, 2008, 309-313). La violence d'État évolue d'une forme contre-insurrectionnelle donnant une grande importance aux forces spéciales, à une forme policière impliquant la présence constante d'effectifs en uniforme sur le terrain. La transition s'est faite sous la direction d'anciens officiers de la Sécurité militaire (Zerhouni, Tounsi). En 2010, le Premier ministre Ouyahia pouvait donc se féliciter lors de sa déclaration de politique générale du doublement des effectifs de police et de gendarmerie lors des quatre années précédentes [13]. Cette transformation accompagnant le retour de la contestation sociale, l'Algérie a acquis l'image d'un état policier sur la brèche. Dans la lignée des soulèvements de 2011, une cartographie satirique du monde arabe pouvait présenter le pays comme le « quartier général de la police anti-émeute » [14].

---

13. *El Moudjahid*, 19 décembre 2010.
14. Cf. http://alphadesigner.com/art-store/hitchhikers-guide-to-the-arab-spring-print/

Malgré cette évolution, la menace existentielle demeure. Sa permanence est démontrée par la chronique des accrochages opposant à longueur d'année l'armée aux « terroristes », voire brutalement ramenée sur le devant de la scène par des attaques plus médiatisées, comme à In Amenas en janvier 2013 ou à Iboudraren au lendemain de l'élection présidentielle de 2014. Ainsi, la législation d'exception devient un instrument de gestion de la crise. La détention provisoire est prévue pour une durée de quatre mois. Pour un crime de droit commun, deux prolongations de quatre mois chacune sont possibles. En revanche, pour des crimes relevant de la subversion et du terrorisme, le juge d'instruction peut prolonger la détention à cinq reprises. Pour le « crime transnational », il peut y avoir jusqu'à onze prolongations de la détention qui n'a alors plus de provisoire que le nom (articles 51 et 125 *bis* du code pénal, modifiés par la loi n° 01-08 du 26 juin 2001). Un individu peut donc être incarcéré sans procès pour quatre ans. Dans les faits, l'usage récurrent de la détention provisoire vise autant les journalistes et les militants que les terroristes présumés.

Le retrait de la protection, la mise hors-la-loi qui touche le terroriste recherché « mort ou vif », est toujours susceptible de s'appliquer à l'activiste politique, en particulier quand celui-ci passe plus de temps à manifester sur la voie publique qu'à investir les arènes encadrant la compétition instituée. Face aux pratiques exceptionnelles routinisées, la répression passée demeure un marqueur pour les opposants. L'enférocement de l'État pendant les années 1990 et l'impunité légalisée sous Bouteflika sont là pour rappeler la force du souverain. Les pratiques policières jouent sur le souvenir des camarades disparus. Cela est particulièrement sensible dans cette expérience que me narrait Nidhal* quelques temps après notre première rencontre :

> D'abord ils m'ont embarqué et foutu dans une voiture avec deux flics. Là, ils ont commencé à tourner dans la ville, sans m'emmener au commissariat. Je te garantis que cette fois, j'ai cru que c'était la bonne, qu'ils allaient me faire disparaître comme d'autres camarades. Eux ils continuaient de tourner dans leur voiture et quand je demandais d'aller au commissariat, ils me répondaient : « C'est bon, mon frère, t'inquiète pas, détends-toi ». Ça a bien duré deux ou trois heures, et finalement, à un moment ils se sont arrêtés, ils m'ont dit de descendre et de ne pas recommencer [à manifester]. Quand tu sors de là, tu réfléchis bien avant d'y retourner.
>
> (Nidhal*, élu FFS et membre fondateur du RAJ, Alger, automne 2010).

La menace de la disparition inexpliquée est encore palpable pour les activistes qui ont fait l'expérience de la décennie noire. La perte de camarades ou de proches est le lot de nombre de ceux qui ont milité au cours de cette période (Djanine, 2011), cela bien au-delà des dichotomies « éradicateurs » / « réconciliateurs », « laïcs »/« islamistes ». Les policiers qui emmenaient Nidhal* dans leur véhicule, sans donner de destination, utilisaient ce souvenir et la peur légitime qui en découle. Ils poussaient à son paroxysme une situation de stress tout en affectant une bienveillance déplacée. La monstruosité du souverain doit pouvoir être rappelée à tout moment, sous la forme d'une arrestation aux allures d'enlèvement ou d'une détention provisoire prolongée sans motif. L'État démontre sa capacité à redevenir hobbesien si la crise venait à s'intensifier jusqu'à remettre en cause les équilibres politiques (Bozarslan, 2011c, 42). Malgré les dénégations de la DGSN qui affirme « [mettre] la dignité du citoyen au-dessus de toute considération » [15], les brutalités policières sont fréquemment à l'origine des flambées émeutières, témoignant de la permanence de la violence malgré la mutation des pratiques répressives. Dans la capitale, l'espace est de surcroît marqué par les lieux symboliques de la brutalité de ceux qui tiennent l'État. La prison de Serkadji, la caserne de Chateauneuf, le CPMI à Ben Aknoun, autant de bâtiments qui rappellent la férocité du Léviathan. Cette démonstration conditionne les stratégies des porteurs de la critique.

> Il faut jouer le jeu légaliste parce que c'est le seul moyen de faire changer les choses sans pousser le régime à tirer dans la foule. On a très bien vu ce qu'il se passait quand on mettait ces gens en difficulté : ils n'hésitent pas, ils tirent. Nous, on veut la liberté, pas la mort, alors on essaye de les faire évoluer de l'intérieur en leur rappelant qu'on n'a jamais cessé de demander mieux.
>
> (Abdelwahab Serfaoui, président du RAJ, Alger, printemps 2011).

Le président du RAJ m'expliquait ainsi l'évitement de toute forme de protestation violente par l'impératif de ne pas mettre les « décideurs » dans une situation d'urgence, compte tenu de leur réaction passée. Il n'ignorait pas que, dans le discours de l'ordre, la révolution équivaut à la catastrophe. Un soulèvement légitimerait donc une répression féroce au nom du péril existentiel qu'il représente. Le souvenir d'octobre 1988, commémoré annuellement par le RAJ, est là pour en témoigner.

L'ordre politique algérien a donc accompagné le « déploiement planétaire » de l'état d'exception et du paradigme sécuritaire. Cette exception normalisée devient un moyen de régulation de la vie humaine. Elle permet la gestion de la population par la suppression de ses fractions problématiques (Agamben, 2003). Cela n'empêche pas la police algérienne de s'enorgueillir de son usage d'une violence non-létale, dans le cadre de ce que le général-major Hamel décrivait à l'envie comme une « gestion démocratique des foules », une technique permettant selon lui de contrôler les masses grâce à « de la persuasion, de la pédagogie, de la psychologie, beaucoup de sang-froid, un esprit de sacrifice et une maîtrise de soi, ce qui n'est pas chose aisée » [16]. Pour le directeur général de la Sûreté nationale, c'est en dosant la

---

15. *Horizons*, 2 décembre 2013.
16. *El Moudjahid*, 24 mai 2012.

violence que l'on contient le mécontentement, sans pour autant rétablir les droits suspendus au nom du sauvetage du pays. L'adaptation des organes sécuritaires bénéficie notamment de la coopération nouée avec les partenaires européens qui ne tarissent pas d'éloges devant « le niveau de professionnalisme de la police algérienne » [17].

De fait, l'exception n'est pas extérieure à l'ordre : elle est la condition même du maintien de sa normalité et de son insertion dans le système global. L'ordre algérien partage avec ses partenaires occidentaux cette tendance à l'ajustement des normes « démocratiques » au nom de la sécurité. De part et d'autre de la Méditerranée, on constate le triomphe d'une logique bureaucratique qui veut que les décrets temporaires tordent la loi afin de la conformer aux exigences du temps et du maintien de l'ordre (Arendt, 2002, 492). Après la décennie noire, les tenants de l'ordre se sont posés en précurseurs de la lutte contre le « fondamentalisme ». La connexion du terrorisme résiduel algérien aux enjeux sécuritaires mondiaux a permis au cartel d'en retirer une rente géopolitique, au bénéfice notable des agences de sécurité (Martinez, 2003 ; Benchiba, 2009). Après avoir motivé une mise au ban internationale, la guerre civile est devenue un argument porteur. C'est ainsi que l'envoyé spécial de l'Union européenne pour le Sahel louait en 2013 « l'expérience algérienne » en souhaitant qu'elle profite aux pays voisins [18].

Pour finir de battre en brèche le mythe de la spécificité autoritaire arabe, il n'est pas inutile de noter que les techniques de pouvoir qui caractérisent l'exception sécuritaire sont largement issues d'une tradition coloniale reposant sur la criminalisation de la subversion, l'internement, l'instrumentalisation du droit et la militarisation de la répression (Le Cour Grandmaison, 2010 ; Blanchard, 2011 ; Khalili, 2012 ; Thenaud, 2012). Plutôt qu'à une spécificité culturelle, la violence de l'État algérien renvoie ainsi aux dynamiques convergentes de la globalisation et de la postcolonialité.

Le souverain algérien se porte bien

En dépit de ces convergences, les positions particularistes ont la vie dure. De nombreux travaux expliquent l'absence de démocratie et de liberté dans les pays arabes par les limites intrinsèques des sociétés qui rejailliraient dans la construction étatique. Ces sociétés seraient dans une situation à la fois « pré-politique et pré-étatique » et seraient donc paralysées par un unanimisme atavique qui rendrait impossible le pluralisme (Addi, 2003). Mêlant approche culturaliste et inspiration libérale, certains auteurs diagnostiquent l'inadaptation

---

17. *El Moudjahid*, 3 février 2018.
18. *APS*, 24 juin 2013.

de structures politiques locales à la modernité occidentale. Certes les psychanalystes insistent sur la soumission de la masse à la figure du chef (Safouan, 2008) tandis que les juristes se penchent davantage sur l'incapacité à établir un droit étatique dégagé de la norme religieuse (Mezghani, 2011), néanmoins les uns comme les autres arrivent à cette même conclusion : l'État arabe aurait failli. Ce faisant, ces analyses s'inscrivent dans une approche normative qui fixe comme étalon du bon gouvernement une image idéalisée et idéologisée du politique en Occident (Nay, 2013).

L'exception permanente n'est pourtant pas signe de faiblesse. La pratique du pouvoir étatique n'est possible qu'en ménageant une certaine latitude par rapport aux grands principes, en autorisant le passe-droit pour les gouvernés et l'exception pour les gouvernants. Comme l'écrit Giorgio Agamben, « l'état d'exception n'est ni extérieur ni intérieur à l'ordre juridique et le problème de sa définition concerne un seuil ou une zone d'indistinction, où intérieur et extérieur ne s'excluent pas, mais s'indéterminent » (Agamben, 2003, 43). C'est autant dans l'application de la loi que dans ce moment de suspension que les détenteurs du méta-pouvoir réaffirment leur force. Le souverain démontre alors sa capacité à redéfinir sans cesse les limites de l'acceptable, du pardonnable et du punissable. La loi sur la concorde civile votée en 1999 prévoyait par exemple que les criminels exclus de prime abord des mesures de grâce soient réintégrés s'ils acceptaient de se joindre à la lutte anti-terroriste. En liant le discours sur la repentance à sa capacité performative à nommer les uns et les autres, le cartel pouvait alors transformer le « terroriste » en « agent du maintien de l'ordre ».

Nul n'est besoin d'être juste ou redistributeur pour être souverain. Tuer et gracier, ruiner et enrichir, embastiller et laisser parler, telles sont les prérogatives caractéristiques de ceux qui tiennent l'État. Ils peuvent par ailleurs être plus ou moins concernés par le bien collectif, plus ou moins féroces ou sévères. Quel meilleur exemple de la force du souverain algérien sous Bouteflika que sa tolérance ostentatoire ? En septembre 2011, Ali Dilem est l'une des attractions du salon du livre d'Alger afin d'y dédicacer un recueil de ses caricatures, *Algérie, mon humour*. Il retrouve Mohamed Benchicou, lui aussi venu participer aux séances de dédicaces dans le cadre de la promotion de son nouveau livre, *Le Mensonge de Dieu*. Cette manifestation financée par l'État offre ainsi une tribune à deux auteurs qui n'ont pas manqué de critiquer le plus éminent des représentants de l'ordre. Symboles d'un souverain algérien qui déplace sans cesse le curseur entre permission et répression, ces individus jadis réprimés passent cette fois entre les lames de la censure.

La loi n'est donc pas un rempart fixe érigé afin de garantir la liberté des hommes. Il s'agit d'une limite évolutive, produite par des rapports de force qui demeurent à l'avantage de l'élite dirigeante. Ses bornes peuvent être déplacées ou transgressées, au nom de la sécurité ou de tout autre prétexte relevant de la nécessité. C'est à ce moment d'exercice de la force pure, au-dessus du juge et de la loi, que s'exprime ce pouvoir qui peut à loisir accorder et retirer sa protection (Rousseau, 1966, 73). C'est dans ce rapport asymétrique au droit que la pleine souveraineté se matérialise, une asymétrie dont les sujets ne peuvent jamais se dégager. À tout moment, les tenants de l'ordre peuvent rappeler que l'espace de contournement n'existe que parce qu'ils le concèdent, et que son aire dépend de leur bon vouloir. Considérant cette capacité du cartel algérien à suspendre la norme, à mettre hors-la-loi un tel et à en protéger un autre, bref, à exercer un pouvoir souverain dans toute sa monstruosité et son imprévisibilité, on ne peut que réfuter tout diagnostic qui affirmerait le caractère « inachevé » de l'État.

L'insularité contestataire : le cas berbériste

Un aspect particulièrement important dans la neutralisation de la critique est sa limitation-gestion dans l'espace. Comme le souligne Luc Boltanski, la routinisation de la critique vise à en limiter l'extension (Boltanski, 2009, 193-194). Dans l'Algérie de Bouteflika, cela passe par la constitution d'îlots contestataires où l'expression du mécontentement se normalise sans dépasser une portée régionale. Cette stratégie de découpage de l'espace national est rendue évidente à travers le cas de la critique berbériste sur lequel je vais revenir maintenant. Il faut préciser que les trois mouvements que j'étudie dans les prochaines pages sont loin de résumer à eux seuls la mosaïque des oppositions algériennes. À ces partis s'ajoutent des formations islamistes déjà évoquées et des partis appartenant aux diverses familles de la gauche, sociaux démocrates (Mouvement démocratique et social – MDS) ou trotskystes (Parti socialiste des travailleurs). On peut également souligner l'existence d'une tendance libérale teintée de réformisme culturel désormais portée par Jil Jadid (Nouvelle génération). Quoi qu'il en soit, le berbérisme demeure l'une des plus vieilles tendances d'opposition en Algérie, ce qui justifie que l'on se penche sur son cas.

L'opposition berbériste, combien de divisions ?

En ce jour d'avril 2011, une manifestation est prévue à Tizi Ouzou pour commémorer les dix ans du printemps noir. Le FFS a décidé de ne pas y prendre part, préférant se rendre directement devant la tombe du jeune Massinissa Guerma, dont le meurtre par des gendarmes déclencha le soulèvement de 2001. Dans le défilé qui débute devant la faculté Mouloud Mammeri, les militants du Mouvement pour l'autonomie de la Kabylie (MAK - devenu Mouvement pour l'autodétermination de la Kabylie en 2013) s'opposent à ceux du RCD. Aux slogans autonomistes entonnés par les premiers, les seconds répondent en chantant l'hymne national, avant que les cortèges s'ébranlent à bonne distance l'un de l'autre. Je suis ce spectacle en discutant avec Lounès*, un étudiant en mécanique venu de Boumerdès, qui m'explique :

> Je ne suis pas là pour le RCD, pour le FFS ou pour le MAK. Je les regarde se battre pour des slogans, s'arracher leurs affiches ou défiler séparément, et ça me fait mal au cœur. Ils sont pas capables de se parler et ils voudraient qu'on les suive. (notes de terrain).

Kabyle, défenseur des idées « progressistes » et grand admirateur de l'écrivain Tahar Djaout, Lounes* était dans l'impossibilité de se reconnaître dans l'un des avatars contemporains du berbérisme, un mouvement politique et culturaliste typiquement nord-africain. Il ne s'agissait pas tant d'une incompatibilité idéologique que du rejet que lui inspiraient ces rivalités byzantines. En Algérie, les berbéristes insistent sur la reconnaissance de la dimension amazighe de la culture nationale et l'acceptation du tamazight comme langue officielle. Du fait de leur opposition au centralisme bureaucratique, ils revendiquent également le respect des « droits démocratiques » (Aït Kaki, 2004a). Si leurs représentants algériens se retrouvent sur ces revendications communes, ils diffèrent considérablement dans leurs orientations stratégiques (alliance de circonstance avec le cartel ou les islamistes, autonomisme) mais aussi dans leur approche économique (socialisme ou libéralisme économique). On constate que l'autre grand sous-champ contestataire algérien fait face à la fragmentation soulignée pour le sous-champ islamiste dans le chapitre précédent.

Le Front des forces socialistes (FFS) est le plus vieux parti algérien après le FLN. Il a été créé en 1963, en opposition aux « coup de force constitutionnel » du régime de Ben Bella, et a donné naissance dans la foulée à un maquis durement réprimé (*ibid*, 55 *sq.*). Fondé par l'un des grands noms de la révolution, Hocine Aït Ahmed, qui en est resté la figure d'autorité incontestable jusqu'à sa mort en 2015, le FFS dénonce un régime violent et autoritaire défendant les intérêts d'une clique d'affairistes. Il appelle de manière récurrente à une « transformation radicale, non-violente et démocratique »[19]. Ses porte-paroles insistent sur le rôle des services de renseignement et sur la nature mystificatrice et corruptrice du « Système ». Le FFS s'est distingué durant la décennie noire par son acceptation du dialogue avec les deux autres Fronts (FIS, FLN) pour demander un règlement politique du conflit.

---

19. Hocine Aït-Ahmed, « La troisième guerre d'Algérie », *Maroc Hebdo International*, n° 485, 15 novembre 2001, 16-17.

Un autre parti berbériste d'opposition a vu le jour dans la foulée du passage au multipartisme en 1989, en l'occurrence le Rassemblement pour la culture et la démocratie (RCD) créé par Saïd Saadi. Ce dernier est un ancien militant du FFS, membre fondateur de la LADDH et animateur du Mouvement culturel berbère emprisonné durant les années 1980. Les deux formations sont donc entrées en compétition. Leur ancrage géographique est similaire, concentré dans les régions centrales du littoral, notamment en Kabylie et dans l'Algérois. Les deux partis sont les héritiers de la résistance berbériste, bien que celle-ci ait pris une forme plus maquisarde au FFS et plus culturelle au RCD. Le second se distingue cependant sur plusieurs points. Il est plus élitiste et plus libéral économiquement. De plus, le RCD se veut résolument « laïc » et a pris position en faveur du coup d'État de 1992, une position que ses membres présentent encore comme un choix moral contre le « totalitarisme »[20]. En miroir, les critiques du RCD, notamment les sympathisants, du FFS, le renvoient à son origine soit-disant suspecte.

> Il y a ceux qui font leur parti pour qu'on les voie, qui prennent un espace déjà existant pour en tirer des bénéfices personnels. Comme a fait Saadi en créant le RCD. Il a quitté le FFS, a fait de la prison dans les années 1980 puis il a décidé de se faire connaître avec son propre parti. C'est un traître.
>
> (Loubna*, ancienne journaliste et militante FFS émigrée en France, Paris, été 2010).

> Le RCD est une création du pouvoir. Avec le FIS, ce sont les deux extrêmes. Le général Toufik est l'un des membres fondateurs du RCD, il était présent au congrès fondateur. À titre personnel, je pense qu'il n'y a aucune honnêteté au RCD.
>
> (Abdelhamid*, membre du Bureau national du RAJ, sympathisant FFS, Tizi Ouzou, Printemps 2011).

Chez Loubna* comme chez Abdelhamid*, on retrouvait des similitudes avec le discours de dénigrement tenu par Moncef*, le militant du FLN cité dans le chapitre précédent, lorsqu'il critiquait le RND. En accord avec la rationalité politique de la suspicion dominante dans l'espace public, la formation concurrente du parti historique serait une création exclusivement motivée par des intérêts personnels (Zeroual et Ouyahia dans un cas, Toufik et Saadi dans l'autre). En accusant leurs concurrents d'être des créations du cartel, ces militants et sympathisants reproduisent les doutes entourant la nature et les objectifs des organisations partisanes. Les défenseurs du RCD ne sont pas en reste, notamment en dénonçant la collusion du FFS avec les islamistes et l'attitude irresponsable de ses dirigeants. Un élu local de Tizi Ouzou pouvait

---

20. « Un parti qui vient dire en direct à la télévision qu'il faut que les Algériens se préparent à un changement vestimentaire et alimentaire. Un parti qui dit « *dimoukratia koufr* », c'est exactement la même démarche que Hitler ». Nacer Hadj Saïd, président de la commission affaires sociales et santé de l'APW de Tizi Ouzou, RCD, Tizi Ouzou, printemps 2011.

ainsi m'expliquer la division du mouvement berbériste en rejetant la faute sur les « intégristes de la direction du FFS ». Née durant le climax de la crise, cette fragmentation nourrit les procès en instrumentalisation visant les uns et les autres.

Le cartel n'a pas manqué d'exploiter ces divisions. Tandis que le FFS est proche du champ contestataire, le RCD a été brièvement coopté à la faveur de l'urgence des années 1990, en obtenant deux portefeuilles dans le gouvernement Benbitour (Santé et Transports). Engagé dans une stratégie de soutien, le RCD se justifiait en invoquant notamment un combat contre « l'islamisation rampante » des institutions, symbolisée par le MSP (Addi, 2006, 147).

> Nous sommes prêts à aller avec le Diable pour sauver l'Algérie. Nous avons dit arrêt du processus électoral et nous avons applaudi à cette solution. Nous avons appelé à la résistance contre cette régression. A l'arrivée de Bouteflika, nous avons intégré le gouvernement, nous avons donné deux ministres. Malheureusement quand nous nous sommes rendu compte que ce président tirait sur le peuple, nous les avons retirés.
>
> (Asaf*, permanent du RCD, Tizi Ouzou, Printemps 2011).

Comme l'expliquait Asaf*, l'engagement du RCD dans le gouvernement se faisait au nom de la nécessité de sauver l'Algérie, face à une menace de « régression » politique. Coopté durant la guerre civile, le parti fut poussé vers la sortie par un nouvel épisode critique, en l'occurrence le printemps noir de 2001. Comme pour le MSP, ce retour à l'opposition attisa les dissidences. C'est ainsi qu'Amara Benyounès, alors ministre de la Santé et premier vice-président du RCD, annonça la création de sa propre formation en 2004. Enregistré sous le nom de Mouvement populaire algérien, il a obtenu 6 sièges lors des élections législatives de 2012. À cette occasion, le MPA s'alignait sur la parole officielle en soulignant « l'exception algérienne » [21]. Depuis plusieurs années déjà, Benyounès s'était rapproché de la présidence en étant notamment membre des staffs électoraux d'Abdelaziz Bouteflika. Il en a été récompensé en redevenant ministre en septembre 2012, héritant cette fois du portefeuille de l'Aménagement du Territoire, de l'Environnement et de la Ville. Les membres du FFS et du RCD expliquent souvent le ralliement de Benyounès par le fait que celui-ci aurait monnayé sa fidélité contre le droit de créer un quotidien (*La Dépêche de Kabylie*). Quoi qu'il en soit, les partis berbéristes sont non seulement divisés, mais aussi concurrencés par des formations créées de toutes pièces afin d'intégrer le cartel.

---

21. *La Tribune*, 12 mai 2012.

Le confinement des « partis kabyles »

Le cas de la Kabylie est éclairant, celle-ci étant une place-forte historique du berbérisme. Sur une carte, la région semble relativement proche d'Alger. Boumerdès n'est qu'à 50 km de la capitale, Tizi Ouzou à 100 km. Néanmoins, au-delà de cette proximité, il faut prendre en compte le relief accidenté et les infrastructures qui font qu'un trajet Alger/Béjaïa peut prendre jusqu'à 7 heures pour 180 km. Si l'autoroute Est-Ouest a désenclavé le sud de la région (Bouira, Borj Bouarij), les deux *wilayas* « rebelles », Tizi Ouzou et Béjaïa, attendaient encore en 2014 la réalisation des pénétrantes autoroutières promises. Bref, l'isolement de la Kabylie s'explique en partie par la géographie et les infrastructures, mais les facteurs politiques demeurent néanmoins cruciaux.

La région n'échappe pas aux variations du processus critique qui affecte le pays, à commencer par la violence de la décennie noire et les stigmates du « terrorisme résiduel ». Dans le même temps, la Kabylie a depuis l'indépendance une trajectoire politique influencée par le berbérisme. Elle a sa propre temporalité, et ses événements singuliers qui fondent l'expérience des femmes et des hommes qui s'engagent politiquement. Durant la décennie noire, le boycott scolaire de 1994-1995 puis les émeutes suivant l'assassinat de Lounes Matoub en 1998 ont été des moments particulièrement marquants. En 2001, le printemps noir a acté la rupture avec un gouvernement brutal et ignorant des demandes exposées dans la plate-forme d'El Kseur. Le FFS et le RCD ont alors été affaiblis par une « grave crise de représentation » qui a accentué la rivalité entre les deux mouvements (Aït-Aoudia, 2003b ; Aït Kaki, 2004a, 171-172). En dépit des tentatives de dialogue et de la proximité des militants, l'hypothèse d'une réconciliation reste improbable :

[à Tigzirt,] on a dû faire une alliance avec le RND parce que le FFS a refusé de le faire. Il y avait 3 élus RCD, 1 FLN, 1 RND et 2 FFS [...]. Quand j'ai demandé aux gens du FFS, ils avaient des exigences inacceptables sur le plan moral, notamment sur la protection de l'ancien maire sortant. On prend des bières ensemble mais dès qu'on parle politique, ça explose. Le type du RND, j'avais été en classe avec lui, je le connaissais. Il avait quitté le FFS et rejoint le RND pour se faire une place, mais sans être vraiment RND dans sa tête.

(Amezza*, ancien membre du bureau régional du RCD à Tizi Ouzou, Paris, printemps 2011).

Le témoignage de Amezza* est parlant sous de nombreux aspects. Il souligne la moindre importance de la dichotomie opposition/régime et la dimension affective des jeux politiques à l'échelle locale. Il montre aussi que la proximité des personnes pèse bien peu face à la profondeur de certains désaccords En comparaison, la négociation avec le RND était plus facile, d'autant que ce dernier est également connu pour sa défense du sécularisme. On constate aussi que la fragmentation de l'arène locale permet aux partis-cartel de peser politiquement malgré leur mise en minorité.

Les difficultés des deux mouvements berbéristes se manifestent également au niveau national. À partir de 2001, le climat délétère a contribué à alimenter « une lutte sur les critères légitimes de la participation politique » (Aït-Aoudia, 2003a, 14). Les stratégies des deux principaux partis berbéristes ont donc été pour le moins changeantes, sans jamais générer les bénéfices escomptés. Après avoir décidé de quitter le gouvernement et de boycotter les élections législatives de 2002, le RCD a perdu ses 19 députés, ses ministres et a fait face à une série de défections. Il a fait son retour à l'assemblée nationale en 2007, avec le même nombre d'élus, juste en-dessous du nécessaire pour constituer un groupe et proposer des lois. Le parti dénonçait donc les fraudes et l'absence de neutralité de l'administration, tout en déclarant vouloir remplir une « fonction tribunicienne », selon une résolution votée en juin 2007 par son conseil national. Moins de quatre années plus tard, le député Boussad Boudiaf m'affirmait de manière catégorique : « C'est mon premier mandat de député, et je vous dis que ce sera le dernier. Je ne tenterai plus un mandat électif national, ça ne sert absolument à rien ». De fait, le RCD est revenu à la stratégie du boycott en 2012, perdant peu après la seule assemblée populaire de *wilaya* qu'il contrôlait à Tizi Ouzou.

Les péripéties du FFS sont similaires. À partir de 2002, le vieux parti d'opposition a fait le choix de la participation aux élections locales et du boycott des élections nationales en réponse au printemps noir. La distinction entre les scrutins nationaux et locaux devait permettre le maintien d'un rapport direct à la population. Cette stratégie permettait aussi de disposer des moyens, certes limités, de la force publique locale. Elle a néanmoins entériné la divergence entre le parti politique et le Mouvement citoyen né du printemps noir qui s'était pour sa part engagé sur la voie du rejet total. La participation du parti aux élections locales d'octobre 2002 déboucha donc sur des violences et plusieurs de ses locaux furent incendiés. Comme je l'ai évoqué plus haut, le FFS a mis fin à son boycott lors des élections de 2012, dans un contexte interne tendu. Le choix des candidats et leur ordre d'apparition sur les listes étaient désapprouvés par certains. Des cadres critiquèrent le choix des affiches de campagne trop « artistiques » où ne figuraient pas les couleurs du parti. Certains militants estimaient alors que le FFS était tombé entre les mains d'une « mafia politico-économique ». En juillet 2012, des cadres dissidents tinrent donc un meeting à Tizi Ouzou pour appeler à la « réhabilitation de la ligne originelle » du parti.

Dans ce contexte, l'ancrage local reste la principale force du FFS qui a repris l'APW de Tizi Ouzou au RCD et contrôlait déjà celle de Béjaïa. Ces deux assemblées de *wilaya* restent les seules aux mains d'une formation d'opposition en Algérie. De ces fiefs, les mouvements berbéristes tirent une base sociale et une capacité d'action. Toutefois, les deux mouvements sont affaiblis par l'abstention qui fait d'eux des représentants de la minorité des votants. Les fractions berbéristes voient donc leur capacité de mobilisation réduite, y compris dans leur fief. Elles renforcent par ailleurs leur image de « partis kabyles », ce qui les dessert à l'échelon national. Cette situation contribue aussi à leur vulnérabilité, puisque la région devient l'enjeu d'une compétition intense entre les fractions du sous-champ (Ilikoud, 2006).

Illustration 5 : Des militants du MAK derrière les photos des martyrs du printemps noir de 2001, lors de la marche commémorative annuelle

© Photographie de l'auteur, Tizi Ouzou, printemps 2011.

Illustration 6 : Un meeting des redresseurs du FFS

© Photographie d'un militant, Tizi Ouzou, été 2012.

Autonomisme et essentialisme

À partir de 2001, le franchissement d'un palier dans le conflit qui oppose la région au pouvoir central a également nourri une radicalisation d'une partie du spectre berbériste kabyle. Pour Mokrane*, l'un des membres fondateurs du MAK, c'est surtout la violence étatique qui a joué un rôle important pour franchir le pas. Il raconte avoir eu l'idée d'un « appel au peuple kabyle » à l'hôpital de Tizi Ouzou, alors qu'il consultait avec des amis les fichiers répertoriant le nom des victimes de la répression. Il s'agirait donc d'une réaction à l'affirmation soudaine de la nature monstrueuse du souverain. Depuis, Mokrane* est demeuré favorable à une approche pragmatique des revendications autonomistes, tout en observant que certaines tendances au sein du MAK prenaient le chemin d'une rupture définitive.

> Quand on parle de gouvernement provisoire on est plus du tout dans la même problématique que dans l'idée d'autonomie. D'un point de vue économique la relation n'est pas la même, et les prérogatives de souveraineté qu'on désire exercer sont celles d'un pays indépendant. Du point de vue politique, il y a aussi une nécessité de conserver un espace de discussion avec son interlocuteur, l'État central, car l'autonomie ne peut se faire qu'avec l'État central.
>
> (Mokrane*, membre fondateur du MAK, Tizi Ouzou, printemps 2011).

Mokrane* constatait notamment le renforcement du discours indépendantiste sous l'influence d'une partie de la direction partie en France. En remplaçant l'« autonomie » par l' « autodétermination », le changement de nom du mouvement en 2013 illustre ce glissement, bien que le MAK demeure tout à fait minoritaire dans la région. L'absence de perspectives politiques nourrit ainsi une radicalisation de la revendication berbériste, qui se traduit en termes identitaires et politiques. Dans ce contexte, la mémoire de la colonisation interagit avec celle des luttes politiques dans l'État indépendant. Le travail continuel de construction de l'identité collective dans la lutte politique trouve dans les références au passé les faits et les traits qui servent l'affirmation du « nous » (Lavabre, 1994, 483). C'est ainsi que se constitue une image essentialisée du groupe, laquelle est partagée au-delà du simple courant autonomiste. Des discours rompant avec la tradition berbériste, qui veut que les Arabophones soient des Berbères qui s'ignorent, voient le jour et instaurent une division au sein de l'espace national entre les Kabyles et leurs « autres ».

> Nous sommes une région rebelle qui refuse tout contrôle d'une autorité centrale, qu'elle soit romaine, turque, française ou prétendument arabe. [...] Nous avons vécu avec nos valeurs qui sont entre guillemet « démocratiques ». C'est-à-dire que dans les villages, il n'y avait pas d'autorité suprême, il n'y avait pas quelqu'un qui pouvait décider pour tout le monde. Chez nous la concentration des pouvoirs n'existe pas.
>
> (Mokrane*).

> Il y a une grande différence. On n'y peut rien, c'est culturel mais il y aussi des choix qui ont été faits par les individus. C'est-à-dire que je ne dirais pas ça pour absolument tous les Arabes, il y en a forcément qui ne sont pas si différents de la pratique kabyle. Mais dans l'ensemble, le rapport à la religion est différent entre la Kabylie et les autres. Un prédicateur religieux qui va faire son discours à Tizi Ouzou, il restera tout seul, tandis qu'à Alger ou Constantine, il ramassera toute la région.
>
> (Amezza*, ancien membre du bureau régional du RCD à Tizi Ouzou, Paris, printemps 2011).

Selon Mokrane et Amezza, la culture des Kabyles les rendrait plus résistants à la tyrannie et au fondamentalisme. De manière plus ou moins directe, ces discours renvoient à la naïveté des concitoyens, allant parfois jusqu'à présenter des « Arabes » culturellement portés vers une forme de « totalitarisme musulman ». Apparaissent alors les signes de la réappropriation du « mythe kabyle » : la spécificité de la région tiendrait dans le goût des Kabyles pour la liberté et l'égalité, leur capacité à travailler, en bref, leur plus grande adéquation avec la « modernité » (Lorcin, 2005). Or, ce mythe a jadis été formulé contre la population arabe qui en représentait l'antithèse pour le pouvoir colonial. Le renforcement de l'essentialisme kabyle est désormais marqué par un nouveau conflit : face à une situation de domination assimilée à une « colonisation par le centralisme algérois », la mise en avant de caractéristiques essentielles sert à porter des revendications politiques et culturelles. Les discours contestataires s'appuient sur le mythe kabyle en dénigrant une oppression arabo-islamique. De la sorte, ils renforcent mécaniquement la dynamique d'exclusion, *a fortiori* quand ils empruntent au colonialisme son concept discriminatoire de prédilection qu'est la « modernité ».

Perçu parfois comme une forme de racisme aux dépens des « Arabes », l'essentialisme kabyle nourrit l'idée d'une fracture au sein de la communauté nationale. L'opposition politique et culturelle se cristallise, renforce les antagonismes régionaux et nourrit les discours catastrophistes.

L'espace de la dissidence s'autonomise sans échapper au pouvoir. Les manifestations commémoratives du printemps noir auxquelles j'assistais en 2011 réunissaient une foule importante démontrant sans entrave son hostilité au gouvernement. Dans le même temps, les policiers en civil qui suivaient la manifestation n'avaient pas manqué de remarquer le chercheur qui prenait des photos. Ils m'avaient donc invité à les suivre dans une rue parallèle pour un contrôle d'identité. Après m'avoir proposé quelques cacahuètes, l'un des agents en civil m'avait mis en garde : « Vous savez, les Kabyles ce sont des agités ». L'identité rebelle était retournée en stigmate. La stigmatisation de la région est de surcroît alimentée par des phénomènes réels mais marginaux dont l'importance est exagérée comme l'évangélisation.

L'espace de la dissidence devient progressivement celui de la critique routinisée. Lors des scrutins nationaux de 2012 et 2014, il suffit de se rendre à Bouira ou à Béjaïa pour avoir des images marquantes de la « contestation », qu'il s'agisse d'émeutiers brûlant un bureau de vote ou d'un opposant téméraire s'enfuyant avec une urne. La Kabylie est co-construite en ghetto contestataire, par le cartel, par les factions berbéristes mais aussi par les médias et les chercheurs qui s'emparent d'un phénomène prévisible. Une blague suffira à prendre la mesure des raccourcis qui voient le jour :

> Un marchand de matelas se rend en Kabylie pour affaire. Une fois au marché, il décide de se faire passer pour un Kabyle pour vendre plus facilement ses produits. Des gens se rassemblent autour de lui, menaçants, et l'un d'entre eux lui dit : « Tu n'es pas Kabyle, ça se voit !
> - Si, si, je vous jure.
> - Si tu en es vraiment un, dis quelque chose en tamazight.
> Le marchand réfléchit un instant puis répond en français :
> - Pouvoir assassin! ».

L'histoire montre comment l'insularité contestataire conduit à la routinisation de la critique et à sa réduction à l'impuissance, en limitant de la sorte un slogan à un marqueur identitaire et en faisant d'une revendication politique radicale un élément de folklore régional.

Oppositions sans solution

Pour conclure, attardons-nous sur le cas du RCD. Rentré au gouvernement en 1999, le parti en est rapidement ressorti au moment du printemps noir kabyle. Il s'est alors réorienté en appelant au boycott et au changement de régime. Le RCD a retiré de cette période une image de mouvement peu fiable, y compris chez certains de ses anciens militants. L'un d'entre eux, passé depuis au PST, m'expliquait ainsi que la participation au gouvernement était la goutte d'eau qui avait fait déborder le vase (« Avec ce genre de gouvernement, il n'y a rien à faire. Si tu acceptes quoi que ce soit tu es un opportuniste et un minable, tout ce que tu veux, mais tu n'es pas un militant. »). Opposé par choix aux islamistes, attaqué en raison de son image de parti « kabyle », le RCD paye de surcroît sa cooptation passée. Ses concurrents berbéristes « de gauche » vont jusqu'à le qualifier de parti de « Harkis du Système » [22].

Au moment de la formation de la Coordination nationale pour le changement et la démocratie, en janvier 2011, la présence du « parti de Saadi » a un effet de repoussoir, notamment auprès du FFS. En réponse à l'organisation de marches hebdomadaires en dépit d'une mobilisation de plus en plus faible,

---

22. Selon les mots du secrétaire général du FFS, Ali Laskri. *Lematindz.net*, 4 mars 2012.

Saïd Saadi est surnommé « Saïd Samedi ». La CNCD devient la C-RCD. Plutôt qu'à la pointe d'une mobilisation pouvant menacer l'ordre, le mouvement s'affirme comme une tête de turc plombant une coordination déjà divisée (Baamara, 2012). Certains contre-manifestants scandent des slogans qui visent les militants du RCD, taxés de « sales Kabyles », de « sales Français » ou encore de « sales Juifs ». De l'aveu même de certains dirigeants, les tentatives afin de porter un discours critique audible sont un échec :

> Nous n'avons jamais rien fait en cachette, que ce soit participer ou démissionner, mais les moyens pour véhiculer nos discours sont trop élitistes. [...] Nous avons pensé à faire et dire autre chose, mais nous patinons. Et je ne sais pas si cela est par incompétence ou par prétention.
>
> (Boussad Boudiaf, député et membre de la direction nationale du RCD,
> Tizi Ouzou, printemps 2011).

Le déficit de crédibilité nuit aux initiatives auxquelles le RCD se joint. Comble de l'ironie, c'est le préposé du cartel aux droits de l'Homme, Farouk Ksentini, qui déplore le boycott décidé par le parti berbériste lors des élections de mai 2012 sur la chaîne 3 de la radio nationale, au motif que celui-ci serait un parti « crédible ».

Face à la défiance, les membres du parti réaffirment leur croyance dans le sacrifice des années 1990. Le souvenir des morts de la lutte contre le terrorisme permet de réaffirmer la moralité des choix stratégiques. Le décalage entre les valeurs du parti et les valeurs du « Système », du champ politique mais aussi de la société dans son ensemble, sert à expliquer son isolement. Le parti apparaît seul contre tous, comme me l'expliquait le député Boussad Boudiaf :

> Au RCD, nous avons au moins le mérite de mettre tout le monde d'accord contre nous, parce que nous n'avons pas développé un discours populiste, nous avons essayé de faire de la pédagogie. Toute une tactique a été mise en branle pour faire de nous des gens isolés. Nous sommes dans un ghetto, et cantonnés en plus par des discours qui nous collent cette étiquette de Kabyles. Et du côté du pouvoir, ils ont les moyens, l'ANP, Hassi Messaoud, l'islam et l'arabe avec eux.
>
> (Boussad Boudiaf).

Dressant un constat politique désabusé, le député soulignait la disproportion des forces. Les ressources matérielles et symboliques aux mains du cartel tenant l'État apparaissent considérables dans un contexte où les partis luttent au contraire pour conserver leur capital politique. Même protégés par l'ouverture formelle du champ, les oppositions partisanes se heurtent aux empêchements de toute sorte.

> [Le pouvoir] a tellement de techniques pour nous empêcher qu'il peut nous laisser parler dans le vide, sauf quand il décide que ce n'est plus possible. Par exemple, on demande à faire

un meeting le 7 mai [2011], on nous dit que la salle Harcha qu'on avait réservée est en travaux. On demande une autre salle, La Coupole, là, ils inventent carrément des championnats du monde de judo.

(Asaf*, permanent du RCD, Tizi Ouzou, printemps 2011).

Lors de ce meeting empêché, le RCD avait prévu de faire intervenir des orateurs venus d'autres pays d'Afrique du Nord. Cela ne pouvait que heurter la volonté gouvernementale d'extirper le pays de la temporalité révolutionnaire régionale, pour le maintenir dans celle, nationale, de la « consolidation démocratique ».

La disproportion des forces permet de faire payer, ponctuellement, une initiative trop audacieuse. Les entraves policières, économiques ou bureaucratiques, par exemple l'annulation de la réservation de la salle prévue pour un meeting, sont suffisamment variées pour être une pesanteur constante et imprévisible. L'opposant peut bien rester en liberté et proclamer sa dissidence, dès lors que l'arsenal aux mains des tenants de l'ordre garantit son impuissance. En s'appuyant sur la loi et la nécessité, sur des actes de régulation et d'exception, le cartel encadre ainsi les espaces de la critique et s'assure de sa relative innocuité.

CHAPITRE 6

Contestation et quotidien critique

« La crise, le chômage ont été dix ans de purgatoire pour les pauvres, au terme duquel ils se voient imposer la guerre de tous contre tous dans des conditions les plus dures ».

(Os Cangaceiros)

« C'est à la fois la misère du peuple, l'enrichissement désordonné de la caste bourgeoise, son mépris étalé pour le reste de la nation qui vont durcir les réflexions et les attitudes ».

(Franz Fanon)

La crise dans ses dimensions objectives et subjectives pose les bases d'une situation révolutionnaire. Toutefois, cette tension génère également les conditions d'une restauration, d'un renouveau des équilibres dans un contexte où la précarité devient un argument en faveur du *statu quo*. Nous le verrons dans les pages qui suivent, la contestation socio-économique peut aussi être instrumentalisée par le discours de l'ordre, lorsque se rejoignent les registres de l'urgence et du développement. En Égypte, l'armée n'a pas manqué d'agir de la sorte après la chute de Moubarak : les formes de contestation relatives au niveau de vie qui s'étaient multipliées les années précédentes ont alors été présentées comme autant de défis pour la sécurité (Sallam, 2011b). La multiplication des revendications dans un contexte de suspension de la catastrophe peut ainsi occulter le caractère ancien et légitime des demandes. La domination se cache derrière les protestations qu'elle génère et le risque existentiel que celles-ci représenteraient.

Dans le chapitre qui s'ouvre, je vais me pencher sur les conséquences sociales de l'inscription de la crise dans le quotidien. Ce sera notamment l'occasion de voir la difficulté qu'il y a à produire un rapport de force durable avec le cartel, dès lors que le caractère subversif d'un mouvement contestataire réside dans sa capacité à s'extraire d'une dynamique routinisée sans pour autant apparaître comme une menace existentielle. L'aporie contestataire est que le mécontentement social popularise aussi des représentations pathologiques de la communauté, tout en offrant l'occasion aux tenants de l'ordre de mettre en œuvre des politiques de redistribution sur le registre paternaliste qu'ils affectionnent.

Je débuterai donc en décrivant ce qui peut s'apparenter à un état d'inégalité sociale en contradiction avec les promesses émancipatrices de l'État postcolonial, notamment du fait de la centralité du passe-droit. Cela me permettra d'expliquer l'idée d'une *hogra* du « Pouvoir » et de ses représentants. Ensuite, je me pencherai sur un mouvement contestataire qui a pris forme dans le Sud du pays, à la faveur de la constitution d'un Comité national pour la défense des droits des chômeurs (CNDDC). Cette mobilisation est symptomatique des stratégies pragmatiques développées pour dénoncer l'asymétrie de l'ordre, mais aussi des limites auxquelles se heurtent la contestation du fait de la latence de la crise. Après cela, je reviendrai sur le contexte national pour expliquer comment la société fait face à un quotidien critique, marqué par le manque et la crainte du chaos, lequel autorise le cartel à distribuer stratégiquement les ressources, toujours selon un registre paternaliste. Enfin, ce chapitre se conclut sur l'analyse de la fatigue sociale qui touche la communauté et exacerbe la demande de sécurité. Pour les opposants, l'enjeu est alors de durer, de résister, en attendant une brèche éventuelle dans la structure de l'ordre.

L'état d'inégalité sociale

Sous Bouteflika, l'idée socialement partagée d'une spoliation fait écho à un quotidien marqué par la précarité, l'ennui et la promiscuité. Le contentieux exprime alors la conscience d'un manque par rapport à ce qui devrait être possédé compte tenu des richesses du pays. Dans cette section, je vais montrer comment une économie politique basée sur le passe-droit nourrit le sentiment d'injustice et de mépris du fait de l'existence d'« une perception égalitaire du rapport social » (Tocqueville, 1981, 31). Pour débuter, un bref tableau comparatif de deux situations provinciales me permettra de poser les termes du problème.

D'Aïn El-Turk à Aïn Bessem

Pour illustrer les contrastes de l'Algérie de Bouteflika, il me faut commencer par remonter le temps et évoquer brièvement un premier voyage en Algérie, alors que j'accompagnais un ami parti rendre visite à sa famille pour la première fois depuis la décennie noire. C'était en 2006. Nous étions hébergé à Oran, dans l'appartement de son oncle, mais l'un de ses cousins nous avait invités à passer une semaine dans sa villa à Aïn El-Turk, une ville balnéaire huppée située sur la côte, peu après Mers El-Kebir. Amine* avait fait fortune en tant que prestataire de service pour le complexe gazier d'Arzew. Il se lançait alors dans une nouvelle aventure en ouvrant une concession automobile pour Renault. Durant cette semaine, il n'avait eu de cesse de nous démontrer sa réussite et sa différence en comparaison d'une population portée à l'assistanat.

Quand il ne nous emmenait pas sur les lieux de ses succès professionnels, Amine* voulait nous faire profiter de la belle vie, en compagnie de deux de ses amis. Eux-aussi avaient réussi dans les affaires, l'un en tant que sous-traitant dans les travaux publics, l'autre dans l'import-export. Entre deux démonstrations portant sur l'importance des contacts pour devenir un homme d'affaire accompli ou sur l'inhérente fainéantise des « Arabes », ils nous proposaient d'aller en boîte de nuit, d'assister à des cascades de motos de course, et bien sûr de chercher des « filles ». Le discours incriminant les masses populaires ou le recours désinhibé à la prostitution m'avait étonné sur le moment, mais j'allais me rendre compte par la suite de leur relative banalité. Il y a une chose, toutefois, que je n'ai jamais revu ailleurs en Algérie, un comportement qui à lui tout seul signifie l'affranchissement des normes sociales de la déviance : le soir, avant le repas, Amine* et ses amis installaient une table devant la villa, sur le bord de la route. Là, sur des sièges en plastique, ils ouvraient un pack de bières fraîches, des *heinekens*, et les savouraient dans la tiédeur de la journée d'été finissante. En général, la consommation d'alcool en plein air implique préalablement un éloignement de l'espace public. Chaque ville dispose de ces espaces interlopes où l'on se réunit pour consommer de l'alcool, par exemple dans les ruines romaines à Annaba, dans l'oasis à Taghit ou sur une colline qui domine Aïn Bessem. Cette activité stigmatisée marque le lieu du sceau de la marginalité et donc de l'insécurité. Devant sa villa d'Aïn El-Turk, Amine* s'affichait avec l'assurance de ceux qui peuvent s'affranchir des règles.

La valeur d'un tel passe-droit se révèle lorsque l'on côtoie ceux qui en sont privés. Cinq ans plus tard, à l'automne 2011, je vais rendre visite à Hocine*, qui m'a invité chez lui pour visiter « sa » ville, lui qui fait ses études de science politique à Tizi Ouzou. À Aïn Bessem, à l'ouest de la *wilaya* de Bouira, le groupe de jeunes que je fréquente s'ennuie. Ils chiquent, fument, boivent des cafés, discutent et jouent aux dominos, font un tour en voiture, et refument encore devant un énième café. Lorsqu'un acteur de théâtre venu de Bouira propose un atelier pour les adolescents, ils saisissent l'occasion. Ces jeunes adultes vont donc assister aux séances de travail et aux répétitions, un rôle de spectateur qui leur offre une distraction bienvenue. En sortant, l'un d'entre eux ne manque pas d'avoir un mot acerbe à l'égard de Khalida Toumi. La ministre de la culture est en effet originaire d'Aïn Bessem, ce qui n'empêche pas la ville d'être pauvrement dotée en équipements culturels et activités de loisir. Quand ils sont en ville, tous habitent chez leurs parents avec leurs frères et sœurs. Alors ils sortent dès que possible et tiennent le mur. Ce n'est pas une raison pour se négliger. Avant de s'asseoir sur un muret, ils découpent les cartons qui jonchent le sol des rues afin d'éviter de salir leurs vêtements. Dès que possible, ils font une virée en voiture dans la ville ou vont flâner aux alentours du barrage situé à quelques kilomètres. Pour ceux qui patientent à l'orée du monde actif sans posséder ces capitaux qui facilitent le succès, l'espace public n'est pas un lieu de démonstration. C'est un endroit où l'on est maintenu faute d'avoir son chez soi, une salle d'attente à ciel ouvert.

La plupart de ces jeunes hommes ont des emplois précaires, souvent proches du chômage déguisé, qui traduisent toutes les peines qu'il rencontrent à trouver une place stable dans le monde professionnel (« quand on est né dans la merde, on reste dans la merde »). Ils participent à ce secteur informel qui s'est développé sans garantir à ses acteurs de protection légale en cas de litige (Parks, 2011, 311). L'un d'eux surveille l'étal de lunettes de soleil de son père au marché de la ville. Un autre est pointeur, c'est-à-dire qu'il surveille l'ordre dans lequel les minibus arrivés de Bouira embarquent leurs passagers. Il touche trente dinars par bus (20 centimes d'euros). Il veut devenir pompier, mais ses camarades lui font remarquer qu'il fume trop pour réussir les tests d'aptitude physique. Un troisième possède avec son cousin une petite papeterie où il vend aussi des produits cosmétiques. Dans l'arrière boutique, un vieux matelas en mousse est posé sur le sol : l'endroit sert également de *diki*, de repère pour les rencontres plus intimes. C'est ici que la bande se retrouve le soir, à l'abri des regards, pour discuter, jouer aux dominos et fumer des joints.

« Ce n'est pas Ouyahia qui va me payer un appartement » dit l'un d'entre eux quand je lui explique que ma recherche porte sur la politique. Dans l'Algérie aux 190 milliards de dollars de réserves de change, ils ne meurent certes pas de faim, mais le sentiment de manque les tenaille sans pour autant les pousser dans les bras des partis d'opposition. Hocine* est le seul à affirmer un intérêt pour la politique, en bon syndicaliste étudiant et supporteur du FFS. Pourtant, quand le maire de la ville l'accoste dans la rue et lui propose de s'impliquer davantage dans la vie politique municipale, il refuse poliment. Quand l'édile s'éloigne, il m'explique, définitif, « c'est un corrompu ». La politique pâtit de l'image attribuée à ceux qui s'y adonnent, à tort ou à raison, et mieux vaut donc parler de filles ou de voitures. Pourtant, les critiques distillées à l'encontre de Ouyahia ou de Toumi témoignent du contentieux à l'égard de l'élite dirigeante.

Ce contentieux n'est pas que latent. Dans le bus qui nous emmène de la gare routière de Bouira vers Aïn Bessem, nous croisons plusieurs véhicules de la police qui foncent à toute allure. « C'est des camions-moustaches, m'explique Hocine*, il y a une émeute pas loin ». La *wilaya* a en effet une réputation flatteuse en la matière. Une fois dans la ville, comme nous marchons à l'ombre d'un imposant silo hérité de l'époque de Boumédiène, je remarque quelques poubelles brûlées et des pierres posées sur la route pour faire un barrage. Mon hôte m'explique qu'après un accident survenu dans ce virage dangereux, une petite émeute a débuté dans ce quartier. Excédés par l'absence de prise en compte de leurs avertissements, les habitants ont installé eux-mêmes ces ralentisseurs de fortune et s'en sont pris au siège de la *daïra*. L'émeute, sous différentes formes, a en effet intégré le répertoire d'action contestataire national dès les années 1980, avec pour point culminant le soulèvement d'octobre 1988. Après avoir été mis entre parenthèses par la guerre civile, ce type de mobilisation est redevenu récurrent au cours des années 2000 (Bennadji, 2011). Cette violence populaire répond aux violences de l'ordre, tout particulièrement dans les villes de province, des Hauts-plateaux ou du Sud, où le manque s'exprime sous des formes variées, de la pénurie d'internet à la coupure d'eau en passant par le chômage ou l'absence de logement.

Le passe-droit et ses exclus

D'Aïn El-Turk à Aïn Bessem se dessine un état d'inégalité sociale résultant de la réorganisation du tissu économique national depuis les années 1980. Tandis que la privatisation a favorisé l'enrichissement d'individus privilégiés par leur position sociale ou leurs connaissances, les réformes économiques n'ont pas permis de remédier à la précarité d'une grande partie de la population et à la dégradation des services publics. Les privatisations successives ont eu un coût social particulièrement élevé, avec des milliers de licenciement. Le PAS a aussi conduit à la suppression des subventions pour les produits de première nécessité, le gel des salaires et la libéralisation des prix. Cela s'est traduit à la fin des années 1990 par une hausse du chômage, par la disparition des activités sociales proposées par les entreprises, ainsi que par le recours croissant à la sous-traitance et aux emplois précaires (Boudjenah, 1999 ; Martin, 2003).

Dans ce contexte hybride, où l'économie de marché épouse le contrôle bureaucratique, le détenteur d'une fraction du méta-pouvoir acquiert une position clé du fait de sa capacité à poser ou à lever les entraves. Les régulations, les lois, les contrôles prévus fondent la capacité de l'agent de l'État à être permissif et prohibitif. C'est ce que Bourdieu qualifie de « dialectique du droit et du passe-droit » (Bourdieu, 1990). Cette logique n'est nullement atténuée par l'ouverture économique. La multiplication des acteurs et des opportunités de prédation ainsi que l'internationalisation du capital impliqué ouvrent de nouveaux marchés de la corruption.

Je l'ai dit dans le chapitre 3, la corruption et le clientélisme sont des phénomènes structurels et structurants dans l'Algérie de Bouteflika, notamment indispensables à la reconfiguration des réseaux de pouvoir. Dans le même temps, l'adaptation aux normes discursives de la globalisation démocratique réaffirme leur caractère immoral et injuste. La corruption est donc à la fois un « business comme un autre » servant à l'enrichissement et à la régulation interne de l'ordre, et une thématique désignant une déviance sociale et politique dans l'espace public (Hibou, 2011a, 49-55). Le phénomène est donc perçu sous l'angle moral et nourrit la défiance à l'égard des « puissants ». La richesse et le pouvoir deviennent suspects car le passe-droit leur apparaît consubstantiel. Sans aller jusqu'à dire que « toute propriété est encore un vol » dans l'Algérie de Bouteflika, il faut néanmoins reconnaître que cela se traduit par un déficit de légitimité largement partagé (Parks, 2011, 313). L'accession à une position dominante vaut rapidement le qualificatif d'« affairiste » ou de « khobziste ». En effet, elle ne pourrait s'expliquer que par une adaptation aux règles injustes du jeu social et économique.

La dialectique du droit et du passe-droit s'institutionnalise donc sans être acceptée par ceux qui ne peuvent en payer le prix. Les « khobzistes » et les « affairistes » sont critiqués en permanence, dans les discours officiels comme populaires, alors même que ces pratiques sont reconnues comme incontournables. La tension résultant de cet état de fait est d'autant plus grande que l'exposition à la société de consommation est la même pour tous. Dans l'arrière-boutique où ils jouent aux dominos et partagent deux sièges pour quatre, le groupe d'amis d'Aïn Bessem parle de voitures allemandes et japonaises, et des différents options qui vont avec chaque véhicule. La précarité n'atténue nullement le goût pour les fétiches du marché globalisé. Chaque clip musical libanais est là pour rappeler que là-bas, de l'autre côté de l'écran, les histoires d'amour naissent sur des yachts et dans de luxueuses villas. Les modèles de consommation s'uniformisent. À Dresde comme à Djelfa, les pauvres tendent à vouloir posséder comme les riches, pour élever leur statut social et intégrer une société où la consommation est une norme de participation. En miroir, ces aspirations frustrées alimenteront la désaffiliation (Lazarus, 2006).

Mais le sentiment de manque repose aussi sur des problématiques bien réelles. Le rétablissement des indices macro-économiques à partir de la fin des années 1990 n'a pas mis fin aux difficultés quotidiennes. Malgré la reprise apparente, les entrants sur le marché du travail sont encore touchés par le marasme économique. Alors que les statistiques montrent un recul du chômage chez les jeunes depuis 2003 (année record avec un taux historique de 45 %), celui-ci demeure élevé, à environ 21,5 %, soit le double de la moyenne nationale. Ces chiffres officiels ne montrent pas le caractère précaire des emplois créés et la part conséquente de l'économie informelle dans cette amélioration (Achy, 2010, 10-12). À la fragilité économique s'ajoute une difficulté à franchir des étapes décisives. C'est ce que démontre l'augmentation de l'âge du mariage (Schoumaker, Tabutin, 2005), dans une société où celui-ci est un marqueur de l'accession au statut d'adulte indépendant. Ce phénomène illustre le blocage des jeunes au sortir de leurs études, un blocage qui s'étend à la vie privée. Le mariage différé et la domiciliation prolongée chez les parents viennent ainsi sanctionner une liste de problèmes entretenus par la crise latente (formation, travail, achat d'un véhicule).

La promesse d'émancipation portée par la révolution a été invalidée par l'inégalité socio-économique de plus en plus visible depuis les années 1980. Cela n'a pas été sans conséquence. En 1992, Omar Carlier faisait un constat évocateur de la désaffiliation d'une partie de la jeunesse urbaine :

> Le désœuvrement, la désillusion et le ressentiment sont au principe du refus de la société qui les laisse en chemin, celle des nouveaux riches et du chacun pour soi. Non, décidément, cet État ne fait rien pour eux. Il ne partage pas leurs préoccupations, il ne parle pas leur langage, il leur est étranger (Carlier, 1995, 346).

En d'autres temps, ce rejet a servi de terreau à un radicalisme aux accents messianiques. L'injustice et les promesses non-tenues ont alimenté une demande de bouleversement inspirée par la religion. Mais la dérive de cette alternative dans les années 1990 a durablement atténué le potentiel politique de la morale transcendante. Les problématiques restent pourtant similaires et s'expriment avec force dans ces espaces urbains où les rapports sociaux se reproduisent et se décomposent, exprimant en pleine lumière leurs contradictions. À Alger, la paupérisation du centre accompagne la migration des classes supérieures vers les périphéries résidentielles. La résistance des cités dortoirs et des bidonvilles lovés dans les ravins répond à la constitution des îlots bourgeois sur les hauteurs de la ville. La capitale concentre ces contrastes de l'Algérie de Bouteflika, celle des grands projets, des entrepreneurs et du retour de la croissance, celle aussi de l'habitat précaire, des *harraga* et de la non-vie [1].

Derrière les différentes formes que prennent l'ennui, l'injustice et la violence de la vie urbaine, on peut retrouver les termes du « *tufush* » que Pascal Ménoret décrit chez les jeunes Ryadhis. Ce sentiment, qui n'est pas strictement saoudien, exprime la différence entre les attentes subjectives et la réalité objective, entre les ambitions et les opportunités. Ce décalage se retrouve en Algérie dans le thème du « dégoûtage » (« *rani karah hayati* », « je suis dégoûté

---

[1]. Sur le thème de la non-vie et de l'enfermement, cf. *Dans ma tête un rond-point* (2015), le documentaire réalisé par Hassen Ferhani suivant un groupe de jeunes hommes travaillant dans un abattoir à Alger.

de ma vie »). Ménoret souligne la portée conflictuelle du *tufush* face à ce Léviathan qui écrase les espoirs de la jeunesse saoudienne. Il souligne l'envie de mordre, d'écraser, de casser, de se rebeller qui va ensuite s'exprimer dans les virées des «*joyriders* » (Ménoret, 2014, 58-60). Pareillement, le contentieux à l'égard de l'ordre social et politique est présent dans le thème du dégoûtage, ne serait-ce que parce que ses exclus ne cessent de revendiquer ce qu'ils considèrent comme des droits légitimes.

La hogra *de l'ordre et l'émeute*

Les passe-droits divers, la trajectoire médiatisée de certains affairistes et la dégradation des services publics entretiennent l'idée d'une spoliation systématique.

> Un ministre américain reçoit un ministre algérien. Le second est impressionné par la beauté du pays et la richesse de la demeure de son homologue. Il lui demande comment celui-ci fait pour avoir une si belle maison.
>
> « Vous voyez cette autoroute. Quand je l'ai terminée, j'ai gardé une partie de l'argent pour construire cette maison ».
>
> Plus tard, le ministre américain vient en visite officielle en Algérie. Il va chez le ministre algérien et n'en croit pas ses yeux : la maison est trois fois plus grande que la sienne. C'est un palais en marbre et en or, avec un grand parc remplis d'animaux.
>
> « Comment faites-vous pour avoir une maison plus grande que la mienne, s'étonne-t-il. L'Algérie n'est quand même pas plus riche que les États-Unis ? »
>
> Le ministre algérien le fait regarder par la fenêtre et lui dit :
>
> « Vous voyez cette autoroute ? »
>
> - « Non », répond l'Américain.
>
> - « Hé bien voilà comment je me suis fait construire mon palais ».

Cette histoire existe dans différentes variantes plus ou moins personnalisées, visant parfois Bouteflika lui-même. Prémonitoire du scandale de l'autoroute Est-Ouest, elle témoigne d'une idée largement partagée au sein de la population : celle-ci se voit privée des ressources du pays par des dirigeants qui s'enrichissent à ses dépens. L'histoire suggère aussi la connivence des partenaires étrangers, mais c'est pour mieux souligner l'absence de retenue des dirigeants algériens.

On retrouve ici l'idée d'un décalage entre ce qui est dû et ce qui est donné. L'Algérie n'est pas un pays pauvre à proprement parler. La croissance y est raisonnable, aux alentours de 3 %, sans atteindre les sommets des pays émergents. Le gouvernement avait par ailleurs thésaurisé une grande quantité de devises (192 milliards de dollars à la fin de l'année 2013) [2]. L'État a donc pu rembourser par anticipation ses dettes extérieures et prêter de l'argent au FMI. Néanmoins, derrière cette solidité apparente dont le gouvernement ne

---

2. *Réflexion*, 29 décembre 2013.

manquait pas de faire une grande publicité avant que les cours des hydrocarbures ne chutent, se cache la persistance d'une pauvreté que les indicateurs macro-économiques n'ignorent pas. Ainsi, le PIB par habitant renvoie l'image d'un pays moyennement développé, situé aux alentours du 100ème rang mondial en fonction du type de classement utilisé [3]. L'écart entre la richesse des sous-sols et celle de ses habitants nourrit donc l'idée d'un détournement de la rente qui se traduirait par la multiplication des affairistes [4].

L'inégalité réelle et ressentie nourrit le contentieux. L'inflation, concernant notamment les produits alimentaires et de première nécessité, est ainsi dénoncée dans l'espace public sous la forme d'un humour populaire amer interpellant les autorités. À la fin 2009, les stades de football étaient le lieu choisi pour exprimer la frustration croissante devant le prix atteint par le kilo de pommes de terre. En chantant « *batata seb'aâ alif !* » (« la patate à 7000 ! », soit 70 DA le kilo), les supporters profitaient d'un match pour rappeler publiquement leurs difficultés économiques. En 2012, une nouvelle hausse du prix du féculent a encore donné lieu à un florilège de caricatures dans la presse et de photomontages diffusés sur internet comparant par exemple la patate à un parfum. Tandis qu'un aliment banal se trouve assimilé à un produit de luxe, les noms des lieux réservés à l'élite (le club des pins, Sidi Yahia) résonnent comme autant de preuves de la faillite du discours égalitaire que tenaient jadis les révolutionnaires.

Dans ce contexte, l'idée d'un déni de droit se trouve condensée dans la notion de *hogra*. Ce terme approprié par de nombreux mouvements contestataires algériens exprime d'une part le « sentiment d'être bafoués dans leurs droits et d'être victimes d'un système fortement inégalitaire fondé sur les privilèges, l'impunité et les passe-droits » (Dris-Aït Hamadouche, Zoubir, 2009, 122). L'inégal accès aux opportunités économiques se double aussi d'une discrimination systématique qui renvoie le sujet à sa condition de non-être que l'on rabaisse volontairement (Bouamama, 2000). Cette idée d'un déni du droit à exister est au fondement d'une colère qui se tourne contre les petits chefs, les bureaucrates qui demandent un énième duplicata de l'acte de naissance, les affairistes, et par dessus tout, contre le « Système », cette instance impersonnelle dont la fonction sociale serait la reproduction de l'humiliation. La *hogra* devient ainsi le synonyme d'un état d'inégalité qui se manifeste dans les infinies variations de l'injustice sociale, économique et politique.

---

3. La Banque mondiale situe l'Algérie entre la Chine et le Brésil en 2015. Cf. (http://donnees.banquemondiale.org/).
4. Farid Alilat, « Algérie : Le pouvoir d'achat s'érode... et les millionnaires rôdent », *Jeune Afrique*, 10 avril 2014.

La *hogra* est indissociable d'un cycle d'émeute quasi-ininterrompu. Face aux violences policières ou aux coupures d'eau, les protestataires dénoncent l'injustice et s'attaquent aux bâtiments publics (sièges de *daïra*, commissariats) comme aux édifices privés (banques, commerces). Ce mouvement d'affrontements urbains entre jeunes et forces de sécurité est certes devenu routinier, j'aurai l'occasion d'y revenir. Néanmoins, l'émeute peut prendre une forme plus directement menaçante, comme au début du mois de janvier 2011. Une série de violences urbaines a touché le pays pendant plusieurs jours, en partant des *wilayas* de Tipaza et d'Oran avant d'atteindre la capitale le 5 janvier. Pour calmer le soulèvement et en atténuer la portée politique, les tenants de l'ordre ont tenté de le limiter à une « crise du sucre et de l'huile » qui devait être résolue en agissant sur le prix des denrées alimentaires. Cet étiquetage, repris par l'UGTA et une partie des médias nationaux, a permis de mettre en accusation les « spéculateurs » et les « vandales »[5]. Néanmoins, la réduction de ce mouvement à une nouvelle « émeute du pain » est niée par d'autres dispositions défensives adoptées par le gouvernement. La décision de fermer l'accès à *Facebook* et *Twitter* lorsque les émeutes ont atteint la capitale témoigne de la volonté d'endiguer les appels à la mobilisation. De même, la très forte présence policière dans les rues algéroises après la prière du vendredi 7 janvier traduit le soucis de contrôler ce moment de rassemblement hebdomadaire. Ces mesures illustrent une volonté de prévenir le dépassement de l'émeute dans l'insurrection.

Plus généralement, la définition de l'émeute laisse la place à d'amples variations, allant de l'échauffourée à l'insurrection, en passant par la chasse-à-l'homme. La multiplicité des formes traduit la variété des motifs. Le phénomène repose sur des dynamiques nationales et locales, et sur une multitude de stratégies individuelles, ce qui n'est pas sans générer des difficultés d'interprétation (Kokoreff *et al.*, 2007). Bien souvent, le manque matériel agit comme un déclencheur. Mais les pénuries d'eau ou d'électricité, la flambée des prix, le non-ramassage des ordures drainent derrière eux un éventail de revendications bien plus larges (sociales, politiques et culturelles). L'émeute, en Algérie et ailleurs, est une réponse violente à de multiples violences systémiques, au premier rang desquelles le mépris (Khosrokhavar, 2000, 430).

Il ne faut pas non plus négliger le caractère stratégique de l'action contestataire. Contrairement au discours infantilisant qui tend à présenter cette pratique comme l'expression de l'immaturité des émeutiers, celle-ci répond également à des impératifs rationnels. En tant que mobilisation rapide, anonyme, ne nécessitant pas d'organisation préalable, elle pare à la fragmentation et à l'atomisation du corps social (Scott, 2008, 168). L'émeute s'avère efficace dès lors que les pouvoirs publics sont enclins à faire des

---

5. Cf. Par exemple *L'Expression*, 11 janvier 2011 ou *Le Temps d'Algérie*, 18 décembre 2011.

compromis, dans le cadre d'un rapport de force illégal mais institutionnalisé. Substitut au vote qui « ne sert à rien », elle devient un moyen d'obtenir des concessions des pouvoirs publics (Khosrokhavar, 2000, 433). En Algérie, la concordance de certaines émeutes avec les jours d'attribution des logements publics témoigne d'une routine émeutière qui voit certaines catégories défavorisées *exiger* un service public. Loin d'être un symptôme d'une culture « pré-moderne », l'émeute fait ainsi écho à des nécessités de l'action collective en termes d'organisation, d'intérêt et d'occasion (Tilly, 1986, 13-15).

Prendre conscience de l'ambiguïté de la contestation permet d'éviter une représentation misérabiliste de dominés « acculés » à la résistance. Les mouvements sociaux sont multiples, sectoriels et spatialement limités, violents ou non, plus ou moins bien organisés, mais ils traduisent la permanence des exigences. La multitude des revendications socio-économiques met une pression constante sur ceux qui tiennent l'État pour qu'ils redistribuent une partie des capitaux contrôlés. Cela implique certains bénéfices pour les plus précaires, comme par exemple l'augmentation régulière du revenu minimum afin de faire face à l'inflation. Entre 2003 et 2011, le SMNG est ainsi passé de 8000 DA à 18000 DA mensuels en quatre augmentations. J'aurai l'occasion de revenir bientôt sur l'économie politique du manque dans laquelle s'insèrent ces concessions. Gardons pour le moment à l'esprit qu'elles n'atténuent pas le sentiment de *hogra*.

Illustration 7 : Après un accident de la route, une émeute a visé la *daïra* et les habitants ont installé eux-même des ralentisseurs de fortune à la sortie du virage

© Photographie de l'auteur, Aïn Bessem, automne 2011.

L'espace du contrôle

En parallèle à la contestation, il y a aussi une inégalité spatiale dans le déploiement de la coercition étatique qui dessine un espace du contrôle, notamment au niveau de la capitale. Alger reste en effet une ville interdite aux manifestants. Le premier objectif des pouvoirs publics est d'empêcher leur arrivée dans la capitale, qu'ils représentent des marges portées à la contestation (berbéristes, chômeurs du Sud) ou une corporation ayant décidé de publiciser ses revendications sectorielles (gardes communaux en 2011 et 2012). Afin d'empêcher l'intrusion dans l'espace sécurisé, les barrages de gendarmerie puis de police sont des précieux outils hérités de la décennie noire. Ils permettent de baliser l'espace et d'aménager des couloirs de circulation où les flux peuvent être régulés. Ce mode de contrôle temporaire et disséminé à des points stratégiques, rendu possible par le recours à des check-points mobiles, traduit la volonté de se redéployer dans l'espace sans agir partout et tout le temps (Landauer, 2009). Les moyens de transport en direction de la capitale peuvent être interrompus si nécessaire, les manifestants interceptés dans les bus et dans les gares. Lorsque ces derniers réussissent à pénétrer le périmètre sécurisé, ils peuvent être arrêtés préventivement et évacués vers leur région d'origine à grand renfort d'injonctions paternalistes, comme me l'expliquait un étudiant de Béjaïa militant au RAJ : « Ils t'emmènent au commissariat pour une vérification d'identité. Ils voient où tu habites, et ensuite ils te déposent à la gare routière [de Kharouba] pour que tu rentres à Béjaïa. Ils te disent : "Ayya ! C'est fini les jeunes, rentrez chez vous" ».

Si les manifestants arrivent à se réunir, ils sont ensuite la cible de tentatives de dissuasion. En 2010, lors de la commémoration du soulèvement d'octobre, un policier enjoignait à un groupe de jeunes de ne pas rester sur la Place des Martyrs où se tenait la commémoration. Pour se prémunir de la chaleur, il leur conseillait de se tenir à l'ombre sous les arcades avoisinantes. Non loin, s'adressant à un homme âgé, un autre agent lui recommandait d'aller se rafraîchir dans un café. C'est le premier temps du maintien de l'ordre, celui de la négociation avec les militants, des conseils paternalistes et de la prise de nom.

Les tenants de l'ordre ont toujours les moyens de franchir un palier supplémentaire dans l'interdiction. Le déploiement des forces de la DGSN suffit alors à canaliser voire annihiler les – rares – rassemblements contestataires qui ont lieu dans la ville, près des lieux symboliques du pouvoir (APN, palais du gouvernement, Présidence). La présence des policiers en uniforme est complétée par le recours circonstancié aux URS et aux agents en civils. Des femmes policières sont généralement présentes pour interpeller les militantes. À cette gamme d'interventions s'ajoutent des manœuvres nonconventionnelles. Les manifestations organisées par la CNCD en 2011 illustrent le rôle des contre-manifestants afin de harceler et de marginaliser les contestataires dans le périmètre sécurisé [6].

L'importance accordée à la sanctuarisation de la capitale s'explique par la conjonction entre système très centralisé et métropole populaire ayant une grande importance symbolique (Tilly, 1986, 399). Si les mouvements de contestation se multiplient en province, les événements qui surviennent dans la capitale mettent directement en danger l'ordre politique. Suite aux émeutes dans Alger en janvier 2011 puis à l'occupation de la Place des Martyrs par les gardes communaux, celle-ci a été fermée au public sous prétexte d'une extension des travaux liés à la construction d'une station de métro. On voit ainsi s'opérer un découpage évolutif de l'espace, entre les zones névralgiques qui nécessitent un contrôle strict (les symboles du pouvoir dans la capitale, les ambassades, les résidences d'État et les complexes d'exploitation des hydrocarbures), et les zones où peut s'exprimer la contestation comme droit de contournement.

La coercition étatique s'applique avec des intensités diverses, à des endroits définis selon l'agenda des dirigeants et les intérêts des acteurs locaux. Le développement de l'émeute dans les périphéries est indissociable de l'hyper-sécurisation des centres disséminés du pouvoir. Dans le même temps, il ne s'agit pas de reproduire pour l'Algérie la vieille dichotomie coloniale marocaine opposant le *Bled el-Makhzen* au *Bled es-Siba*, le pays du pouvoir au pays de l'anarchie. Tandis que la dissémination des points de contrôle se fait sur le modèle d'un archipel sécuritaire en constante reconfiguration, les formes de contestation sont diverses, plus ou moins institutionnalisées, et répondent à une multitude de stratégies locales, nationales voire transnationales qui transcendent la dichotomie entre obéissance et révolte.

Au Sud, le vent se lève

La question sociale a joué un rôle très important dans les soulèvements de 2011. La *hogra* était une thématique présente chez les jeunes émeutiers tunisiens et elle l'est restée après la chute de Ben Ali et l'instauration progressive d'un système représentatif. De manière similaire, la demande de justice économique et sociale, d'un respect des élites et de réelles possibilités de sortir d'une situation de précarité humiliante motivent la contestation en Algérie. Dans les pages qui suivent, nous allons nous intéresser au mouvement des chômeurs qui a vu le jour dans le Sud du pays.

---

6. Ghania Mouffok, « Retour sur le marche d'Alger : La révolution de onze heure à midi », *Maghreb émergent*, 15 février 2011.

Le CNDDC contre le « colonialisme interne »

La défense des droits des chômeurs a pris une place croissante dans le paysage contestataire algérien, en tant que que mouvement social sectoriel, mais aussi en tant que critique politique plus globale. Le mouvement est né en 2006 dans le Sud du pays, avant de se structurer en Comité national pour la défense des droits des chômeurs en février 2011. Ses revendications socio-économiques visent le fort taux de chômage et la précarité induite par les méthodes des entreprises exploitant le sous-sol saharien. Le CNDDC dénonce plus généralement l'absence de redistribution égalitaire de la rente et le détournement de celle-ci. Un mépris d'État sévirait aux dépens des chômeurs, principalement dans une région marginalisée, le Sud.

La disproportion des forces a conduit le gouvernement à alterner entre concessions mineures et répression, en ayant recours aux formes classiques de la coercition étatique en Algérie : empêchement de circuler, harcèlement policier, arrestation arbitraire « préventive », sanctions imprévisibles et parfois très lourdes. Le contentieux s'exprime vivement. En juin 2011, une rencontre entre le ministre du Travail et une vingtaine de chômeurs d'Hassi Messaoud a par exemple tourné à l'affrontement verbal [7]. Dans ce contexte, la *hogra* du pouvoir central a pu nourrir une revendication aux accents régionalistes.

> Les gens du Nord, ils se sentent un peu supérieurs à nous. Ils se disent qu'on est des nomades, des gens qui ne comprennent rien. Moi je ne crois pas à cette frontière que l'on appelle l'Algérie. [...] Mon avis personnel, c'est que nous au Sud nous n'avons rien à voir avec le Nord. Nous sommes différents culturellement [et] historiquement. Hier j'étais avec un copain de Ouargla, qui est chômeur aussi et qui est monté avec moi. Il m'a dit : « il y a le Sahara occidental, pourquoi on ne fait pas le Sahara oriental ? ».
>
> (Abdelkader*, chômeur originaire de Ouargla, membre du Comité de défense des droits des chômeurs du Sud, Alger, printemps 2011).

Ces propos d'Abdelkader* illustrent le lien entre le sentiment de mépris et le régionalisme. La double violence, symbolique et économique, justifie la réaffirmation d'une différence. Certes, cette parole n'est pas celle des cadres du mouvement. J'y reviendrai, les porte-paroles du CNDDC s'inscrivent volontairement dans l'espace national. Toutefois, le ressentiment exprimé par Abdelkader* n'est pas isolé. L'injustice économique et la *hogra* attisent des tendances centrifuges au Sud, lesquelles légitiment en retour le registre de l'union nationale afin d'éviter la catastrophe.

---

[7]. Aux dires de Tahar Belabès, le porte-parole des chômeurs, le Ministre les aurait qualifiés de « mal-élevés » et de « jeunes manipulés » et aurait proféré des menaces à leur encontre. *El Watan*, 26 juin 2011.

Plus encore que le Nord, ce sont les acteurs de l'exploitation du sous-sol qui sont assimilés à la prédation étrangère. Le déséquilibre entre les avantages accordés aux multinationales, et les bénéfices des intermédiaires « compradorisés », sous-traitants ou membres de l'administration, d'un côté, et la masse des précaires locaux, de l'autre, génère un étiquetage très négatif. C'est ainsi qu'en juillet 2012, pour le cinquantenaire de l'indépendance, le porte-parole du CNDDC Tahar Belabbès dénonçait une situation de « colonialisme interne »[8]. « Ceux qui possèdent l'État » et les agents économiques qui sont leurs alliés sont rejetés dans une position d'extranéité. Dans ce contexte, le chômage, l'emprise de la bureaucratie et la pauvreté des infrastructures sont autant de preuves du délaissement du Sud qui subirait une situation semblable à la domination passée. Le « colonialisme interne » est devenu un facteur explicatif pour les marges contestataires qui s'estiment victimes de la *hogra*. On peut par exemple retrouver cette idée chez certains berbéristes, et notamment chez les autonomistes kabyles. Ce type de discours est commun dans les pays ayant fait face à l'impérialisme européen. La notion de « colonialisme interne » relaie en fait une analyse à la fois politique et économique qui souligne la subsistance des anciennes structures de domination, la marginalisation d'une partie de la population et les failles dans le « processus égalitariste du développement » (González Casanova, 1964). De fait, si le CNDDC porte les revendications économiques d'une marge précaire, il exprime aussi le contentieux lié à la dimension répressive de l'ordre.

> Dans notre plate-forme de revendications nous ne différencions pas les revendications démocratiques des revendications sociales. Parce que quand on parle de libéralisme et de mondialisation libérale, on sait que dans un pays [...] comme l'Algérie, le libéralisme économique et la répression politique vont ensemble. Ici, que le patronat soit public ou privé, national ou international, il n'a aucun intérêt à ce qu'il y ait un état démocratique, il n'a aucun intérêt à ce que le peuple ait le contrôle de ses ressources et du pouvoir politique. Le régime algérien joue bien son rôle puisqu'il fait des lois à la fois anti-sociales et liberticides. Il précarise les travailleurs en même temps qu'il les opprime.
>
> (Samir Larabi, porte-parole du CNDDC, membre du PST, Alger, printemps 2011).

Bien que tenant à différencier ses engagements politique et syndical, Samir Larabi soulignait que la situation économique des chômeurs algériens ne pouvait pas être comprise indépendamment de la fonction du cartel, vu comme le médiateur du système capitaliste global. De ce point de vue, le CNDDC souligne une contradiction importante pour des dirigeants nationalistes dont la légitimité reposait jadis sur leur capacité à produire les conditions d'une indépendance complète.

---

8. *El Watan*, 5 juillet 2012.

Un mouvement ambitieux et pragmatique

Nous l'avons vu dans le chapitre précédent, les difficultés liées à l'engagement syndical et politique abondent, et les leaders du CNDDC ont personnellement eu à expérimenter les affres de la répression et du discrédit. Néanmoins, le mouvement social s'est appuyé depuis 2011 sur le concours de figures locales du militantisme, à l'image de Yacine Zaïd [9]. De plus, le comité a bénéficié du soutien d'organisations ayant un ancrage national et une expérience certaine de la contestation telles que le SNAPAP ou la LADDH, ainsi que d'une couverture constante par une partie de la presse nationale privée. Dans ce contexte, les chômeurs sont devenus des acteurs à part entière du conflit politique.

> Les chômeurs c'est le maillon faible de la société. Ils vivent dans la précarité et la détresse, il sont détruits socialement et moralement, mais ça ne veut pas dire qu'ils ne peuvent pas être entendus. Au contraire, c'est une frange de la société qui est mobilisable pour changer les choses. [...] C'est un segment qui peut être combatif et qui constitue un réservoir de militants. Quand je dis militants, je ne parle pas forcément au sens partisan mais plutôt de personnes qui sont susceptibles d'engager et d'alimenter un rapport de force avec le pouvoir parce qu'ils veulent des conditions favorables pour eux et pour les travailleurs aussi.
>
> (Samir Larabi).

Samir Larabi soulignait la capacité des chômeurs à porter des revendications qui dépassent leur simple situation catégorielle, d'une part parce qu'ils n'ont pas de travail à perdre, d'autre part parce qu'ils ont fait l'expérience de la *hogra* de manière directe. Ils peuvent donc être les porteurs de revendications dont bénéficierait toute la société. Les communiqués du CNDDC sont parlants : l'appel du 1er mai 2011 demandait, entres autres, la nationalisation des entreprises stratégiques, l'amélioration des services publics, le droit au logement pour tous, ou encore le respect des libertés d'expression et de manifestation. Plus que le « changement de régime », l'emploi et la justice sociale sont des thèmes porteurs qui permettent aussi la formulation de revendications plus larges.

Pour exister dans l'espace public, le CNDDC a dû répondre aux différentes problématiques posées aux porteurs de la critique sociale et/ou politique en Algérie. Au premier rang, il y a l'impératif de la non-violence dans un pays marqué par la mémoire du climax de la crise où le maintien de la stabilité a été érigé en priorité absolue, y compris par de nombreux opposants (McDougall, 2007). Les portes-paroles des chômeurs n'ont donc pas manqué de réaffirmer

---

[9]. Zaïd illustre la convergence des luttes sociales et politique, puisqu'il est à la fois syndicaliste et défenseur des droits de l'Homme. Il est également un bon exemple de l'acharnement à l'encontre des activistes, ayant été accusé de propos diffamatoires, arrêté et condamné à plusieurs reprises.

fréquemment leur engagement pour un changement pacifique, s'adaptant de la sorte à une figure imposée du discours revendicatif en Algérie. Ils ont aussi tenté de retourner le stigmate de la violence en visant le cartel et ses exécutants locaux. En mars 2011, un communiqué évoquait par exemple des « attaques sauvages » soutenues par les pouvoirs publics contre des « manifestations pacifiques de jeunes chômeurs » [10].

Le mouvement des chômeurs a également dû faire face aux accusations de régionalisme en raison de sa forte implantation dans les *wilayas* du Sud. Il faut dire que l'idée d'un « colonialisme interne » et plus largement l'insistance sur le déséquilibre dans la répartition des ressources posent la question de l'injustice du centralisme algérois. Néanmoins, les porte-paroles du CNDDC se sont employés à inscrire le mouvement dans une dynamique de contestation nationale. Dans leurs discours, ils n'ont cessé d'en appeler à « toutes les Algériennes et tous les Algériens ». D'un point de vue organisationnel, ils se sont efforcés de s'implanter dans des *wilayas* du Nord, de Mostaganem à Skikda, et d'y occuper l'espace public malgré les entraves.

Enfin, les chômeurs ont dû faire face au soupçon d'instrumentalisation par des organisations politiques. En réponse, l'affirmation de l'autonomie et l'évitement de slogans associés aux soulèvements arabes de 2011 et à la CNCD sont devenus de rigueur. Lors de l'organisation de leur grande marche, prévue en mars 2013, les porte-paroles du mouvement ont souligné son caractère populaire et mis en garde contre toute volonté de manipulation dans un communiqué publié sur *Facebook*. Cela ne veut pas dire pour autant que le CNDDC est étranger au jeu politique. Certains de ses membres sont aussi liés à des organisations de la « gauche » algérienne, à l'image de Samir Larabi qui milite chez les trotskystes du PST. Le dialogue a également été maintenu avec les représentants d'oppositions non-compromises par la participation au gouvernement, telles que le FFS. Néanmoins, l'indépendance à l'égard du champ politique demeure la règle d'or, ce qui apparaît paradoxalement comme le meilleur moyen de peser sur les débats publics.

En usant stratégiquement des registres de l'apolitisme, du pacifisme et du patriotisme, le CNDDC a contré le discours de l'ordre et la rationalité politique de la suspicion. Le 14 mars 2013, la marche du million (*Mylionia*) a rassemblé environ 10 000 participants à Ouargla selon ses organisateurs. Bien que subversif, l'événement s'est déroulé sans violence. Les participants brandissent des drapeaux algériens et entonnèrent en chœur l'hymne national. En réaction, le Premier ministre Sellal se résolut à louer le patriotisme de ceux qu'il décrivait jusque-là comme une bande de voyous et promit des « annonces

---

10. *Le Temps d'Algérie*, 18 mars 2011.

importantes » pour répondre à leurs demandes [11]. Le gouvernement était contraint de reconnaître la légitimité des revendications du CNDDC.

Le cas du CNDDC dément les analyses qui présentent la contestation algérienne comme une série de jacqueries dépolitisées. Il montre que la résistance est systémique plutôt qu'épisodique et qu'elle est formulée en étroite relation avec les techniques de pouvoir déployées (Tripp, 2013). La stratégie non-violente et les discours patriotiques répondent à la catastrophisation tout en évitant la confrontation directe avec les dispositifs policiers. Face au paternalisme qui caractérise le discours de l'ordre, les chômeurs doivent démontrer l'existence d'un corps politique et d'un engagement citoyen. L'occupation des espaces urbains sous la forme de manifestations improvisées et de sit-in testait dans le même temps la capacité de contrôle du cartel, tout en exploitant et consolidant un répertoire contestataire local.

Le mouvement social face à la latence de la crise

Le pragmatisme du CNDDC rejoint autant la stratégie de confinement du cartel que la demande partagée de stabilité. Le mouvement social est toutefois pris par ses propres limites. L'évitement de la politique formelle hypothèque sa capacité à aller effectivement vers la convergence des luttes. Compte tenu de la fragmentation sociale et de la suspension de la catastrophe, une mobilisation multisectorielle qui « affecte[rait] simultanément différentes sphères sociales différenciées » (Dobry, 1986, 13) semble improbable. Face à la latence de la crise, le mouvement va donc perdre progressivement sa visibilité.

Cela est d'abord passé par le retour du spectre de l'extrême violence. Malgré ses appels au calme, le CNDDC a bientôt dû faire face à une multiplication des confrontations, le cartel s'employant à endiguer l'extension du mouvement vers le Nord. Ainsi, un sit-in à Ghardaïa à la fin du mois de mars 2013 a débouché sur des affrontements avec la police. Au début du mois d'avril, la publication des listes d'attributions des logements publics a donné le signal d'une reprise des affrontements urbains à Ouargla. Selon un schéma classique, les émeutiers dénonçaient le fait que la plupart des bénéficiaires étaient des « étrangers » originaires du Nord [12]. Quelques jours après, des affrontements similaires débutaient à Illizi, non loin de la frontière libyenne. En réponse, les leaders du CNDDC dénoncèrent des émeutes « commanditées » et essayèrent de jouer sur le registre de la tradition et de la respectabilité en sollicitant des « patriarches » des environs de Ouargla [13]. Malgré ces efforts, ces manifestations violentes renforçaient le discours sécuritaire, d'autant plus

---

11. *Le Soir d'Algérie*, 17 mars 2013.
12. *Le Temps d'Algérie*, 10 avril 2013.
13. *El Watan*, 18 avril 2013.

que les chômeurs n'étaient pas seuls à avoir remis le Sud sous la lumière des projecteurs médiatiques en cette année 2013.

En janvier, le groupe jihadiste des Signataires par le Sang (*El-Mouaqioune bid-Dima*) avait déjà attiré l'attention en frappant un site gazier situé non loin d'Illizi, à In Amenas. Dans ce contexte, le mouvement social n'était plus seulement suspect de régionalisme. Il devenait également synonyme d'un risque terroriste, un amalgame d'autant plus facile qu'AQMI n'avait pas manqué de publier une déclaration de soutien à l'adresse des manifestants de Ouargla [14]. Le raccourci s'appuyait de surcroît sur un précédent : le Mouvement pour les enfants du Sud qui portait au début des années 2000 des revendications à la fois sociales et régionalistes. Face à cet activisme pacifique, le cartel avait répondu par l'emprisonnement de plusieurs de ses membres en 2004, menant à la constitution d'un mouvement armé qui s'est dissout et reconstitué à plusieurs reprises depuis. Les maquisards ont pris le nom de « Mouvement des fils du Sahara pour la justice » et se sont installés dans le massif du Tassili n'Ajjer, au sud de la *wilaya* d'Illizi. Certains sont entrés en politique dans le sillage d'Abdallah Djaballah. Un ancien membre du groupe était néanmoins parmi les assaillants à In Amenas. Le CNDDC se trouve ainsi piégé à l'intersection des menaces séparatistes et jihadistes. Mémoire de la guerre civile, fantasmes du nationalisme défensif et risque réel d'une radicalisation de la contestation interagissent pour suggérer l'imminence du désastre. Depuis 2013, le Sud est donc devenu un nouvel objet des théories conspirationnistes qui circulent dans l'espace public. Le DRS, les États-Unis, la France voire Israël s'y livreraient à diverses manœuvres afin de déstabiliser la région et d'entraîner le pays dans un nouveau tourbillon de violence terroriste.

À la suspension de la catastrophe s'ajoute une deuxième difficulté à laquelle va être confronté le mouvement social. En effet, face à la nature événementielle qui caractérise la crise, il faut pouvoir durer. Or, la routine voit se multiplier émeutes, grèves et attentats, et c'est dans ce cadre que le mouvement doit exister. Pour les « entrepreneurs de cause » qui veulent promouvoir les revendications des chômeurs, l'enjeu est en effet de faire de celles-ci un enjeu politique en les inscrivant durablement dans l'espace public (Lascoumes, Le Galès, 2007, 69). Or, comment exister dans un *continuum* d'épisodes inquiétants ? Comment préserver la singularité et le sens subversif de l'événement quand celui-ci est submergé par l'abondance du crucial, du contradictoire et de l'anecdotique ?

La crise latente impose son rythme avec sa succession d'événements et de non-événements. Alors que les chômeurs préparaient les suites de leur

---

14. Nazim Fethi, « Algérie : bras de fer entre les chômeurs et le gouvernement », *Courrier international*, 26 mars 2013.

mouvement en s'efforçant de le faire remonter vers les *wilayas* du Nord, une péripétie majeure est venue bouleverser le paysage politique : Le 27 avril 2013, Abdelaziz Bouteflika a quitté le pays pour être hospitalisé en France à la suite d'un accident ischémique transitoire. Rapidement, les questions sur la réalité du pouvoir présidentiel et sur sa permanence sont revenues sur le devant de la scène médiatique. Avec la problématique de la succession réapparaissait le spectre de la déstabilisation du pays. L'enjeu existentiel supplantait pour de bon celui de la justice sociale. Ce nouvel événement permettait d'ailleurs à Sellal de reprendre la litanie de ses mises en garde adressées au peuple, puisque l'Algérie était désormais « visée dans ses fondements républicains, son développement et sa sécurité » [15]. Dès lors, le Premier ministre n'eut de cesse d'évoquer un projet de déstabilisation, en faisant de la contestation sociale dans le Sud une simple manifestation de projets machiavéliques ourdis à l'intérieur comme à l'extérieur, tandis que la defense de la communauté nationale était amalgamée aux élections présidentielles à venir.

Pendant ce temps, la mobilisation des chômeurs a été noyée par la multiplication des contestations sectorielles qui se partagent la couverture médiatique. Entre avril et mai, une grève massive des fonctionnaires touchait les Haut-Plateaux et le Sud, suivie par un mouvement à Air Algérie et un autre dans les hôpitaux. L'actualité sociale était concurrencée par l'actualité judiciaire, à la suite de nouveaux développements dans le scandale « Sonatrach 2 » et de la fuite à l'étranger de l'ancien ministre Chakib Khelil. Dans ce contexte, le CNDDC a perdu sa capacité à se singulariser et à défier l'ordre. Pris dans le rythme de la crise latente, il est redevenu une expression parmi d'autres des désordres socio-économiques. Fin mai, une journaliste algérienne, également correspondante pour une radio française, m'avouait qu'elle ignorait quand la prochaine manifestation des chômeurs devait avoir lieu. La mobilisation était prévue deux jours plus tard, à Aïn Beïda, dans la *wilaya* d'Oum el-Bouaghi. L'absence d'intérêt médiatique était prémonitoire. Les chômeurs furent empêchés de se réunir, certains arrêtés dans les bus et d'autres violentés par des « *baltagiyas* » locaux. La tentative d'étendre la mobilisation se heurtait ainsi à la réalité de la « gestion démocratique des foules », une fois l'attention du public tournée vers d'autres enjeux.

De l'émeute à la guerre des pauvres contre les pauvres

Le contentieux n'est pas réglé pour autant. Face à l'exacerbation des violences systémiques, les conflits socio-économiques s'expriment au-delà des espaces de contournement aménagés par les tenants de l'ordre. Le manque entretenant les griefs, les tensions soulignent des fractures déjà existantes dans

---

15. *APS*, 20 mai 2013.

le corps social (tribu, langue, genre), dont le processus d'individualisation a certes atténué la pertinence sans pour autant en abolir la logique (Bosc, 2003). La violence systémique produit un retournement de la lutte sociale en nourrissant les antagonismes au sein de la communauté. La concurrence entre les précaires pave alors le chemin d'une violence horizontale qui prend la forme d'une guerre des pauvres contre les pauvres (Chamayou, 2010, 159 ; Ménoret, 2014, 103-104).

Le Sud algérien illustre la manière dont la latence de la crise déchire les espaces urbains. Prenons l'exemple de la ville de Ghardaïa, laquelle est touchée depuis plusieurs années par des affrontements entre les communautés mozabites (berbérophones ibadites) et châmbis (arabophones sunnites). La conjonction entre une urbanisation rapide et problématique (Côte, 2002), des différences religieuses et de vieilles rancœurs communautaires a donné naissance à l'un des cycles de violences urbaines les plus récurrents de l'Algérie de Bouteflika. Jusque-là épisodiques, celles-ci ont pris une forme systématique dans toute la *wilaya* depuis 2013, au point que la DGSN a dû renforcer ses effectifs sur place, ce qui n'a pas suffi à empêcher des morts. Les troubles à Ghardaïa sont indissociables de la dégradation des espaces urbains, des violences policières et des inégalités économiques, et se traduisent par des discours racialisés. À l'automne 2011, un représentant des étudiants du ksar mozabite de Béni Izguen pouvait par exemple m'expliquer que la dégradation de la ville et de l'*oued* étaient liés à la présence des « Arabes ». Quelques jours plus tard, un quincailler arabophone me présentait les Mozabites comme des « Juifs » et m'affirmait que « tout ce qui les intéresse, c'est l'argent et leur équipe ». Les émeutes à Ghardaïa montrent ainsi la montée de la violence horizontale. Pourtant, elles ne sauraient être limitées à des affrontements communautaires, et charrient dans le même temps un éventail de revendications économiques, politiques et sociales visant les tenants locaux et nationaux de l'ordre (Dufresne Aubertin, 2017).

Lorsqu'elles se détournent des symboles de l'ordre, certaines émeutes peuvent aussi prendre la forme d'une expédition punitive populaire (Chamayou, 2010, 151). Dans le Sud, c'est notamment une conséquence de l'exploitation des hydrocarbures qui a transformé certaines villes en bassin d'emploi qualifié attirant des travailleurs venus du Nord. En réponse, les habitants originaires de la région associent ces « étrangers » à la spoliation. Alors même que des mouvements comme celui du CNDDC tentent de dépasser les clivages entre précaires, la concurrence entre travailleurs locaux et « étrangers » devient un motif de la guerre des pauvres contre les pauvres. Les épisodes de violence à l'encontre des femmes à Hassi Messaoud au cours de la dernière décennie en sont un terrible symbole. Devenu l'un des principaux bassins gaziers algériens, Hassi Messaoud a connu une croissance démographique importante (Kateb, 2003, 326), ce qui s'est traduit par l'augmentation du chômage et la détérioration du cadre de vie. Cette situation a contribué au retournement de la colère masculine contre des femmes vivant seules, travaillant souvent pour des sociétés étrangères ou étatiques, et identifiées à une déviance venue de l'extérieur dans cette région conservatrice. L'éruption de violence émeutière d'origine socio-économique a alors épousée une violence sexiste attisée par certains prédicateurs qui appelaient à nettoyer la ville.

Le Sud du pays n'est pas le seul lieu où s'exprime la violence horizontale, bien que les désordres socio-économiques y soient particulièrement forts. Cette région du pays jouit par exemple d'une réputation de tolérance à l'égard des migrants sub-sahariens bien supérieure à celle des *wilayas* du littoral. Ainsi, si ceux-ci représentent près de 20 % de la population du Sahara algérien, c'est dans le Nord que les discours xénophobes sont les plus fréquents et qu'ils se traduisent parfois par des violences urbaines comme à Oran en 2005 (Brachet *et al.*, 2011 ; Bredeloup, 2012). Il apparaît en tout cas que le sentiment d'injustice des émeutiers ne s'exprime pas toujours à l'encontre des *daïras*, des commissariats et des banques.

Cette évolution est indissociable de la fragmentation de la communauté politique entretenue durant la phase de latence. Les affrontements physiques opposant des fractions de celle-ci se superposent aux antagonismes politiques, culturels ou économiques déjà existants pour hypothéquer la perspective d'un moment révolutionnaire. L'étape d'une désectorisation des luttes semble hors de portée d'une mosaïque contestataire divisée, d'autant plus d'ailleurs que les stratégies de médiation et de désamorçage du cartel jouent sur les rivalités et les exacerbent. Dans un contexte de compétition pour les capitaux distribués, la guerre des pauvres contre les pauvres est arbitrée depuis le champ étatique. En s'inscrivant dans le quotidien, la crise sape les projets alternatifs fédérateurs en réduisant la capacité à penser la communauté en tant que « participable et partageable » (Castoriadis, 1990, 134). La présence menaçante d'une multitude d'« autres », dont les caractéristiques supposées essentielles incitent à la méfiance, nourrit une atomisation sociale qui recouvre les « rapports sociaux réellement structurants » et « facilite la perpétuation de hiérarchies sociales » (Le Lay, 2003, 32).

Pourtant il serait erroné d'en conclure l'échec définitif du mouvement social. Tant que la *hogra* du système demeure, l'expression du contentieux continue de défier cette logique de l'atomisation. Tout en revendiquant des droits, une inclusion dans le récit national et en poussant à la renégociation du contrat social avec l'État (Belakhdar, 2015), les chômeurs peuvent aussi être porteurs d'un message agoniste et rassembleur. Lorsque le président du CNDDC, Abdelmalek Aïbek, s'exprime dans *El Watan* en 2014, il commence ainsi par dénoncer les sociétés de gardiennage privées qui sécurisent Hassi Messaoud, qui « vous sucent le sang » et sont donc comparables à des « esclavagistes ». Il évoque ensuite la nécessité de constituer un « front social unifié incluant les chômeurs, les travailleurs, les étudiants, les avocats, toutes les catégories sociales, et qui redonnent espoir au peuple » [16]. L'idée d'une convergence des luttes persiste donc, et avec elle la possibilité d'une opposition frontale et radicale à l'ordre.

Le quotidien critique

Un obstacle majeur à la désectorisation des mouvements sociaux réside dans la difficulté à maintenir leur audibilité dans une routine marquée par les manifestations successives du conflit social. La contestation dispersée s'inscrit alors dans le temps long de la crise qui ne veut pas finir. Cette configuration justifie les politiques et les discours défensifs des tenants de l'ordre : redistribution clientéliste, gestion policière, rhétoriques du développement et de l'urgence. La conjonction des événements et des non-événements produit un quotidien critique, marqué par l'émeute et l'ennui, la pénurie réelle et la spoliation ressentie, l'attentat et le fait divers. Ce quotidien critique est à la fois une situation objective et un spectacle.

Gestion par le manque

Le rôle de la rente gazière est souvent avancé pour expliquer la résistance aux changements institutionnels (Talha, 2001 ; Martinez, 2010). Cette conclusion doit être tempérée, dès lors que les dits changements permettent un travail de mise à jour et donc le maintien des équilibres. Couplée à la crise, cette manne permet avant tout la gestion et la régulation d'une société tenaillée par le manque. Les ressources dégagées par le contrôle du champ étatique servent alors à calmer la contestation, à mettre en place un système de répartition en réactivant d'anciennes structures sociales (tribu, *zaouïa*), à entretenir les multiples associations qui sortent de leur torpeur au moment des élections, ou encore à acheter une participation électorale de substitution (Hachemaoui, 2013, 175-176). Ces formes de rétributions sont autant de politiques défensives autorisant le *statu quo* durant la phase de latence.

À l'échelle locale mais aussi au niveau national, la production de légitimité politique passe souvent par une mise en scène du service que le candidat ou le parti peuvent apporter pour combler les manques. De manière finalement assez banale, la compétition instituée s'organise autour d'une surenchère de promesses. Durant les élections législatives de 2012, les partis, petits et grands,

---

16. *El Watan*, 3 février 2014.

qui se succèdent à la radio rivalisent de projets plus ou moins réalistes. Un matin sur la chaîne 3, un candidat indépendant reprend à son compte le vieux serpent de mer qu'est la création d'un canal reliant la Méditerranée au Sahara pour y créer une mer intérieure censée redynamiser l'espace saharien. Quelques jours plus tard, un autre propose de spécialiser chaque *wilaya* dans la production et le conditionnement d'un type de légume afin d'assurer des emplois. Les jeunes, sujets du manque par excellence, sont des cibles particulièrement prisées, à qui l'on offre des emplois, des locaux ou des prêts à des taux dérisoires.

Face au manque, servir les secteurs clés de l'État est un privilège. Celui des hydrocarbures fournit logiquement un grand nombre d'emplois. Dans le contexte tendu de 2011, les fonctionnaires de la Sonatrach ont bénéficié d'une augmentation de 25 % et de différentes mesures de revalorisation [17]. Les secteurs essentiels au maintien de l'ordre sont également choyés. Après une année marquée par la contestation, un signe a été adressé aux fonctionnaires de police fin 2010, sous la forme d'une hausse de salaire et d'un nouveau régime d'indemnité assorti d'un effet rétroactif sur deux ans [18]. Plus généralement, le secteur public fait figure de havre social dans un climat marqué par le chômage et l'extension de l'emploi précaire. En plus de la stabilité de l'emploi, les salaires y sont près de deux fois plus élevés que dans le privé, avec une moyenne de 51000 DA contre 29200 DA selon l'ONS [19].

La fonction publique joue un rôle crucial dans l'intégration des catégories sociales fragilisées. Dans le contexte des soulèvements de 2011, l'ANP a notamment décrété une augmentation de son taux de recrutement afin d'absorber le grand nombre de bacheliers et en leur offrant une porte de sortie face à l'engorgement des universités [20]. L'intégration d'une partie de la population au champ étatique permet *de facto* de l'installer dans un rapport de soutien mais aussi de dépendance à l'égard de l'ordre. Par ailleurs, cette gestion des marges précarisées alimente le gonflement des capacités de coercition de l'État, puisque les agences de sécurité sont à la pointe du dispositif intégrateur. Durant les années 1990, Abderahmane Moussaoui relevait déjà le lien entre précarité et sécurité à travers la formation des milices de patriotes. Le corps des *chambit*, ou gardes communaux, a aussi servi à intégrer les chômeurs dans les zones touchées par le terrorisme (Moussaoui, 2006, 226). Les volets sécuritaires et économiques de la crise se rejoignent donc pour concourir au maintien de l'ordre.

---

17. *El Watan*, 19 janvier 2012.
18. *Le Temps d'Algérie*, 15 janvier 2011.
19. *APS*, 26 octobre 2014.
20. *Ennahar*, 24 avril 2011.

Le manque de moyens favorise également la domestication de certains porteurs de la critique, voire leur cooptation. Sans rentrer dans les détails de tractations qui sont par nature obscures, on se contentera de rappeler cette évidence : un gouvernement aura toujours plus à offrir qu'un parti d'opposition tenu à l'égard de l'attribution des postes et des prébendes.

> Les gens dès qu'ils voient que quelqu'un peut les acheter, il se vendent parce qu'ils savent que c'est un moyen de monter. Le système suscite la corruption, et dès qu'ils vous ont fait vous mouiller, ils vous tiennent par la patte. Le système dit « ou vous nous servez, ou vous tombez ». Maintenant si des gens nous trahissent, des gens que vous connaissez bien, comme Khalida [Toumi], est-ce que c'est de la faute du RCD ou du système ou de la personne qui trahit ? Je ne crois pas que le RCD puisse y faire grand chose.
>
> (Nacer Hadj Saïd, président de la commission affaires sociales et santé de l'APW de Tizi Ouzou, printemps 2011).

> J'ai vu des camarades faire de la prison parce qu'ils avaient jeté des pierres sur le convoi présidentiel. Ils ont fait deux ans et ensuite ils les ont relâchés à cause de la grâce. C'étaient des gens qui étaient dans les mêmes associations que moi alors ça m'a bien marqué sur le moment. Mais ensuite, parmi ces gens-là, il y en a certains qui ont pris les postes qu'on leur donnait à la sortie de prison. Ça me fait mal d'entendre d'anciens camarades parler à la radio et parler de « correction historique » au lieu du coup d'État du 18 juin [1965].
>
> (Loubna*, ancienne journaliste et militante FFS émigrée en France, Paris, été 2010).

Les propos de l'élu local du RCD comme de l'ancienne journaliste sont évocateurs de la difficulté à maintenir une ligne d'opposition alors que les ressources tant symboliques que matérielles, militantes qu'organisationnelles, sont faibles. En miroir, le cartel qui tient l'État est en mesure de susciter des défections. Après avoir connu les affres de la répression et de la marginalisation, il n'est guère surprenant que certains finissent par céder à l'attrait du pouvoir, ou tout simplement de la tranquillité et de la stabilité.

L'insécurité économique est un atout précieux pour maintenir l'ordre. Cette précarité ne touche pas que les couches populaires mais aussi les élites politiques et économiques. L'instabilité oblige aussi bien les capitalistes que les porteurs de la critique à s'assurer une sécurité financière. Elle rend les détenteurs du méta-pouvoir indépassables. Ce sont eux qui font et défont les lois, autorisent les passe-droits et distribuent les aides. Certes cette dépendance est relative aux besoins, aux désirs et à l'échelle de valeurs de chacun, mais elle permet néanmoins la construction d'une économie politique de la domination basée sur un ensemble de relations de dépendance. À partir du cas tunisien, Béatrice Hibou montre toutefois que ce jeu n'est pas à sens unique et qu'il permet aussi de promouvoir une multitude d'intérêts parfois contradictoires (Hibou, 2006, 215-218, 290-291). L'obéissance ne saurait en effet être analysée uniquement sous l'angle de la soumission. Le consentement des dominés a un prix, et l'un des avantages de la gestion par le manque qui caractérise l'Algérie de Bouteflika est de l'abaisser significativement.

Le spectre du chaos

Dans la routinisation de la crise, la médiatisation des violences complète la précarité quotidienne. Ici, la rumeur évoque des rixes à l'arme blanche entre jeunes supporters de foot. Là, le journal ou le site d'information fait l'inventaire des émeutes, des scandales d'État et des grèves. C'est cette chronique, où s'imbriquent réalité et fiction, qui représente la confrontation spectaculaire entre brutalité du système et brutalité du contre-système, et affirme la possibilité de l'effondrement de l'un et de l'autre (Baudrillard, 2003, 45). C'est ainsi que se révèle l'esprit terroriste de la crise, au sens de Baudrillard, dans ce *continuum* fascinant d'événements et de non-événements qui ravive le souvenir du chaos et permet la catastrophisation.

La fascination qu'exerce ce spectacle terrorisant repose aussi sur l'indifférence qui brouille le réel (*Ibid.*, 73). L'amalgame de toutes les formes de protestations en une seule statistique écrasante (celle des 11.000 interventions de « maintien de la sécurité publique » revendiquées par la DGSN pour l'année 2011) ne permet pas de cerner les causes des conflits, leurs points communs comme leurs différences. Les « regroupements, attroupements, obstructions de routes, sit-in et marches non autorisées » deviennent les éléments indifférenciés d'un quotidien critique documenté par les services de police et médiatisé par l'agence de presse officielle [21]. La singularité de la mobilisation des chômeurs se perd dans la confusion, se confond avec les autres revendications sectorielles et les épisodes de violence horizontale. Dans le même temps, grâce à cette statistique, la DGSN crée une mesure qui objectivise le processus de catastrophisation et légitime la sécuritisation de la contestation sociale. En effet, la compilation de ces 11.000 interventions suggère qu'il existe un seuil au-delà duquel la catastrophe ne pourra plus être suspendue.

Le fait divers alimente aussi le quotidien critique en tournant le regard vers une violence privatisée et fondamentalement déviante : celle du fils contre son père, celle des voyous armés de sabres qui se disputent le contrôle des plages avant l'été. Le conflit politique est recouvert par la forme sensationnelle et dépolitisée du spectacle où « se concentre tout regard et toute conscience » (Debord, 2006, 10). Les agressions font les choux gras de la presse écrite et servent la démonstration d'un diagnostic d'anomie frappant prétendument la société. Celle-ci serait menacée par une déviance contagieuse, notamment du fait de l'égarement de sa « jeunesse ». Quelques jours avant les élections

---

21. *APS*, 5 janvier 2012.

législatives de 2012, le quotidien *Liberté* annonce ainsi en première page, un sujet sur « ces Algériens qui battent leurs parents » et révèle « une grave extension du phénomène » [22]. Les gros titres dénoncent le trafic d'enfant et la violence des bandes, tandis que les pages d'information régionale font l'inventaire des émeutes et des grèves. La menace est partout même en page sport : en 2014 par exemple, la mort d'un footballeur victime d'un jet d'objet pousse la DGSN à s'alarmer d'une « situation au bord du chaos » [23].

Bien sûr la presse n'invente rien. Elle accentue seulement un sentiment d'insécurité omniprésent dans l'espace public. En témoigne la récurrence des mises en garde que reçoit le chercheur (« il ne faut pas sortir quand il fait nuit ou quand il pleut », « c'est un endroit où il y a des drogués »), le soupçon de déviance qui pèse sur les jardins publics, ou encore les doubles portes en acier et les fenêtres grillagées.

La dimension terroriste inhérente à la latence de la crise remet en question l'idée d'une obéissance volontaire (Hibou, 2006). C'est bien la menace quotidienne, physique ou économique, réelle ou ressentie, qui fascine et pousse au réalignement des souhaits des dominés sur ceux des dominants. La demande d'ordre est induite par la peur et le manque, certes réinterprétés par les calculs de chacun, mais néanmoins imposés comme un cadre indépassable. Sous cet angle, le choix « volontaire » est réduit à portion congrue.

Quoi qu'il en soit, la médiatisation du quotidien critique, loin de produire un sens contestataire unifié, participe d'un double processus de fragmentation et de naturalisation. Elle sert ainsi les objectifs des tenants de l'ordre qui capitalisent sur les peurs de la société (violence, anarchie) et sur la défense des valeurs refuges qu'ils se sont appropriées (nation, religion). Alors que la conservation est érigée en vertu ultime, les événements sont séparés de leurs causes structurelles.

Le rôle des uns et des autres

Le quotidien critique est indissociable d'une violence symbolique fixant les rôles des uns et des autres dans l'ordre politique. La parole des dominants se nourrit du spectacle et des représentations circulant dans la société ; dans le même temps, elle promeut des représentations avantageuses afin de naturaliser la configuration et donc de valider le rapport de force. Il s'agit à la fois de prescrire des manières de penser (l'ordre s'explique par les caractéristiques des Algériens ; la société est immature) et des manières d'agir (il faut s'inscrire dans les circuits de redistribution ; il faut éviter la contestation radicale) (Hibou, 2011a, 56 *sq.*).

---

22. *Liberté*, 6 mai 2012.
23. *El Watan*, 30 septembre 2014.

Ainsi, la notion d'« émeutes de l'huile et du sucre » associée au soulèvement urbain de janvier 2011 suggère l'impatience et la violence d'une population qui méconnaît les raisons des fluctuations économiques et exprime son mécontentement en cassant. De manière plus générale, la réduction de la contestation à sa forme sectorielle et cacophonique produit l'image d'une masse clientélisée. Le diagnostic sur les motivations des contestataires se substitue à l'analyse des déséquilibres du système social. Ils seraient motivés par la seule perspective d'un bénéfice égoïste. Cette représentation du conflit social est appropriée par certains porteurs de la critique, et influe notamment sur leur rapport à la population dont ils sollicitent le soutien.

> La crise [du mouvement contestataire de 2011], c'est d'abord la crise de l'élite qui devrait la porter. Ces élites qui n'en sont pas capables, qui n'ont pas de contact avec la société et qui ne répondent pas à ses demandes. Ça s'est vu avec la CNCD, j'étais aux premières réunions en tant que représentant du PST. Ils te diront que les gens c'est des tubes digestifs, et que eux ils se battent pour le *nif* (l'honneur) pas pour le pain, pour résumer ça à de la connerie ou à une tare anthropologique, l'esprit paysan si tu veux. Mais l'important c'est qu'ils stigmatisent leur propre peuple.
>
> (Samir Larabi, porte-parole du CNDDC, membre du PST, Alger, printemps 2011).

Les propos de Samir Larabi illustrent l'appropriation du discours dominant par certains membres de l'opposition, et expliquent certaines des tensions qui ont facturé la CNCD et conduit à son rejet par la population en 2011. Dans le même temps, ils montrent que l'auto-limitation des mouvements sociaux alimente la caricature faisant de leurs animateurs des « tubes digestifs » apolitiques. Le rôle des pratiques contestataires permet de dépasser l'idée d'une simple imposition verticale.

La presse privée se fait à son tour l'écho du discours dominant en amalgamant précarité et risque de manipulation, en liant l'intéressement supposé des mécontents au risque de déstabilisation. Dans un article consacré à l'évangélisation de la Kabylie, le quotidien *Ennahar* accusait ainsi les églises de promettre des visas et de donner de fortes sommes d'argent aux jeunes défavorisés [24]. Loin de situer les raisons qui poussent effectivement à des conversions marginales, l'article pointait du doigt deux catégories associées à la subversion, le « jeune » et le « Kabyle », et en faisait les cibles naturelles d'une instrumentalisation étrangère visant à réintroduire le chaos dans la communauté.

À la production d'une image caricaturale des contestataires et des précaires répond la mise en scène du rôle paternaliste des tenants de l'ordre. Les politiques défensives redistributrices deviennent ainsi les signes d'une bonne gestion du

---

24. *Ennahar*, 16 août 2010.

peuple-enfant. Ainsi, dès la fin février 2011, la présidence avait pris les devants de la contestation en annonçant une série de gestes économiques en direction de la jeunesse. Parmi ceux-ci, on peut noter l'annulation des intérêts sur les crédits destinés aux jeunes et la distribution de 242.000 logements au cours de l'année. Devant un tel assaut de générosité étatique, *Ennahar* affirmait cette fois que le président Bouteflika était « très au courant des aspirations de la jeunesse » et donc « différent des présidents égyptien et tunisien déchus [...] qui n'avaient rien entrepris pour calmer la colère de leurs citoyens » [25]. Dans le contexte de 2011, cet empressement à louer la philanthropie des dominants témoigne certainement de la crainte éprouvée à l'égard de la masse dangereuse des dominés (Bourdieu, 2012, 566-568).

Les représentants de la classe-État jouent quant à eux une partition complémentaire, où la générosité est remplacée par la responsabilité. C'est ainsi que le ministre des Finances Karim Djoudi (2007-2014) réaffirmait dans un langage caractéristique de la technocratie la nécessité d'une « bonne conduite des affaires publiques » et d'une « gestion prudentielle des dépenses ». Conciliant fonction réformiste et régulatrice, l'intervention des techniciens de l'État vise à la fois à assainir les comptes des entreprises et à fixer les prix des produits de première nécessité [26]. Derrière un langage mâtiné de neutralité, la mise en scène du « bon père de famille » responsable réaffirme la représentation dualiste du monde social, où l'élite dirigeante met en œuvre le processus de modernisation pour parer à la crise.

La fatigue sociale

Le quotidien critique engendre une fatigue sociale généralisée. Celle-ci se traduit par une démobilisation à l'échelle politique nationale, par la violence des marges et par l'affirmation d'un ordre sécuritaire, ce que ne contredit pas l'existence d'une contestation sectorielle localisée. Elle se nourrit et entretient, d'un même mouvement, une fragmentation considérable. En conséquence, la fatigue sociale hypothèque les chances d'un bouleversement des équilibres politiques, au moins jusqu'à ce qu'un événement redéfinisse les limites de l'imaginable et du possible.

L'empreinte de la guerre civile et la déviance

J'ai parlé plus haut de l'esprit terroriste de la crise. Derrière cette formule, il faut préciser que l'expérience du terrorisme en Algérie n'est pas réductible à un simple ajout au spectacle, pour paraphraser Baudrillard. S'il excelle à cerner

---

25. *Ennahar*, 24 février 2011.
26. *El Moudjahid*, 9 juillet 2012.

les contradictions du système global et les enjeux symboliques, le sémiologue ne rend pas compte de la vérité persistante d'une guerre civile. La violence et l'insécurité ont été et demeurent bien réelles et palpables. Dans le chapitre précédent, j'ai évoqué l'atmosphère pesante qui régnait à Alger à l'approche des élections de 2012. Celle-ci n'est compréhensible qu'en considérant la violence massive qui a été utilisée comme une ressource politique et un moyen de gestion de la société (Martinez, 1998, 20). L'empreinte de la guerre civile nourrit l'idée d'une déviance sociale généralisée.

Sous cet angle, le cas de la Colombie est éclairant. Cette dernière a en effet connu de longues périodes de guerre civile depuis 1948. Elle s'est trouvée confrontée au début des années 2000 à la conjonction de la fragmentation, de l'exode rural et de la crise économique, ainsi qu'à la difficulté d'en finir avec la violence armée (Lair, 2001). La situation y est donc comparable avec l'Algérie, elle aussi confrontée à deux guerres puis au terrorisme résiduel. En Colombie, la guerre civile a donné lieu à une multiplication des acteurs de la violence (armée, guérillas, paramilitaires, narcotrafiquants) et à une illisibilité des conflits. En conséquence, la violence physique a progressivement pris une part de plus en plus importante dans les représentations, au point de sembler envahir tous les interstices du social (Sanchez, 1998, 212). La guerre civile a aussi naturalisé le sentiment d'insécurité physique. La menace existentielle permanente, écrasante et invalidante « incit[ait] à penser que les relations sociales et politiques [étaient] constamment régies par la violence » (Pécaut, 1996, 30-31).

Dans l'Algérie de Bouteflika, chaque fait divers entrera ainsi en résonance avec la violence fratricide passée, renforçant l'idée d'une agressivité pathologique profondément ancrée dans la communauté (« les Algériens sont des malades »). Sortie de la guerre civile, la société serait désormais rongée par les déviances, au premier rang desquelles cette violence qui persiste dans l'insécurité et le terrorisme résiduel. À la fin de l'été 2012, le *Quotidien d'Oran* posait dans un dossier thématique cette question évocatrice : « Violence permanente : révolte légitime ou perversion sociale ? ». En référence à Michel Sardou, l'un des journalistes écrivait « elle court, elle court, la maladie de la violence ». À l'en croire, la variation du degré de violence d'un peuple à l'autre se traduirait par une différence essentielle entre les systèmes politiques [27]. Une fois naturalisée, la « violence des Algériens » devenait un facteur explicatif de l'ordre dans son ensemble.

En conséquence, la latence de la crise suggère l'imminence du retour à la sauvagerie, du déchaînement des bandes de *yaouleds* armés de gourdins dressant des barrages, rançonnant leurs aînés, brûlant les voitures et pillant les magasins.

---

27. *Le Quotidien d'Oran*, 13 septembre 2012.

Cette image coloniale de l'enfant des rues renvoie certes à des figures mythiques de la révolution (Ali la Pointe, Petit Omar) mais aussi à cette pauvreté menaçante qu'il fallait éradiquer pour rentrer dans la modernité après 1962 (Taraud, 2008). La figure chaotique du *yaouled* transparaît dans certains récits des émeutes de janvier 2011. La société serait sous la menace d'un processus de décivilisation qui réactiverait les dispositions agressives des masses et réduirait à néant les seuils des sécurités individuelle et collective (Elias, 1996). En conséquence, le mouvement de contestation qui exprime le conflit politique apparaît comme un risque en regard du passé du pays et de sa « maladie de la violence ». Mieux vaut alors attendre que le cartel se réforme par lui-même.

> Je ne pense pas que [le changement] doive ni puisse advenir par le radicalisme de la rue, par la violence ou par des troubles de toute sorte. Il faut éviter de retomber dans ces phénomènes cycliques nihilistes. Si un changement doit advenir, il passera par une évolution interne au régime et notamment à la tête de l'armée.
>
> (Soufiane Djilali, ancien secrétaire général du PRA, Alger, automne 2010).

Comme d'autres opposants, le futur fondateur de *Jil Jadid* appréhendait les explosions de violence de la masse. En complément, il ne manquait pas de souligner le besoin d'un travail d'éducation du corps social pour réussir à l'apaiser. Il apparaît néanmoins que la croyance dans la capacité de la population à constituer le peuple-classe a considérablement diminué. Peu de confiance subsiste dans sa faculté à s'émanciper sans qu'un nouveau désastre ne survienne. De fait, la guerre civile a sapé la cohésion de la communauté politique, particulièrement au moment des massacres collectifs de civils entre 1996 et 1998 (Martinez, 2001). Avec l'atomisation du corps social, la suspicion est devenue la règle. L'image de la violence endémique et illisible demeure, et avec elle la méfiance à l'égard du concitoyen (« il n'y a pas de confiance dans ce pays »). En réponse, le recours à la coercition apparaît nécessaire pour contrôler et discipliner des gouvernés qui se distingueraient par leur culture prétendument pathogène.

Le « pacte de sécurité »

Le cartel se trouve placé dans la position d'un Léviathan par défaut. Les discours qui présentent la violence comme une caractéristique du corps social naturalisent l'ordre sécuritaire, tandis que le souverain semble être seul capable de contraindre cet « homme algérien » qui serait un loup pour ses concitoyens.

> Moi qui suis un anti-Bouteflika à mort, je ne voudrais pas qu'il tombe tout de suite. Pas maintenant, ce serait la pire des choses. Mon problème, c'est qu'il ne faut pas que l'institution, bonne ou mauvaise, tombe dans une période chaotique. Or nous traversons une période chaotique gravissime.
>
> (Mohand*, ancien cadre du FFS puis du RCD, Tizi Ouzou, printemps 2011).

Mohand* se disait de moins en moins « démocrate » et était convaincu que les soulèvements dans les pays voisins n'étaient que « des révoltes qui sont mues par des sentiments de revanche sociale ». S'il se réjouissait de la chute d'un Ben Ali ou d'un Kadhafi, il estimait que ces révoltes conduiraient à plus de morts et de destructions, car il n'existait aucune alternative viable dans le monde arabe. Paradoxalement, Mohand* n'en était pas moins convaincu que le « Système » algérien avait planifié le désordre social et politique.

En combinant gestion par le manque et catastrophisation, le cartel a sûrement posé les fondements d'un « pacte de sécurité » à la fois physique et économique qui répond aux menaces existentielles pesant sur la communauté et les individus (Hibou, 2006, 220 *sq.*). L'ordre se caractérise par la capacité de ses tenants à gérer la population dans le cadre d'une économie politique de la privation et de la redistribution. En adoptant une perspective contractualiste, le pacte est compréhensible en des termes marchands qui répondent au calcul classique des théoriciens de la contre-insurrection (Galula, 2006, 246) : durant la décennie noire, l'insécurité générale et l'ajustement structurel ont considérablement accru la valeur de la sécurité au sens large, cela au bénéfice des tenants de l'ordre. Quel meilleur contexte que la crise pour imposer à tous le caractère essentiel de la concorde et de la stabilité ? La crise qui dure accroît alors la fatigue sociale et provoque l'envolée de la valeur de services dont le cartel demeure le principal pourvoyeur, par le biais de ses politiques policières et redistributrices. Elle sape dans le même temps le soutien politique dont bénéficiaient ses adversaires.

C'est l'expérience de la première révolution anglaise qui inspira à Thomas Hobbes son *Léviathan*, œuvre fondatrice dans la justification du pouvoir étatique. Le rôle du Léviathan est de permettre la réunion des hommes par la pacification de la situation naturelle de guerre de tous contre tous. C'est à partir de cette théorie de la nature humaine inspirée par le conflit dont il a été le témoin que Hobbes déclare que son « monstre » est seul apte à sortir l'homme de sa condition marquée par une violence essentielle. L'ordre politique est naturalisé en même temps qu'il est extrait de la nature pour devenir une production du social et justifié au nom du droit ultime à la vie et à la sécurité (Hobbes, 2012, 109-110). Pour prendre un exemple plus concret, la Colombie illustre à nouveau la manière dont l'insécurité permet le *statu quo*. Durant la période de la *Violencia* (1948-1960), qui suivit l'assassinat du président Gaitan, la société fut « mise à distance » du jeu politique tandis que les factions armées organisaient la permanence de l'ordre. Après la formation du Front national en 1957, les élites dirigeantes exploitèrent la peur en prétendant que seul leur système politique interdirait le retour de la barbarie (Pécaut, 1987).

Bien sûr, le *statu quo* demeure fragile. La levée de la fatigue sociale et la diminution de la peur peuvent accompagner l'emballement du processus critique, lorsque surgit l'événement singulier qui ouvre les possibles. Mais là encore, plus la crise dure, plus les violences se font sentir, plus la demande de stabilité augmente. Béatrice Hibou souligne par exemple le retour des questions de sécurité au centre du débat politique dès les mois qui suivirent le soulèvement tunisien (Hibou, 2011b). Au printemps 2012, une enquête conduite par l'ONG *I-Watch* désignait l'économie (38 %) et la sécurité (30 %) comme les priorités des Tunisiens sondés, loin devant les autres sujets évoqués. Tout en gardant une certaine méfiance à l'égard du sondage, on constate le rétablissement rapide des termes du pacte de sécurité.

En Algérie, la sécuritisation des débats politiques vise une série de problèmes devant être solutionnés en urgence (la contestation, le terrorisme, la banqueroute). C'est une technique de pouvoir à part entière, un discours du drame et de la priorité absolue qui dépolitise ces problèmes et permet l'assignation des rôles (Wæver, 1996). Le pacte de sécurité fait aussi écho au paradigme nécropolitique, puisque la mort, passée, présente et future, demeure son argument sous-jacent. Tout cela résulte dans une offre politique minimaliste bien qu'en constant ajustement. Il ne s'agit pas de mettre fin à la précarité ou aux risques physiques, mais plutôt d'en limiter les effets par des redistributions ponctuelles ou par le redéploiement des organes de sécurité pour faire face à différentes formes de subversion.

Poursuivre la lutte

La guerre, le chaos, la mort demeurent les arguments par défaut en faveur de l'obéissance. Face au peuple-enfant, les tenants de l'ordre se veulent à la fois Père et Léviathan, garants de la nation contre la banqueroute et la catastrophe qui menacent. Ils aiment à le rappeler : les Algériens connaissent le prix du chaos et ne céderont pas aux tentatives de manipulation. L'imposition d'un « sentiment d'évidence et de nécessité » permet de neutraliser le conflit politique (Bourdieu, 2001, 192-193). En miroir, les porteurs de la critique en sont réduits à subir la crise dans ses volets sécuritaires et économiques. Ils payent alors le prix de leur engagement, sans que les rétributions ne soient nécessairement à la hauteur.

> À la fin des années 1980, on a senti qu'il y avait un souffle, que les masses allaient enfin bouger. Finalement on a eu ces années terribles, et on a continué malgré tout à militer. Mais arrivé à la fin de la guerre civile, quand on a perdu des camarades, qu'à chaque fois qu'on sortait de chez nous il y avait les barrages et les faux barrages, on se sent épuisé. Quand j'ai décidé d'arrêter, en 2002, c'est parce que je n'avais plus la force, j'étais vidé. Socialement, pour moi, la situation était très difficile. C'était intenable. Alors je suis retourné travailler dans l'entreprise familiale.
>
> (Nacer*, membre fondateur du PST, Alger, printemps 2012).

L'espoir de voir « bouger les masses » qui avait un temps étreint Nacer* s'est éteint avec la guerre civile. Lorsque je le rencontre à Alger, il enchaîne bière sur bière, en vidant la bouteille de 33 cl en deux ou trois gorgées précipitées. Rapidement, la discussion politique devient plus personnelle. Il me parle d'un système de son invention permettant de générer de l'énergie grâce aux vagues dont il est venu déposer le brevet à Alger. En passant, il en a profité pour saluer les jeunes militants qui ont pris la relève. Il faut dire que pour la gauche radicale algérienne, la phase de dramatisation (1988-1992) avait déjà été lourde de déconvenues, avec la remise en cause du socialisme, la victoire politique et sociale des islamistes, la perestroïka et enfin le début de la guerre civile. Cela a pu conduire à une « démoralisation politique » dans les rangs des militants (Medjaoui, 2007). Nacer* avait pourtant continué à militer, jusqu'à ce que le printemps noir et la crise économique ne le pousse à prendre ses distances avec la contestation. Selon ses mots, il n'avait plus d'autre choix à ce moment que de revenir à une « vie normale » pour sortir de l'accumulation de difficultés aussi bien politiques qu'économiques.

Derrière l'histoire personnelle du militant, c'est aussi la fatigue sociale de la population après trente années de crise qui transparaît. Épuisée, voire dégoûtée, la société aspire à une stabilité constamment menacée par le spectacle du quotidien critique. Devant la dureté du monde, le repli sur la cellule familiale est une option raisonnable, mais l'échappatoire n'en est pas tout à fait un. Les conflits de genre et surtout de génération viennent s'ajouter à l'exiguïté du logement pour repousser l'individu vers l'espace public. Que des jeunes inoccupés préfèrent tenir le mur (*hitistes*) que de rester à la maison témoigne de deux faits également importants : la famille n'est pas un havre de paix et l'espace public n'est pas encore tout à fait un enfer. La perfection de la tyrannie, régime de la peur par excellence, ne peut être atteinte que dans un foyer accueillant et neutralisant. Il ne faut cependant pas céder au romantisme. Les sujets des discussions sont sûrement plus souvent liés au football, aux filles (et aux garçons), à la religion voire au commerce qu'à la subversion d'un ordre injuste. Victime d'un étiquetage toujours très péjoratif, la politique demeure un repoussoir. Dans une cité marquée par le climax puis la latence de la crise, la méfiance hypothèque la constitution du sujet de l'action collective.

La question de la durée devient donc un enjeu pour les opposants qui s'efforcent de maintenir en vie l'idée de l'alternative à défaut de pouvoir opposer un challenge réel aux tenants de l'ordre. Ils sont ainsi cantonnés dans une situation de résistance qui traduit le tarissement des ressources et la fatigue sociale.

> Il faut faire son autocritique, y compris au RAJ, et admettre que nous ne nous sommes peut-être pas donné les moyens de passer à autre chose. La phase d'après, c'est déjà de pouvoir commencer à engranger des gens, parce que la résistance s'affaiblit forcément. Je reprends l'exemple que je donnais tout à l'heure mais avant-hier on était quinze, hier on était dix,

aujourd'hui on est cinq, demain on sera trois et après-demain il sera tout seul. [...] Il y a quand même une part d'auto-satisfaction qui contre-balance cette éventuelle démoralisation, c'est celle d'avoir résisté aussi longtemps à ce pouvoir et au silence du monde.

(Nidhal*, élu FFS et membre fondateur du RAJ, Alger, automne 2010).

Si, pour certains militants, le fait de protester et de démontrer l'existence d'une résistance devient une satisfaction en soi, cela n'est pas toujours le cas. Nidhal* exprimait aussi sa frustration devant une ligne qui ne consisterait qu'à durer. De fait, activistes et militants cherchent des ouvertures, s'adaptent au rejet de la politique en privilégiant les questions sociales et l'investissement culturel. Néanmoins, les années qui passent n'incitent pas à être positif. « En 1995, on pouvait organiser un concert pour la paix avec 10.000 personnes qui durait jusqu'au bout de la nuit. Maintenant on aurait ni la salle, ni les gens » m'affirme Nidhal* quelques jours après les présidentielles de 2014. Alors que la difficulté à mobiliser est une problématique permanente pour les opposants, l'attention se concentre plus que jamais sur les affrontements au sein des espaces labyrinthiens de l'ordre. Comme si la libération devait venir d'un effondrement spontané.

La crise persiste, à qui la faute ?

Le 29 avril 2012, l'immolation de Hamza Rechak déclenche un mouvement émeutier à Jijel. Le jeune homme possédait une échoppe mobile où il vendait des cigarettes et des cosmétiques. Il était un acteur mineur de cette économie parallèle qui permet à nombre d'Algériens d'éviter le chômage, un de ces espaces de contournement dont le développement a été toléré par le gouvernement. Mais ce jour, l'arbitraire de la régulation l'a frappé. C'est l'échoppe d'Hamza qui a été la cible de la lutte contre l'économie informelle. Le passe-droit a été suspendu. Il fallait « assainir l'espace public » et « réguler le commerce » selon les formules de rigueur dans les ministères. En réponse, Hamza a versé le contenu d'un bidon d'essence sur son corps et tenté de mettre fin à ses jours. Il décédera des suites de ses blessures le surlendemain. Après ce drame, la foule s'est rassemblée. Elle a dénoncé la *hogra*, brûlé des pneumatiques, attaqué les bâtiments de la *wilaya* et même affronté la police. Les premières rumeurs de la mort du jeune homme ont attisé la colère. Des brigades d'URS ont été déployées en renfort. À ce moment, la constitution du sujet politique, de l'acteur de la lutte collective pour l'émancipation a eu lieu brièvement. L'ordre politique a été mis en cause, du fait de sa violence et de ses ressorts inégalitaires. Pourtant, faute de s'inscrire dans la durée, le mouvement est resté limité à Jijel. Il y a peu de différence entre l'histoire tragique de Hamza Rechak de celle de Mohamed Bouazizi. Pourtant le souvenir du premier aura été dévoré par le quotidien critique, quand le second restera comme le martyr ayant redonné vie à l'histoire tunisienne.

J'ai montré dans ce chapitre comment l'état d'inégalité sociale et la contestation qui en résulte peuvent nourrir la suspension de la catastrophe et la fatigue sociale. Durant la phase de latence, les fantômes de la violence passée ne cessent de nourrir les craintes d'un désastre à venir, poussant les acteurs à la prudence. Pourtant, il ne faut pas en déduire qu'il n'y a d'autre issue que de subir cette situation. On l'a vu avec le cas du CNDDC, en dépit des obstacles, les contestataires s'efforcent de s'adapter et de faire exister leurs revendications dans l'espace public. À l'occasion, ils portent un discours radical et s'en prennent directement au gouvernement. Bien sûr, les différentes politiques défensives mises en œuvre permettent de gérer la crise par la répression ou la redistribution. Couplés aux discours qui postulent la manipulabilité et la violence des masses, ces dispositifs participent au maintien de l'ordre dans l'Algérie de Boutefika. Ils ne suffisent pas pour autant à faire disparaître le conflit dans ses dimensions sociale, économique et politique.

La crise exige en effet un investissement et une démarche agoniste car il faut bien proposer des solutions. En ce sens, le processus a une valeur participative, car il appelle au diagnostic, à la recherche et à la prise de responsabilité (Milstein, 2015). En d'autres temps, cette démarche de recréation du sens et de reconceptualisation de l'action a pu déboucher sur la violence sacrificielle qui s'est déchaînée durant la décennie noire. Il était alors possible d'orienter la lutte vers un pôle satanique incarné par l'État *taghout*. Sous Bouteflika, ce cadre de pensée eschatologique est épuisé. La mort a été trop présente pour conserver sa promesse de libération. L'identification des impies est rendue difficile par l'incertitude structurelle. La ferveur religieuse s'exprime donc plutôt sous la forme d'un salafisme quiétiste. Cela veut-il dire qu'il n'est plus possible de faire sens du monde et des violences de l'ordre ? Nous verrons dans le dernier chapitre que l'enjeu politique est désormais de comprendre les causes de la crise algérienne, même si cela implique d'en faire peser la responsabilité sur les épaules du peuple.

CHAPITRE 7

À la recherche du sens perdu

« Quand une communauté est en crise, les temps sont déréglés et sortis de leur trajectoire ; le temps lui-même perd sa capacité à nous contenir et à nous lier ».

(Wendy Brown)

« On ne cesse d'être colonisé qu'en cessant d'être colonisable, c'est une loi immuable. Et ce grave problème ne peut pas se résoudre par de simples aphorismes, ni par des tirades plus ou moins grossières, mais par de profondes transformations de notre être : chacun devant être réadapté, peu à peu, à ses fonctions sociales et à sa dignité spirituelle ».

(Malek Bennabi)

Depuis les prémices de la crise algérienne jusqu'à sa latence sous Bouteflika, l'idée d'un échec du pays, de l'élite dirigeante et du peuple n'a cessé d'être évoquée. Les témoignages de hauts fonctionnaires et d'hommes politiques désabusés se succèdent. Ils peignent par touches successives un naufrage national, une confiscation de l'indépendance ayant entraîné la dégradation des mœurs ou encore un gaspillage systématique des ressources et des opportunités (Abbas, 1984 ; Hassan, 1996 ; Hadj Nacer, 2011). Il n'est pas dans mon propos de traiter de l'échec ou de la réussite de l'expérience algérienne, une dichotomie qui convient plus à une approche normative de l'économie et de l'histoire qu'à une analyse critique. Néanmoins, en préambule de ce dernier chapitre où il sera largement question d'espoirs déçus, il n'est pas inutile de préciser que l'indépendance du pays est effective et n'a pas été remise en cause malgré la guerre civile. Le taux d'alphabétisation a été multiplié par 4 depuis 1962 pour devenir l'un des plus élevés d'Afrique. Le taux de scolarisation en primaire dépasse les 97 % et l'accès à l'enseignement supérieur est ouvert à des millions de diplômés, en dépit des rudes coups portés au système éducatif. Le droit du travail algérien, quand il est respecté, demeure plus favorable aux travailleurs que dans nombre de pays développés. De manière générale, la récession des années 1980-1990 ne doit pas faire oublier la spectaculaire augmentation des conditions de vie durant les vingt années précédentes. En bref, la thématique de « l'échec » ne rend pas compte d'un certain nombre d'avancées réelles. Elle renvoie en revanche au versant symbolique du processus critique qui sera l'objet de ce dernier chapitre.

Dans les pages qui suivent, je vais m'intéresser à la perte de sens et à la promotion de représentations péjoratives de la communauté, afin de comprendre l'articulation entre l'incertitude structurelle et la reproduction de la violence symbolique de l'ordre. En préambule, les discours de dénigrement que je vais rapporter doivent être contextualisés. Ma position, en tant que récepteur de ces discours est loin d'être neutre. L'histoire coloniale et la réalité politique du moment sont là pour en témoigner, un Français est susceptible de répondre favorablement aux stéréotypes. C'est ainsi qu'une Franco-algérienne pourra, au moment de me louer un appartement à Alger, m'expliquer qu'elle préfère éviter de faire affaire avec les « locaux » pour ne pas retrouver son bien en pagaille. « Vous savez comment sont les locaux », présume-t-elle. En tant que Français, je « sais » et je suis donc susceptible de partager cette analyse. Le dénigrement des concitoyens permet aussi une forme de connivence (Laforest, Vincent, 2004). Le chercheur étranger est le complice présumé du dénigrement. Inversement, il peut aussi être la cible de discours qui viennent de manière préventive rappeler le caractère erroné des stéréotypes auxquels il pourrait adhérer (« vous savez tous les Algériens ne sont pas des terroristes » ; « nous, les musulmans, on respecte toutes les religions »). Ce dernier point montre de surcroît la tension entre les caricatures qui circulent et le rejet du stigmate.

Dans ce dernier chapitre, je commencerai par dépeindre l'incertitude qui découle du climax de la crise et qui débouche sur la production d'un monde social non-fiable, où la suspicion est omniprésente. Nous verrons ensuite comment s'engage une lutte pour la production de sens, où les tentatives d'explication du monde se multiplient, générant rumeurs et théories du complot. La surabondance des analyses alimente alors l'incrédulité et le rejet des discours publics. La troisième section se penche sur la reproduction de la violence symbolique de l'ordre par certains universitaires, journalistes ou écrivains opposés au cartel. Ceux-ci vont en effet employer une lecture culturaliste afin d'expliquer la situation du pays et proposer leur solution. Enfin, la dernière partie de ce chapitre analyse l'intériorisation de certaines caricatures ainsi que les efforts afin de produire des contre-discours faisant pièce aux stéréotypes visant la population algérienne.

Le règne de l'incertitude

Fanon expliquait jadis que la lutte anti-coloniale avait produit « une image d'action très claire, très compréhensible et pouvant être reprise par chacun des individus constituant le peuple colonisé » (Fanon, 2002, 49). Mais la crise a vu les positions se brouiller, les lignes de fractures au sein de la communauté se multiplier. La désignation de l'ennemi, de l'oppresseur, du corrompu va de pair avec de multiples versions concurrentes. Le processus critique s'accompagne donc d'une difficulté croissante à analyser la situation pour les acteurs. Il nourrit le sentiment d'une perte de contrôle. Dans un monde devenu fou, les processus semblent s'autonomiser et se perpétuer par eux-mêmes (Bozarslan, 1997, 8). En Algérie, les grands narratifs politiques ont été emportés par ce qui a été perçu comme une dérive de la société toute entière. Avec la disparition de cette objectivité politique qui mystifiait et rassurait à la fois, le monde est devenu de plus en plus précaire, factice, non-fiable, dans toute sa complexité et son incertitude, comme un simulacre éventé.

Grandeur et décadence de l'épistémè *tiers-mondiste*

L'Algérie, comme de nombreux pays qui se libérèrent de la domination coloniale, a hérité d'une économie désarticulée mais aussi d'une vision de l'émancipation reposant sur la promesse d'un inexorable progrès matériel porté par l'État-développeur. Comme l'explique Omar Carlier, en 1962, le pays était étreint par une « espérance démesurée [et il fallait] réaliser l'impossible » (Carlier, 1995, 316). Il fallait compléter l'indépendance, notamment par la redéfinition des équilibres globaux et la construction d'une économie libérée de la domination étrangère. Ce que Ben Bella avait tenté de faire en parant au tout venant, Boumédiène le mit en œuvre de manière organisée. Après 1965, « le cycle de l'évolution de l'Algérie était tout à fait prévu, les choses se mettaient en place » (El Kenz, 1993, 79). La nationalisation des hydrocarbures en février 1971 illustra cet effort ambitieux couplant acquisition des moyens du développement et affirmation des droits des peuples autrefois colonisés. Durant cette période du tiers-mondisme triomphant, les élites dirigeantes se situaient dans la poursuite du projet révolutionnaire en s'appuyant sur un nouvel *épistémè* qui devait subvertir l'ordre impérialiste. À l'intérieur, l'État, l'armée et le FLN incarnaient l'intérêt public, dont ils avaient reçu la responsabilité au sortir de la guerre d'indépendance. C'est à ce triptyque qu'il revenait de produire une nouvelle manière de penser et d'être dans le monde. À l'extérieur, l'Algérie était au premier rang de la lutte pour l'avènement d'un système international rééquilibré et débarrassé des manigances néo-colonialistes. Dans les forums, les sommets et aux Nations-Unies, ses porte-paroles demandaient la suppression de la dette ou le contrôle des ressources nationales (Malley, 1996, 141-146). Le pays avait atteint un statut de référence internationale, porté par sa révolution, ses succès diplomatiques, son projet d'industrialisation et son ambition modernisatrice en accord avec une certaine « identité algérienne ». L'*épistémè* tiers-mondiste proposait de produire le monde nouveau.

Pourtant, ces ambitions politiques se heurtaient aux limites structurelles inhérentes à un siècle de domination étrangère conclu par une guerre de libération d'une grande violence. Le paradoxe postcolonial allait très tôt se manifester. Celui-ci reposait sur la conjonction entre d'un côté un mythe fondateur émancipateur faisant la part belle à l'égalité et au progrès, à l'indépendance et à l'authenticité, et de l'autre un héritage impliquant la primauté des structures bureaucratico-militaires, une dépendance économique et une violente acculturation, particulièrement sensible au niveau des élites dirigeantes, qu'elles soient d'ailleurs inspirées par les modèles européens ou moyen-orientaux. Dans le cas algérien, les difficultés s'étaient rapidement annoncées, cent-trente-deux années de colonisation étant *de facto* peu propices à une *tabula rasa*. Le jeune État devait faire face à l'appauvrissement d'une grande partie de la population et à l'extraversion de son économie. Il était dépendant des compétences et des fonds étrangers, pour former ses policiers, ses militaires ou ses administrateurs financiers. Ses nouveaux dirigeants étaient également divisés, ce qui avait débouché sur les affrontements de l'été 1962 et l'éviction du Gouvernement provisoire de la République algérienne (Isnard, 1969 ; Simon, 2011).

Si le paradoxe postcolonial impliquait des conditions initiales peu favorables au programme d'émancipation tiers-mondiste, la trajectoire du pays a aussi été affectée par des choix politiques. Sous Boumédiène, le gouvernement parlait certes d'une voix forte et s'employait à développer une force productive assurant l'autonomie nationale. Toutefois, à l'intérieur, certaines politiques amenèrent des déséquilibres considérables, notamment parce que l'édifice restait dépendant de la rente gazière plutôt que de la solidité d'une économie réellement autonome. L'exode rural, symptôme de la crise du monde paysan, fût également renforcé par les options résolument industrielles et urbaines du gouvernement. Alors que la société était transformée par la poussée démographique et les mouvements de population, les pouvoirs publics se trouvèrent dans l'impossibilité de fournir aux nouveaux urbains les services et les opportunités économiques qui faciliteraient leur insertion (Mutin, 1980). Le programme d'arabisation donna lui aussi des résultats mitigés, car il fut initié par le haut et de manière conflictuelle. Devant contrebalancer l'acculturation résultant de la domination coloniale, il accentua aussi le contentieux avec les milieux berbéristes, porta un rude coup au système d'enseignement et confirma le dualisme social en faisant du français une langue de l'élite économique, administrative et politique (Grandguillaume, 1995). La bureaucratisation qui devait permettre de mener ces politiques renforça enfin le recours aux passe-droits. En bref, un programme ambitieux, imposé comme une voie inévitable vers le progrès social, contribua à la dépression économique et au marasme culturel. Dans le même temps, à l'extérieur, l'arrivée du Tiers-Monde à maturité, à la fin des années 1970, correspondit *de facto* à son effondrement, devant les limites des gouvernements nationalistes, le retour des orientations identitaires et l'insertion de plus en plus flagrante dans le système économique global (Berger, 2004).

Malgré ces signes annonciateurs du tumulte à venir, la crise qui s'est enclenchée durant les années 1980 et qui a culminé durant la décennie noire a contribué à faire du règne de Houari Boumédiène une sorte d'âge d'or. Les années 1970 sont donc souvent présentées comme celles qui ont précédé l'effondrement de la communauté (« À l'époque, on savait qui on était », « il n'y avait pas les inégalités que l'on voit maintenant »). Cette période peut incarner la foi perdue dans le projet de construction et d'émancipation de la communauté nationale (McAllister, 2015). Une fois mis en relation avec le quotidien critique qui caractérise l'Algérie de Bouteflika, ce mythe de l'âge d'or accentue l'idée d'un naufrage. Par-delà ce discours normatif de l'échec collectif, notons que c'est plutôt l'ambition modernisatrice et émancipatrice du projet développementaliste qui portait les germes d'une déception dont bien d'autres pays emportés dans l'aventure révolutionnaire et tiers-mondiste ont fait l'amère expérience (Ferguson, 1999).

« Qui tue qui ? »

À partir d'octobre 1988, les certitudes se dérobent. Dans un ouvrage paru en 1990, le journaliste Abed Charef se livre à un exercice d'analyse « à chaud » des événements. L'essai témoigne de la multiplication des théories dans un espace où l'*épistémè* tiers-mondiste est encore dominante. Charef y développe, entre autres, la thèse d'une manipulation extérieure ayant pour objectif d'empêcher la constitution d'un front maghrébin anti-occidental autour de l'Algérie et de la Libye. Il évoque les actions des États-Unis, de la France, de l'Arabie Saoudite. Il multiplie les questions (« À qui profite le crime ? », « Qui a payé ? »...) sans pour autant arriver à une explication définitive (Charef, 1990, 260-270). L'événement qui enclenche la phase de dramatisation nourrit l'incertitude, non seulement sur l'avenir de l'Algérie qui s'éloigne du destin que les révolutionnaires lui avaient promis, mais aussi sur les responsabilités dans l'enclenchement d'un processus qui semble échapper à tout contrôle. Islamistes, services de renseignement, entourage présidentiel, puissances étrangères, déjà les suspects se multiplient. Vingt ans après, l'incertitude qui entoure ce moment clé n'a pas été dissipée, loin s'en faut.

> Je me dis que les événements du 5 octobre ont peut-être été poussés pour ne pas laisser les choses mûrir, cela expliquerait la façon dont le pouvoir a réagi en laissant la situation empirer. Certaines personnes proches du Système étaient meneurs durant les manifestations. Il y a eu dans le désordre quelque chose de trop organisé à mon sens, et la question reste entière.
>
> (Abdelkrim Dahmen, ancien député de Tipaza, membre du conseil national du MSP, Alger, automne 2008).

Abdelkrim Dahmen n'est pas le seul à m'avoir fait part de ses soupçons à l'égard des éventuelles manipulations ayant pu conduire au soulèvement. Mes interlocuteurs ayant des sympathies de gauche ou berbéristes pointaient pour leur part le rôle ambiguë des islamistes et leur « disparition » supposée peu avant que l'armée n'ouvre le feu sur la foule, le 10 octobre. L'idée d'une instrumentalisation de la contestation par une fraction du cartel apparaît dans un cas comme dans l'autre. Elle est également reprise par des responsables des organes de sécurité de l'époque (Semiane, 1998, 127-134). Pour expliquer l'engrenage de la violence entre 1988 et 1992, l'idée d'une manipulation du FIS par le biais des agents infiltrés par les services de renseignements est également évoquée par certains leaders islamistes, dont Abassi Madani, qui cherchent évidemment à se dédouaner de leurs responsabilités. C'est aussi un narratif présent dans la culture populaire, notamment dans les œuvres dénonçant le fondamentalisme comme le film *Bab El-Oued City* de Merzak Allouache (1994). La contestation radicale a ainsi été progressivement privée de sa portée révolutionnaire pour être associée à la prétendue « manipulabilité » de la population.

La décennie noire a parachevé le basculement du pays dans un régime de la confusion et de la peur, érigées en logiques systématiques du terrorisme d'État et du terrorisme contre l'État (Stora, 1998, 40-41 ; Harbi, 1991, 134). L'effroi complète alors l'incertitude structurelle. Il agit en amplificateur des questions qui demeurent sans réponse, et participe donc de la déconstruction du monde stabilisé des années 1970. Durant la guerre civile, les motifs et les acteurs de la violence sont impossibles à désigner. Dès 1994, le politologue Rachid Tlemçani remarque qu'« il n'est plus facile de dissocier [...] les violences commises par les groupes islamistes, les forces de l'ordre, les mafias de l'import-export, le banditisme ou celle émanant de simples règlements de compte » (Tlemçani, 1994, 110). Alors que les assassinats politiques se multiplient, le thème du « qui tue qui ? » fait son apparition. Du président Mohamed Boudiaf au leader islamiste Abdelkader Hachani en passant par le secrétaire général de l'UGTA Abdelhak Benhamouda ou l'ancien chef de la Sécurité militaire Kasdi Merbah, les victimes ne manquent pas pour alimenter les rumeurs. Les motifs flous, les revendications concurrentes, les démentis des coupables supposés et le rejet de la version officielle par les familles des victimes ont entouré ces meurtres d'un halo d'incertitude qui demeurera après la guerre.

Je l'ai déjà dit dans le second chapitre, d'anciens militaires ont dénoncé le rôle de l'armée et des services dans l'entretien de la menace terroriste. En rentrant en opposition avec les narratifs de l'État triomphant, notamment portés par la politique de réconciliation de Bouteflika, les révélations de ces lanceurs d'alerte ont rajouté à la confusion et entretenu le spectre du « qui tue qui ? ». Mohamed Samraoui, ancien numéro deux de la direction du contre-espionnage

(DCE), attribue ainsi aux services de renseignement la paternité de tout le courant islamiste radical. Ceux-ci seraient allés jusqu'à soutenir les groupes takfiris et à manipuler Djamal Zitouni, l'émir du GIA de 1994 à 1996 (Samraoui, 2003). Comme le remarquait astucieusement le général Philippe Rondot lors de son audition par des juges d'instruction antiterroristes français, dans la mesure où Zitouni est mort en juillet 1996, il est impossible de prouver les liens supposés de ce dernier avec le DRS [1].

Les témoignages des anciens militaires donnent des éradicateurs une image particulièrement effrayante. Dans sa *sale guerre*, Habib Souaïdia, ancien des forces spéciales, écrit que les soldats chargés des « missions d'égorgements » imputées aux terroristes étaient dopés par la consommation de produits euphorisants (Souaïdia, 2001, 115-117, 147-149). Ces « lanceurs d'alerte » qui s'expriment de l'étranger et disent craindre pour leur vie, décrivent des prétoriens brutaux et cyniques. Dans un témoignage fait en 2010 sur une chaîne satellitaire tunisienne puis repris notamment par le quotidien français *Libération*, Karim Moulay, un ancien agent du DRS, pouvait affirmer que le massacre de Béni Messous avait été commis sur ordre de Toufik afin de faciliter le rachat par ses proches des terrains désertés et d'y implanter des ateliers [2]. Dans ces récits invérifiables, les calculs sordides justifient la folie homicide. Mohamed Samraoui attribue ainsi au colonel Smaïn Lamari, son supérieur direct à la DCE, la déclaration suivante : « Je suis prêt et décidé à éliminer 3 millions d'Algériens s'il le faut, pour maintenir l'ordre que les islamistes menacent » (Samraoui, 2003, 163). En résumé, ces anciens officiers sont intervenus à plusieurs reprises dans l'espace public pour affirmer que leur supérieurs étaient déterminés à massacrer la population pour des motifs politiques comme pour de basses raisons matérielles. On retrouve ici un trait important de la *necropolis* algérienne, à savoir la capacité supposée des « services » à faire basculer le pays dans l'extrême violence si l'on s'oppose à leurs plans. Cette promesse de carnage, indissociable de l'asymétrie entre contestation et répression, participe de la catastrophe suspendue. Elle figure un déséquilibre insurmontable entre les puissants qui font mourir en masse pour arriver à leurs fins, et les sujets qui risquent d'être sacrifiés pour leur insoumission.

Les témoignages défendant cette thèse reposent sur la parole d'anciens militaires repentis et ne sont eux-mêmes pas exempts de zones d'ombre, à commencer par les motivations de leurs auteurs. Ils contribuent ainsi à la profusion de théorie aussi contradictoires que suspectes.

> Le MOAL [Mouvement des officiers algériens libres], c'est une manipulation. C'est le DRS, c'est clair. Les officiers qui font des livres, ils ne nous apprennent rien de nouveau. Un type comme Samraoui qui change d'avis à propos du diplomate Hassani, qui avait était arrêté

---

1. *Le Point*, 28 septembre 2010.
2. Cf. https://www.youtube.com/watch?v=lOc5NukH-pM

pour son rôle dans le meurtre d'Ali Mécili [3]. D'abord il dit que c'est lui, ensuite il dit que c'est plus lui. On peut pas leur faire confiance à ces gens. Tout ce qui sort de leur bouche je le prends avec des pincettes. Ceux qui sont dans le secret des Dieux ne parlent pas ou alors seulement pour rajouter de la confusion.

(Amezza*, ancien membre du bureau régional du RCD à Tizi Ouzou, Paris, printemps 2011).

Amezza* exprimait ses doutes à l'égard de Samraoui. D'autres accuseront Moulay ou Souaïdia d'être eux-aussi en mission commandée afin d'ajouter de la confusion à la confusion. Ces paroles qui viennent en théorie révéler la vérité ne s'accordant pas entre elles, c'est l'image de ces soldats devenus lanceurs d'alerte qui s'effrite, au point d'être assimilée aux sempiternelles manipulations ourdies depuis les méandres de « l'État profond ».

De fait, chaque production littéraire traitant de la décennie noire est suspecte. Nombre d'entre elles passent par les maisons d'éditions françaises, et notamment celles accusées d'être des repères de « droit-de-l'hommiste souhaitant la décapitation de l'ANP », pour paraphraser Nezzar quand il s'en prenait aux éditions La Découverte. En conséquence, un nouveau questionnement se développe, relayant la suspicion à l'égard de ceux qui livrent leur version de l'histoire. Le journaliste Mohamed Sifaoui (par ailleurs « nègre » écarté du livre d'Habib Souaïdia) consacre par exemple plusieurs pages de son ouvrage aux témoignages d'Hichem Aboud. Pour lui, l'ancien soldat travaille pour le compte du DRS afin de discréditer ceux qui dénoncent les manipulations durant la guerre civile (Sifaoui, 2012, 169-171). L'ironie est qu'en 2012, un membre du FFS pouvait me tenir les mêmes propos à l'égard de Sifaoui. Les auteurs de révélations se retrouvent donc sur le banc des accusés. Le « qui écrit quoi ? » succède ainsi au « qui tue qui ? », traduisant dans le champ littéraire et médiatique la rationalité politique de l'instrumentalisation et de la suspicion qui caractérise l'espace public algérien.

La bleuite, toujours

Il peut être problématique de souligner les similitudes entre les deux guerres qu'à subies l'Algérie au cours des soixante dernières années, notamment quand cela a pour conséquence un parallèle simpliste qui met les tenants de l'ordre dans la peau du colonisateur. Il est néanmoins pertinent de rappeler que, durant

---

[3]. L'avocat défenseur des droits de l'Homme Ali Mécili a été assassiné en 1987 à Paris. L'enquête a déterminé que son assassin présumé est Abdelmalek Amellou, un truand qui aurait reçu ses ordres d'un certain « Samy » alias « Capitaine Rachid », officier des services algériens. En 2003, Mohamed Samraoui a affirmé au juge d'instruction que ce dernier n'était autre que Mohamed Ziane Hassani, responsable du protocole au ministère des Affaires étrangères. Hichem Aboud a témoigné pour défendre l'innocence de Hassani et accuser l'entourage présidentiel. L'instruction a débouché sur un non-lieu en 2010.

ces deux guerres, les pratiques des belligérants ont contribué à brouiller les repères, ce qui n'est pas étranger à la dimension psychologique des conflits asymétriques (Galula, 2006). Cela se traduisit notamment par la mise en œuvre de stratégies d'intoxication afin de démoraliser l'adversaire. L'armée française ayant fait l'expérience de ces pratiques en Indochine, elle les importa à partir de 1954 sur le théâtre algérien. L'opération « force K » montée en 1956 visait par exemple à créer en Kabylie des contre-maquis utilisant les techniques du FLN afin de retourner la population contre lui. Cette tentative fut finalement utilisée par les commandants de la *Wilaya* III à leur propre profit. Le contre-maquis se rallia à l'insurrection, non sans avoir fait d'abord provision d'armes, avant que l'armée française ne se livre à une riposte massive et meurtrière. Comme le montre Camille Lacoste-Dujardin (1997), l'histoire est restée présente dans les mémoires locales après la guerre. Toutes les tentatives du colonisateur ne furent pas malheureuses. Les techniques d'intoxication permirent d'entretenir la division dans les rangs nationalistes, par exemple en transmettant des listes de « traîtres » aux insurgés. La paranoïa nourrie par les forces contre-insurrectionnelles fut désignée sous le terme de « bleuite », inspiré du surnom donné aux combattants ralliés à l'armée française : les « bleus de chauffe » (Ageron, 1998).

Je l'ai mentionné dans le second chapitre, le terme de « bleuite » est utile pour comprendre l'Algérie de Bouteflika et notamment cette rationalité politique de l'instrumentalisation et de la suspicion omniprésente dans l'espace public. Durant la guerre civile, les soupçons de manipulation et de noyautage par les organes de sécurité ou les différents groupes islamistes conduisirent les journalistes Rabha Attaf et Fausto Giudice à parler d'une « grande peur bleue » inspirée à la population algérienne dans le cadre d'un véritable « programme sanitaire » de terreur visant à dissuader quiconque de s'aventurer sur le terrain politique. Ils faisaient le parallèle entre l'action des généraux éradicateurs et le programme d'intoxication jadis mis en place par l'armée française (Attaf, Giudice, 1995).

La difficulté ici est de ne pas céder à l'illusion de l'intentionnalité qui tend à figurer un « Pouvoir » omnipotent. Sous Bouteflika, des écrits polémiques soulignent le soutien de l'État français aux agissements machiavéliques des services de sécurité. Parmi ceux-ci, l'ouvrage de Lounis Aggoun et de Jean-Baptiste Rivoire sur la « Françalgérie », lui-aussi publié par La Découverte, est symptomatique du succès d'une vision policière où spontanéité et contingence disparaissent devant la sophistication des coups de billard à quatre bandes d'une clique de généraux et de leurs alliés (Aggoun, Rivoire, 2004). Si l'usage de la violence comme moyen de gestion de la société est avéré, cela n'implique pas pour autant que tout est planifié. L'incertitude structurelle prévaut y compris pour les acteurs à qui l'on attribue le pouvoir de manipuler la société.

De fait, les tenants de l'ordre sont eux-aussi contraints de naviguer à vue par la succession des événements critiques. Ils sont également touchés par cette « bleuite » qu'ils ont contribué à instiller. C'est ainsi que les responsables des organes de sécurité algériens étaient décrits comme particulièrement paranoïaques par leurs partenaires américains en 2008 [4].

Le champ politique participe aussi à la reproduction de la « bleuite ». Les compétiteurs, des partis de l'ordre ou de l'opposition, se disqualifient mutuellement en basant leur communication sur l'identification aux acteurs de la guerre d'indépendance. En s'affublant ainsi de costumes appartenant à une autre époque, ils engendrent davantage de confusion. Les supposés « Harkis du Système » et « fils de Harkis » se retrouvent dans tous les camps, brouillant les frontières politiques et idéologiques. Les étiquettes héritées de la décennie noire nourrissent également la division, par exemple lorsque le FFS choisit un ancien du FIS comme tête de liste à Béjaïa déclenchant l'ire d'une partie de ses militants [5]. Harki, marsien, malgache, éradicateur, intégriste, sont autant de qualificatifs empruntés aux deux guerres pour ternir les réputations.

La suspicion conditionne les stratégies des acteurs. La « bleuite » s'impose à tous les porteurs d'une parole critique, y compris dans un contexte en apparence apolitique. Il en faut peu pour être à son tour victime d'un étiquetage péjoratif, d'autant que les cibles des revendications ne manquent pas de jouer sur le registre de l'instrumentalisation pour les discréditer.

> Quand j'étais en deuxième année de biologie végétale, j'ai demandé à mes camarades de solliciter le chef de département pour que nous ayons des stages pratiques. Quand la promotion a présenté la lettre que nous avions rédigée au chef de département, il a insisté pour savoir qui était à l'origine de l'initiative. Et quand il a su que c'était moi, il a dit que j'étais politisé, que je venais pour manipuler les gens. Tout de suite j'ai vu que certains camarades se tournaient vers moi et me posaient des questions. Ils devenaient suspicieux et prenaient leur distance avec l'initiative. Il a fallu du temps pour leur faire comprendre qu'il ne s'agissait pas d'une manipulation politique mais simplement d'une demande légitime.
>
> (Abdelhamid*, sympathisant FFS, membre du bureau national du RAJ, Tizi Ouzou, printemps 2011).

Abdelhamid* devait montrer patte blanche. Il lui fallait se défendre du soupçon de manipulation pour faire une simple revendication pédagogique. La « bleuite » sévit donc à l'université. Elle frappe les champs associatif et syndical, politique et médiatique, sans parler du champ économique et de ses

---

4. Télégramme diplomatique de l'ambassade américaine daté du 22 février 2008, référence 08ALGIERS198, rendu public par *Wikileaks*.
5. *La Dépêche de Kabylie*, 6 mai 2012.

« hommes de paille ». Symptôme de l'incertitude structurelle, la perte de la confiance pénètre ainsi tout les aspects du jeu social. Ces soupçons permanents sapent le travail des politiciens, à l'image de Soufiane Djilali, du parti libéral *Jil Jadid*, qui déplorait dans un essai une forme de « manipulite » discréditant tout discours public. Face à la perte de sens, l'argumentaire culturaliste gagne en puissance. Plus loin, Djilali liait ainsi cette pathologie à « la gangue de la pensée magique » qui caractériserait l'Algérien (Djilali, 2004, 61-64).

La glaciation du sens et le rejet du cynisme

Le pari développementaliste des années 1970 proposait un futur cousu de fil blanc. Les richesses éphémères du sous-sol seraient transformées en une capacité de production permanente qui assurerait l'avenir des Algériens et de leurs descendants. Malgré les écueils, les élites dirigeantes n'ont pas abandonné ce narratif positiviste et moderniste. En 2014, le programme de Bouteflika promet d'« ancrer solidement les acquis liés au développement et au progrès ». Cette fois, c'est certain, ce nouveau pacte sera « le reflet des nouvelles attentes et aspirations [du] peuple d'être le véritable acteur d'un avenir de prospérité, de justice et d'équité », et « matérialisera la vision d'une Algérie forte, prospère et fraternelle ». Si ces discours témoignent d'une référence persistante au développementalisme, ils sont également symptomatiques d'un éternel retour de promesses non-tenues. La latence de la crise, la menace existentielle et la précarité socio-économique sont autant d'expériences quotidiennes invalidant le narratif du progrès triomphant. Il faut alors faire sens du hiatus entre la promesse toujours répétée et l'état matériel du monde, en élucider les raisons pour mieux y répondre. Dans cette section, je vais donc m'intéresser à la glaciation du sens, mais aussi à la persistance de l'idéal politique à travers le rejet du cynisme et de l'égalisation de toutes les valeurs.

Les martyrs du « Système »

Le décalage entre « réalité réelle » et « réalité officielle » exacerbe le rapport critique aux institutions dans l'espace public. La prolifération des rumeurs et des théories du complot sert notamment à expliquer cette disjonction (Boltanski, 2012). Dans la lignée de la thématique du « qui tue qui ? », ce hiatus est confronté en mettant en avant des figures de l'histoire nationale dont la mort démontrerait l'injustice consubstantielle de l'ordre. À l'intersection de la nécropolitique et de la rationalité politique dominante, on trouve la mise en récit de la fin tragique de personnages symboliques. Cette martyrologie renouvelée durant la guerre civile conduit à mettre en lumière des valeurs supposément absentes (honnêteté, pluralisme culturel) tout en combattant l'incertitude structurelle.

Ramdane Abane est un nom qui revient souvent dans les premiers instants d'un entretien, quand il s'agit d'expliquer la trahison de la Révolution. Son nom est lié à l'établissement de la primauté de l'intérieur sur l'extérieur et du politique sur le militaire lors du congrès de la Soummam en 1956. L'événement et l'homme sont encore intrinsèquement liés. La condamnation à mort d'Abane à l'initiative d'une partie des instances dirigeantes du FLN est fondatrice. Son élimination aurait été décidée par les « trois B » : Boussouf, Ben Tobbal, Belkacem, trois figures de la lutte armée. Étranglé au Maroc sur ordre du premier, auquel on prête souvent la paternité des services de renseignement algériens, Abane incarne donc le péché originel de l'appareil bureaucratico-militaire. Le « Système » serait en quelque sorte né dans la ferme marocaine où le « champion de la prépondérance du politique sur le militaire » perdit la vie (Hadjeres, 1995). Bien sûr, l'histoire est plus complexe, d'autant qu'Abane n'était pas le dernier à défendre l'orientation unanimiste et coercitive de la Révolution, en soutenant par exemple les purges à l'encontre des messalistes. Toutefois, la relecture *a posteriori* de cette exécution permet d'identifier la déviation, d'en saisir les causes et les responsables. C'est ainsi que Khalfa Mameri affirme dans une biographie plusieurs fois rééditée que « le geste meurtrier entraînant la perte cruelle et inconsolable de Abane ouvre aussi la voie à des mœurs politiques d'un autre temps en d'autres lieux : l'assassinat politique et la tentation du coup d'État permanent ». (Mameri, 2007). Le leader nationaliste apparaît comme le premier martyr de la dictature militaire qui aurait détourné la Révolution.

La mort de Mohamed Boufiaf en 1992 est quant à elle liée aux agissements d'une « mafia politico-financière » capable de toutes les exactions pour maintenir ses privilèges. Selon la version officielle, son assassin, Lembarek Boumaarafi, serait un islamiste infiltré ayant profité des lacunes exceptionnelles de la sécurité. Le rapport d'enquête de juillet 1992 admettait néanmoins que les carences rendent la thèse du complot envisageable bien qu'indémontrable. Le fils du président défunt accuse donc Larbi Belkheir tandis que sa veuve refuse de reconnaître Boumaarafi comme l'assassin. Le flou demeure de rigueur, contrastant avec l'image d'homme intègre et inflexible liée à la figure de Boudiaf. Bien qu'ayant apporté sa caution au coup d'État, instauré l'état d'urgence et mené une répression implacable contre les militants du FIS, le président du HCE avait également annoncé de profondes réformes structurelles, à commencer par des enquêtes sur les détournements de fonds. Compte tenu de son exil de 1964 à 1992, il n'avait pas de responsabilité directe dans les écueils du projet développementaliste. Son retour en Algérie, intimement lié à l'emballement de la crise, est vu *a posteriori* comme un ultime sacrifice pour la nation. Boudiaf demeure donc une figure importante dans l'imaginaire politique algérien, synonyme d'un engagement jamais entaché par la corruption ou les manœuvres politiciennes. Si l'on trouve souvent une photographie de Boumédiène ou de Bouteflika sur le mur d'un café, le visage austère et émacié de Boudiaf leur dispute cet honneur.

> Boudiaf, je pense que c'est le seul président que l'on a jamais eu en fait. En six mois il a fait ce que personne n'a fait en cinquante. On ne connaîtra jamais la vérité sur son meurtre. Les gens qui l'ont tué sont toujours en place, qu'ils soient islamistes ou du DRS. Tout ce qu'on peut dire c'est qu'un homme intègre énerve forcément les salauds. Comme c'était le cas pour [l'écrivain] Tahar Djaout. Ces gens-là ne peuvent qu'énerver ceux qui n'ont pas leur valeur parce qu'ils leur rappellent à quel point ce sont des salauds.
>
> (Amezza*, ancien membre du bureau régional du RCD à Tizi Ouzou, Paris, printemps 2011).

Certains morts incarnent l'opposition manichéenne entre les « hommes intègres » et les « salauds ». Ils prouvent que le bien et la justice existent. C'est tout l'objet du témoignage du martyr dont le sacrifice réaffirme ces valeurs transcendantes. Dans le même temps, la mort de Boudiaf, en direct sur les écrans de télévision, demeure un symbole puissant du triomphe des forces maléfiques sur un homme isolé dans sa quête de justice. De fait, si l'évocation de l'assassinat d'Abane est une manière de démontrer le détournement précoce de la Révolution, celle du sort de Boudiaf renvoie au machiavélisme sans borne du « Pouvoir ». Un degré est franchi dans la sophistication et la perversion attribuées aux « décideurs ». Tandis que Boussouf était présent au moment de l'exécution d'Abane, Toufik est pour sa part soupçonné d'avoir monté une véritable « opération Boudiaf » avec l'aide de son second Smaïn Lamari [6]. À la violence physique qui oppose et réunit le bourreau et sa victime se substitue une distance glaçante, celle des puissants dont les manœuvres sont proprement télékynétiques. Ainsi, l'assassinat de Boudiaf permet de réaffirmer l'opposition entre le bien et le mal, tout en dénonçant l'omnipotente perversion qui aurait conduit au drame de la décennie noire.

Les luttes particulières ont leur martyrs particuliers. Dans le cas berbériste, la figure du chanteur Lounes Matoub est particulièrement importante. Chantre de la culture berbère, blessé lors du soulèvement d'octobre 1988, celui-ci faisait partie des défenseurs d'une solution politique à la guerre civile. Il fut assassiné dans des circonstances troubles en 1998. Son ancienne villa, située dans sa ville natale de Taourirt Moussa, a depuis été transformée en musée. Y sont notamment exposées la voiture où il trouva la mort, ainsi que de nombreuses affiches, photographies et autres pancartes appelant les « chercheurs de vérités » à continuer leur quête. À l'occasion d'un séjour à Tizi Ouzou en 2011,

---

6. C'est la version du Mouvement algérien des officiers libres, diffusée sur internet et reprise notamment sur la page wikipédia de Toufik. Cf. http://fr.wikipedia.org/wiki/Mohamed_Medi%C3%A8ne#Assassinat_de_Boudiaf

j'avais décidé de m'y rendre. À peine étais-je sorti de la maison qu'un bus se gara sur le parking, déversant un flot bruyant de collégiens. Surpris, j'avais demandé au gardien si les visites scolaires étaient courantes. « Il y en a qui viennent de toute la région, m'avait-il répondu, parce qu'ils viennent apprendre une partie de leur histoire. Matoub, c'est un martyr de la Kabylie. Il mérite le même respect que les martyrs de la Révolution ». De fait, à la manière d'Abane ou de Boudiaf, le chanteur incarne la violence du « Système » et sa nature mensongère. Il se distingue toutefois par sa qualité d'aède, par laquelle il rappelle la spécificité du combat berbériste pour la langue et la culture contre l'oppression centraliste et/ou islamiste.

La mise en avant de ces figures situe les causes de la crise au niveau de la primauté du militaire, de la dérive mafieuse ou de l'obscurantisme. Ces exemples soulignent le flou qui fait qu'il est souvent difficile de situer avec certitude les responsabilités. En miroir, ils permettent de réaffirmer des valeurs nécessaires au bien commun, de l'indépendance du politique au pluralisme culturel en passant par l'intégrité. En d'autres termes, nous sommes ici en présence de narratifs qui dénoncent la falsification située au fondement d'un système politique cynique et qui renvoient dans le même temps à l'idéal d'indépendance et de « sainteté politique » sur lequel l'ordre s'est bâti après 1962 (Carlier, 1995, 311).

Rumeurs, théories du complot et extranéité des dirigeants

Les rumeurs et théories du complot sont porteuses de sens. Elles permettent d'ordonner des représentations conflictuelles de l'ordre politique et de ses asymétries. C'est pourquoi James Scott les qualifie d'infrapolitiques (Scott, 2008, 162). En les colportant, on recrée du lien social dans une société déstructurée par le climax de la crise. Celui qui les propage peut redevenir acteur du monde qui l'entoure. De ce point de vue, colporter ces ouï-dire, c'est aussi sortir de l'isolement et de l'impuissance en prenant une part active à l'histoire, en intervenant sur sa transmission et sur le message qu'elle porte. Rationaliser le monde, par la rumeur ou le complot, permet de recréer cette vérité qui est essentielle au conflit politique. En ce sens, le conspirationnisme est vecteur de politisation en permettant la construction de narratifs relativement cohérents (Taïeb, 2010, 280-285). Il permet de faire passer des messages clairs, par exemple la dénonciation de l'ingérence politique des militaires. De manière similaire, on pourra exprimer le contentieux à l'égard des élites dirigeantes en suggérant leur extranéité. Ce n'est pas un hasard si nombre de figures du cartel sont renvoyées à leurs supposées origines juives ou marocaines, ou à leurs liens avec la France. Renvoyer les « décideurs » au rôle de suppôts de l'ancien colon, c'est expliquer la crise par l'action prédatrice d'acteurs exogènes tout en s'appropriant le nationalisme défensif caractéristique du contexte postcolonial.

Illustration 8 : la voiture où Lounes Matoub a perdu la vie, exposée dans la villa du chanteur

© Photographie de l'auteur, Taourirt Moussa, printemps 2011.

Illustration 9 : la stèle qui marque le lieu où Matoub a été victime d'une embuscade appelle à ce que les circonstances réelles de cet assassinat soient révélées

© Photographie de l'auteur, Taourirt Moussa, printemps 2011.

La théorie du complot agit alors comme un régime de vérité par lequel les individus tentent d'élucider un monde embrouillé par l'expression publique des contradictions, le spectacle confondant du quotidien critique et les artifices de la communication publique (Silverstein, 2002). Ainsi, la théorie du complot construit un monde simplifié et rationalisé où tous les actes sont intentionnels. En Algérie, ses instigateurs sont identifiés historiquement : il s'agit de l'ancienne puissance coloniale et des organes bureaucratico-militaires, même si d'autres *usual suspects* tels que les États-unis et « l'entité sioniste » viennent parfois s'y ajouter. Les anciens dirigeants ne manquent pas d'apporter de l'eau au moulin de la conspiration au détour d'un témoignage qui révélera la trahison d'une fraction du cartel tout en dédouanant opportunément son auteur. C'est ainsi par exemple que l'ancien Premier ministre Abdelhamid Brahimi (1984-1988) dénonçait l'influence du « parti de la France » (*Hizb França*) emmené par Larbi Belkheir dans un ouvrage publié au début du premier mandat de Bouteflika. À l'en croire, les serviteurs de l'ancienne puissance coloniale n'auraient pas hésité à piéger le chef d'état-major Mostefa Beloucif en 1986 pour le punir d'avoir empêché la signature d'un contrat d'armement défavorable au pays (Brahimi, 2000, 217-222). En présentant des actes intentionnels et intéressés, ce récit formulé par une personnalité ayant occupé de hautes responsabilités avant de se rapprocher du FIS présente la crise comme la conséquence de la trahison du « parti de la France ».

La rumeur offre des récits moins organisés qui n'en produisent pas moins une explication de la situation présente. Prenons le cas de l'ancien ministre de l'Éducation nationale Aboubakr Benbouzid. Ce dernier est entré au gouvernement en 1993, peu avant le lancement du programme d'ajustement structurel, et a presque toujours été en charge du même portefeuille depuis cette date. Avec le temps, Benbouzid a acquis une réputation d'incompétence tenace. Chez les professeurs, l'homme incarne la mauvaise gestion et la constance dans la sape du service public. Jusqu'à son départ du gouvernement en 2012, il a fait face à des grèves annuelles dénonçant les conditions matérielles comme les orientations pédagogiques. Chaque session du baccalauréat était l'occasion de conjectures sur l'abaissement des exigences pour maintenir un taux de réussite acceptable. Malgré ce bilan peu flatteur, Benbouzid est néanmoins demeuré 16 ans au ministère, une longévité remarquable en Algérie comme ailleurs. C'est sous cet angle qu'il faut comprendre la rumeur qui ferait de sa femme rien moins que la sœur de Vladimir Poutine. Cette hypothèse s'appuie sur des faits, puisque Benbouzid a en effet fait une partie de ses études à Odessa et a épousé une femme d'origine russe. Toutefois celle-ci n'a aucun lien de parenté avec Poutine. En prêtant au ministre un lien familial avec le leader d'une puissance internationale, cette rumeur explique la présence d'un incompétent supposé au plus haut niveau. Elle rationalise le mauvais gouvernement. La référence à l'étranger n'est pas dénuée de certains fondements, puisque le PAS est le fruit d'une négociation avec les institutions financières internationales (Banque mondiale, FMI), qui a durablement impacté le système éducatif algérien. La rumeur vient à l'appui d'une idée familière : l'avenir du pays est hypothéqué par une classe dirigeante servant des intérêts étrangers. L'accusation de néocolonialisme n'est jamais loin.

Nul n'est besoin de viser directement la classe dirigeante pour produire des narratifs de l'intrusion étrangère. En 2008, à Alger, plusieurs personnes m'avaient expliqué que, suite à un appel d'offres, les autorités de la municipalité avaient sélectionné une entreprise américaine pour construire et gérer l'usine de retraitement des eaux. Or, à les croire, les Américains se seraient mis d'accord avec les pouvoirs publics pour empoisonner l'eau potable de la ville. Précisons que la ville n'a pas de maire élu, seulement des élus locaux au niveau des APC, et qu'elle est donc gérée dans son ensemble au niveau de la *wilaya*. Plus tard, j'avais pris note d'une autre rumeur entendue d'abord à Alger en 2010 puis sous une forme légèrement différente dans un autobus en direction de Ghardaïa en 2011. Cette fois, il était question des marchandises produites en Chine et vendues sur les marchés algériens. Selon la rumeur, un marchand aurait mis en vente des souliers pour les petites filles. Suite au succès du produit, de nombreuses enfants durent aller à l'hôpital, avec de plaques d'urticaire sur les pieds. Les chaussures avaient en fait été fabriquées en peaux de rat.

Dans les deux cas, la rumeur insistait sur les actions malfaisantes des capitalistes étrangers (petits et gros). Chinois comme Américains feraient du profit au détriment de la population. Les seconds bénéficieraient même directement de l'aide des « autorités ». Pour autant, il ne faut pas uniquement voir dans ces deux rumeurs une simple dénonciation des agressions extérieures que subit le corps social. La rumeur est construite de différents signifiants, et formule donc diverses angoisses et aspirations propres à ceux qui la relaient. À défaut d'une étude plus soutenue, je me contenterai de relever deux unités sémiologiques communes à ces deux récits. D'abord, il y a le recours à la main-d'œuvre et au savoir-faire des étrangers plutôt qu'à la population locale. Il ne s'agit pas seulement de dénoncer la trahison des « décideurs », mais aussi de renvoyer aux insuffisances d'une communauté qui ne produit plus ses propres chaussures et délègue l'entretien de ses infrastructures aux Occidentaux. Cette perte de compétence est synonyme de perte d'autonomie, et dialogue donc avec l'idée d'indépendance nationale héritée de la décolonisation. Ensuite, le second point est la thématique de l'empoisonnement et de la maladie, qui est autant compréhensible comme une dénonciation de l'agression étrangère que comme une manifestation du thème récurrent de la pathologie nationale (j'y reviendrai plus bas). La rumeur apparaît dans toute son ambiguïté, parce qu'elle exprime autant la défiance à l'égard de l'« autre » que la conscience confuse de la crise du « nous ».

Tant la théorie du complot que la rumeur traduisent donc des efforts plus ou moins conscients de recréer du sens en ordonnant le monde. À l'idéal d'indépendance et de « sainteté politique » révolutionnaire s'opposent désormais des représentations de la corruption sociale et politique et de l'intrusion étrangère. Ces différentes mises en récit de la crise vont également contribuer à une surabondance de sens.

Le pays de Mickey

Au mois de juin 2013, une figure historique prend la parole afin de partager sa théorie avec ses concitoyens. Ahmed Taleb Ibrahimi, fils d'un réformateur religieux devenu leader de l'association des oulémas, lui-même longtemps ministre dans les années 1970, doute de la mort naturelle de Boumédiène [7]. Le flou historique n'épargne aucun héros, mort ou vivant. Même au sein de la famille révolutionnaire, les soupçons s'étalent en place publique. C'est ainsi qu'en janvier 2014, l'ancien chef de la zone autonome d'Alger, Yacef Saadi, accuse publiquement Zorah Drif, une moudjahidate honorée, d'avoir vendu Ali la Pointe et Hassiba Ben Bouali aux Français en pleine bataille d'Alger [8]. L'image magnifique de l'unité du peuple-classe vole en éclat tandis que les représentants survivants du mouvement national s'entredéchirent. La version officielle se fissure, laissant apparaître une foule de versions contradictoires.

La crise rend les stratégies individuelles et collectives plus erratiques. Elle désobjectivise les institutions et génère une profusion de théories plus ou moins argumentées. C'est ce qui conduit à cette situation paroxystique où la violence et l'incertitude du système sont amplifiées. Au bout de cette transformation, on retrouve le produit fini, l'insécurité totale par la disparition du sens (Baudrillard, 2003, 58-59). L'illisibilité du monde et l'illisibilité du pouvoir se confondent dans une logique d'effroi qui paralyse, qui pose les termes du renouvellement de la fatigue sociale : inertie, insécurité, crise de sens. Durant la phase de latence, grèves, attentats, affaires de corruption, dissidences, affrontements inter-communautaires se succèdent sans qu'un lien logique ne s'impose à tous. Les analyses partagent une même défiance à l'égard du « Pouvoir » mais ne se rejoignent pas. La multitude des versions confirme la fragmentation du social. « Les théories flottent [et] de quelque façon que procède l'analyse, elle procède vers la glaciation du sens » (Baudrillard, 1981, 230). Même ceux qui maîtrisent les arcanes du méta-pouvoir s'orientent avec difficulté dans l'épais brouillard des hypothèses. L'aspirant-interprète tâtonne

---

7. *El Watan*, 24 juin 2013.
8. Tous ces personnages étaient des membres du « réseau bombes » du FLN qui fut démembré durant la bataille d'Alger en 1957. Sur la polémique, cf. *El Watan*, 27 janvier 2014.

quant à lui dans les espaces labyrinthiens, mais se trouve vite ramené à ses limites et son impuissance. « Qui-tue-qui ? », « *Hizb França* », « bleuite », tous ces narratifs suggèrent l'omniprésence du simulacre et du cynisme. Dans la presse, les événements se répètent, le passé et le présent se télescopent. L'absence d'un fil conducteur supprime la coïncidence temporelle dont Benedict Anderson fait l'un des fondements de la communauté imaginaire (Anderson, 1991, 22-26). Finalement, ces discours redondants, d'apparence factice, peuvent être perçus comme autant de raisons de détourner le regard, surtout une fois le pas de l'émigration franchi.

> En France, je vais dire que je fais une pause avec les informations qui viennent d'Algérie. Je me repose un peu la tête. Je m'occupe beaucoup plus de moi que de ce qui se passe en Algérie ; parce que là c'est trop. Je parle avec ma famille, ils me disent que ça s'est calmé, que tout va bien. Et puis dans la phrase suivante, ils disent qu'il y a eu un attentat à Boumerdès, que personne ne sait qui est responsable. C'est toujours ce même mélange de violence et de mensonges. Tout ça, ça ne me donne pas envie de regarder et de prendre des nouvelles.
>
> (Rachid*, pâtissier émigré, originaire de la région de Tizi Ouzou, Paris, été 2010).

Rachid* avait cessé de s'enquérir de la situation politique de son pays d'origine faute de pouvoir rationaliser les informations venues d'Algérie. Confronté à l'inintelligibilité du monde, le réflexe des profanes peut être de se prémunir, en adoptant un scepticisme de rigueur ou même ce qui s'apparente à un évitement préventif de la politique. Mais la prise de distance du jeune pâtissier était également motivée par son rejet de ce qu'il percevait comme une clique sous-éduquée mentant en permanence.

L'ordre politique algérien a été associé à une dictature du cynisme et de l'ubuesque bien avant que Bouteflika ne devienne ce candidat monté sur roulettes censé être le seul rempart du pays contre le chaos. Une phrase attribuée à Chadli Bendjedid illustre cette dérive : « Un pays qui n'a pas de problème n'est pas un vrai pays et grâce à Dieu, nous n'avons pas de problème ». Certaines versions modifient la fin de la phrase pour donner « grâce à Dieu, nous avons beaucoup de problèmes », ce qui est plus cohérent mais certainement pas plus rassurant. Ces propos emblématiques d'une forme d'inconscience mâtinée d'inculture ont été repris par le rappeur Double Kanon, originaire d'Annaba, dans une chanson intitulée « *Bled Miki* » (2004):

Bled Miki bled ta'a tiki / Pays de Mickey, pays de fric
Bled koulech faux koulech faha mfabriki / Pays où tout est faux et tout est falsifié
Bled limafihach machakil mocheha bled / Un pays qui n'a pas de problème n'est pas un pays
Wahna lhamdulilah ! kima gal wahd dab / Et nous, grâce à Dieu ! comme disait un ours

Bled Miki renvoie à l'omniprésence du simulacre. C'est sous ce nom évocateur du caractère fictif de tout discours public et de toute position politique que certains Algériens désignent parfois leur pays, pour mieux rendre compte de l'instabilité du réel et de la disparition des valeurs. Au pays de Mickey, le système politique est une « démocratie de façade », un trompe l'œil où les décideurs se cachent derrière des hommes de paille. Les anciens opposants y deviennent ministres ; les héros de la guerre d'indépendance s'accusent mutuellement d'avoir vendu le pays aux Français. En parlant de *Bled Miki*, ces jeunes gens expriment la nature magique d'un espace du métapouvoir où le mort s'anime, où le temps s'accélère puis se glace, où les mêmes hommes rejouent les mêmes scènes tandis que leurs corps se dégradent. Ce faisant, ils témoignent certes de leur impuissance à influer sur le cours du jeu politique, mais ils réaffirment aussi leur refus d'adhérer aux mythes fragiles produits par le discours officiel. *Bled Miki*, c'est aussi l'idée que les fictions du pouvoir marchent sur la tête.

> L'Algérie, c'est *Bled Miki*, c'est Disneyland, parce c'est un pays comme un dessin animé. Si tu as les moyens tu le changes comme tu veux. Tu me plais, je te mets là, tu me plais pas, je te gomme.
>
> (Rachid*).

S'il se méfiait des informations venues d'Algérie, Rachid* n'était pas dépolitisé. Lors de notre première rencontre, il participait à une manifestation en soutien aux femmes d'Hassi Messaoud place Stalingrad, à Paris. Durant ses années de lycée à Tizi Ouzou, il avait l'habitude de se joindre aux escarmouches visant les forces de l'ordre, notamment après l'assassinat de Matoub puis durant le printemps noir. Des années plus tard, il demeurait convaincu que « les Algériens sont colonisés par leur gouvernement ». Cette conviction se traduisait dans son rejet des simulacres.

Bled Miki dépeint l'ordre politique algérien comme un système du nihilisme et de l'indifférence. Dans le même temps, en refusant de s'abandonner à l'équivalence des signes et des valeurs, de se soumettre au cynisme ce discours est celui du refus d'être fasciné (Baudrillard, 1981, 227 *sq.*). L'Algérie de Bouteflika est certainement un régime du simulacre. Toutefois le cérémonial, la mise en scène de la majesté et le spectacle grotesque, que Achille Mbembe estime constitutifs de la forme officielle de la domination postcoloniale (Mbembe, 2001, 104-108), tendent à s'effacer faute de susciter l'adhésion. Les dirigeants n'apparaissent que rarement en public. L'officiel échappe aux formes classiques, corporelles et didactiques. L'autorité politique y est ubuesque plutôt que baroque. Habitée par sa rationalité de la suspicion et de l'instrumentalisation, l'Algérie de Boutefika est une postcolonie dont les mythes ont été éventés. La réalité objectivisée qui cachait les mensonges du pouvoir s'est évanouie. « Le réel n'est plus ce qu'il était ». Il n'en reste plus qu'une reproduction suspecte, une « résurrection artificielle » et dénoncée comme tel (Baudrillard, 1981, 17). C'est peu dire que ce spectacle ne fascine plus. Il repousse mais est aussi disséqué sur un registre mêlant absurde et ironie, à l'image du site satirique *El Manchar* qui dénonce l'inconsistance des dirigeants et de leurs simulacres à coup de brèves insensées. Ce faisant, il souligne l'incapacité des élites dirigeantes à incarner de manière convaincante un idéal de sainteté politique qui, par ailleurs, existe toujours.

Les analystes symboliques et la reproduction du culturalisme

La lutte politique investit le terrain symbolique, afin de dépasser l'incertitude structurelle et l'ubuesque de l'ordre. Quantité d'acteurs produisent des images de la société auxquelles sont attachées des significations particulières. Dans les pages qui suivent, je vais me pencher sur la catégorie sociale des analystes symboliques, ces acteurs qui font profession d'identifier les problèmes sociaux et de les régler en manipulant des symboles (Reich, 1992). J'englobe dans ce terme les catégories professionnelles intellectuelles qui produisent un service souvent dématérialisé basé sur leur maîtrise des signes (écrivain, journaliste, universitaire). Cette classe sociale ne doit pas être considérée comme appartenant à l'élite dirigeante. Loin de jouir de l'estime des clercs d'antan, elle a été précarisée par le PAS et poussée à l'exil par la guerre civile. Ces individus qui devaient être les fers-de-lance du développement social, économique et intellectuel, ont donc été particulièrement touchés par la crise (El Kenz, 2004). Pour cette raison, les diagnostics parfois virulents auxquels je vais m'intéresser doivent être compris à l'aune des violences diverses que ces acteurs ont eu à endurer lors des trente dernières années. Leur critique sociale vise d'abord à faire face à la perte de sens et d'intelligibilité. Le travail des analystes symboliques répond ainsi à la rupture de la continuité politique en participant à la reconstruction de la communauté (Brown, 2005, 2 *sq.*).

La crise épistémologique

En 1956, la plate-forme de la Soummam annonçait que le temps était désormais proche où « le peuple algérien recueille[rait] les doux fruits de son douloureux sacrifice », une promesse toujours affichée sur le site de la présidence. Elle suggérait l'inéluctabilité du développement par la grâce d'une double transition économique et sociale mise-en-œuvre sous la férule de l'État. Or, que reste-t-il de cette *épistémè*, de cette façon de voir et de comprendre le monde, de l'ordonner pour le rendre praticable, une fois la promesse d'émancipation et de progrès matériel invalidée ? Le 5 juillet 2012, pour le cinquantenaire de l'indépendance, *El Watan* déplore un « rêve brisé » en première page, tandis que le *Soir d'Algérie* titre en une « Des espoirs fous à la réalité sordide ». L'*épistémè* tiers-mondiste a laissé des traces, à commencer par le nationalisme défensif et les exigences égalitaristes, mais la promesse de prospérité individuelle et de puissance collective a été brisée.

Durant le climax de la crise, alors que le processus critique semblait échapper à tout contrôle, les analystes ont été confrontés à une difficulté croissante à produire du sens. En 1993, le sociologue Ali El Kenz exprimait en quelques lignes d'une honnêteté poignante la confusion qui atteignait l'élite intellectuelle algérienne face à l'emballement politique et sécuritaire :

> Cette période charnière qu'a été octobre 1988 fait basculer l'Algérie d'un cycle assuré vers un autre modèle jusqu'à maintenant inconnu. Chacun aujourd'hui suit les événements de l'Algérie avec beaucoup plus d'interrogations que de réponses. L'Algérie est devenue une inconnue ; elle qui était, qu'on pensait être, l'un des plus transparents des pays du Tiers-Monde, est devenue en quelques mois et jusqu'à ce jour un pays aussi inconnu que la lointaine Birmanie ou que l'Afghanistan. C'est ainsi, je ne sais pas ce qui s'est passé.
>
> (El Kenz, 1993, 81).

Le basculement vers l'inconnu est une thématique récurrente dans l'analyse de la phase de dramatisation. Par la suite, le déficit de lisibilité a été aggravé par un déficit de visibilité, puisque la violence encouragea l'éloignement des observateurs, chercheurs et journalistes, ciblés par des menaces de morts. Cela n'empêchait pas Ali El Kenz de chercher à comprendre, en mettant en lumière ce qui expliquait selon lui la dérive de la communauté nationale. Il soulignait l'opposition entre des élites acculturées et une masse dominée, acculée à user de formes de résistance très pauvres et souvent inspirées par la religion. Il observait la reproduction de ce dualisme dans le fonctionnement de l'État, avec un partage des tâches entre oulémas traditionalistes et nationalistes modernistes. Finalement, il voyait dans le conflit qui débutait la traduction de la faible institutionnalisation de l'État et des classes intermédiaires, débouchant sur une perte de sens national et un choc frontal entre État et société (*ibid*, 83-84). Cette analyse, produite sous le choc de l'effondrement du monde, illustre la prédominance d'une représentation dualiste de la configuration algérienne.

Durant la guerre civile, les lignes de fractures apparues au sein des deux « camps » ont battu en brèche les représentations binaires qui prévalaient au début de l'affrontement, y compris chez les observateurs ayant acquis une réputation d'experts. En 1993, Benjamin Stora parlait d'une « bataille entre d'une part, les "modernes" [...] et d'autre part, les islamistes qui proposent comme modèle la vie communautaire du passé » (Stora, 1993, 165). Quatre ans plus tard, confronté aux exactions des « ninjas » des services de sécurité, à l'horreur des massacres de civils et à l'institutionnalisation de l'islamisme de tendance frériste, il écrivait : « les lignes droites et claires qui partageaient les deux protagonistes principaux (le pouvoir et les islamistes) et les cercles évidents où se situaient les actions de guerre se sont décomposés au fil des années en couloirs sombres, en labyrinthes à l'inextricable dédale » (Stora, 1997, 488).

Comme l'écrit Malika Rahal, la crise a accentué la difficulté à penser l'histoire de l'Algérie indépendante, et particulièrement l'effondrement du monde relativement stable et orienté de l'après-1962 (Rahal, 2013). Sous Bouteflika, la nation se cherche un visage rajeuni et l'*oumma* ne fait plus de politique. Au-delà, le Tiers-Monde a été absorbé par la globalisation, tandis que le nationalisme arabe a troqué Nasser pour Moubarak. Les modèles préétablis ont perdu leur attrait et leur crédibilité. Durant la période de latence, l'un des enjeux politiques majeurs est de dépasser la crise épistémologique en proposant un diagnostic. C'est dans ce cadre que les analystes symboliques vont s'intéresser aux caractéristiques de leur communauté.

Le continuum des caricatures

Depuis le début de ce livre, nous avons vu que les discours et les politiques défensives mis en place pour faire face à la crise visent une population manipulable et indisciplinée. Cette représentation s'inscrit dans un continuum de caricatures aux accents culturalistes que l'on peut faire remonter jusqu'à la période coloniale et qui témoigne d'une continuité dans les images péjoratives de la population algérienne promues depuis près de deux siècles.

Le colonialisme reposait sur cette imagerie afin de dissimuler sa logique première : l'usurpation de la terre. Tandis que le colon se voulait le dominateur de la nature, celui qui faisait pousser la vigne sur une terre sauvage, le colonisé était construit comme un enfant ou une bête, selon qu'il se soumettait ou non. Dans cette représentation binaire du monde colonial, la sauvagerie des uns, qui les faisait vivre sous le joug de la nature, s'opposait à la civilisation des autres, qui leur permettait de la domestiquer (Pervillé, 1975). Nature et culture étaient les éléments par excellence de la pensée raciale colonialiste, qu'elle fasse l'apologie des liens entre un sang fort et une terre saine, ou qu'elle présente les « Arabes » et les « Nègres » comme des « fainéants-nés, menteurs-nés, voleurs-nés, criminels-nés » (Fanon, 2002, 287). En tant que religion des colonisés, l'islam était une cible de choix des caricatures. Les discours orientalistes décrivaient une croyance assimilée à la soumission et à la superstition qui contredisait la modernité apportée par la République impériale. Un siècle avant le choc des civilisations, Ernest Renan opposait déjà la religion musulmane et son « éternelle tautologie » (Dieu est Dieu) à l'Europe, sa science, sa rationalité, à tout ce qui faisait la « civilisation » (Renan, 1862, 27-28). À sa suite, nombre de sociologues et d'anthropologues présentaient la religion des colonisés comme une force de mort foncièrement opposée à la trinité républicaine (Sibeud, 2004).

Tout cela nous renvoie à l'ensemble de savoirs-pouvoirs constitués en Europe aux XVIIIe et XIXe siècles, au carrefour des sciences, de l'administration, des arts et de la politique, qu'Edward Saïd désigne par le terme d'orientalisme (Saïd, 1978). Derrière ce terme, il y a bien sûr quantité de comportements, d'acteurs, de discours et de techniques. Le tableau que je brosse rapidement ne vise qu'à montrer la continuité des représentations péjoratives de la population algérienne. Ces caricatures soutenaient déjà un système social dualiste auquel faisait écho la « mission civilisatrice » : aux tares de l'Indigène répondaient les qualités de l'Européen dont la domination se voulait bénéfique car transformatrice. La culture populaire pied-noire liait ainsi l'arabité à une image d'arriération, de pauvreté, de saleté, de fainéantise et de malhonnêteté. En Algérie, la mission civilisatrice passait en conséquence par un travail sur la culture de l'Arabe afin de l'aider à dépasser ses vices. L'éducation, dans la mesure où elle permettait de remédier au caractère primaire et arriéré des colonisés, pouvait ainsi être assimilée à une désarabisation, une transformation de la culture du dominé (Sivan, 1979). Cette pensée raciale influençait également les politiques de développement mises en œuvre par l'administration française (Davis, 2015).

Le dualisme a aussi été reproduit par les élites révolutionnaires, lesquelles s'efforçaient pour leur part de corriger l'incompétence supposée des masses. Ceux qui revendiquaient le pouvoir au sein de l'appareil bureaucratico-militaire légitimaient de la sorte leurs aspirations tutélaires. Dès 1960, Lakhdar Ben Tobbal, alors ministre de l'intérieur du GPRA, justifiait l'exigence de discipline au sein du mouvement national par la tendance des Algériens à l'anarchie (Harbi, 1981, 290). Bien que formulées dans un registre moins autoritaire, les observations des acteurs religieux n'en partaient pas moins d'un constat similaire. Ainsi, les dirigeants de l'Association des oulémas se posaient en promoteurs des vrais principes de la religion en opposition à l'administration coloniale française, mais aussi à la « masse musulmane ignorante ». Ils s'efforçaient donc de « relever le niveau culturel de l'Algérie et faire reconnaître l'Algérie comme un pays arabe et musulman » (Courreye, 2016, 117, 295). Dans leur quête réformiste ou révolutionnaire, ces dirigeants ont ainsi reproduit la représentation dualiste du monde social après la décolonisation, notamment dans le cadre de politiques aussi cruciales que l'arabisation ou la réforme agraire. Dès lors, chaque difficulté a pu trouver une explication dans la culture des masses. Cinquante ans après l'indépendance, le ministre de l'Intérieur Daho Ould Kablia pouvait par exemple déclarer à l'occasion de la publication des chiffres de la contestation, que le « peuple [était] devenu capricieux, impatient et impulsif » [9].

---

9. *Slate-Afrique.com*, 5 octobre 2012.

La guerre civile a également ravivé des imaginaires géographiques de l'Algérie faisant la part belle à une culture de la violence (Mundy, 2015), tout particulièrement dans les médias étrangers. Les Algériens regardant les chaînes de télévision européennes ont alors été confrontés à l'image d'une « Algérie barbare » déconseillée aux Occidentaux (Mostefaoui, 1998, 179-180). Sous Bouteflika, ce mythe de la sauvagerie persiste. James McDougall a souligné le décalage entre cette vision caricaturale et un rapport général à la violence finalement très banal. Là où le stigmate pousse à naturaliser le terrorisme, à le lier à un « être » national brutal, ces pratiques sont évidemment étrangères à la vaste majorité des Algériens. La guerre civile n'est pas la conséquence d'une culture spécifique. Des formes de violences similaires peuvent être retrouvées en d'autres lieux, y compris en Europe (McDougall, 2005 ; Kalyvas, 2009). Pourtant la caricature résiste. Face aux réactions de la presse anglo-saxonne après l'attaque d'In Amenas en 2013, McDougall est intervenu pour inciter les observateurs à se méfier des stéréotypes [10]. Las, quelques jours plus tard, la BBC diffusait un reportage présentant une « nation née dans la violence ».

Je pourrais encore évoquer ces expatriés espagnols vivant à Alger qui ont pris pour habitude de désigner un comportement irresponsable en parlant d'une action « à la *khouya* » (« il conduit "à la *khouya*" », « arrête de faire ton *khouya* »). Le terme, qui signifie « mon frère », est très utilisé en arabe algérien. Pour ces expatriés, le *khouya* est donc l'Algérien typique : il fait n'importe quoi. Quoi qu'il en soit, ces stéréotypes sont reproduits par la médiation d'expatriés, de ministres ou de journalistes étrangers. À la faveur du processus critique, le culturalisme est aussi devenu une grille de lecture prisée par les analystes symboliques.

Pathologie et discipline

Les narratifs qui naturalisent la position des dominants inondent l'espace public, et c'est là qu'interviennent les analystes symboliques. Avec la poursuite du processus critique, une lecture pessimiste de la crise, insistant sur ses causes culturelles plutôt que structurelles, a vu le jour. De manière récurrente, des figures de la vie intellectuelle algérienne ont produit des représentations littéraires ou scientifiques, argumentées ou polémiques, d'un peuple malade ou culturellement arriéré.

Une forme de diagnostic psychologique s'est répandue, notamment par le biais de ces « écritures d'urgence » répondant à une situation où la mort et la vie, l'étrange et le réel, s'entrelacent (Khodja, 1999). Ainsi, une littérature

---

10. *The Guardian*, 22 janvier 2013.

clinique est apparue durant les années 1990, traitant des maux et des espoirs déçus de la postcolonie. Des auteurs primés comme Yasmina Khadra (*Morituri*, 1997, *À quoi rêvent les loups*, 1999, *La part du mort*, 2004) ou Boualem Sansal (*Le serment des barbares*, 1999, *Harraga*, 2007) ont dépeint une société en proie à la paranoïa, au cynisme et au délire intolérant. Sansal pousse tout particulièrement la description du chaos ambiant à son paroxysme dans ses descriptions cinglantes de la confusion mémorielle ou de la frustration sexuelle. Dans ses livres et dans les interviews donnés à la presse, il brosse avec constance le tableau d'un pays rongé par des pulsions mortifères. Ces deux écrivains, très différents dans leur style, ont comme point commun d'avoir fait les grandes écoles étatiques : Khadra est issu de l'académie militaire de Cherchell tandis que Sansal est diplômé de l'école polytechnique d'Alger. Tous deux ont ensuite été employés par l'État, le premier au sein de l'ANP, le second au ministère de l'Économie. Leur description de la déviation de la société doit être comprise à l'aune de l'*épistémè* tiers-mondiste qui dominait dans ces instances de socialisation secondaire. Leur démarche n'est pas réductible à une simple description de la déviance de masse dans l'Algérie en crise. Elle vise aussi à « conduire à la normalité une société postcoloniale pathogène et mortifère » (Naudillon, 2011, 141).

Le diagnostic psychiatrique suggère la déviance des grands comme des petits, des hommes comme des femmes. Sous Bouteflika, ces chroniques cliniques restent souvent sans issues et débouchent sur le sacrifice des purs et des faibles. La romancière Kaouther Adimi décrit par exemple un quartier algérois miné par la promiscuité, l'ennui, les frustrations matérielles et sentimentales, la drogue et la violence (*Des ballerines de Papicha*, 2010). Dans ce texte, elle peint le quotidien critique qui étouffe le corps et l'esprit. De ce point de vue, la fiction rejoint le journalisme. C'est ainsi que Chawki Amari, chroniqueur bien connu du quotidien *El Watan*, pouvait décrire en 2011 une société où la violence, la misère et la consommation de psychotropes sont exacerbées durant *Ramadhan*. Reprenant le registre de la schizophrénie, l'éditorialiste soulignait la douceur retrouvée des relations sociales une fois la nuit tombée. Pour lui, c'étaient bien les violences systémiques (chômage, ennui, puritanisme) qui produisaient la pathologie [11].

Le registre de la pathologie ouvre la voie à une lecture en termes psychiatriques. Dans son documentaire *Aliénation*, le réalisateur Malek Bensmaïl s'intéresse ainsi aux effets de la crise sur les individus, en suivant le quotidien de l'hôpital psychiatrique de Constantine (2004). Dans d'autres cas, cette lecture permet la formulation d'un projet disciplinaire fondé sur le traitement moral du caractère humain (Foucault, 2003, 3-30). Le registre de la

---

11. *Slate afrique*, 8 août 2011.

pathologie se mue ainsi en violence symbolique, dès lors que le diagnostic clinique ignore les causes structurelles évoquées plus haut. Toujours en commentant la violence présente dans la société au moment de *Ramadhan*, le docteur Salaheddine Menia, proposait l'explication suivante dans le quotidien *L'Expression* :

> Les gens ne supportent pas la frustration, [ils ont] une sensibilité à fleur de peau, se permettent de se livrer bataille mutuellement. Tout cela s'inscrit dans un contexte d'immaturité affective. En apparence, vous avez affaire à des adultes, mais sur le plan comportemental, c'est le fonctionnement enfantin. Ils sont égocentriques, rebelles à la discipline et l'ordre et cela constitue les caractéristiques du comportement d'un petit enfant. [...] Sur le plan culturel, se bagarrer est source de fierté chez le commun des mortels, celui qui est solide, qui frappe les autres, qui les agresse, qui ne se laisse pas faire, est valorisé socialement et peut-être signe de virilité, mais en réalité c'est une déviance.

Le médecin sollicité par le quotidien pro-gouvernement proposait une explication conforme au discours de l'ordre. Après avoir identifié les origines comportementales du mal, à savoir l'immaturité affective de la population et la valorisation culturelle de la violence, il demandait la mise en œuvre de politiques curatives qui s'inspireraient du modèle occidental :

> Il suffit de voir les derniers événements d'Angleterre, les autorités ont immédiatement fait appel à un spécialiste américain du comportement violent afin de contrecarrer, traiter et dépasser des attitudes nouvelles. [...] Nos décideurs doivent avoir la solution en faisant appel aux professionnels qui peuvent lire ce qui se passe et apporter des éléments de réponse : que doit-on faire au niveau individuel, social et familial de sorte à absorber cette charge d'agressivité ? [12].

Un glissement décisif a eu lieu : on ignore désormais les causes structurelles pour incriminer une culture déviante qu'il faut traiter. C'est ainsi qu'à mi-chemin entre le comportementalisme et le culturalisme, l'expert suggère des angles d'interventions aux tenants de l'ordre. Il faudrait, à l'en croire, adapter les procédures policières et les institutions éducatives à l'homme algérien, cet enfant porté à la violence, en ayant recours « aux professionnels » (c'est-à-dire à l'expert lui-même). On voit ici de quelle manière les tentatives d'expliquer les manifestations de la crise peuvent légitimer une entreprise disciplinaire.

Éthnographie et démocratie

Dans les travaux académiques étudiant la configuration algérienne, les structures économiques et politiques ne sont pas immédiatement laissées de côté, mais l'approche culturelle devient incontournable. Durant le climax de la crise, certains auteurs ont incriminé systématiquement « une culture

---

12. *L'Expression*, 27 août 2011.

patriarcale » résistante au droit ou des « structures segmentaires traditionnelles » qui influenceraient les comportements des dirigeants comme de leurs sujets (Remaoun, 2000). Pour les sciences sociales, l'évolutionnisme culturel est ainsi devenu un moyen d'expliquer la situation du pays comme la conséquence d'une arriération.

Dans son ouvrage sur la guerre civile, Martinez présente la figure du bandit politique comme un modèle d'ascension sociale profondément inscrit dans la culture politique algérienne. La primauté d'un « imaginaire de la guerre » pluriséculaire faisant la part-belle à la violence s'opposerait selon lui aux vertus de la démocratie libérale et expliquerait l'échec de la transition. Tout en soulignant que la résurgence de ces références est indissociable du contexte de guerre civile et d'ajustement structurel, Martinez fait sienne la dichotomie éculée opposant culture traditionnelle et modernité démocratique (Martinez, 1998, 375-377). Sous Bouteflika, les chercheurs opposent souvent la culture et la tradition aux vertus de la démocratie. Dans une tribune publiée après les législatives de 2012, l'économiste Abderahmane Metboul expliquait le vote FLN par la « faible culture politique » des Algériens [13]. Mohammed Hachemaoui s'efforce quant à lui de souligner l'absence d'unicité des « grammaires culturelles » et l'hybridité de logiques sociales liant atavisme et innovation. Toutefois, malgré ces précautions, la figure « typiquement » maghrébine du *makhzen* resurgit à la fin de son ouvrage, et avec elle la dichotomie classique entre l'autoritarisme qui s'appuierait sur les structures pré-modernes et la modernité démocratique (Hachemaoui, 2013, 177-185).

Ces analyses politiques s'appuient souvent sur des ressorts ethnographiques qui conduisent à mettre en avant des atavismes pour expliquer la persistance de l'ordre, alors même que l'évolution de celui-ci depuis cinquante ans traduit des caractéristiques modernes et répandues dans l'ancien Tiers-Monde (radicalisme militaire, mythe du développement, nationalisme défensif, reconfiguration par l'ajustement structurel, inclusion des capitalistes, conformation sélective à la globalisation démocratique). Une analyse de Lahouari Addi permet de mieux percevoir un cheminement caractéristique :

> Le pouvoir d'État en Algérie est vacant parce qu'il n'y a pas de mécanismes idéologiques qui le restituent à son propriétaire : la société. C'est là que réside la cause de l'échec du régime, et il ne s'agit pas d'erreur de modèle ou de mauvaise application d'une politique économique plus ou moins cohérente. Il s'agit de représentations politiques où l'individu, en tant que sujet de droit, n'existe pas, et où le groupe est sublimé dans le discours qui tient lieu de réalité à travers le chef dont la source d'autorité est extérieure au groupe. Cela renvoie à l'ancien ordre politique traditionnel où le politique est né et où le chef a pour mission de redresser les torts et non d'assurer la liberté des uns et des autres. Il y a une culture à dépasser, celle centrée sur la justice, pour être remplacée par celle centrée sur la liberté (Addi, 2014, 74-75).

---

13. *La Nouvelle République*, 13 mai 2012.

La position de Addi est d'autant plus intéressante que ce dernier critique ailleurs l'essentialisme visant l'islam ou les Arabes. Il reproduit pourtant ici les mythes caractéristiques d'une pensée politique centrée sur les libertés individuelles et la neutralité du politique. On voit se dessiner ici un canevas interprétatif libéral qui fixe les normes du bon régime démocratique moderne. En opposition, la culture politique algérienne, faisant la part belle à l'égalitarisme, devrait être surmontée car elle légitime l'ordre « populiste ».

Tandis que les comportements politiques sont rattachés à une mentalité typique qui se décline sous différentes formes (violence, tribalisme, soumission volontaire au chef), l'ordre est décrit à partir de catégories prétendument endogènes (beylicat, *makhzen, za'im*). On attribue au corps social certaines caractéristiques explicatives de la domination, ce qui n'est pas sans rappeler le concept de « colonisabilité » proposé par le sociologue et philosophe constantinois Malek Bennabi. Résolument culturaliste, celui-ci expliquait le mal-développement en critiquant les approches rigides de l'islam et en comparant les sous-développés à des enfants envieux des fétiches occidentaux. C'est en agissant au niveau culturel qu'il proposait de solutionner les maux de la société algérienne, en réadaptant les individus (Bennabi, 2005).

Ces ethnographies d'inspiration souvent libérale trouvent un écho dans le champ politique, puisque le parti *Jil Jadid* propose lui aussi d'en finir avec ces « valeurs anthropologiques [...] inflexibles et anachroniques qui empêchent tout ajustement interne » [14]. On voit ainsi comment la violence symbolique de l'ordre, reposant sur un diagnostic d'arriération sociale et politique, est reproduite par des analystes soucieux de formuler une critique et de proposer une alternative. La solution proposée impliquerait une action sur le peuple-enfant afin de corriger ses tares culturelles et mettre fin à la crise.

Changer le peuple

La construction d'une essence du groupe reposant sur ses caractéristiques culturelles supposées s'affirme comme un facteur explicatif du social. En cherchant à proposer un aggiornamento, ces analyses littéraires, médiatiques ou académiques naturalisent les politiques mises en œuvre par les tenants de l'ordre. La continuité de ce registre de la violence symbolique est frappante : l'ordre colonial se définissait jadis comme un « régime du bon tyran », un cadre disciplinaire nécessaire à la mission civilisatrice dirigée contre des populations arriérées (Le Cour Grandmaison, 2010). Sous Boutefika, la stigmatisation du peuple-enfant explique le processus critique et justifie la coercition à son encontre. On retrouve ici la logique disciplinaire du Léviathan, qui ne s'exprime jamais mieux que quand resurgit la menace existentielle : le monstre

---

14. Première partie du programme de Soufiane Djilali à l'élection présidentielle de 2014.

sévit alors pour guérir les maux de la nature humaine (Manent, 1987). Faisant écho au racisme culturel de l'ordre colonial et au progressisme autoritaire et dualiste des élites développementalistes, le cartel se préoccupe désormais des pulsions ataviques de ses sujets. Ses porte-paroles dissertent sur la culture civique et l'esprit d'entreprise, l'immaturité et l'impatience populaire.

Il n'y a rien de surprenant à voir des dominants présenter la population sous un jour qui justifie leur emprise. Toutefois, cette violence symbolique est reproduite par ceux qui se revendiquent de l'opposition. C'est ainsi que le journaliste et écrivain Kamel Daoud peut affirmer dans une tribune publiée en mai 2014 qu'il faut « changer le peuple ». Dans ce texte dénonçant « l'angélisme ambiant » et le « populisme émotionnel », le chroniqueur s'attaque à une population incivique dont la passivité se trouve finalement parfaitement représentée par l'homme impotent qui vient d'être réélu :

> Beaucoup trouvent leur bonheur dans la soumission, dans la dévoration et dans la corruption. Rares sont ceux qui pensent aux générations de demain ou à l'intérêt collectif. C'est cette équation qu'il faut changer, cette responsabilité qu'il faut assumer et démontrer. Continuer à parler de peuple victime et d'intellectuel traître est une facilité désormais agaçante. Ce qu'il faut changer, c'est ce peuple, ces gens. Expliquer qu'est-ce qu'une démission et qu'est-ce qu'une constitution. Démontrer que créer de l'emploi est mieux que de multiplier les mosquées. Que travailler est un devoir. Que l'effort est une gloire. Que le civisme n'est pas une naïveté [15].

Daoud insiste ici sur la nécessité de changer les manières de la population avant d'envisager de changer le gouvernement. Le peuple doit être tenu pour responsable du blocage politique. Le journaliste a pourtant longtemps publié des chroniques extrêmement dures à l'égard du cartel, dénonçant notamment la corruption et la violence de ses membres. Il a même participé aux manifestations de 2011. Néanmoins, à partir des victoires électorales des islamistes en Tunisie et en Égypte, ses articles sont devenus de plus en plus critiques à l'égard du monde arabe et des Algériens. Il en est ainsi arrivé à présenter « un peuple au trois quart ignare, insouciant de la terre à transmettre, bigot, sale, incivique et intolérant » [16]. Un peuple qu'il conviendrait donc d'éduquer et d'éclairer. Daoud n'est certainement pas seul à suggérer une entreprise disciplinaire parmi les opposants algériens. Comme lui, l'ancien gouverneur de la banque d'Algérie et proche de Mouloud Hamrouche, Abderahmane Hadj Nacer réserve une place de choix à la culture populaire dans sa réflexion. Son ouvrage *La martingale algérienne* a d'ailleurs été reçu avec beaucoup d'intérêt dans les milieux « démocrates » algérois. En voici un extrait :

---

15. *Le Quotidien d'Oran*, 23 mai 2014.
16. *Le Quotidien d'Oran*, 8 août 2014.

> L'autodiscipline, le contrôle de Soi ont souvent fait défaut aux Algériens au fil des siècles et ce n'est pas simplement leur tempérament amazigh ou même méditerranéen qui est en cause [...]. Dans les compétitions sportives, l'Algérie rate souvent le coche de peu. Dans la majorité des cas, c'est la discipline qui a manqué. À l'inverse, les rares succès en football ou en handball ont été obtenus grâce à des entraîneurs, comme Aziz Derouaz, qui avaient su faire naître un esprit d'autodiscipline parmi leurs joueurs. [...] Il faut aussi s'interroger sur le phénomène de « chaîne » qui a tant pesé dans le quotidien des Algériens. Il est des pays où faire la queue est un acte organisé qui relève du civisme, tout comme la montée dans un bus. À l'inverse, la vision de passagers agglutinés les uns aux autres et incapables de respecter la moindre discipline signifie souvent que l'on est à côté d'un comptoir d'enregistrement pour un vol à destination ou au départ d'Algérie (Hadj Nacer, 2011, 52-53).

En plus du besoin d'imposer la discipline aux Algériens, les propos de Hadj Nacer révèlent l'insertion des analystes dans des espaces transnationaux où leur culturalisme s'hybride avec la vulgate de la bonne gouvernance libérale. Certains ont acquis en France une notoriété certaine notamment grâce à leur dénonciation de la « barbarie islamiste », à l'image de Daoud et Sansal. Présentés comme des dissidents, ils servent également d'« intellectuels musulmans alibis » dont le discours légitime la reproduction des caricatures racistes circulant dans l'espace public de l'ancienne puissance coloniale (Geisser, 2007 ; Leperlier, 2015). Pourtant, il ne faut pas sortir ces analyses de leur contexte. Chez Daoud, Hadj Nacer ou Addi, il s'agit d'abord de proposer un programme de sortie de crise, en suggérant que la solution passe par un travail éducatif et culturel. À dire vrai, il n'est guère surprenant que ces thèmes soient prisés par des intellectuels. Quoi qu'il en soit, il apparaît que la crise ne résulte pas seulement dans l'invalidation de l'*épistémè* tiers-mondiste, elle encourage aussi la reproduction et l'incorporation de la violence symbolique de l'ordre.

Incorporation et rejet des caricatures

L'explication culturaliste est limpide : la masse est à la fois apathique et chaotique. C'est ce « *ghachi* » que brocardait jadis Noureddine Boukrouh, un ancien disciple de Malek Bennabi devenu opposant puis ministre. En arabe algérien, *el-ghachi* désigne la foule, et par extension la populace. Ce ne pourrait être qu'une énième forme du hiatus opposant la masse à ceux qui se rêvent son avant-garde. Toutefois, si ces caricatures épousent une fiction de la modernisation par le haut, elles n'en sont pas moins vivantes dans l'espace public. En ce sens, la violence symbolique prend une dimension épistémique, elle impose une vérité au dominé et change jusqu'à la manière dont celui-ci conçoit le monde (Spivak, 1988). C'est ainsi que, dans l'Algérie de Boutefika, la critique est désormais produite par le peuple et contre le peuple. Elle nourrit aussi des contre-discours qui démontrent la lutte persistante pour la construction d'une image de la communauté dégagée du poids des stéréotypes culturalistes.

Incorporation

Les représentations caricaturales des Algériens ont pu progressivement être intériorisées sous le triple effet du discours de l'ordre, des analyses « critiques » médiatisées et de la quête de sens individuelle. La crise latente a en effet popularisé l'idée d'un faute de la société. L'appropriation des discours caricaturaux permet alors d'expliquer la suspension de la catastrophe par une supposée déviance généralisée. La pénibilité du quotidien, qu'elle se manifeste dans les embouteillages ou la saleté, est donc devenue un « problème de mentalité ». Au détour d'une discussion dans le train ou dans un café, la mise en garde tombe : « Les Arabes sont tous des voleurs ». L'assertion n'est pas le fait d'un néofasciste européen. Sous l'effet de la crise qui ne veut pas finir, elle est répétée dans l'espace public jusqu'à prendre une forme des plus triviales.

> Georges Bush, Jacques Chirac et Abdelaziz Bouteflika sont dans un avion qui fait le tour du monde. à un moment, le président américain passe sa main par le hublot de l'appareil et s'exclame :
> - Je viens de toucher le sommet de la Statue de la Liberté. Nous sommes en Amérique.
> Le voyage continue et c'est au président français de mettre à son tour la main par le hublot et d'affirmer :
> - Nous sommes au-dessus de la France. J'ai senti la Tour Eiffel sous mes doigts.
> Quelques temps plus tard, c'est au tour de Bouteflika de mettre sa main à l'extérieur de l'appareil, sous le regard interrogateur de ses deux collègues.
> - Ah, nous sommes arrivés en Algérie, déclare Bouteflika.
> - Mais comment tu peux le savoir, lui demandent en cœur les deux autres présidents. Dans ton pays, tu n'as pas de Tour Eiffel ou de Statue de la Liberté.
> - Oui, mais on vient de me voler ma montre.

Cette histoire à la coloration raciste, c'est sur la plage privée d'Aïn el-Turk que je l'ai entendue, en 2006. Le narrateur n'était pas Amine* ou l'un de ses amis, eux qui ne se privaient pas d'expliquer leur position privilégiée en critiquant leurs concitoyens. Il s'agissait de l'un des jeunes que nous retrouvions pour discuter autour d'une bière à la nuit tombée. Âgé d'une vingtaine d'années et vivant à Oran, il passait son été en travaillant sur la plage privée, prenant soin des tables utilisées par les familles aisées qui se prélassaient au soleil et leur apportant boissons ou friandises. En racontant cette histoire, il voulait nous faire comprendre le « problème de mentalité » qui touchait ses compatriotes.

Cette blague illustre le caractère comparatif des mécanismes de reproduction du discours de dénigrement ciblant l'être national. C'est par rapport aux peuples « développés » que les Algériens sont moqués. La France et les États-Unis, l'ancienne puissance coloniale et l'actuel *hêgêmon* occidental, objets de fascination et de rejet depuis des décennies, sont les marqueurs par défaut de la différence. Ces deux pays ont leurs propres symboles nationaux, de grands monuments connus dans le monde entier. En comparaison, le caractère distinctif de l'algérianité ne serait guère qu'une vulgaire tendance à la rapine signalant autant la malhonnêteté que la misère. Cette histoire renvoie donc à une différence de développement qui semble toujours insurmontable, en dépit des promesses répétées depuis cinquante ans.

Elle illustre la persistance d'une vieille représentation de la société algérienne, celle de cette masse indigène problématique car misérable et criminogène (Sivan, 1979). L'auto-dénigrement est une caractéristique de l'humour algérien qui remonte au moins à la période coloniale, et qui a été réactualisé durant la guerre civile comme un moyen de faire face à un présent particulièrement éprouvant (Moussaoui, 2006 ; Perego, 2018). Dans l'Algérie de Bouteflika, l'appropriation du stigmate ne peut pas être réduite à une simple reproduction des clichés coloniaux. Elle se nourrit d'un continuum d'événements évoquant effectivement la violence ou le mensonge. La caricature intègre et subsume les manifestations de la crise. En moquant le peuple, elle désigne un coupable idéal et recrée du sens.

Face à l'indétermination et l'indifférence qui émane de *Bled Miki* et du « Pouvoir », il est plus simple en effet de dire que les Algériens « vivent dans un système féodal ». Cette affirmation explique le registre communautaire qu'empruntent les circuits clientélistes. Elle explique la contestation régionaliste qui se manifeste en Kabylie ou dans le Sud, autant que les offres d'inclusion émanant du cartel. Elle explique aussi l'importance historique des coalitions régionales dans les luttes de pouvoir, qu'il s'agisse du « clan d'Oujda », du « sultanat de Tlemcen » ou du fameux triangle chaoui « BTS »[17]. L'argument du féodalisme permet également d'éclairer les espaces labyrinthiens de l'ordre. Ce narratif simplifie les luttes au sein du champ étatique qui sont réduites à des affrontements entre *'asabiyyas* concurrentes. Enfin, le dénigrement d'une population retardée par rapport à la marche de l'histoire permet de critiquer les pesanteurs sociales sans rentrer dans les détails fastidieux de l'analyse socio-économique. Dès lors que les caractéristiques supposées du peuple font écho à « l'esprit féodal de gouvernance »[18], la question des causes du marasme est résolue. Si la thématique de l'arriération sociale n'a jamais cessé d'imprégner les discours de l'ordre en Algérie, que ce soit sous l'État développeur ou durant la colonisation, la crise en a favorisé l'extension au sein de la communauté.

---

17. BTS pour Batna, Tebessa et Souk-Ahras, trois villes de la région des Aurès dont sont originaires de nombreux généraux janviéristes, dont Zeroual et Nezzar.
18. Le terme est de Belkacem Mostefaoui, *El Watan*, 1er juin 2006.

Compte tenu des ressources limitées, la violence symbolique s'articule de surcroît avec les conflits qui divisent la communauté, à ce que j'ai appelé la guerre des pauvres contre les pauvres dans le chapitre précédent. La tension résultant de l'insertion des femmes sur le marché du travail conduit par exemple à la production de discours discriminants à l'égard du sexe opposé. Le conflit de genre emprunte ainsi les mêmes thèmes que dans les discours discriminants déjà évoqués : les « filles » sont « irresponsables » et « menteuses » ; les « garçons » sont « fainéants » et « obsédés ». Les stigmates visent sélectivement un groupe ou l'ensemble de la communauté, mais les termes restent similaires. Cela facilite l'incorporation des caricatures. Les Algériens, en tant que communauté ou que sous-ensemble (Arabes, Kabyles, jeunes, femmes, chômeurs), auraient tout ou partie des caractéristiques régulièrement attribuées aux dominés. Ces stéréotypes donnent un sens au monde social, en dirigeant la violence symbolique contre les « autres », ces semblables devenus coupables.

Exil et patriotisme

Ces représentations découlent évidemment du contexte immédiat. Le souvenir de la décennie noire comme les manifestations du quotidien critique vont à l'encontre de la conception de la communauté imaginaire comme une « camaraderie profonde et horizontale », selon la formule d'Anderson (1991, 7). La stigmatisation de l'être national renvoie aussi à l'affaiblissement des grands narratifs fédérateurs par le processus critique. Cela ne signifie pas que les représentations positives de la nation disparaissent, ce dont témoignent des discours contradictoires : à la fois prison à ciel ouvert et mère patrie, l'Algérie est meurtrie par la guerre civile mais à jamais glorifiée pour sa révolution. Ces contradictions incitent à ne pas faire de l'extension des caricatures de l'être national un processus univoque et hégémonique.

Le registre du dénigrement était déjà une caractéristique ambiguë du discours du colonisé faisant écho à l'imposition d'un être idéal, l'Européen, par l'ordre raciste. L'idéal contemporain est le produit de la globalisation néolibérale et de son spectacle fascinant ; son matérialisme dématérialisé dialogue avec le sentiment de manque. Le dénigrement, s'il reprend les vieux thèmes culturalistes, se fait ainsi dans le marché mondial et le temps universalisé. L'être national est dégradé dans un contexte d'enfermement lié à la restriction des visas. Il est dégradé en comparaison du simulacre du consommateur comblé, qu'il soit européen ou proche-oriental. Cet idéal simulé est incarné par une bourgeoisie transnationale qui fait siens les fétiches de la modernité capitaliste et vit des romances de carte postale. Elle ignore la pénurie et appartient à un monde dénué de frontières, entrant ainsi en résonance avec le manque et le désir d'évasion qui étreignent nombre de jeunes Algériens. Le discours de dénigrement traduit aussi la rencontre entre ce simulacre et une autre manifestation de la crise, à savoir ce syndrome de l'exil qui a étreint le pays à partir des années 1980. En faisant du « nous » algérien un enfer, on peut se singulariser, s'extirper de la communauté nationale et réaffirmer la légitimité voire l'urgence du désir d'émigration (« je n'en peux plus des gens ici »).

Pourtant, ces représentations qui nourrissent le désir d'émigration impliquent aussi quantité de contradictions que personne n'a perçu mieux qu'Abdelmalek Sayad (1999). Si le choix d'émigrer clandestinement est souvent légitimé par la critique d'un ordre injuste, cet exil réaffirme aussi l'appartenance à cette configuration politique et le rapport conflictuel au pays qui en résulte (Chena, 2012 ; Souiah, 2014). Les représentations de la communauté ne sont alors jamais réductibles à l'admiration de l'« autre » et au rejet du « nous ». Malgré le contexte critique, les violences de l'ordre ne sapent pas totalement les effets conjoints – et difficilement distinguables – du patriotisme et du nationalisme [19]. Les discours péjoratifs cohabitent systématiquement avec les expressions variées de l'attachement sincère au pays – compris au sens large. Ces contradictions, loin d'être insurmontables, illustrent la complexité des mécanismes d'identification. La valorisation d'un esprit national aventureux ou l'expression de la fierté patriotique à l'occasion d'une qualification pour la coupe du monde font alors pièce aux caricatures.

> Vous pouvez retrouver des Algériens partout dans le monde. Cette mentalité est en plus doublée d'un sentiment patriotique. On l'a retrouvée au moment du match de football contre l'Égypte. Il y a eu une mobilisation incroyable avec plus de 15000 personnes qui ont été prêtes à partir au Soudan pour supporter leur équipe dans des conditions particulièrement difficiles. Ce sentiment patriotique fervent a touché des jeunes qui n'ont rien à voir avec le pouvoir, qui l'ont toujours regardé avec une grande méfiance ou même qui ne pensaient qu'à partir pour l'Europe. Mais quand ils ont considéré que le drapeau national avait été souillé, ils se sont tous rassemblés pour le défendre. C'est pour dire que malgré toutes les contradictions qui les habitent, les Algériens demeurent un peuple vivant, qui peut certes devenir violent ou brutal dans ses excès, mais il peut également s'avérer particulièrement bon.
>
> (Soufiane Djilali, ancien secrétaire général du PRA, Alger, automne 2010).

Les propos de Soufiane Djilali relève d'une certaine façon de la mise en abyme. Un temps émigré en France, l'opposant libéral ne manquait pas de souligner la nécessité d'une profonde réforme culturelle, dans la lignée de Malek Bennabi ou Noureddine Boukrouh. Pourtant, en parlant ainsi de ses concitoyens, il soulignait aussi la tension entre son approche culturaliste et les qualités qu'il trouvait à la « mentalité algérienne ». De fait, si la crise popularise

---

19. Eric Hobsbawm (2002, 159) voit dans le patriotisme un attachement à la communauté imaginaire, et dans le nationalisme l'utilisation de ce sentiment authentique par l'État ou les factions pour générer la loyauté.

une image négative du peuple-enfant, elle ne peut pas totalement recouvrir les survivances de l'*épistémè* tiers-mondiste. Il y a toujours un espace pour affirmer la fierté nationale, la recherche de l'indépendance et de la prospérité collective contenue dans la geste révolutionnaire. L'ambiguïté du rapport à la communauté est magnifiquement décrite par Omar Carlier quand il peint cette jeunesse algérienne s'apprêtant à basculer dans les bras du FIS. En réponse à ces sentiments ambigus, ce dernier offrait la recréation du lien social et la rénovation de la communauté sur une base religieuse (Carlier, 1995, 351-352, 377). Si l'option islamiste est invalidée, la tension demeure, débouchant sur cet enchevêtrement des discours où cohabitent auto-dénigrement et fierté de l'appartenance.

La révolution symbolique

Si la littérature algérienne est marquée par la critique sociale et l'investigation clinique, elle témoigne également d'un effort de réinvention qui transcende les limites imposées par les violences de l'ordre. À l'image de l'*Archéologie du chaos (amoureux)* de Mustapha Benfodil – 2007 –, la fiction algérienne participe aussi à une quête utopique et romantique renouvelant l'*épistémè* révolutionnaire (Treacy, 2017). De fait, le discours du dénigrement n'est pas hégémonique. Il n'efface pas la permanence d'autres représentations de l'Algérie et des Algériens. Les formes de résistance investissent donc le terrain symbolique pour répondre aux caricatures qui justifient la domination (Tripp, 2013, 30). Le combat politique implique dès lors la production d'images dégagées du poids de la crise, de la catastrophe suspendue et de la gestion par le manque, libérées de ces violences qui légitiment l'incorporation d'une identité collective caricaturale. Il s'agit alors de poser les conditions d'une révolution symbolique qui irait à l'encontre de la naturalisation de l'ordre (Bourdieu, 1992, 149), par exemple en réaffirmant l'existence d'une Algérie où ne vivent pas que des « khobzistes » et des terroristes en puissance, où la domination n'est pas le résultat de comportements ataviques ou d'une inadéquation aux normes globalisées de la bonne gouvernance.

Cette lutte collective contre la violence symbolique de l'ordre apparaît parfois comme un prérequis à la formulation d'un contre-discours crédible. Comme l'écrivait Hocine Aït Ahmed dans une adresse au conseil national du FFS en mars 2011, pour proposer une alternative à l'ordre en place, il faut rappeler « qu'il n'y a pas que des bandits d'honneur dans notre culture, mais il y a aussi des hommes de culture d'honneur, des hommes de religion d'honneur et des hommes politiques d'honneur »[20]. La révolution symbolique

---

20. Adresse de Hocine Aït Ahmed au conseil national du FFS datée du 18 mars 2011.

doit aussi permettre de subvertir les limites imposées par la rationalité politique de la suspicion.

> On a construit en Algérie, [...] une culture de la suspicion. Il y a une pensée du complot qui contamine presque tout. Dans cette culture politique de la manipulation, de la méfiance, moi je ne m'y reconnais plus du tout. Dans la façon dont la politique se fait, dans la façon dont les grilles d'analyse sont mises en place, avec un monde qui ne serait régi que par la politique, de cette manière, avec ces complots et ces négociations internes, je n'en veux plus. On oublie un pan énorme de ce que l'être humain produit, à force de mettre des valeurs qui ne veulent plus rien dire, y compris d'ailleurs les espèces de valeurs démocratiques.
>
> Asma*, documentariste, ancienne militante du PST, Alger, printemps 2011.

Les propos d'Asma* sont révélateurs du poids que fait peser cette rationalité dominante sur les acteurs engagés. Compte tenu de ces pesanteurs, elle avait jugé que son militantisme politique n'était pas le meilleur moyen de répondre aux problèmes de la société algérienne, et notamment de montrer ce qu'elle y voyait de positif. Pour s'éloigner d'une approche policière qui subodore systématiquement les arrières pensées et la trahison, elle s'était tournée vers le travail associatif puis la réalisation de documentaires et la formation de jeunes au maniement de la caméra. À en croire Asma*, la meilleure réponse à apporter à la culture de la suspicion était de montrer qu'il subsiste dans la société algérienne « une culture profonde, populaire, qui est extraordinaire et qui n'est pas détruite ».

Bien sûr, la révolution symbolique ne passe pas forcément par la promotion d'images claires et enthousiastes. Plus modestement, il peut s'agir d'investir le terrain culturel pour réfléchir à une identité algérienne dégagée des stigmates et de la confusion. Abdelhakim*, le jeune architecte dont j'ai déjà reproduit les propos, expliquait avoir toujours été politisé sans jamais s'être lié à un parti politique. Durant ses études à l'école polytechnique d'architecture d'Alger, il s'était donc investi sur le terrain avec certains de ces camarades pour participer à cette quête de sens et proposer un mode d'action.

> L'état actuel de la Casbah pour moi c'est vraiment le signe de la crise identitaire que l'on connaît. On a fait un projet sur des friches portuaires situées en face de la Casbah, des espaces vides, pour y exprimer l'identité algérienne par le biais de l'architecture. Nous voulions aller dans ce quartier historique pour relier le passé et le présent et pouvoir dans le même temps penser le futur. C'est important d'essayer de recréer une dynamique dans ce quartier qui était le cœur d'Alger et qui ne l'est plus à force d'être laissé à l'abandon.
>
> (Abdelhakim*, diplômé de l'école polytechnique d'architecture d'Alger, Paris, été 2010).

Sans formuler ses idées en des termes conflictuels, le jeune architecte mettait néanmoins en avant la nécessité d'une rupture radicale : « Il faut faire une forme de révolution culturelle pour qu'on arrive à savoir qui nous sommes » expliquait-il. Parmi les questions posées par la latence de la crise, la problématique identitaire apparaît primordiale. Il y a sans doute une similarité entre la démarche d'Abdelhakim* et celle des réformateurs musulmans pour qui échapper à la domination coloniale impliquait de renouer avec une identité perdue (Courreye, 2016, 514, 519). Cette recherche d'une manière d'être au monde n'est pas non plus sans lien avec le travail épistémologique jadis effectué par les penseurs tiers-mondistes. L'enjeu est sûrement de même nature : il faut réaffirmer la légitimité de l'être algérien contre une image négative qui naturalise l'ordre. La différence réside sans doute dans la difficulté à poser une dichotomie semblable à celle qui opposait jadis le colonisateur et le colonisé dans le modèle fanonien, ou l'Islam à l'Occident dans le modèle réformiste.

Néanmoins, la multiplication des initiatives visant à rénover l'image de la communauté par-delà les caricatures montre qu'aussi brutaux que soient le redéploiement de l'ordre et l'imposition de la guerre des pauvres contre les pauvres, cette situation n'est pas considérée comme allant de soi. L'algérianité continue d'être potentiellement synonyme de lutte pour la dignité et la justice sociale, ce qui atteste de la survivance de l'*épistémè* tiers-mondiste. Malgré l'absurdité, la morbidité et le désordre qui semblent la caractériser, la postcolonie n'est jamais que cela. Elle est un rapport au monde, un miroir et un dépassement des contradictions de ce dernier (Mbembe, 2001, 242).

La réflexion permanente sur l'identité traduit certainement l'empreinte d'une guerre civile, d'une dépression économique et d'une perte profonde de sens. Elle nous ramène dans le même temps à la profession de foi qu'Hannah Arendt oppose au Léviathan : « si l'homme était vraiment la créature que Hobbes a voulu voir en lui, il serait incapable de fonder le moindre corps politique » (Arendt, 2002, 391). Pareillement, on peut penser que l'obsession identitaire démontre que la « culture algérienne » n'est pas celle du discours dominant, et que la communauté a un futur politique au-delà des limites imposées par les caricatures.

Le versant symbolique de la crise

Arendt écrit ailleurs que la vérité est le « principal facteur de stabilité dans le perpétuel mouvement des affaires humaines » (Arendt, 1972, 12). Le cas de l'Algérie nous permet d'observer les conséquences concrètes de l'absence de vérité partagée, sous l'effet de l'incertitude structurelle exacerbée au moment du climax du processus critique puis reproduite durant sa phase de la latence. En premier lieu, la nécessité de rationaliser un monde inquiétant et confus renforce la suspicion qui imprègne l'espace public. La politique est alors rejetée comme une vulgaire simulation : *Bled Miki*. Cela ne veut pas dire pour autant que l'Algérie est la société négationniste que Baudrillard décrit, ce produit du simulacre où l'incrédulité ouvre la voie au cynisme généralisé (Baudrillard,

2003, 80-81). Au contraire, ce pays soumis à l'effroi, au terrorisme, à la manipulation, ne peut être réduit à un cynisme omniprésent. L'idéal de sainteté politique et les valeurs tiers-mondistes, même diminués, ont survécu. La vérité n'a pas complètement disparu.

L'incertitude persistante pousse néanmoins à la recherche d'une explication. Nous retrouvons là l'étymologie première de la crise comme moment du jugement, du discernement, de la construction des critères efficaces permettant la compréhension. Or ce travail d'investigation collectif voit les politiciens, les observateurs et les « simples » citoyens produire des analyses certes souvent concurrentes, mais aussi proposer des narratifs redondants. Par-delà la confusion, un sens semble se dégager : le peuple-enfant serait à blâmer pour ne pas avoir su se développer. La crise qui ne veut pas finir ne révèle pas seulement « les réalités latentes et souterraines » qui l'ont engendrée ; elle répand aussi l'idée d'un être algérien chaotique et immature, à la fois malade de sa culture et à la traîne de l'histoire. La révélation inhérente à la crise est doublée d'une mystification venant naturaliser l'ordre. De tout cela, il résulte que le processus critique n'est pas qu'une histoire de lutte pour des ressources et pour le contrôle des institutions, mais qu'il a aussi un versant symbolique. En Algérie, cela se traduit dans les discours publics évoquant la réforme de la culture et le redressement de l'identité nationale.

Le versant symbolique de la crise nous ramène enfin au poids des représentations dualistes héritées de la période coloniale, représentations qui furent à la fois contestées et appropriées par les élites de l'État développeur. De ce point de vue, le cas algérien rend saillants certains enjeux identitaires caractéristiques de la postcolonialité. L'insistance mise à lire la configuration critique en Algérie – et ailleurs dans l'ancien Tiers Monde – en termes de tradition et de modernité, de culture et de sous-développement, souligne cette évidence. Implacablement, la violence symbolique de l'ordre postcolonial se révèle sous la forme d'une dégradation ontologique, d'un rabaissement du sujet au statut de colonisé.

Conclusion

« Le Roi : Les rois devraient être immortels.
Marguerite : Ils ont une immortalité provisoire ».

(Eugène Ionesco)

« Certains en Algérie se réjouissent de la crise économique, espérant pouvoir cueillir le pouvoir au milieu du chaos, alors que leurs relais à l'extérieur se sont mis en mouvement pour présenter l'image d'une Algérie devenue un danger pour son environnement ».

(Ahmed Ouyahia)

La citation qui précède, extraite d'un message adressé par Ouyahia aux militants du RND en mars 2016, témoigne de la persistance d'un certain nombre de dynamiques après les élections de 2014. En évoquant les forces occultes qui instrumentaliseraient la jeunesse algérienne, l'ancien Premier ministre devenu directeur de cabinet du président reproduit une série de lieux communs qui nous sont devenus familiers, de la manipulabilité des masses à la catastrophe qui menace et justifie le *statu quo*.

Les grands traits de l'argumentation développée dans ce livre valent aussi bien pour l'Algérie que pour la compréhension générale des processus critiques. En premier lieu, il apparaît que prendre en compte la latence de la crise permet de saisir le phénomène dans sa totalité. Le climax, cette phase de déchaînement des violences systémiques, est sans doute plus intense et spectaculaire. Pourtant, ses effets se font sentir bien après, que ce soit à travers la poursuite de luttes internes au sein du cartel, la fatigue sociale ou l'avènement d'une rationalité politique de la suspicion. De plus, l'incertitude structurelle qui persiste interdit de postuler une fin nécessaire à la crise. La dynamique de changement amorcée par le processus critique reste difficile à lire pour les acteurs. Si le cas algérien démontre que les tenants de l'ordre peuvent atténuer les probabilités d'un bouleversement des équilibres, cela ne signifie nullement que cette possibilité disparaît. Au contraire, elle est intégrée de manière préventive aux calculs politiques et oriente la lecture des événements et des non-événements qui agitent le pays.

Durant la deuxième moitié de l'année 2015, la mise à la retraite de Toufik Médiène et la reprise en main puis la dissolution du DRS ont démontré l'impossibilité de prévoir les évolutions du processus critique. En quelques mois, « *Rab Dzaïr* » et le « super-ministère de la sécurité » qui étaient supposés contrôler la vie politique du pays ont été balayés. À cette occasion, la question des exactions des forces de sécurité et de la manipulation des terroristes durant la décennie noire ressurgit dans l'espace public, accompagnée des habituelles déclarations alarmistes. Pourtant, la réorganisation se déroule sans heurts majeurs et le nouveau Département de surveillance et de sécurité est placé sous le contrôle de la présidence. Cet épisode souligne un certain nombre d'éléments caractéristiques de la crise algérienne (difficulté à cerner le rôle des services, appropriation du thème de la consolidation démocratique, narratifs complotistes et catastrophistes). Il traduit la poursuite de dynamiques transformatrices appropriées dans le cadre des luttes internes au cartel.

La crise est une ressource que l'on peut mobiliser stratégiquement. Ahmed Ouyahia lui-même suggère que, pour certains opposants, le chaos est devenu une opportunité. De fait, les travaux étudiant la mise à profit des menaces économiques, politiques et sécuritaires afin de gérer les populations et les territoires ne manquent pas. Martijn Konings estime par exemple que « la traumatisation est devenue une technique productrice du pouvoir moderne, et les crises sont partie intégrante de l'économie de la gouvernance contemporaine » (Konings, 2015, 120). Sur ce thème, on pensera également au célèbre essai de Naomi Klein sur le « capitalisme du désastre » (Klein, 2007), à la critique du néolibéralisme formulée par David Harvey (2005) ou Philip Mirowski (2013), ou encore à l'effroyable description du développement de Los Angeles proposée par Mike Davis (1998).

En Algérie, la catastrophisation sert les stratégies de légitimation des principaux pôles de pouvoir au sein du cartel. Elle permet la mise en place d'un certain nombre de politiques visant à stabiliser et réorganiser le système, par la répression militarisée ou policière, par la réconciliation ou par des mesures visant à consolider les « acquis démocratiques ». Ces politiques autorisent l'inclusion de nouveaux partenaires cooptés depuis les champs politiques, économiques voire religieux. La crise a permis de mettre en place une économie politique fondée sur la redistribution de la rente et structurée par la corruption et le clientélisme. Cette nouvelle économie politique instrumentalise le manque et la précarité des acteurs pour produire une obéissance *a minima*. Elle produit aussi les conditions d'un « désastre » budgétaire et légitime donc un nouveau discours de l'urgence depuis la chute des cours des hydrocarbures en 2013. Enfin, la crise est aussi une ressource diplomatique. En effet, une fois remise dans le contexte de l'après 2011 et de la « guerre globale contre la terreur », la catastrophe suspendue justifie le soutien des partenaires étrangers pour lesquels l'Algérie est logiquement perçue comme une clé de voûte dans le maintien des équilibres régionaux. L'enjeu en termes d'image et de position est important, comme en témoigne le propos d'Ouyahia. Le gouvernement présente le pays à l'international comme un « exportateur de paix, de stabilité et de sécurité »[1], tout en continuant d'agiter la menace jihadiste pour garantir le soutien de ses partenaires. Sous bien des aspects, gérer la crise est devenu un fondement de la gouvernance dans l'Algérie de Bouteflika.

Les ajustements se poursuivent durant le quatrième mandat, notamment sous l'effet de la baisse des cours des hydrocarbures. Le processus critique va de pair avec une libéralisation économique sous tension. Cela se traduit notamment par une visibilité croissante des grands capitalistes dans les débats politiques. Certains de ces acteurs économiques ont ainsi acquis une influence leur permettant de peser sur la conceptualisation des politiques publiques de par leur fonction dans le gouvernement ou à la tête du patronat. On voit ici de quelle manière le cartel s'est étendu au-delà de l'État depuis la fin des années 1980. Dans le même temps, malgré la porosité du champ étatique, ces transformations ne remettent pas en cause la prédominance des acteurs situés en son cœur (militaires, hauts fonctionnaires). Si la gouvernance algérienne évolue pour devenir plus fragmentée, cela ne met pas pour autant en cause la centralité de l'État comme ordonnateur de la coercition et de la redistribution. Cela engendre des tensions révélatrices. La passe d'arme ayant opposé Issad Rebrab au gouvernement entre avril et juillet 2016, suite au rachat par l'homme d'affaires du quotidien arabophone *El Khabar*, traduit à la fois l'audace grandissante des capitalistes et la méfiance du gouvernement face une évolution jugée menaçante. Si la polémique s'est un temps focalisée sur les questions de liberté d'expression, c'est en allant sur le terrain légal qu'il maîtrise que l'État a réaffirmé sa prévalence. « Sans surprise aucune », selon le quotidien *El Moudjahid*, la vente d'*El Khabar* a finalement été annulée[2]. Les ajustements restent donc contrôlés depuis le champ étatique, à coup d'actes de régulation et de mesures d'exception.

Les propos de Ouyahia nous ramènent aussi à l'usage du thème du péril existentiel afin de discréditer les alternatives. Couplé à la tendance aux négociations internes qui caractérise le cartel algérien, cela pourrait suggérer une configuration post-politique où la compétition instituée est désamorcée, où les grandes idées mobilisatrices ont été abandonnées et où les questions d'identité prennent une place écrasante dans le débat public (Rancière, 2004 ; Mouffe, 2005). Pourtant, ce serait oublier un peu vite que la crise, même

---

1. Selon les mots du ministre des Affaires étrangères Lamamra dans *Le Monde*, 27 octobre 2015.
2. *El Moudjahid*, 14 juillet 2016.

latente, attise les conflits. Cela passe par une contestation qui s'exprime certes sous une forme se réclamant de l'apolitisme pour éviter le discrédit, mais qui débouche pourtant sur la dénonciation virulente du préjudice réel et ressenti. Il y a aussi des débats de fonds, y compris à l'APN, qu'on aurait tort de sous-estimer. Ainsi, le vote de la loi de finances pour le budget de 2016 a donné lieu à un mois d'affrontement entre tenants de l'austérité (au gouvernement) et critiques du tour de vis budgétaire (oppositions). Dans ce cas, c'est bien une certaine idée de la fonction redistributrice de l'État qui est en jeu, avec des conceptions radicalement opposées de ce qui devrait guider la politique économique du pays : compétitivité ou justice sociale.

Les débats identitaires eux-mêmes sont loin d'être post-politiques, d'autant plus qu'ils mobilisent les mythes postcoloniaux du développement et de la modernité. En s'appuyant sur des thèmes globalisés (réforme, démocratie, sécurité), certains narratifs culturalistes donnent à voir un peuple-enfant qui devrait être tenu responsable de la situation. Ces discours répétés bien au-delà des cercles dirigeants orientent le débat sur les questions de culture et d'éducation. Ils sont caractéristiques de l'activité de « *blaming* », d'attribution de la responsabilité d'un problème. Or la construction du blâme est un acte foncièrement politique, d'abord parce qu'il est à situé à l'articulation entre l'identification du problème et la production d'une revendication afin de le résoudre (Festiner *et al.*, 1991). C'est un acte foncièrement politique, ensuite, parce qu'il oriente la violence symbolique dans le cadre de débats publics dont l'enjeu est d'incriminer des responsables. Sous cet angle, blâmer le peuple fait pièce aux discours contestataires visant le « néo-colonialisme d'État » ou la « mafia des généraux ».

Les représentations simplistes du jeu politique se nourrissent de ces discours culturalistes et contribuent activement à la survivance du narratif de la catastrophe. Cela n'en rend que plus urgent un renouveau des grilles d'analyse afin d'arriver à une compréhension post-dramatique de l'Algérie (Benkhaled, et Vince, 2017, 265-266). En effet, la crise qui s'éternise est devenue un moyen de gérer le pays en imposant un ordre sécuritaire et une économie politique basée sur le manque. Face à la catastrophe toujours suspendue, la quête de sens oriente la distribution du blâme, en direction du « Système », des « khobzistes », des intégristes ou du peuple-enfant. L'enjeu de ces luttes pour l'imposition du sens légitime n'est rien moins que la refondation du monde social par delà la phase de latence. Le processus critique ne cesse donc jamais de poser la question de son issue prochaine. Sous cet angle, le pari de la résistance est aussi de penser cette issue en-dehors du cadre imposé du désastre imminent.

Bibliographie

Sources académiques

ABADA Khadidja, 1995, « La fin d'un mythe », *Les Cahiers de l'Orient*, n° 36-37, 127-143.

ABBAS Ferhat, 1984, *L'indépendance confisquée (1962-1978)*, Paris, Flammarion.

ABOUD Hichem, 2002, *La mafia des généraux*, Paris, éditions J-C Lattès.

ACHY Lahcen, 2010, « Substituer des emplois précaires à un chômage élevé. Les défis de l'emploi au Maghreb », *Carnegie Middle East Center*, n° 23.

ADAMSON Kay, 1998, *Algeria. A Study in Competing Ideologies*, Londres - New York, Cassell.

ADDI Lahouari, 2002, Army, State and Nation in Algeria, *in* K. Koonings, D. Kruijt (dir.), *Political armies : The Military and Nation Building in the Age of Democracy*, Londres, 159-178.

ADDI Lahouari, 2003, « Pluralisme politique et islam dans le monde arabe », *Pouvoirs*, vol. 1, n° 104, 85-95.

ADDI Lahouari, 2004, « Entretien avec Ali Yahya Abdennour », *Confluences Méditerranée*, n° 51, 39-44.

ADDI Lahouari, 2006, « Les partis politiques en Algérie », *Revue des Mondes Musulmans et de la Méditerranée*, n° 111-112, 139-162.

ADDI Lahouari, 2012, « Sociologie politique d'un populisme autoritaire », *Confluence Méditerranée*, n° 81, 27-40.

ADDI Lahouar, 2014 (dir.), *L'Algérie d'hier à aujourd'hui : quel bilan ?*, Saint-Denis, Bouchène.

ADEL Joshua, 2006, « Sociabilité politique et apprentissage de la démocratie représentative en Franc-maçonnerie à Marseille et en Provence dans les années 1860-1870 », *Cahiers de la Méditerranée*, n° 72, 245-264.

AGAMBEN Giorgio, 2003, *État d'exception. Homo Sacer*, Paris, Seuil.

AIDOUD Mamoun, 1996, « La privatisation des entreprises publiques algériennes », *Revue internationale de droit comparé*, vol. 48, n° 1, 125-127.

AGERON Charles-Robert, 1998, « Complots et purges dans l'armée de libération algérienne (1958-1961) », *Vingtième Siècle*, n° 59, 15-27.

AGGOUN Lounis, RIVOIRE Jean-Baptiste, 2004, *Françalgérie, crimes et mensonges d'états,* Paris, La Découverte.

AÏT-AOUDIA Myriam (=TILLELI Emma), 2003a, « Les transformations de la société au regard des élections législatives et municipales de 2002 », *CERI.*

AÏT-AOUDIA Myriam, (=TILLELI Emma), 2003b, « Le Mouvement Citoyen de Kabylie », *Pouvoirs*, n° 106, 151-162.

AÏT-AOUDIA Myriam (=TILLELI Emma), 2006, « La naissance du Front islamique du salut : une politisation conflictuelle (1988-1989) », *Critique internationale*, n° 30, 129-144.

AÏT-AOUDIA Myriam (=TILLELI Emma), 2013, « La genèse d'une mobilisation partisane : continuités et politisation du militantisme caritatif et religieux au sein du FIS », *Politix*, n° 102, 129-146.

AÏT-AOUDIA Myriam (=TILLELI Emma), 2015, *L'expérience démocratique en Algérie (1988-1992). Apprentissages politiques et changement de régime*, Paris, Les Presses de Sciences Po.

AÏT KAKI Maxime, 2004a, *De la question berbère au dilemme Kabyle à l'aube du XXIe siècle*, Paris, L'Harmattan.

AÏT KAKI Maxime, 2004b, « Armée, Pouvoir et processus de décision en Algérie », *Politique étrangère*, n° 2, 427-439.

ALLAL Amin, 2012, « Trajectoires révolutionnaires en Tunisie. Processus de radicalisations politiques 2007-2011 », *Revue française de science politique*, vol. 62, n° 5, 821-841.

AL-AHNAF Mustafa, BOTIVEAU Bernard, FRÉGOSI Franck, 1991, *L'Algérie par ses islamistes*, Paris, Karthala.

AMAR Paul, 2013, *Security Archipelago: Human-Security States, Sexuality Politics, and the End of Neoliberalism*, Durham, Duke University Press.

AMGHAR Samir, 2010, « Les trois visages de l'islam politique en Afrique du Nord et au Moyen-Orient : essai de typologie », *L'Année du Maghreb*, n° 6, 529-541.

AMGHAR Samir, BOUBEKEUR Amel, 2008, « Les partis islamistes en Algérie : structures révolutionnaires ou partis de gouvernement », *Maghreb-Machrek*, n° 194, 7-23.

ANDERSON Benedict, 1991, *Imagined Communities: Reflections on the Origin and Spread of Nationalism*, Londres & New York, Verso.

ARENDT Hannah, 1972, *Du Mensonge à la violence*, Paris, Calmann-Lévy.

ARENDT Hannah, 2002, *Les Origines du totalitarisme. Eichmann à Jerusalem*, Paris, Gallimard.

ARIEFF Alexis, 2013, "Algeria : Current Issues", *Congressional Research Service*.

ASSAM Yahia, 2004, « Les instruments juridiques de la répression », *Comité Justice pour l'Algérie*, n° 15.

ATTAF Rabha, GIUDICE Fausto, 1995, « La grande peur bleue, questions sur une guerre sans visage », *Les Cahiers de l'Orient*, 169-171.

AUCANTE Yohann, DEZÉ Alexandre (dir.), 2013, *Le système de partis dans les démocraties occidentales. Le modèle du parti cartel en question*, Paris, Presses de Science Po.

BAAMARA Layla, 2012, « Mésavantures d'une coalition contestataire : le cas de la Coordination nationale pour le changement et la démocratie (CNCD) en Algérie », *Année du Maghreb*, n° 8, 161-179.

BAAMARA Layla, 2013, « Quand les protestataires s'autolimitent. Le cas des mobilisations étudiantes de 2011 en Algérie », *in* A. Allal, T. Pierret (dir.), *Au coeur des révoltes arabes. Devenir révolutionnaires*, Paris, Armand Colin, 137-159.

BAAMARA Layla, 2016, *in* L. Baamara, C. Floderer, M. Poirier, « Faire campagne "à part mais pour le parti". Le cas d'un candidat FFS aux élections législatives de 2012 à Alger », Paris, Aix-en-Provence, Karthala-Sciences Po Aix, 173-199.

BADUEL Pierre-Robert, 1996, « Les partis politiques dans la gouvernementalisation de l'État des pays arabes », *Revue du monde musulman et de la Méditerranée*, n° 81-82, 9-51.

BALTA Paul, RULLEAU Claudine, 1978, *La stratégie de Boumédiène*, Paris, Sindbad.

BALZACQ Thierry, 2005, "The Three Faces of Securitization", *European Journal of International Relations*, vol. 11, n° 2, 171-201.

BASTIEN François, LAGROYE Jacques, 2002, *Sociologie politique*, Paris, Presses de Sciences Po.

BAUDRILLARD Jean, 1981, *Simulacre et Simulations*, Paris, Galilée.

BAUDRILLARD Jean, 2003, *The Spirit of Terrorism*, New York, Verso.

BAYART Jean-François, 2014, « Retour sur les printemps arabes », *Politique africaine*, n° 133, 153-175.

BRAHIMI EL-MILI Naoufel, 2003, « Algérie : une économie entre libéralisation et attentes sociales », *in* R. Leveau (dir.), *Afrique du Nord, Moyen-Orient, Espace et conflits*, Paris, La Documentation française,163-175.

BECKER Howard S., 2006 [1970], *Le travail sociologique : Méthode et substance*, Fribourg, Academic Press Fribourg.

BELAKHDAR Naoual, 2015, « "L'éveil du Sud" ou quand la contestation vient de la marge », *Politique africaine*, n° 137, 27-48.

BELKAÏD Akram, 2009, « La diplomatie algérienne à la recherche de son âge d'or », *Politique étrangère*, n° 2, 337-344.

BELLAL Samir, 2011, « Problématique du changement institutionnel en Algérie – Une lecture en terme de régulation », *Revue Algérienne de Sciences Juridiques, Economiques et Politiques*, n° 1, 43-71.

BENACHENHOU Abdelatif, 1992, « L'aventure de la désétatisation en Algérie », *Revue du monde musulman et de la Méditerranée*, n° 65, 175-185.

BENBITOUR Ahmed, 2006, *Radioscopie de la gouvernance algérienne*, Alger, EDIF 2000.

BENCHIBA Lakhdar, 2009, « Les mutations du terrorisme algérien », *Politique étrangère*, n° 2, 345-352.

BENCHICOU Mohamed, 2003, *Bouteflika : une imposture algérienne*, Alger, Le Matin.

BENCHIKH Madjid, 2003, *Algérie : un pouvoir politique militarisé*, Paris, L'Harmattan.

BENCHIKH Madjid, 2009, « Constitutions démocratiques et réalité autoritaire au Maghreb : la démocratie de façade », *in* Y. Ben Achour, J.-R. Henry, R. Medhi (dir.), *Le Débat juridique au maghreb*, Paris, Aix-en-Provence, Publisud, 242-259.

BENDERRA Omar, 2002, « Économie algérienne 1986/1998 : les réseaux aux commandes de l'État», *in* J. Cesari (dir.), *La Méditerranée des réseaux*. Paris, Maisonneuve & Larose, 231-266.

BENDERRA Omar, 2005, « Pétrole et pouvoir en Algérie », *Confluence Méditerranée*, n° 53, 51-58.

BENKHALED Walid, VINCE Natalya, 2017, "Performing Algerianness: The National and Transnational Construction of Algeria's 'Culture Wars'", *in* P. Crowley (dir.), *Algeria : Nation, Culture, and Transnationalism 1988-2013*, Liverpool, Liverpool University Press.

BENNABI Malek, 2005, *Les conditions de la renaissance*, Alger, éditions ANEP.

BENNADJI Chérif, 2002, « Le "retrait" des six candidats à l'élection présidentielle du 15 avril 1999 », *Annuaire de l'Afrique du Nord*, vol. 38, 149-157.

BENNADJI Chérif, 2004, « Algérie : La fin de la crise politique ? », *L'Année du Maghreb*, n° 1, 175-206.

BENNADJI Chérif, 2007, « De l'ambiguïté des rapports entre le président de la République et le pouvoir judiciaire en Algérie : de l'usage de la formule "le président de la République, premier magistrat du pays" », *L'Année du Maghreb*, n° 3, 155-162.

BENNADJI Chérif, 2011, « Algérie 2010 : L'année des mille et unes émeutes », *L'Année du Maghreb*, n° 7, 263-269.

BENNETT W. Lance, LAWRENCE Regina G., LIVINGSTON Steven, 2007, *When the Press Fails: Political Power and the News Media from Iraq to Katrina*, Chicago, University of Chicago Press.

BENNOUNE Mahfoud, 1998, « Pourquoi Mohamed Boudiaf a-t-il été assassiné ? », *Confluence Méditerranée*, n° 25, 159-166.

BERDET Marc, 2012, « Chiffonnier contre flâneur. Construction et position de la Passagenarbeit de Walter Benjamin », *Archives de Philosophie,* tome 75, n° 3, 425-447.

BERGER Mark T., 2004, "After the Third World? History, Destiny and the Fate of Third Worldism", *Third World Quarterly*, vol. 25, n° 1, 9-39.

BERGER Peter, LUCKMANN Thomas, 2008 [1966], *La construction sociale de la réalité,* Paris, Armand Colin.

BLANCHARD Emmanuel, 2011, *La police parisienne et les Algériens, 1944-1962*, Paris, Nouveau Monde éditions.

BLOCH Marc, 2006 [1940], *L'étrange défaite : témoignage écrit en 1940*, Chicoutimi, éditions de l'UQAC.

BOBBIO Norberto, 1981, « La crise permanente », *Pouvoir*, n° 18, 5-20.

BOLTANSKI Luc, 1973, « L'espace positionnel : multiplicité des positions institutionnelles et habitus de classe », *Revue française de sociologie*, vol. 14, n° 1, 3-26.

BOLTANSKI Luc, 2009, *De la critique*, Paris, Gallimard.

BOLTANSKI Luc, 2012, *Enigmes et complots. Une enquête à propos d'enquête*, Paris, Gallimard.

BOSC Serge, 2003, « Groupes sociaux ou classes sociales », *Cahiers français*, n° 314, 40-46.

BOUAMAMA Saïd, 2000, « Le sentiment de "*hogra*" : discrimination, négation du sujet et violences », *Hommes et Migrations*, n° 1227, 38-50.

BOUBEKEUR Amel, 2008, « Les partis islamistes algériens et la démocratie : vers une professionnalisation politique ? », *L'Année du Maghreb*, n° 4, 219-238.

BOUBEKEUR Amel, 2013, "Rolling Either Way? Algerian Entrepreneurs as Both Agents of Change and Means of Preservation of the System", *The Journal of North Africa Studies*, vol. 18, n° 3, 469-481.

BOUDJENAH Yasmine, 1999, « Le démantèlement du secteur public algérien », *Recherches internationales*, n° 56-57, 177-179.

BOURDIEU Pierre, 1972, *Esquisse d'une théorie de la pratique, précédé de trois études d'ethnologie kabyle*, Genève, Droz.

BOURDIEU Pierre, 1990, « Droit et Passe-droit. Le champ des pouvoirs territoriaux et la mise en oeuvre des règlements », *Actes de la recherche en Science sociale*, vol. 81-82, 86-96.

BOURDIEU Pierre, 1992, *Réponses. Pour une anthropologie réflexive*, Paris, Seuil.

BOURDIEU Pierre, 2001, *Langage et Pouvoir Symbolique*, Paris, Seuil.

BOURDIEU Pierre, 2012, *Sur l'Etat. Cours au Collège de France, 1989-1992*, Paris, Raisons d'agir, Seuil.

BOURDIEU Pierre, BOLTANSKI Luc, 1976, « La production de l'idéologie dominante », *Actes de la recherche en sciences sociales*, n° 2, 3-73.

BOZARSLAN Hamit, 1997 « Le chaos après le déluge : notes sur la crise turque des années 70 », *Culture & conflits*, n° 24-25, 79-98.

BOZARSLAN Hamit, 2004, « Le jihâd. Réceptions et usages d'une injonction coranique d'hier à aujourd'hui », *Vingtième Siècle*, n° 82, 15-29.

BOZARSLAN Hamit, 2011a (dir.), *Passions révolutionnaires. Amérique latine, Moyen-Orient, Inde*, Paris, éditions de l'EHESS.

BOZARSLAN Hami, 2011b, « Les révolutions arabes. Entretien avec Hamit Bozarslan », *Sciences humaines*, n° 226, 46.

BOZARSLAN Hamit, 2011c, *Sociologie politique du Moyen-Orient*, Paris, La Découverte.

BOZERUP Rasmus, 2008, *Violence as Politics. The Escalation and Desescalation of Political Violence in Algeria (1954-2007)*, thèse sous la direction d'H. Bozarslan et T. Scheffler, EHESS-Université de Copenhague.

BOZERUP Rasmus, 2013, "Authoritarianism and media in Algeria", *International Media Support*.

BRACHET Julien, Armelle CHOPIN, Olivier PLIEZ, 2011, « Le Sahara entre espace de circulation et frontière migratoire de l'Europe », *Hérodote*, n° 142, 163-182.

BRAHIMI Abdelhamid, 2000, *Aux origines de la tragédie algérienne (1958-2000)*, Londres, Hoggar-The Centre for Maghreb Studies.

BREDELOUP Sylvie, 2012, "Sahara Transit : Times, Spaces, people", *Population, Space and Place*, vol. 18, n° 4, 457-467.

BROADHURST Roderic, WANG Pen, 2013, "After the Bo Xilai Trial: Does Corruption Threaten China's Future ?", *Survival: Global Politics and Strategy*, vol. 56, n° 3, 157-178.

BROWN Wendy, 2005, *Edgework: Critical Essays on Knowledge and Politics*, Princeton, Princeton University Press.

BUZAN Barry, WÆVER Ole, DE WILDE Jaap, 1998, *A New Framework for Analysis*, Boulder, Lynne Reiner Publishers.

BYRD William C., 2003, « Contre-performances économiques et fragilité institutionnelle », *Confluences Méditerranée*, n° 45, 59-79.

CAMAU Michel, 1978, *Pouvoir et institution au Maghreb*, Tunis, Céres Production.

CAMAU Michel, 2006a, « L'exception autoritaire ou l'improbable point d'Archimède de la politique dans le monde arabe », *in* E. Picard (dir.), *La politique dans le monde arabe*, Paris, Armand Colin, 29-54.

CAMAU Michel, 2006b, « Globalisation démocratique et exception autoritaire arabe », *Critique internationale*, n° 30, 59-81.

CARLIER Omar, 1990, « Le café maure. Sociabilité masculine et effervescence citoyenne (Algérie XVIIe-XXe siècles) », *Annales. Économies, Sociétés, Civilisations*, vol. 45, n° 4, 975-1003.

CARLIER Omar, 1991, « Mémoire, mythe et doxa de l'État en Algérie. L'Étoile nord-africaine et la religion du "watan" », *Vingtième Siècle,* n° 30, 82-92.

CARLIER Omar, 1995, *Entre Nation et Jihad. Histoire sociale des radicalismes algériens*, Paris, Presses de Science Po.

CAROTHERS Thomas, 2002, « The End of the Transition Paradigm », *Journal of Democracy,* vol.13, n° 1, 5-21.

CARTIER-BRESSON Jean, 2000, « Corruption, libéralisation et démocratisation », *Tiers Monde*, n° 161, 9-22.

CASTORIADIS Cornélius, 1990, *Le Monde morcelé*, Paris, Seuil.

CATUSSE Myriam, 2004, « À propos de "l'entrée en politique" des "entrepreneurs" marocains », *Naqd*, n° 19/20, 127-153.

CATUSSE Myriam, KARAM Karam, 2010, "A Return to Partisan Politics? Partisan logics and political transformations in the Arab world", *in Returning to Political Parties ?*, Beyrouth, The Lebanese Center for Policy Studies.

CAVATORTA Francesco, 2009, *The International Dimension of the Failed Algerian Transition. Democracy betrayed?*, Manchester, Manchester University Press.

CHABANI Hamid, 2011, *Le printemps noir de 2001 en Kabylie : le cas de la coordination communale d'Aïn-Zaouia*, Paris, L'Harmattan.

CHAMAYOU Grégoire, 2010, *Les chasses à l'homme*, Paris, La Fabrique éditions.

CHAREF Abed, 1990, *Algérie '88. Un chahut de gamin*, Alger, Laphomic.

CHARLIER-YANNOPOULOU Tatiana, 1967, « La crise politique grecque », *Revue française de science politique*, 17e année, n° 1, 47-64.

CHENA Salim, 2012, « Sidi Salem et *el harga* », *Hommes & migrations*, 1 300, 52-61.

CHIKHI Saïd, 1995, « Question ouvrière et rapports sociaux en Algérie », *Fernand Braudel Center Review*, vol. 18, n° 3, 487-524.

CHIKHI Saïd, 2001, « Algérie : du soulèvement populaire d'octobre 1988 aux contestations sociales des travailleurs », *in* D. Djerbal, M. Benguerna (dir.), *Mouvement social et modernité*, Alger, Naqd-SARP, 69-103.

CONNELLY Matthew, 2002, *A Diplomatic Revolution: Algeria's Fight for Independence and the Origins of the Post Cold War Era*, Oxford, Oxford University Press.

CORONIL Fernando, 1997, *The Magical State. Nature, Money and Modernity in Venezuela*, Chicago-Londres, The University of Chicago Press.

CÔTE Marc, 2002, « Une ville remplit sa vallée : Ghardaïa (Note) », *Méditerranée*, n° 99, 107-110.

COURREYE Charlotte, 2016, *L'Association des oulémas musulmans algériens et la construction de l'État algérien indépendant : fondation, héritages, appropriations et antagonismes (1931-1991)*, thèse sous la direction de C. Mayeur-Jaouen, Paris, INALCO.

CRISCUOLO Josiane, 1975, *Armée et Nation dans les discours du Colonel Boumédiène*, Montpellier, Université Paul Valéry.

DAKHLIA Jocelyne, 1988, « Dans la mouvance du prince : la symbolique du pouvoir itinérant au Maghreb », *Annales, Économies, Sociétés, Civilisations*, vol. 43, 735-760.

DAKHLIA Jocelyne, 1998, *Le Divan des Rois : Le politique et le religieux dans l'islam*, Paris, Aubier.

DAVIS Mike, 1998, *Ecology of Fear : Los Angeles and the Imagination of Disaster*, New York, Metropolitan Books.

DAVIS Muriam, 2011, "Algeria as Postcolony ? Rethinking the Colonial Legacy of Post-structuralism", *Journal of French and Francophone Philosophy*, vol. 19, n° 2, 136-152.

DAVIS Muriam, 2015, *Producing Eurafrica: Development, Agriculture and Race in Algeria, 1958-1965*, Thèse sous la direction de F. Cooper, New York University.

DEBORD Guy, 2006 [1967], *La société du spectacle*, Chicoutimi, éditions de l'UQAC.

DELLA PORTA Donatella, 1995, « Les hommes politiques d'affaires. Partis politiques et corruption », *Politix*, n° 30, 61-75.

DERRIDA Jacques, 1990, « Force de loi », *Cardozo Law Review*, vol. 11, 920-1046.

DESTANNE DE BERNIS Gérard, 1971, « Les problèmes pétroliers algériens », *Etudes internationales*, vol. 2, n° 4, 575-609.

DEVRIESE Marc, 1989, « Approche sociologique de la génération », *Vingtième Siècle*, n° 1, 11-16.

DI VIRGILIO Aldo, KATÔ Junko, 2001, « Factionalisme, coalitions et fragmentation politique. Qu'est-ce qui a vraiment changé dans le système partisan au Japon et en Italie dans la décennie 1990 ? », *Revue française de science politique*, vol. 51, n° 4, 587-619.

DIDI-HUBERMANN Georges, 2000, *Devant le temps. Histoire de l'art et anachronisme de l'image*, Paris, Minuit.

DILEM Ali, 2011, *Algérie, mon humour*, Alger, Casbah éditions.

DILLMAN Bradford L., 2000, *State and Private Sector in Algeria*, Boulder, Westview Press.

DJERBAL Daho, 2005, *Algeria: Amnesty and Oligarchy*, Washington, Carnegie Endowment for International Peace.

DJILALI Soufiane, 2004, *L'Algérie, une nation en chantier*, Alger, Casbah éditions.

DOBRY Michel, 1986, *Sociologie des crises politiques*, Paris, Presses de Science Po

DAKHLIA Jocelyne, 2000, « Les voies incertaines de la transitologie : choix stratégiques, séquences historiques, bifurcations et processus de *path dependence* », *Revue française de science politique*, n° 4-5, 585-614.

DRIS Chérif, 2012, « La nouvelle loi organique sur l'information de 2012 en Algérie : vers un ordre médiatique néo-autoritaire ? », *L'Année du Maghreb*, n° 8, 303-320.

DRIS-AÏT HAMADOUCHE Louisa, 2009, « L'abstention en Algérie : un autre mode de contestation politique », *l'Année du Maghreb*, n° 5, 263-273.

DRIS-AÏT HAMADOUCHE Louisa, ZOUBIR Yahia H., 2009, « Pouvoir et opposition en Algérie : vers une transition prolongée ? », *L'Année du Maghreb*, n° 5, 111-127.

DUFRESNE AUBERTIN Laurence, 2017, « Revendications morales et politiques d'une révolte. Les émeutes du Mzab en Algérie (2013-2015) », *L'Année du Maghreb*, n° 16, 209-222.

DUPRAT Anne, 1992, *Le roi décapité, essai sur les imaginaires politiques*, Paris, Cerf.

EGRETEAU Renaud, 2010, *Histoire de la Birmanie contemporaine : le pays des prétoriens*, Paris, Fayard.

EL KENZ Ali, 1993, « Algérie, les deux paradigmes », *Revue du monde musulman et de la Méditerranée*, n° 68-69, 79-86.

EL KENZ Ali, 2004, « Les chercheurs africains, une élite ? », *Revue Africaine des livres*, vol. 1, n° 1, 19-22.

ELIAS Norbert, 1990 [1975], *La dynamique de l'Occident*, Paris, Calmann-Lévy-Pocket.

ELIAS Norbert, 1996, *The Germans: Power Struggles and the Development of Habitus in the Nineteenth and Twentieth Centuries*, New York, Columbia University Press.

ELIASOPH Nina, 1998, *Avoiding Politics. How Americans Produce Apathy in Everyday Life*, Cambridge, Cambridge University Press.

ELSENHANS Harmut, 1982, « Capitalisme d'État ou société bureaucratique de développement », *Études internationales*, vol. 13, n° 1, 3-21.

ENTELIS John P., 2000, *Sonatrach : the Political Economic of an Algerian State Institution*, Paris, CERI.

EVANS Martin, PHILLIPS John, 2008, *Algeria: Anger of the dispossessed*, New Haven et Londres, Yale University Press.

FANON Franz, 2001 [1964], *Pour la révolution africaine. Écrits politiques*, Paris, La Découverte.

FANON Franz, 2002 [1961], *Les damnés de la Terre*, Chicoutimi, éditions de l'UQAC.

FARSOUN Karen, 1975, "State Capitalism in Algeria", *MERIP reports*, n° 35, 3-30.

FERGUSON James, 1999, *Expectations of Modernity: Myths and Meanings of Urban Life on the Zambian Copperbelt*, Berkeley-Los Angeles, University of California Press.

FÉRRIÉ Jean-Noël, 2003, « Les limites d'une démocratisation par la société civile en Afrique du Nord », *Maghreb-Machrek*, n° 175, 15-33.

FÉRRIÉ Jean-Noël, 2009, « Gouvernants et oppositions en Afrique du Nord », in B. Duterme (dir.), *État des résistances dans le Sud 2010 : Monde arabe*, Paris, Louvain-la-Neuve, éditions Syllepse-Centre Tricontinental, 209-228.

FESTINER William, ABEL Richard, SARAT Austin, 1991, « L'émergence et la transformation des litiges : réaliser, reprocher, réclamer », *Politix*, vol. 4, n° 16, 41-54.

FOUCAULT Michel, 1997, *Il faut défendre la société*, Paris, Seuil-Gallimard.

FOUCAULT Michel, 2001, *Dits et écrits, Volume II, 1976-1988*, Paris, Gallimard.

FOUCAULT Michel, 2003, *Le pouvoir psychiatrique. Cours Année 1973-1974*, Paris, Seuil.

FOUCAULT Michel, 2004, *Naissance de la biopolitique. Cours au Collège de France (1978-1979)*, Paris, Seuil-Gallimard.

FLIGSTEIN Neil, MCADAM Doug, 2012, *A Theory of Fields*, Oxford, Oxford University Press.

FREUND Julien, 1976, « Observation sur deux catégories de la dynamique polémogène. De la crise au conflit », *Communications*, n° 25, 102-112.

FRISON-ROCHE François, 2004, « Les chefs d'État dans les PECO », *Le courrier des pays de l'est*, n° 1043, 52-66.

GALULA David, 2006 [1963], *Pacification in Algeria, 1956-1958*, Santa Monica, RAND Corporation.

GARON Lise, 1998, « Entre propagande et voix dissidentes : l'information internationale et ses sources ; le cas de la crise algérienne », *Études internationales*, vol. 29, n° 3, 599-629.

GAXIE Daniel, 1977, « Économie des partis et rétributions du militantisme », *Revue française de science politique*, vol. 27, n° 1, 123-154.

GEISSER Vincent, 2007, « Des Voltaire, des Zola musulmans... ? Réflexion sur les "nouveaux dissidents de l'islam" », *Revue internationale et stratégique*, n° 65, 143-156

GÈZE François, 2005, « Armée et nation en Algérie : l'irrémédiable divorce ? », *Hérodote*, n° 116, 175-203.

GÈZE François, BURGAT François, 2007, « L'Union européenne et les islamistes : le cas de l'Algérie », *L'Année du Maghreb*, n° 3, 655-665.

GONZÁLEZ CASANOVA Pablo, 1964, « Société plurale, colonialisme interne et développement », *Tiers Monde*, n° 18, 291-295.

GOUMEZIANE Smaïl, 1994, « L'incontournable libéralisation », *Confluences Méditerranée*, n° 11, 39-52.

GOURISSE Benjamin, 2014, *La violence politique en Turquie. L'État en jeu (1975-1980)*, Paris, Karthala.

GRAMSCI Antonio, 1977, *Quaderni del carcere*, Torino, Giulio Einaudi editore.

GRAMSCI Antonio, 2001 [1975], *Gramsci dans le texte (1916-1935), Tome 2*, Chicoutimi, éditions de l'UQAC.

GRANGAUD Isabelle, OUALDI M'hamed, 2014, « Tout est-il colonial dans le Maghreb ? Ce que les travaux des historiens modernistes peuvent apporter », *L'Année du Maghreb*, n° 10, 233-254.

GRANDGUILLAUME Gilbert, 1995, *Arabisation et politique linguistique au Maghreb*, Paris, Maisonneuve & Larose.

HACHEMAOUI Mohammed, 2003, « La représentation politique en Algérie entre médiation clientélaire et prédation (1997-2002) », *Revue Française de science politique*, vol. 53, n° 1, 35-72.

HACHEMAOUI Mohammed, 2009, « Permanence du jeu politique en Algérie », *Politique étrangère*, n° 2, 309-321.

HACHEMAOUI Mohammed, 2013, *Clientélisme et patronage dans l'Algérie contemporaine*, Paris, Aix-en-Provence, Karthala.

HADJ NACER Abderahmane, 2011, *La martingale algérienne. Réflexions sur une crise*, Alger, Barzakh.

HADJERES Sadek, 1995, « Algérie : violence et politique », *Hérodote*, n° 77, 43-64.

HALIMI Serge, 2005 [1997], *Les Nouveaux Chiens de garde*, Paris, Raison d'agir.

HAMLADJI Noura, 2005, "Co-optation, Repression and Authoritarism Regime's Survival. The Case of the Islamist MSP-Hamas in Algeria", *SPS Working Papers*, Florence, European University Institute.

HARBI Mohammed, 1981, *Les archives de la révolution algérienne*, Paris, éditions Jeune Afrique.

HARBI Mohammed, 1991, « Sur les processus de relégitimation du pouvoir en Algérie », *in* M. Camau (dir.), *Changements politiques au Maghreb*, Paris, CNRS, 131-140.

HAROUN Ali, 2005, *Algérie, 1962 : la grande dérive,* Paris, L'Harmattan.

HARVEY David, 2005, *A Brief History of Neoliberalism*, Oxford, Oxford University Press.

HASSAN, 1996, *Algérie. Histoire d'un naufrage*, Paris, Seuil.

HENRY Clement M., SPRINGBORG Robert, 2010 [2001], *Globalization and the Politics of Development in the Middle East*, Cambridge, Cambridge University Press.

HEURTAUX Jérôme, 2008, « Les impensés non démocratiques en Pologne postcommuniste », *in* O. Dabène, V. Geisser, G. Massardier (dir.), *Autoritarismes démocratiques et démocraties autoritaires au XXIe siècle*, Paris, La Découverte, 113-132.

HEYDEMANN Steven, 2004, *Networks of Privilege in the Middle East: The Politics of Economic Reform Revisited*, New York, Palgrave Macmillan.

HEYDEMANN Steven, 2007, "Upgrading Authoritarianism in the Arab World", *The Saban Center for Middle East Policy at Brooking Institute,* Analysis paper n° 13.

HIBOU Béatrice, 1999, *La privatisation des États,* Paris, Karthala.

HIBOU Béatrice, 2006, *La force de l'obéissance. Économie politique de la répression en Tunisie*, Paris, La Découverte.

HIBOU Béatrice, 2011a, *Anatomie de la domination*, Paris, La Découverte.

HIBOU Béatrice, 2011b, « Tunisie. Économie politique et morale d'un mouvement social », *Politique africaine*, n° 121, 5-22.

HIBOU Béatrice, TOZY Mohamed, 2000, « Une lecture d'anthropologie politique de la corruption au Maroc : fondement historique d'une prise de liberté avec le droit », *Tiers Monde*, n° 161, 23-47.

HOBBES Thomas, 2012 [1641], *Traité de la matière, de la forme et du pouvoir ecclésiastique et civil*, 1ère partie, Chicoutimi, éditions de l'UQAC.

HOBSBAWM Eric, 2002, *Nations et nationalisme depuis 1780 : Programme, mythe, réalité*, Paris, Gallimard.

HORWITZ Robert B., 1986, "Understanding Deregulation", *Theory and Society*, n°15, 139-174.

ILIKOUD Ouali, 2006, « FFS et RCD : partis nationaux ou partis kabyles », *Revue des mondes musulmans et de la Méditerranée*, n° 111-112, 163-182.

INSEL Ahmet, 2008, « "Cet État n'est pas sans propriétaire !" Forces prétoriennes et autoritarisme en Turquie », *in* O. Dabène, V. Geisser, G. Massardier (dir.), *Autoritarismes démocratiques et démocraties autoritaires au XXIe siècle*, Paris, La Découverte, 133-153.

ISNARD Hilderbert, 1969, « L'Algérie ou la décolonisation difficile », *Méditerranée*, n° 3, 325-340.

JACQUEMET Nicolas, 2006, « Micro-économie de la corruption », *Revue française d'économie*, vol. 20, n° 4, 117-159.

JAFFRELOT Lionel, 2013, *Le Syndrome pakistanais*, Paris, Fayard.

KALYVAS Stathis N., 2009, "Wanton and Senseless ? The Logic of Massacres in Algeria", *in* L. Khalili (dir.), *Politics of the Modern Arab World: Critical Issues in Modern Politics*, Londres, Routledge, 243-285.

KANTOROWICZ Ernst, 1957, *The King's Two Bodies. A Study in Mediaeval Political Theology*, Princeton, Princeton University Press.

KATEB Kamel, 2003, « Population et organisation de l'espace en Algérie », *L'Espace Géographique*, n° 32, 311-331.

KATZ Richard S., 1980, *A Theory of Parties and Electoral Systems*, Baltimore, Johns Hopkins University Press.

KATZ Richard S, MAIR Pete, 1995, "Changing Models of Party Organization and Party Democracy: the Emergence of the Cartel Party", *Party Politics*, n° 1, 5-28.

KARKOV Nikolay, ROBBINS Jeffrey W., 2014, « Decoloniality and Crisis », *Journal for Culture and Religious Theory*, vol. 13, n° 1, 1-10.

KEENAN Jeremy, 2009, *The Dark Sahara: America's War on Terror in Africa*, Londres, Pluto Press.

KHALILI Laleh, 2012, *Times in the Shadow: Confinement in Counterinsurgencies*, Stanford, Stanford University Press.

KHANNA Ranjana, 2007, *Algeria Cuts : Women & Representation. 1830 to the Present*, Stanford, Stanford University Press.

KHODJA Soumya Ammar, 1999, « Écritures d'urgence de femmes algériennes », *Clio. Histoire, femmes et société* [En ligne], n° 9.

KHOSROKHAVAR Farhad, 2000, « La violence et ses avatars dans les quartiers sensibles », *Déviance et Société*, vol. 24, n° 4, 425-440.

KIRCHHEIMER Otto, 1966, "The Transformation of the Western European Party Systems", *in* J. La Palombara, M. Weiner (dir.), *Political Parties and Political Development*, Princeton University, Princeton Press, 77-200.

KLEIN Naomi, 2007, *The Shock Doctrine: The Rise of Disaster Capitalism*, Toronto, Knopf Canada.

KOKOREFF Michel, STEINAUER Odile, BARRON Pierre, 2007, « Les émeutes urbaines à l'épreuve des situations locales », *SociologieS* [En ligne].

Konings Martijn, 2015, *The Emotional Logic of Capitalism. What Progressives have Missed*, Stanford, Stanford University Press.

Koriche Mohamed Nasr-Eddine, 2007, « Justice et règlement des conflits du travail en Algérie », *L'Année du Maghreb*, n° 3, 39-54.

Laclau Ernesto, 2005, *On Populist Reason*, Londres, Verso.

Lacoste-Dujardin Camille, 1997, *Opération oiseau bleu. Des Kabyles, des ethnologues et la guerre d'Algérie*, Paris, La Découverte.

Laforest Mary, Vincent Diane, 2004, « La qualification péjorative dans tous ses états », *Langue française*, n° 144, 59-81.

Lair Eric, 2001, « La Colombie entre guerre et paix », *Politique étrangère*, n° 1, 109-121.

Lascoumes Pierre, Le Galès Patrick, 2007, *Sociologie de l'action publique*, Paris, Armand Colin.

Lamchichi Abderrahim, 2000, « Référendum sur la concorde civile, les leçons d'un scrutin », *Confluences Méditerranée,* n° 32, 155-166.

Landauer Paul, 2009, *L'architecte, la ville et la sécurité*, Paris, PUF.

Laribi Lyes, 2007, *L'Algérie des Généraux*, Paris, Max Milo.

Laurens Sylvain, 2007, « "Pourquoi et comment poser les questions qui fâchent ?". Réflexions sur les dilemmes récurrents que posent les entretiens avec des "imposants" », *Genèses*, vol. 69, n° 4, 112-127.

Lavabre Marie-Claire, 1994, « Usages du passé, usages de la mémoire », *Revue française de science politique,* n° 3, 480-493.

Lavenue Jean-Jacques, 1993, *Algérie : la démocratie interdite*, Paris, L'Harmattan.

Lazarus Jeanne, 2006, « Le Pauvre et la Consommation », *Vingtième Siècle*, n° 91, 137-152.

Lazreg Marnia (ed.), 2000, "Islamism and the Recolonization of Algeria", *in* A. A. Ahmida, *Beyond Colonialism and Nationalism in the Maghreb*, New York, Palgrave, 147-164.

Leca Jean, 1968, « Parti et État en Algérie », *Annuaire de l'Afrique du Nord*, 13-41.

Leca Jean, Vatin Jean-Claude, 1977, « Le système politique algérien (1976-1978) », *Annuaire de l'Afrique du Nord*, vol. 16, 15-80.

Leca Jean, Schemeil Yves, 1983, « Clientelisme et patrimonialisme dans le monde arabe », *Revue Internationale de science politique*, vol. 4, n° 4, 455-494.

Le Cour Grandmaison Olivier, 2010, *De l'indigénat. Anatomie d'un monstre juridique : le droit colonial en Algérie et dans l'empire français*, Paris, La Découverte.

LE LAY Stéphane, 2003, « Individuation, individualisation, atomisation, malentendus de classes », *Mouvements*, n° 26, 27-32.

LEPERLIER Tristan, 2015, *Une guerre des langues ? Le champ littéraire algérien pendant la « décennie noire » (1988-2003). Crise politique et consécrations transnationales*, thèse sous la direction de G. Sapiro, Paris, EHESS.

LEVEAU Rémy, 1997, « Islamisme et populisme », *Vingtième Siècle*, n° 56, 214-223.

LEVEAU Rémy, 2000, « Esquisse d'un changement politique au Maghreb ? », *Politique étrangère*, n° 2, 499-507.

LIONEL Arnaud, Christine GUIONNET (dir.), 2005, *Les frontières du politique. Enquête sur les processus de politisation et de dépolitisation*, Rennes, Presses universitaires de Rennes.

LINZ Juan, 1990, "The Perils of Presidentialism", *Journal of Democracy,* n° 1, 51-69.

LINZ Juan, 2004, « Quel avenir pour les partis politiques dans les démocraties contemporaines ? », *Pôle Sud*, vol. 21, n° 1, 55-68.

LINZ Juan, 2004b, « L'effondrement de la démocratie, autoritarisme et totalitarisme dans l'Europe de l'entre-deux-guerres », *Revue internationale de politique comparée*, vol. 11, n° 4, 531-586.

LORCIN Patricia M. E., 2005, *Kabyles, Arabes, Français : identités coloniales*, Limoges, PULIM.

LORDON Frédéric, 2009, *La crise de trop*, Paris, Fayard.

MALLEY Robert, 1996, *The Call from Algeria: Third Worldism, Revolution and the Turn to Islam*, Berkeley-Los Angeles, University of California Press.

MAMERI Khalfa, 1973, *Orientations politiques de l'Algérie*, Alger, SNED.

MAMERI Khalfa, 2007, *Abane, le faux procès*, Tizi Ouzou, éditions Mehdi.

MANENT Pierre, 1987, *Histoire intellectuelle du libéralisme*, Paris, Calmann-Lévy.

MARTIN Ivan, 2003, Politique et stabilité de l'État, Paris, CERI.

MARTINEZ Luiz, 1998, *La guerre civile en Algérie*, Paris, Kharthala.

MARTINEZ Luiz, 1999, *L'après guerre civile : les étapes de la réconciliation nationale*, Paris, CERI.

MARTINEZ Luiz, 2001, « Algérie : Les massacres de civils dans la guerre », *Revue internationale de politique comparée*, vol. 8, n° 1, 43-58.

MARTINEZ Luiz, 2003, « l'Algérie de l'Après-11 septembre 2001 », *in* R. Leveau (dir.), *Afrique du Nord, Moyen-Orient, Espace et conflits*, Paris, La Documentation française, 149-161.

MARTINEZ Luiz, 2010, *Violence de la rente pétrolière : Algérie-Irak-Libye*, Paris, Presses de Science Po.

MASSARDIER Gilles, 2008, « Les espaces non pluralistes dans les démocraties contemporaines », *in* O. Dabène, V. Geisser, G. Massardier (dir.), *Autoritarismes démocratiques et démocraties autoritaires au XXIe siècle*, Paris, La Découverte, 29-56.

MBEMBE Achille, 2001, *On the Postcolony*, Berkeley-Los Angeles-Londres, University of California Press.

MBEMBE Achille, 2006, « Nécropolitique », *Raisons politiques*, n° 21, 29-60.

MCALLISTER Edward, 2015, *Nation-Building Remembered: Social Memory in Contemporary Algeria*, thèse sous la direction de J. McDougall, Oxford University.

MCDOUGALL James, 2005, "Savage Wars ? Codes of Violence in Algeria, 1830s-1990s", *Third World Quarterly*, vol. 26, n° 1, 117-131.

MCDOUGALL James, 2006, *History and the Culture of Nationalism in Algeria*, New York, Cambridge University Press.

MCDOUGALL James, 2007, After the War. Algeria's Transition to Uncertainty, *MERIP*, n° 245.

MÉDARD Jean-François, 1982, "The Underdevelopped State in Tropical Africa : Political Clientelism or Neo-Patrimonialism", *in* C. Clapham (dir.), *Private Patronage and Public Power*, Londres, Frances Pinter, 162-192.

MÉDARD Jean-François, 2000, « Clientélisme politique et corruption », *Tiers Monde*, n° 161, 75-87.

MEDJAOUI Abdel'alim, 2007, *Le Géant aux yeux bleus. Novembre, où en est ta victoire ?*, Alger, Casbah éditions.

MEKAMCHA Ghaouti, 1999, « Pouvoirs et recompositions en Algérie », *in* M.-C. Diop, M. Diouf (dir.), *Les figures du politique en Afrique : Des pouvoirs hérités aux pouvoirs élus*, Dakar-Paris, CODESRIA-Karthala, 385-412.

MÉNORET Pascal, 2014, *Joyriding in Riyadh. Oil, Urbanism, and Road Revolt*, New York, Cambridge University Press.

MERAH Ahmed, 2000, *Une troïka de généraux*, Alger, Merah éditions.

MEZGHANI Ali, 2011, *L'État inachevé*, Paris, Gallimard.

MICHELS Robert, 1914, *Les partis politiques, Essai sur les tendances oligarchiques des démocraties,* Paris, Flammarion.

MILSTEIN Brian, 2015, "Thinking politically about crisis: A pragmatist perspective", *European Journal of Political Theory*, vol. 14, n° 2, 141-160.

MIROWSKI Philip, 2013, *Never Let A Serious Crisis Go To Waste. How Neoliberalism Survived the Financial Meltdown*, London-New York, Verso.

MITCHELL Timothy, 2011 *Carbon Democracy : Political Power in the Age of Oil*, New York, Verso.

MODERNE Franck, 2001, « Les avatars du présidentialisme dans les états latino-américains », *Pouvoirs*, n° 98, 63-87.

MOHAND-AMER Amar, 2012, « L'Union générale des travailleurs algériens dans le processus de transition (1962-1963) », *in* A. Mohand-Amer, B. Benzenine, *Le Maghreb et l'indépendance de l'Algérie*, Paris, CRASC-IRMC-Karthala, 39-49.

MONOD Jean-Claude, 2009, « La force du populisme : une analyse philosophique », *Esprit*, n° 351, 42-52.

MORANGE Jean, 1990, « La protection constitutionnelle et civile de la liberté d'expression », *Revue internationale de droit comparé*, vol. 42, n° 2, 771-787.

MORIN Edgar, 1976, « Pour une crisologie », *Communications*, n° 25, 149-163.

MOSTEFAOUI Belkacem, 1992, « Professionnalisation et autonomie des Journalistes au Maghreb. Eléments de mise en situation des actions et conflits », *Réseaux*, n° 51, 55-66.

MOSTEFAOUI Belkacem, 1998, « Algérie, l'espace du débat médiatique », *Réseaux*, n° 88-89, 153-188.

MOUFFE Chantal, 2005, *On the Political*, Abingdon, Routledge.

MOUFFOK Ghania, 1995, *Être journaliste en Algérie,* Paris, RSF.

MOUSSAOUI Abderahmane, 2006, *De la Violence en Algérie*, Paris, Actes Sud.

MULLER Christian Alain, 2000, « Du "peuple égaré" au "peuple enfant". Le discours politique révolutionnaire à l'épreuve de la révolte populaire de 1793 », *Revue d'histoire moderne et contemporain*, n° 47, 93-112.

MUNDY Jacob, 2015, *Imaginative Geographies of Algerian Violence. Conflict Science, Conflict Management, Antipolitics*, Stanford, Stanford University Press.

MUSELLA Luigi, 1999, « Réseaux politiques et réseaux de corruption à Naples », *Politix*, vol. 12, n° 45, 39-55.

MUTIN Georges, 1980, « Implantations industrielles et aménagements du territoire en Algérie », *Revue de géographie de Lyon*, vol. 55, n° 1, 5-37.

NABTI Mehdi, 2006, « Soufisme, métissage culturel et commerce du sacré. Les Aïssâwa marocains dans la modernité », *Insaniyat*, n° 32-33, 173-195.

NAUDILLON Françoise, 2011, « Le polar, un genre postcolonial ? », *in* I. Bazié, H.-J. Lüsebrink (dir.), *Violences postcoloniales. Représentations littéraires et perceptions médiatiques*, Berlin, Lit-Verlag, 145-163.

NAY Olivier, 2013, « La théorie des "États fragiles" : un nouveau développementalisme politique ? », *Gouvernement et action publique*, vol. 1, n° 1, 139-151.

NEZZAR Khaled, 2000, *Mémoires du Général Khaled Nezzar*, Alger, Chihab.

NEZZAR Khaled, 2003a, *Bouteflika, l'homme et son bilan*, Alger, éditions APIC.

NEZZAR Khaled, 2003b, *Le Procès de Paris : l'armée algérienne face à la désinformation*, Paris, éditions Médiane.

OPHIR Adi, 2010, "The Politics of Catastrophization : Emergency and Exception", *in* D. Fassin, M. Pandolfi (dir.), *Contemporary States of Emergency : the Politics of Military and Humanitarian Interventions*, New York, Zone Books, 59-88.

PAILLARD Denis, 2004, « La Russie après le 11 septembre : Poutine petit soldat de la mondialisation libérale », *Naqd,* n° 19/20, 267-280.

PARKS Robert P., 2011, *Local-national Relations and the Politics of Property Rights in Algeria and Tunisia*, thèse sous la direction de C. M. Henry, Austin, University of Texas.

PÉCAUT Daniel, 1987, *L'ordre et la violence. Evolution socio-politique de la Colombie entre 1930 et 1953*, Paris, éditions de l'EHESS.

PÉCAUT Daniel, 1996, « Présent, passé, futur de la violence », *in* C. Gros, *La Colombie à l'aube du troisième millénaire*, Paris, IHEAL, 17-63.

PEREGO Elizabeth, 2018, "Laughing at the Victims: the Function of Popular Jokes During Algeria's 'Dark Decade', 1991-2002", *The Journal of North African Studies*, vol. 23, n° 1-2, 191-207.

PERVILLÉ Guy, 1975, « Qu'est-ce que la colonisation ? », *Revue d'histoire moderne et contemporaine*, n° 22, 321-368.

PICARD Elizabeth, 2008, « Armée et sécurité au cœur de l'autoritarisme », *in* O. Dabène, V. Geisser, G. Massardier (dir.), *Autoritarismes démocratiques et démocraties autoritaires au XXIe siècle*, Paris, La Découverte, 303-329.

PIERRET Thomas, SELVIK Kjetil, 2009, "Limit of 'Authoritarian upgrading' in Syria : Private Welfare, Islamic Charities, and the Rise of the Zayd Movement", *Journal of Middle Eastern Studies*, n° 41, 595-614.

POULANTZAS Nicos, 1976, *La crise de l'État*, Paris, Presses universitaires de France.

PREMAT Christophe, 2004, « La "grogne du peuple" », *Tracés*, n° 5, 13-32.

QUANDT William B., 1969, *Revolution and Political Leadership : Algeria, 1954-1968*, Cambridge, The M.I.T. Press.

QUANDT William B., 1998, *Between Ballots and Bullets*, Washington D.C., Brookings Institution Press.

RACINE Jean-Luc, 2000, « Le Pakistan après le coup d'État militaire », *Critique internationale*, n° 7, 22-29.

RAHAL Malika, 2013, « Le temps arrêté. Un pays sans histoire. Algérie, 2011-2013 », *Écrire l'histoire*, n° 12, 27-36.

RAHAL Yahia, 1997, *Histoire de Pouvoir. Un Général témoigne*, Alger, Casbah éditions.

RAHEM Karim, 2008, *Le sillage de la tribu*, Paris, Riveneuve éditions.
RANNEY Austin, 1996, « Referendum et Démocratie », *Pouvoir*, n° 77, 7-19.
RANCIÈRE Jacques, 1998, *Aux bords du politique*, Paris, La Fabrique.
RANCIÈRE Jacques, 2004, "Introducing Disagreement", *Angelaki*, vol. 9, n° 3, 3-9.
REICH Robert, 1992, *The Work of Nations*, New York, Vintage Books.
REMAOUN Hassan, 2010, « La question de l'histoire dans le débat sur la violence en Algérie », *Insaniyat*, n° 10, 31-43.
RENAN Ernest, 1862, *De la part des peuples sémitiques dans l'histoire de la civilisation*, Paris, Michel Lévy Frères.
REVAULT D'ALLONNES Myriam, 2012, *La crise sans fin*, Paris, Seuil.
RIUTORT Philippe, 2007, *Sociologie de la communication politique*, Paris, La Découverte.
ROBERTS Hugh, 2003, *The Battlefield: Algeria, 1988-2002, Studies in a Broken Polity*, Londres, Verso.
ROSE-ACKERMAN Susan, 1975, "The Economics of Corruption", *Journal of Public Economy*, vol. 4, n° 2, 187-203.
ROUADJIA Ahmed, 1995, « L'Etat algérien et le problème du droit », *Politique étrangère*, n° 2, 351-363.
ROUQUIÉ Alain, 1979, « Le camarade et le commandant : réformisme militaire et légitimité institutionnelle », *Revue française de science politique*, vol. 29, n° 3, 381-401.
ROUSSEAU Jean-Jacques, 1966 [1762], *Du contrat social*, Paris, Garnier-Flammarion.
ROY Olivier, 1992, *L'échec de l'islam politique,* Paris, Seuil.
ROY Olivier, 2004, *L'islam mondialisé*, Paris, Seuil.
SAFOUAN Moustafa, 2008, *Pourquoi le monde arabe n'est pas libre ?*, Paris, Denoël.
SAÏD Edward, 1978, *Orientalism*, New York, Random House.
SALLAM Hesham, 2011a, "The New Iraq and Arab Political Reform: Drawing New Boundaries (And Reinforcing Old Ones)", in H. Baker, S. Lasensky, P. Marr (dir.), *Iraq, Its Neighbors and the United States*, Washington, U.S. Institute of Peace Press, 189-207.
SALLAM Hesham, 2011b, "Striking Back at Egyptian Workers", *Middle East Report*, n° 259, 20-25.
SAMRAOUI Mohamed, 2003, *Chroniques des années de sang*, Paris, Denoël.
SANCHEZ Gonzalo, 1998, *Guerre et politique en Colombie*, Paris, L'Harmattan.
SARI Djilali, 1993, « Deux décennies d'urbanisation sans précédent en Algérie », AIDELF (dir.), *Croissance démographique et urbanisation :*

politique de peuplement et aménagement du territoire, Louvain, AIDELF, 371-377.

SAYAD Abdelmalek, 1999, *La double absence. Des illusions de l'émigré aux souffrances de l'immigré*, Paris, Seuil.

SCHOUMAKER Bruno, TABUTIN Dominique, 2005, « La démographie du monde arabe et du Moyen-Orient des années 1950 aux années 2000 », *Population*, n° 5-6, 611-724.

SCOTT James C., 2008, *La domination et les arts de la résistance*, Paris, éditions Amsterdam.

SEBAA Rabeh, 1997, « Les élections en Algérie ou la quête de fondements », *Confluences Méditerranée*, n° 23, 103-106.

SEMIANE Ahmed, 1998, *Octobre, ils parlent*, Alger, éditions Le Matin.

SEMPRUN Jaime, 2001, *Apologie pour l'insurrection algérienne*, Paris, éditions de l'encyclopédie des nuisances.

SELZNICK Philip, 1949, *TVA and the Grass Roots: A Study of Politics and Organization*, Berkeley, Los Angeles, University of California Press.

SIBEUD Emmanuelle, 2004, « Un ethnographe face à la colonisation : Arnold Van Gennep en Algérie (1911-1912) », *Revue d'histoire des sciences humaines*, n° 10, 79-103.

SIDI BOUMEDINE Rachid, 2008, « L'urbanisme : une prédation méthodique », *Naqd*, n° 25, 109-133.

SIFAOUI Mohamed, 2012, *Histoire secrète de l'Algérie indépendante*, Paris, Nouveau monde éditions.

SILVERSTEIN Paul, 2002, "An Excess Of Truth: Violence, Conspiracy Theorizing and the Algerian Civil War", *Anthropological Quaterly*, vol. 75, n° 4, 643-674.

SIMON Catherine, 2011, *Algérie, les années pieds-rouges. Des rêves de l'indépendance au désenchantement (1962-1969)*, Paris, La Découverte.

SINDJOUN Luc, 1999, « Le Président de la République du Cameroun à l'épreuve de l'alternance néo-patrimoniale et de la "transition démocratique" », *in* M.-C. Diop, M. Diouf (dir.), *Les figures du politique en Afrique : Des pouvoirs hérités aux pouvoirs élus*, Dakar-Paris, CODESRIA-Karthala, 63-101.

SIVAN Emmanuel, 1979, "Colonialism and Popular Culture in Algeria", *Journal of Contemporary History*, vol. 14, n° 1, 21-53.

SOUAÏDIA Habib, 2001, *La sale guerre*, Paris, La Découverte-Syros.

SOUIAH Farida, 2014, *Les harraga en Algérie : émigration et contestation*, thèse sous la direction de C. Wihtol de Wenden, Paris, IEP.

SPIVAK Gayatri, 1988, "Can the Subaltern Speak?", *in* C. Nelson, L. Grossberg (dir.), *Marxism and the Interpretation of Culture*, Basingstoke, Macmillan Education, 271-313.

STEPAN Alfred C., 1971, *The Military in Politics: Changing Patterns in Brazil*, Princeton, Princeton University Press.

STEUER Clément, 2012, « Les partis politiques fréristes en Égypte à la veille des élections parlementaires », *Moyen-Orient*, n° 13, 28-31.

STORA Benjamin, 1993, « L'islamisme algérien », *Esprit*, n° 196, 163-168.

STORA Benjamin, 1997, « Ce que dévoile une guerre. Algérie, 1997 », *Politique étrangère*, n° 4. 487-497.

STORA Benjamin, 1998, *Algérie, Formation d'une nation suivi de Impressions de voyage*, Biarritz, Atlantica.

SWEARINGEN Will, 1990, "Algeria's Food Security Crisis", *Middle East Report*, n° 166, 21-25.

TAÏEB Emmanuel, 2010, « Logiques politiques du conspirationnisme », *Sociologie et sociétés*, vol. 42, n° 2, 265-289.

TALAHITE Fatiha, 2000, « Économie administrée, corruption et engrenage de la violence en Algérie », *Tiers Monde*, n° 161, 49-74.

TALHA Larbi, 2001, « Le régime rentier à l'épreuve de la transition institutionnelle : l'économie algérienne au milieu du gué », *in* A. Mahiou & J-R. Henry, *Où va l'Algérie?*, Paris, Karthala, 125-159.

TARAUD Christelle, 2008, « Les *yaouleds* : entre marginalisation sociale et sédition politique », *Revue d'histoire de l'enfance « irrégulière »*, n° 10, 59-74.

TEMLALI Yassim, 2010, « Le football, révélateur des identités refoulés », *Afkar/Idée*, 51-53.

TERNISIEN Xavier, 2005, *Les Frères musulmans*, Paris, Fayard.

THÉNAULT Sylvie, 2012, *Violence ordinaire dans l'Algérie coloniale*, Paris, Odile Jacob.

THOM René, 1976, « Crise et catastrophe », *Communications*, n° 25, 34-38.

THOMPSON John B., 2012, "The Metamorphosis of a Crisis", *in* M. Castells, J. Caraça, G. Cardoso (dir.), *Aftermath: The Culture of Economic Crisis*, Oxford, Oxford University Press, 59-81.

TILLY Charles, 1985, "War Making and State Making as Organized Crime", *in* P. Evans, D. Rueschemeyer, T. Skocpol (dir.), *Bringing the State Back in*, Cambridge, Cambridge University Press, 169-187.

TILLY Charles, 1986, *La France conteste de 1600 à nos jours*, Paris, Fayard.

TILLY Charles, 1992, *Coercion, Capital and European States*, Blackwell, Cambrige-Oxford.

TIZZIANI Ania, 2007, « Du péronisme au populisme : la conquête conceptuelle du "gros animal" populaire », *Tiers Monde*, n° 189, 175-193.

TLEMÇANI Rachid, 1986, *State and Revolution in Algeria*, Boulder, West View Press.

TLEMÇANI Rachid, 1994, « Les conditions d'émergence d'un nouvel autoritarisme en Algérie », *Revue du monde musulman et de la Méditerranée*, n° 72, 108-118.

TLEMÇANI Rachid, 2005, "Reflections on the Question of Political Transition in Africa : the police state", *in* T. Lumumba-Kasongo (dir.), *Liberal Democracy and its Critics in Africa*, New York, Zed Books Ltd, 26-45.

DE TOCQUEVILLE Alexis, 1981 [1835], *De la Démocratie en Amérique*, Tome 1, Paris, Garnier-Flammarion.

DE TOCQUEVILLE Alexis, 2007 [1856], *L'Ancien régime et la Révolution*, Chicoutimi, éditions de l'UQAC.

TOZY Mohamed, 1991, « Représentations/intercessions. Les enjeux de pouvoir dans les champs politiques désamorcés au Maroc », *in* M. Camau (dir.), *Changements politiques au Maghreb*, Paris, éditions du CNRS, 153-168.

TREACY Corbin, 2017, "Writing in the Aftermath of Two Wars: Algerian Modernism and the Génération 88", *in* P. Crowley (dir.), *Algeria: Nation, Culture, and Transnationalism 1988-2013*, Liverpool, Liverpool University Press, 123-139.

TRIPP Charles, 2013, *The Power and the People. Path of Resistance in the Middle East*, Cambridge, Cambridge University Press.

TURKEL Gerald, 1990, "Michel Foucault : Law, Power and Knowledge", *Journal of Law and Society*, vol. 17, n° 2, 170-193.

VAUGHAN-WILLIAMS Nick, 2008, "Border, Territory, Law", *International Political Sociology*, n° 2, 322-338.

VIRATELLE Gérard, 1967, « Algérie : les impatiences de l'armée », *Le mois en Afrique*, 2-7.

VITALIS Robert, 2007, *America's Kingdom : Mythmaking and the Saudi Oil Frontier*, Stanford, Stanford University Press.

WÆVER Ole, 1996, "European Security Identities", *Journal of Common Market Studies*, vol. 34, n° 1, 103-132.

WERENFELS Isabelle, 2007a, *Managing Instability: Elites and Political Change in Algeria*, Londres, Routledge.

WERENFELS Isabelle, 2007b, "Algeria's Legal Islamists: From "Fifth Column" to a Pillar of the Regime", *in* M. Asseburg (dir.), *Moderate Islamists as Reform Actors*, Berlin, SWP Research Paper.

WERENFELS Isabelle, 2014, "Beyond Authoritarian Upgrading : the Reemergence of Sufi Orders in Maghrebi Politics", *The Journal of North African Studies*, vol. 19, n° 3, 275-295.

WILLIS Michael, 1998, "Algeria's Other Islamists: Abdallah Djaballah and the Ennahdha Movement", *The Journal of North African Studies*, vol. 3, n° 3, 46-70.

YOUNESSI Brahim, 1995, « L'islamisme algérien : nébuleuse ou mouvement social ? », *Politique étrangère*, vol. 60, n° 2, 370-371.

YOUNG Robert J-C., 2009, « Subjectivité et histoire : Derrida en Algérie », *Littérature*, n° 154, 135-148.

ZAKI Lamia, 2008, « Le clientélisme, vecteur de politisation en régime autoritaire ? », *in* O. Dabène, V. Geisser, G. Massardier (dir.), 2008, *Autoritarismes démocratiques et démocraties autoritaires au XXI^è siècle*, Paris, La Découverte, 157-180.

ZARTMAN William, 1969, « L'armée dans la politique algérienne », *L'annuaire de l'Afrique du Nord*, 268-278.

ZIZEK Slavoj, 2012, *Violence. Six réflexions transversales*, Paris, éditions au Diable Vauvert.

ZUBAIDA Sami, 2003, *Law and Power in the Islamic World*, Londres, I.B. Tauris.

ZOUBIR Yahia H., 2013, "The Arab Spring : Is Algeria the Exception?", *IEMedsObs*, n° 61.

ZOUBIR Yahia H, DRIS-AÏT HAMADOUCHE Louisa, 2006, « L'islamisme en Algérie : institutionnalisation du politique et déclin du militaire », *Maghreb-Machrek*, n° 188, 63-86.

Presse écrite

Algérie Presse Service (APS)

Agence France Presse (AFP)

Echorouk

El Moudjahid

El Watan

Ennahar

Horizons

Info Soir

Jeune Afrique

La Dépêche de Kabylie

La Tribune

Le Jeune Indépendant

Le Matin

Le Monde

Le Point

Le Quotidien d'Oran
Le Soir d'Algérie
Le Temps d'Algérie
L'Expression
Liberté
Réflexion
The Guardian

Sources électroniques

Algeria Watch : http://www.algeria-watch.org/
Algérie Focus : http://www.algerie-focus.com/
Algérie Politique (blog non-officiel du FFS) : http://ffs1963.unblog.fr/
Baki Mansour : https://7our.wordpress.com/
Banque mondiale : http://donnees.banquemondiale.org/
Courrier International : http://www.courrierinternational.com/
Dailymotion : http://www.dailymotion.com/
El Manchar : https://el-manchar.com/
INA : http://www.ina.fr/
Le Quotidien d'Algérie : http://lequotidienalgerie.org/
Maghreb émergent : http://www.maghrebemergent.com/
Mondafrique : http://mondafrique.com/
Blogs de Mediapart : https://blogs.mediapart.fr/
Office National des Statistiques: http://www.ons.dz/
Slate Afrique : http://www.slateafrique.com/
Transparency International : https://www.transparency.org/
Wikileaks : https://wikileaks.org/
Youtube : https://www.youtube.com/

Sources imprimées

Banque d'Algérie, 2013, *Rapport sur la stabilité du secteur bancaire algérien (2009-2011)*, Alger, BA.
Direction Générale des Affaires économiques et financières, 2003, « Examen de la situation économique des partenaires méditerranéens de l'UE », *Économie européenne*, n° 2.

INTERNATIONAL CRISIS GROUP, 1999a, « La presse dans la tourmente électorale », *Algérie rapport n° 2*.

INTERNATIONAL CRISIS GROUP, 1999b, « Elections présidentielles en Algérie : les enjeux et les perspectives », *Algérie rapport n° 4*.

INTERNATIONAL CRISIS GROUP, 2001, « La Concorde Civile : une initiative de paix manquée », *Afrique rapport n° 31*.

FONDS MONÉTAIRE INTERNATIONAL (=FMI) 2003, Algeria Country Report, 03/69, Selected Issues and Statistical Appendix, Washington, FMI.

NABNI, 2013 « Cinquantenaire de l'indépendance : enseignements et vision pour l'Algérie de 2020 », Alger, NABI.

NATIONAL DEMOCRATIC INSTITUTE, 2012, « Rapport final sur les élections législatives en Algérie », Washington, NDI.

ORGANISATION DE COOPÉRATION ET DE DÉVELOPPEMENT ÉCONOMIQUE (=OCDE) 2008, « Rapport sur les perspectives économiques en Afrique », Paris, OCDE.

ORGANISATION DE COOPÉRATION ET DE DÉVELOPPEMENT ÉCONOMIQUE (=OCDE) 2012, « Rapport sur les perspectives économiques en Afrique », Paris, OCDE.

ORGANISATION INTERNATIONALE DU TRAVAIL (=OIT) 2012, « Rapport de la Commission d'experts pour l'application des conventions et recommandations », Genève, OIT.

Documentaires & films

ALLOUACHE Merzak, 1994, *Bal El-Oued City*, Algerie.
BENSMAÏL Malek, 2004, *Aliénation*, Algérie-France.
DJAHNINE Habiba, 2011, *Avant de franchir la ligne d'horizon*, Algérie.
FERHANI Hassen, 2015, *Dans ma tête un rond-point*, Algérie, France, Qatar, Liban, Pays-Bas.

Table des matières

Préface de Hamit Bozarslan ... 7
Introduction ... 17

Chapitre 1
Une crise sans fin ? ... 27
Une crise en trois temps ... 28
Esquisse d'une théorie de la crise ... 36
Les élections présidentielles d'avril 2014 ... 44
Quelques questions ... 52

Chapitre 2
Luttes au cœur de l'État ... 55
La présidence et le « Système » ... 56
L'ombre des prétoriens ... 66
Les mystères du cartel qui tient l'État ... 77
L'éternel retour ... 89

Chapitre 3
Complices et labyrinthes ... 91
Le champ étatique ... 93
À la périphérie de l'État ... 100
Réseaux et Labyrinthes ... 111
Les espaces labyrinthiens de l'ordre ... 119

Chapitre 4
Partis de l'ordre ... 123
Le cœur de l'alliance présidentielle ... 125
Le prix de la cooptation : le cas du MSP ... 133
Pluralisme et apolitisme ... 144
Discours de l'ordre ... 149
L'impossible euphémisation ... 158

Chapitre 5
La dissidence face à l'encadrement des libertés — 161
Le printemps algérien — 162
Les voies de la critique — 169
Censure et répression — 174
L'insularité contestataire : le cas berbériste — 185
Oppositions sans solution — 194

Chapitre 6
Contestation et quotidien critique — 197
L'état d'inégalité sociale — 198
Au Sud, le vent se lève — 209
Le quotidien critique — 219
La fatigue sociale — 225
La crise persiste, à qui la faute ? — 231

Chapitre 7
À la recherche du sens perdu — 233
Le règne de l'incertitude — 234
La glaciation du sens et le rejet du cynisme — 243
Les analystes symboliques et la reproduction du culturalisme — 253
Incorporation et rejet des caricatures — 263
Le versant symbolique de la crise — 270

Conclusion — 273

Bibliographie — 277

Table des matières — 303

PUBLICATIONS DE L'IRMC (1992-2019)

1. Maghreb et sciences sociales

2004. Maghreb, dimensions de la complexité. Études choisies de l'IRMC (1992-2003), sous la responsabilité d'Anne-Marie Planel, introduction de Pierre Robert Baduel, IRMC, Tunis, 372 p.

2005. Biographies et récits de vie, Thème sous la responsabilité de Kmar Bendana, Katia Boissevain et Delphine Cavallo. Débat et études, IRMC-Servedit, Paris, 242 p. ISBN : 978-2-86877-212-9.

2006. Les Territoires productifs en questions(s), Transformations occidentales et situations maghrébines, Thème sous la responsabilité de Mihoub Mezouaghi. Études, IRMC-Servedit, Paris, 265 p. ISBN : 978-2-7068-1990-2.

2007. L'Enseignement supérieur dans la globalisation libérale. Une comparaison internationale Maghreb, Afrique, Canada et France, Thème sous la responsabilité de Sylvie Mazzella, Conférences et Études, IRMC-Servedit, Paris, 350 p. ISBN : 978-2-7068-2019-9.

2008. Les Économies émergentes. Trajectoires asiatiques, latino-américaines, est-européennes et perspectives maghrébines, Thème sous la responsabilité de Yamina Mathlouthi. *Pratiques et représentations sociales au Maghreb*, (Études), IRMC-L'Harmattan, Paris, 269 p. ISBN : 978-2-296-07662-4.

2009-2010. Socio-anthropologie de l'image au Maghreb. Thème 1 sous la responsabilité de Katia Boissevain, *Nouveaux usages touristiques de la culture religieuse*. Thème 2 sous la responsabilité de Pierre-Noël Denieuil, « Audiovisuel et création cinématographique » (Mémoires, Études et Document). 3. Recherche en cours, IRMC-L'Harmattan, Paris, 335 p. ISBN : 978-2-296-11633-7.

2011. Marges, normes et éthique. Thème 1 sous la responsabilité de Céline Aufauvre, Karine Bennafla et Montserrat Emperador-Badimon, *Marges et marginalités au Maroc.* Thème 2, sous la responsabilité de Sihem Najar, *L'anthropologie face aux nouveaux enjeux éthiques*, Études et Document, IRMC-L'Harmattan, Paris, 308 p. ISBN : 978-2-296-55443-6.

2012. De la colonie à l'État-nation : Constructions identitaires au Maghreb. Thème 1 sous la responsabilité de François Pouillon, *Après l'orientalisme ? Médiations, appropriations, contestations*. Thème 2 sous la responsabilité de Noureddine Amara, *Sous l'empire de la nationalité (1830-1960)*. Thème 3 sous la responsabilité de Vittoria Capresi et Charlotte Jelidi, *Formes territoriales, urbaines et architecturales au Maghreb aux XIXe-XXIe siècles : permanences ou ruptures ?*, Études, Chroniques et opinions, IRMC-L'Harmattan, Paris, 328 p. ISBN : 978-2-336-00895-0.

2013. Maghreb et sciences sociales, Développement durable, citoyenneté et société civile. Thème sous la direction de Josiane Stoessel-Ritz, Maurice Blanc et Mohamed Brahim Salhi. Études, Chroniques et Opinions. IRMC-L'Harmattan, Paris, 262 p. ISBN : 978-2-343-03844-5.

2. Ouvrages collectifs

Michel Camau (dir.), 1995, *Sciences sociales, sciences morales ? Itinéraires et pratiques de recherche*, coll. Recherches sur le Maghreb

Contemporain, Alif-Éditions de la Méditerranée, Tunis, 272 p. Isbn : 9973 3220 315.

Mohamed Elloumi (dir.), 1996, *Politiques agricoles et stratégies paysannes au Maghreb et en Méditerranée occidentale*, coll. Recherches sur le Maghreb Contemporain, Alif-Éditions de la Méditerranée, Tunis, 519 p. Isbn : 9784-036-90042-8.

Michel Camau, Vincent Geisser (dir.), 1997, « Tunisie dix ans déjà… D'une république à l'autre », *Monde arabe-Maghreb-Machrek*, La documentation française, Paris, n°157, juillet-septembre. Isbn : 3-303331 801573.

Mohamed Kerrou (dir.), 1998, *L'autorité des Saints. Perspectives historiques et socio-anthropologiques en Méditerranée occidentale*, Éditions Recherches sur les Civilisations (Erc), Paris, 356 p. Isbn : 2-86538-273-7.

Susan Ossman (dir.), 1998, *Miroirs maghrébins : itinéraires de soi et paysages de rencontre*, coll. Cnrs Communication, Cnrs Éditions, Paris, 283 p. Isbn : 2-27105-562-8.

Vincent Geisser (dir.), 2000, *Diplômés maghrébins d'ici et d'ailleurs : trajectoires sociales et itinéraires migratoires*, coll. Études de l'Annuaire de l'Afrique du Nord, Cnrs Éditions, Paris, 322 p. Isbn : 2-27105-780-9 / Issn : 0242-7540.

Saïd Ben Sedrine, Vincent Geisser, 2001, *Le retour des diplômés. Enquête sur les étudiants tunisiens formés à l'étranger. Europe, Amérique et monde arabe*, Cpu, Tunis, 165 p. Isbn : 9973-948-87-4.

Mohamed Kerrou (dir.), 2002, *Public et privé en Islam. Espace, autorités et libertés*, coll. Connaissance du Maghreb, Maisonneuve & Larose, Paris, 343 p. Isbn : 2-7068-1611-2.

Alain Mahé, Kmar Bendana (dir.), 2004, *Savoirs du lointain et sciences sociales*, Bouchène, Paris, 268 p. Isbn : 2-91 2946-69-7.

Jocelyne Dakhlia (dir.), 2004, *Trames de langues : usages et métissages linguistiques dans l'histoire du Maghreb*, coll. Connaissance du Maghreb, Maisonneuve & Larose, Paris, 561 p. Isbn : 2-70681-799-2.

Éric Gobe (dir.), 2004, *L'ingénieur moderne au Maghreb (XIXe-XXe siècles)*, coll. Connaissance du Maghreb, Maisonneuve & Larose, Paris, 388 p. Isbn : 2-70681-794-1.

Jean-Luc Arnaud (dir.), 2005, *L'urbain dans le monde musulman de Méditerranée*, coll. Connaissance du Maghreb, Maisonneuve & Larose, Paris, 224 p. Isbn : 2-7068-1926-X.

Abdelhamid Hénia (dir.), 2006, *Être notable au Maghreb. Dynamique des configurations notabiliaires*, coll. Connaissance du Maghreb, Maisonneuve & Larose, Paris, 364 p. Isbn : 978-2-7068-1802-8.

Mihoub Mezouaghi (dir.), 2007, *Le Maghreb dans l'économie numérique*, coll. Connaissance du Maghreb, Maisonneuve & Larose, Paris, 335 p. Isbn : 978-2-7068-1977-3.

Pierre Robert Baduel (dir.), 2007, *Construire un monde ? Mondialisation, Pluralisme et Universalisme*, coll. Connaissance du Maghreb, Maisonneuve & Larose, Paris, 227 p. Isbn : 978-2-7068-1968-1.

Nada Auzary-Schmaltz (dir.), 2007, *La justice française et le droit pendant* *le protectorat en Tunisie*, coll. Connaissance du Maghreb, Maisonneuve & Larose, Paris, 195 p. ISBN : 978-2-7068-1997-1.

Pierre Robert Baduel (dir.), 2009, *La ville et l'urbain dans le Monde arabe et en Europe. Acteurs, Organisations et Territoires*, coll. Connaissance du Maghreb, Maisonneuve & Larose, Paris, 235 p. ISBN : 978-27-7068-1998-8.

Odile Moreau (dir.), 2009, *Réforme de l'État et réformismes au Maghreb (XIXe-XXe siècles)*, coll. Socio-anthropologie des mondes méditerranéens, L'Harmattan, Paris, 368 p. ISBN : 978-2-296-11087-8.

Myriam Bacha (dir.), 2011, *Architectures au Maghreb (XIXe-XXe siècles)*, IRMC-Presses universitaires François-Rabelais, 306 p. ISBN : 978-2-86906-260-3.

Pierre-Arnaud Barthel, Lamia Zaki (dir.), 2011, *Expérimenter la ville durable au sud de la méditerranée, Chercheurs et professionnels en dialogue*, coll. Monde en cours/Villes et Territoires, Éditions de l'Aube, Paris, 346 p. ISBN : 978-2-8159-0218-2.

Morgan Corriou (dir.), 2012, *Publics et spectacle cinématographique en situation coloniale*, IRMC-CÉRÈS, Tunis, (Cahier du CÉRÈS - hors-série n° 5), 320 p. ISBN : 978-9973-902-47-4.

Moncef Ouannès, Pierre-Noël Denieuil (éd.), 2012, *Une histoire méconnue. Les relations libyo-françaises au Fezzan de 1943 à 1956 « Regards croisés, Libye, France, Tunisie »*, Tunis, CÉRÈS Édition - IRMC, 371 p. français/arabe. ISBN : 978-9973-19-761-0.

Sihem Najar (dir.), 2013, *Penser la société tunisienne aujourd'hui. La jeune recherche en sciences humaines et sociales*, Tunis, CÉRÈS Édition-IRMC, 416 p. ISBN : 978-9973-19-7696.

Gilles Ferréol, Pierre-Noël Denieuil (dir.), 2013, *La violence scolaire : Acteurs, contextes, dispositifs. Regards croisés France-Maghreb*, Éditions modulaires européennes, Fernelmont, coll. Mondes méditerranéens, 245 p. ISBN : 978-2-8066-1025-6.

Charlotte Jelidi (dir.), 2013, *Les musées au Maghreb et leurs publics : Algérie, Maroc, Tunisie*, coll. Musées-Mondes, La Documentation française, Paris, 192 p. ISBN : 978-2-11-008986-1.

Sihem Najar, Lilia Othman Challougui (dir.), 2013, *Écrire sur les femmes : retour réflexif sur une expérience de recherche*, coll. Socio-anthropologie des mondes méditerranéens, CAWTAR-IRMC-L'Harmattan, Paris, 240 p. ISBN : 978-2-343-01315-2.

Farah Hached, Wahid Ferchichi (dir.), Hana Ben Abda, Khansa Ben Tarjem, Khaled Mejri (collab.), 2015, *Révolution tunisienne et défis sécuritaires*, Tunis, IRMC-Labo' démocratique, Med Ali, 3 vol. ISBN : 978-9973-33-433-6.

Imed Melliti (dir.), 2016, *La fabrique du sens - Ecrire en sciences sociales*, IRMC-Riveneuve éditions, 255 p. ISBN : 978-2-36013-375-8.

3. Ouvrages d'auteurs

Ibn Abî Dhiâf, 1994, *Présent aux hommes de notre temps. Chronique des rois de Tunis et du Pacte fondamental.*

Chapitres IV et V (1824-1837), édition critique et traduction par André Raymond, avec la collaboration de Khaled Kchir, 2 vol., Alif-Éditions de la Méditerranée, Tunis. ISBN : 9973-22-010-2 ; 9973-22-011-0.

Nora Lafi, 2002, *Une ville du Maghreb entre ancien régime et réformes ottomanes. Genèse des institutions municipales à Tripoli de Barbarie (1795-1911)*, coll. Villes, histoire, culture, sociétés, L'Harmattan, Paris, 305 p. ISBN : 2-7475-2616-X.

Saïd Ben Sedrine, Éric Gobe, 2004, *Les ingénieurs tunisiens. Dynamique récente d'un groupe professionnel*, L'Harmattan, Paris, 282 p. ISBN : 2-7475-7095-9.

Katia Boissevain, 2006, *Sainte parmi les saints. Sayyda Mannûbiya ou les recompositions cultuelles dans la Tunisie contemporaine*, coll. Connaissance du Maghreb, Maisonneuve & Larose, Paris, 265 p. ISBN : 978-2-7068-1930-8.

Myriam Catusse, 2008, *Le temps des entrepreneurs ? Politique et transformations du capitalisme au Maroc*, coll. Connaissance du Maghreb, Maisonneuve & Larose, Paris, 346 p. ISBN : 978-2-7068-1998-8.

Ridha Ben Amor, 2011, *Les formes élémentaires du lien social en Tunisie. De l'entraide à la reconnaissance*, R. Ben Amor, coll. Socio-anthropologie des mondes méditerranéens, IRMC-L'Harmattan, Paris, 244 p. ISBN : 978-2-296-14010-3.

Myriam Bacha, 2013, *Patrimoine et monuments en Tunisie*, Presses universitaires de Rennes, 377 p. ISBN : 978-2-7535-2219-0.

Nadhem Yousfi, 2013, *Des Tunisiens dans les Alpes-Maritimes. Une histoire locale et nationale de la migration trans-méditerranéenne (1956-1984)*, coll. Socio-anthro-pologie des mondes méditerranéens, IRMC-L'Harmattan, Paris, 203 p. ISBN : 978-2-343-01115-8.

Anne-Marie Planel, 2015, *Du comptoir à la colonie : histoire de la communauté française de Tunisie, 1814-1883*, IRMC-Riveneuve éditions, 846 p. ISBN : 978-2-36013-190-7.

Gianni Albergoni, Sonia Ben Meriem, François Pouillon, 2019, *Berbères Arabes colonisation(s)*, Tunis, MedAli-IRMC, 240 p. ISBN : 978-9973-33-543-2.

Publications IRMC-Karthala

1. Collection *Hommes et sociétés*

Isabelle Berry-Chikhaoui, Agnès Déboulet (dir.), 2000, *Les compétences des citadins dans le Monde arabe. Penser, faire et transformer la ville*, IRMC-Karthala, Paris, 406 p. ISBN : 2-84586-124-9.

Mohamed Elloumi (dir.), 2002, *Mondialisation et sociétés rurales en Méditerranée. État, société civile et stratégies des acteurs*, IRMC-Karthala, Paris, 523 p. ISBN : 2-84586-324-1.

Nicolas Puig, 2003, *Bédouins sédentarisés et sociétés citadines à Tozeur (Sud-Ouest tunisien)*, IRMC-Karthala, Paris, 282 p. ISBN : 2-84586-473-6.

Pierre Robert Baduel (dir.), 2008, *Chantiers et défis de la recherche sur le Maghreb contemporain*, IRMC-Karthala, Paris, 602 p. ISBN : 978-2-8111-0163-3.

Houda Laroussi, 2009, *Micro-crédit et lien social en Tunisie. La solidarité instituée*, IRMC-Karthala, Paris, 304 p. ISBN : 978-2-8111-0197-8.

Mihoub Mezouaghi (dir.), 2009, *Les localisations industrielles au Maghreb : attractivité, agglomération et territoires*, IRMC-Karthala, Paris, 335 p. ISBN : 978-2-8111-0182-4.

Lamia Zaki (dir.), 2009, *Terrains de campagne au Maroc. Les élections législatives de 2007*, IRMC-Karthala, Paris, 330 p. ISBN : 978-2-8111-0257-9.

Sylvie Mazzella (dir.), 2009, *La mondialisation étudiante. Le Maghreb entre Nord et Sud*, IRMC-Karthala, Paris, 404 p. ISBN : 978-2-8111-0307-1.

Clémentine Gutron, 2010, *L'archéologie en Tunisie (XIXe-XXe siècles) : Jeux généalogiques sur l'Antiquité*, IRMC-Karthala, Paris, 336 p. ISBN : 978-2-8111-0396-5.

Pierre-Noël Denieuil, Mohamed Madoui (éd.), 2010, *Entrepreneurs maghrébins. Terrains en développement*, IRMC-Karthala, Paris, 446 p. ISBN : 978-2-8111-0464-1.

Pierre Robert Baduel (dir.), 2011, *La nouvelle scène urbaine. Maghreb, France, États-Unis*, IRMC-Karthala, Paris, 287 p. ISBN : 978-2-8111-0476-4.

Lamia Zaki (dir.), 2011, *L'action urbaine au Maghreb. Enjeux professionnels et politiques*, IRMC-Karthala, Paris, 287 p. ISBN : 978-2-8111-0477-1.

Monia Lachheb (dir.), 2012, *Penser le corps au Maghreb*, IRMC-Karthala, Paris, 288 p. ISBN : 978-2-8111-0729-1.

Sihem Najar (dir.), 2012, *Les nouvelles sociabilités du Net en Méditerranée*, IRMC-Karthala, Paris, 312 p. ISBN : 978-2-8111-0727-7.

Amar Mohand-Amer, Belkacem Benzenine (dir.), 2012, *L'indépendance de l'Algérie et le Maghreb*, IRMC-Karthala, Paris, 264 p. ISBN : 978-2-8111-0756-7.

Stéphanie Pouessel (dir.), 2012, *Noirs au Maghreb. Enjeux identitaires*, IRMC-Karthala, Paris, 180 p. ISBN : 978-2-8111-0808-3.

Eric Gobe, 2013, *Les avocats en Tunisie de la colonisation à la révolution (1883-2011). Sociohistoire d'une profession politique*, IRMC-Karthala, Paris 360 p. ISBN : 978-2-8111-1056-7.

Sihem Najar (dir.), 2013, *Les réseaux sociaux sur Internet à l'heure des transitions démocratiques*, coll. Hommes et sociétés, Karthala-IRMC, Paris, 489 p. ISBN : 978-2-8111-0976-9.

Sihem Najar (dir.), 2013, *Le cyberactivisme au Maghreb et dans le monde arabe*, IRMC-Karthala, Paris, 269 p. ISBN : 978-2-8111-0832-8.

Charlotte Jelidi (dir.), 2014, *Villes maghrébines en situations coloniales*, IRMC-Karthala, Paris, 298 p. ISBN : 978-2-8111-1291-2.

Alia Gana, Yann Richard (dir.), 2014, *La régionalisation du monde. Construction territoriale et articulation global/local*, IRMC-Karthala, Paris, 276 p. ISBN : 978-2-8111-1140-3.

Héla Yousfi, 2015, *L'UGTT, une passion tunisienne Enquête sur les syndicalistes en révolution (2011-2014)*, IRMC-Karthala, Paris, 272 p. ISBN : 978-2811-11467-1.

Sylvie Daviet (dir.), 2015, *L'entrepreneuriat transméditerranéen. Les nouvelles stratégies d'internationalisation*, IRMC-Karthala, Paris, 379 p. ISBN : 978-2-8111-1351-3.

Myriam Achour-Kallel (dir.), 2015, *Le social par le langage. La parole au quotidien*, IRMC-Karthala, Paris, 240 p. ISBN : 978-2-8111-1365-0.

Alia Gana, Gilles Van Hamme (dir.), 2016, *Elections et territoires en Tunisie - Enseignements des scrutins post-révolution (2011-2014)*, IRMC-Karthala, Paris, 235 p. ISBN : 978-2-8111-1655-2.

Monia Lachheb (dir.), 2016, *Être homosexuel au Maghreb*, IRMC-Karthala, Paris, 240 p. ISBN : 978-2-811-11731-3.

Muhammad Baqir al-Sadr, Julien Pélissier (Trad.), 2017, *La banque sans intérêt en Islam*, IRMC-Karthala, Paris, 216 p. ISBN : 978-2- 811-11793-1.

Riadh Ben Khalifa (dir.), 2017, *Étrangers au Maghreb.Maghrébins à l'étranger (XVIIe-XXIe siècles). Encadrement, identités et représentations,* IRMC-Karthala, Paris, 266 p. ISBN : 978-2-8111-1893-8.

Chaudat Philippe, Lachheb Monia (dir.), 2018, *Transgresser au Maghreb. La normalité et ses dépassements*, Karthala-IRMC, Paris, 214 p. ISBN : 978-2-8111-1960-7.

Michel Camau, 2019, *L'exception tunisienne. Variations sur un mythe*, Karthala-IRMC, Paris, 254 p. ISBN : 978-2-8111-2526-4.

Alia Gana, Évelyne Mesclier, Nasser Rebaï (dir.), 2019, *Agricultures familiales et territoires dans les Suds*, Karthala-IRMC, Paris, 254 p. ISBN : 978-2-8111-2572-1.

2. Collection *Maghreb contemporain : nouvelles lectures, nouveaux savoirs*

Michaël Ayari, 2017, *Le prix de l'engagement politique dans la Tunisie autoritaire, gauchistes et islamistes sous Bourguiba et Ben Ali (1957-2011)*, Karthala-IRMC, Paris, 372 p. ISBN : 978-2-8111-1759-7.

Achevé d'imprimer en mars 2019
par la Société TIRAGE - 91941 COURTABŒUF
www.cogetefi.com

Dépôt légal : mars 2019
Imprimé en France